改变历史的
军事故事

鲁中石 编著

中国华侨出版社

图书在版编目 (CIP) 数据

改变历史的军事故事 / 鲁中石编著. — 北京：中国华侨出版社, 2017.8
ISBN 978-7-5113-6964-2

Ⅰ.①改… Ⅱ.①鲁… Ⅲ.①世界史—通俗读物 Ⅳ.①K109

中国版本图书馆 CIP 数据核字 (2017) 第 173862 号

改变历史的军事故事

编　　著：	鲁中石
出版人：	方　鸣
责任编辑：	张　玉
封面设计：	彼　岸
文字编辑：	朱立春
美术编辑：	刘欣梅
经　　销：	新华书店
开　　本：	720mm×1020mm　1/16　印张：27　字数：655 千字
印　　刷：	三河市金元印装有限公司
版　　次：	2017 年 8 月第 1 版　2021 年 4 月第 5 次印刷
书　　号：	ISBN 978-7-5113-6964-2
定　　价：	75.00 元

中国华侨出版社　北京市朝阳区西坝河东里 77 号楼底商 5 号　邮编：100028
法律顾问：陈鹰律师事务所
发行部：（010）88893001　　传　真：（010）62707370

如果发现印装质量问题，影响阅读，请与印刷厂联系调换。

前言
PREFACE

如果将人类历史比作一幅漫长画卷的话，随着这幅画卷的徐徐展开，扑面而来的，必是遍地的战火硝烟、震天的厮杀呐喊，千载之下，金戈铁马、鼙鼓铜琶犹隐约可闻。在战争的得失成败中，世界历史进程亦由此改变。可以说，几千年的人类文明史同时也是一部武器发展史和军事战争史，任何一个朝代或一个国家的开始与终结，都是伴随着军事战争的开始或终结而载入史册的。

由于战争的存在，人类历史上也涌现出了许多耀眼的军事统帅和军事理论家，同时也留下了许许多多的经典军事故事：马其顿国王亚历山大，20岁起开始指挥战役，东征西讨，直至建立起一个地跨欧、亚、非三大洲的庞大帝国；法兰西王国加洛林王朝国王查理曼大帝，凭着一把宝剑和一匹骏马横扫千军，把动荡、混乱的欧洲统一起来，被欧洲人称为"战争巨人"；法兰西第一帝国的缔造者拿破仑·波拿巴，指挥兵力60万人，指挥战役18次，获胜15次，是世界历史上最天才的战术家……另外，像我国古代的军事大家孙武、项羽、韩信、卫青、诸葛亮、岳飞、戚继光、郑成功，以及"西方的战略之父"迦太基名将汉尼拔、美国南北战争期间的格兰特、"二战"期间的苏联元帅朱可夫等，真是将星闪耀，不胜枚举。这些人物和事件，都对世界历史进程产生了重大而深远的影响。

为了让读者轻松地学习和了解世界军事知识，并从军事故事中得到一些启发和激励，我们组织编写了这部彩图版《改变历史的军事故事》，希望能引领读者进入一个波澜壮阔的军事世界，开启一段愉快的读书之旅。

本书在编写上具有以下特色：

一、精心遴选了100多个对世界历史进程具有深远影响的军事故事，以时间为线索，用轻快活泼的文字简单勾勒出中外军事发展的大致轮廓，通俗易懂，融知识性、趣味性和艺术性于一体。

二、编写体例创新，除描述战争本身的"精彩回放"之外，还设置了多个辅助栏目，对军事战争的发生、进程和结果与影响等进行分析、总结和延伸，以加强知识的深度和广度，并通过较小的篇幅清晰而完整地讲述每一个精彩的军事故事。

三、精选了 600 余幅与文字内容相契合的精美插图，包括人物画像、武器等文物图片，以及各种复原图、战争示意图和古战场遗址照片等，立体而直观地展示世界军事，从而让读者更真切地走近战争，走进历史。

四、在版式设计上，注重传统文化底蕴与现代设计手法相结合，营造轻松的阅读氛围，使读者不仅能直观地领略每一场惊心动魄的重大战争，而且能获得更多的审美感受和想象空间。

目录 CONTENTS

外国卷

- 3/ 卡迭石战役
- 8/ 特洛伊战争
- 10/ 亚述战争
- 15/ 波斯帝国的崛起
- 18/ 希波陆军战争
- 21/ 萨拉米斯海战
- 24/ 伯罗奔尼撒战争
- 27/ 从喀罗尼亚到伊苏斯
- 30/ 高加米拉决战
- 33/ 罗马早期的扩张
- 36/ 第二次布匿战争
- 39/ 第三次布匿战争
- 41/ 皮德那之战
- 44/ 斯巴达克起义
- 47/ 高卢战争
- 50/ 安息与罗马之争
- 53/ 罗马内战
- 56/ 阿克兴海战
- 58/ 拜占庭－波斯战争
- 61/ 哥特战争
- 64/ 阿拉伯－拜占庭战争
- 67/ 查理大帝的征战
- 70/ 北欧海盗的掠夺
- 73/ 诺曼底与英国之战
- 75/ 曼希克特之战
- 80/ 蒙古西征
- 83/ 英法百年战争
- 85/ 帖木儿战奥斯曼帝国

87/ 格林瓦尔德之战
90/ 胡司战争
93/ 玫瑰战争
96/ 土耳其攻占君士坦丁堡
99/ 维也纳保卫战
101/ 德国农民起义
103/ 荷兰独立战争
105/ 无敌舰队的覆灭
108/ 壬辰海战
111/ 三十年战争
114/ 纳西比之战
117/ 北方战争
120/ 西班牙王位继承战争
123/ 七年战争
126/ 美国独立战争
129/ 奥斯特里茨之战
132/ 拉美独立战争
135/ 博罗迪诺战役
138/ 从莱比锡到滑铁卢
141/ 匈牙利民族解放战争
144/ 克里米亚战争
147/ 印度民族起义
150/ 美国南北战争
154/ 普奥战争
157/ 色当会战
160/ 马赫迪反英大起义
163/ 美西战争
165/ 英布战争
168/ 日俄战争
170/ 第一次世界大战
175/ 凡尔登会战
177/ 日德兰海战
180/ 苏俄内战与干涉战争
183/ 西班牙内战
185/ 第二次世界大战
188/ 德国闪击西欧
191/ 不列颠之战
193/ 敦刻尔克大撤退
195/ 中途岛海战
197/ 斯大林格勒保卫战
200/ 诺曼底登陆
203/ 越南战争
205/ 中东战争
208/ 英阿马岛之战
211/ 海湾战争
213/ 科索沃战争
216/ 伊拉克战争

中国卷

221/ 涿鹿之战
223/ 鸣条之战
225/ 武丁的征服
228/ 牧野之战
231/ 烽火戏诸侯
237/ 长勺之战
239/ 泓水之战
242/ 城濮之战
245/ 崤之战
247/《孙子兵法》问世
252/ 越兴吴灭
256/ 围魏救赵与马陵之战
259/ 合纵连横
262/ 即墨之战
264/ 坚甲、利兵、强弩
267/ 胡服骑射
270/ 长平之战
272/ 远交近攻

274/ 秦统一六国
277/ 陈胜、吴广起义
280/ 巨鹿之战
283/ 暗度陈仓
285/ 四面楚歌
287/ 河西之战
289/ 漠北之战
292/ 昆阳大捷
294/ 马革裹尸
297/ 黄巾起义
300/ 官渡之战
302/ 赤壁之战
305/ 名成八阵图
308/ 晋灭吴之战
311/ 淝水之战
313/ 拓跋珪的战法
315/ 刘裕灭后秦
318/ 宇文泰战高欢

320/ 隋统一之战
323/ 洛阳虎牢之战
325/ 击灭东突厥
327/ 唐平定安史之乱
330/ 唐朝军制改革
332/ 李愬夜袭蔡州
335/ 王仙芝、黄巢起义
338/ 北宋统一战
342/ 杯酒释兵权
344/ 会战幽州
347/ 激战和尚原
349/ 郾城、颍昌大捷
352/ 黄海奔袭战
354/ 蒙古灭金之战
357/ 钓鱼城之战
359/ 襄樊之战
362/ 鄱阳湖之战
364/ 靖难之役
367/ 明京师保卫战
370/ 戚继光抗倭
373/ 萨尔浒之战

375/ 明末农民起义
379/ 山海关之战
381/ 平定三藩
384/ 郑成功收复台湾
387/ 雅克萨之战
390/ 康熙三战噶尔丹
392/ 鸦片战争
395/ 太平军湖口大捷
397/ 天京保卫战
400/ 高楼寨之战
402/ 清军收复新疆
404/ 镇南关大捷
407/ 黄海海战
410/ 舰沉威海卫
413/ 抗击八国联军
416/ 辛亥武昌起义
419/ 北伐战争

外国卷

卡迭石战役
——埃赫争霸战

交战双方： 埃及军队 VS 赫梯军队
交战时间： 公元前1285年
双方将帅档案： 埃及统帅为第十九王朝法老拉美西斯二世；赫梯统帅为赫梯国王穆瓦塔鲁
双方投入军力： 埃及军力有四个军团，约2万人；赫梯军力有2万余人
双方使用武器： 埃及使用青铜武器、战车；赫梯使用铁兵器、战车
战争结果： 赫梯国退守卡迭石城，埃及撤军

历史背景

大约形成于公元前19世纪中叶的赫梯国，经过国王铁列平的改革，国势日盛。公元前15世纪末至公元前13世纪中期，赫梯达到最强盛。赫梯在摧毁了米坦尼王国之后，趁埃及埃赫那吞改革之机，夺取了埃及在叙利亚的领地，开始与埃及争霸。埃及第十九王朝的法老们，都与赫梯交过手。埃及法老拉美西斯二世继位后，经过5年的改革，国力大增，拉美西斯二世决定用武力恢复在叙利亚的统治。到公元前1285年，埃及和赫梯对叙利亚的争夺进入白热化，终于导致了这场卡迭石战役。

阿布辛贝勒神庙壁画

前有士兵开路，旁有驯养的豹，拉美西斯二世站在战车上指挥作战。拉美西斯二世是古埃及第十九王朝的法老，其执政时期是埃及新王国最后的强盛年代。他进行了一系列的远征，恢复了埃及对巴勒斯坦的统治。

主要过程

在拉美西斯二世统治时期，来自小亚细亚的赫梯人发展起来，成为埃及的心腹之患。赫梯人不断向外扩张，攻占了叙利亚和巴勒斯坦，还攻陷了巴比伦帝国的首都巴比伦城。接着，为了争夺中东，又与埃及打了起来。

拉美西斯二世继位后第五年的4月末，他亲自率领四个军团2万余人从三角洲出发，沿海岸北上，远征叙利亚。在出发的第29天进至卡迭石城附近宿营，此时法老对敌方军情尚无确切了解。

赫梯国王获悉消息后，决定利用卡迭石城地势险

如图所示，赫梯国王穆瓦塔鲁在卡迭石附近集结军队 2 万人和战车 2500 辆迎击拉美西斯二世，赫梯军队诱使埃及先头部队进入伏击圈，造成埃及军队损失惨重。埃及后续部队赶到后，以严整的战斗队形攻击对方侧翼。赫梯国王也投入步兵和战车兵，猛冲埃及中路军。战斗十分激烈，双方势均力敌。

◆ 双方战略战术 ◆

赫梯国有计划、有部署，设计诱敌深入；利用有利地形，包围埃及军队。

埃及军采用纵深梯队形式进行作战，先头军队得到后继部队的援助，里应外合，突破重围。

峻、易守难攻的地理优势，采用间谍计，诱敌深入，一举歼灭埃及军队。

埃及四大军团以梯队形式向卡迭石进军，法老拉美西斯二世进攻心切，亲自率领第一梯队冲在前面。在大军距卡迭石城约8000米处，前面哨兵突然发现两名形迹可疑之人，慌慌张张向南跑。埃及士兵立即抓住了他们。经拷问获知：赫梯国王十分害怕埃及大军，躲藏在卡迭石以北的哈尔帕。卡迭石城内空虚，没有多少兵力，所以他们为保全性命乘机逃跑。法老未加思考，信以为真，认为这是攻克卡迭石城的大好时机。因此，命令部队加速向卡迭石城前进。四路梯队间的距离逐渐拉开。

法老率部攻至城下，才知道中计。而这时赫梯国的军队已按照计划包围了埃及法老的大军，并调集战车向法老身后的第二梯队进攻。

突如其来的进攻使埃及后进部队猝不及防，只好向后败退。赫梯军队又向回转身从后面攻击法老的第一梯队。四面受敌的法老立即下令集中兵力向后突围，赫梯军队即刻陷入混乱当中。而赫梯国王处乱不惊，重新组织军队，再次向法老进攻。埃及军队只好左冲右突，杀出重围。但赫梯大军紧追不舍，法老只好命人放出平时养的一群战狮，才得以脱身。

赫梯将士冲入法老军营，被埃及国王携带的财物吸引，纷纷扔下武器，争抢这些财物。埃及第二梯队的残兵与第三梯队会合后又杀了过来，把只顾抢夺财宝的赫梯兵打得七零八落。

赫梯国王将剩余的战车和士兵调集起来，对埃及军队进行了第三次进攻。埃及将士奋勇抵挡，双方死伤无数。忽然，赫梯军队的后方一片混乱，喊杀声震耳欲聋，原来是埃及的最后一支梯队赶到。埃及军队为之一振，将士们作战更加勇猛。赫梯军队腹背受敌，阵脚大乱，士兵伤亡惨重。赫梯国王为保存实力，只好下令收兵，退守卡迭石。

卡迭石战役是埃赫争霸中的一次著名战役。在战役中，赫梯略占上风，成功击退了埃及的进攻，巩固了自己在叙利亚的地位。究其原因，赫梯人主要胜在了武器上，当时赫梯兵种主要是战车和步兵，其中，步兵处于一种辅助地位，战车兵才是主要打击力量。赫梯战车比埃及战车要大，埃及战车一般两人，而赫梯战车为双马三员：一名驭手，一名持盾兵，一名装备弓箭和标枪的战士。卡迭石之役赫梯投入作战的战车达3500辆，远远多于埃及军队。不仅如此，赫梯还是世界上最早使用铁制兵器的国家，而埃及军队装备的仍然是青铜兵器。

在这次战役中，赫梯方虽然略占上风，但叙利亚的归属问题仍然没能解决，致使双方在此后的 16 年中战事不断。到公元前 1269 年，双方无力再战，不得不缔结了《银板和约》。《银板和约》是用赫梯的楔形文字雕刻的，后来又用埃及的象形文字把和约内容刻到埃及一个寺庙的墙壁上。这份和约是最早的国际条约，也是世界上最早的和平条约。

重要意义

埃及与赫梯长久的争霸战争使两个称雄一时的国家两败俱伤，日渐衰落。其后签订的和约则确定了他们在叙利亚和巴勒斯坦地区的势力范围，使他们对这一地区的占领合法化。

赫梯是一个惯于征战的民族，世代征战让赫梯人认识到一个国家、一个名族没有强劲的军队是不行的。所以赫梯历代国王都保证有一支多达 30 万人的军队，他们的武器在当时非常先进，使用的是短斧、利剑、长矛和弓箭等。

特洛伊战争
——木马计的故事

交战双方： 希腊联军 VS 特洛伊盟军

交战时间： 公元前12世纪末

双方将帅档案： 希腊联军统帅为迈锡尼国王阿伽门农；特洛伊盟军统帅为特洛伊国大王子赫克托尔

双方投入军力： 希腊联军10万大军；特洛伊盟军为全部军力

双方使用的武器： 希腊联军使用刀、盾、矛、箭、木马等；特洛伊盟军使用刀、盾、矛、箭等

交战结果： 希腊联军以木马计攻破特洛伊城取得胜利

历史背景

小亚细亚西部海岸特洛伊国王的小儿子帕里斯，在希腊半岛受到斯巴达国王的款待。年轻貌美的斯巴达王后海伦被英俊潇洒的帕里斯吸引，帕里斯也情不自禁地爱上了海伦。当晚帕里斯就带海伦回到了特洛伊。斯巴达国王大怒，发誓要攻破特洛伊，夺回海伦。于是他求助于希腊半岛上的各个国家，组织10万大军，由他哥哥迈锡尼国王阿伽门农率领，横渡爱琴海，攻打特洛伊。实际上特洛伊战争的真正原因在于希腊人垂涎于特洛伊的富有，企图占领这个位于希腊通往里海的交通要道上的重要城市。

主要过程

希腊人率领自己的联合舰队从位于尤卑亚海峡的奥里斯出发，在小亚细亚海岸登陆后，在特洛伊平原上建立了一个巩固的大本营，然后迅速包围了特洛伊城。

特洛伊城地势险要，易守难攻。阿伽门农每次攻打都遭到特洛伊盟军的反击。战争持续了9年，双方损兵折将，死伤无数。

转眼进入第10个年头，希腊联军中最勇敢的战将阿喀琉斯因和主帅阿伽门农为争夺女

一个女人——美丽的斯巴达王后海伦，引起了一场战争。这似乎是在人类天真的童年时代的希腊神话里才会有的事情，那时的人们想哭便哭，想笑便笑，活得真实而富有生气。

表现特洛伊战争的想象图

　　希腊军队采用了奥德修斯的计策：军士们藏在巨大的木马之中，特洛伊人把木马拖进城，希腊人则破马而出，里应外合，攻下了特洛伊城，长达10年之久的特洛伊战争结束。

俘而退出了战斗。其好友借用他的盔甲、盾牌和武器去攻城，结果被特洛伊人的统帅、太子赫克托尔杀死。阿喀琉斯知道后怒火冲天，重返战场，要为好友报仇。赫克托尔出城应战，与阿喀琉斯杀得难解难分，最终赫克托尔因体力不支而战死沙场。

　　特洛伊人见统帅被杀，便发起了猛烈的反攻。海伦知道阿喀琉斯的弱点在脚后跟，便帮助小王子帕里斯寻找机会，用毒箭射中了阿喀琉斯的脚后跟。阿喀琉斯中毒身亡，帕里斯也在这场战役中被希腊将士用乱箭射死，战争陷入僵局。

　　特洛伊城久攻不下，阿伽门农只好采取了奥德修斯的计策。

　　于是，一连数日，希腊人不再攻城，战场上出现了少有的平静。特洛伊人很奇怪。然而，更奇怪的是，一天早晨，特洛伊人突然发现躁动的希腊军营空荡荡的，海面上高挂着希腊联军旗帜的战舰向远处驶去。饱受战争之苦的特洛伊将士和老百姓欢腾起来，纷纷走出城门，庆祝希腊人的撤走。

　　这时，人们发现希腊军营中有一个巨大的木马。特洛伊人好奇地围着转来转去，并不明白是什么意思。他们猜测：希腊人攻打特洛伊，激怒了天神，天神派木马降临赶跑了他们。于是，特洛伊将士和百姓纷纷跪祭木马，感谢天神的保佑。

> **◀ 双方战略战术 ▶**
>
> 　　希腊人在9年强攻未果的情况下，巧施木马计，攻下特洛伊城，是强攻与用计相结合的精彩战例。

特洛伊国王还吩咐手下将这宝物拉到城里。由于木马太大,城门进不去。国王就下令推倒一段城墙,这才把木马拉进城里。

由此,整个特洛伊城沸腾了,为庆祝胜利,一桶桶的美酒被喝得精光,守城将士纷纷昏醉在岗位上。

黎明时分,茫茫的海面上突然闪现灯光,一艘艘战舰向特洛伊疾驶而来。这时,木马的肚子里冲出数十位全副武装的希腊勇士。守城的特洛伊士兵还未反应过来就成了刀下鬼。希腊勇士打开城门,10 万希腊大军如潮水般涌进特洛伊城。10 年未被攻破的特洛伊城瞬间被希腊人占领了。他们杀死了特洛伊国王,烧光了特洛伊城,斯巴达国王如愿夺回了海伦。

重要意义

这场战争是爱琴海地区各城邦战争的一部分。希腊的胜利,不仅使希腊人确立了在这一地区的霸权地位,也为希腊文明的兴起奠定了坚实的基础。

亚述战争
——亚述人的征服

交战双方: 亚述军队 VS 叙利亚、腓尼基、巴勒斯坦、巴比伦、埃兰、埃及等军队

交战时间: 公元前 746 ~ 前 688 年

双方将帅: 亚述军统帅为亚述国的国王;被侵略国统帅为被侵略国的国王

双方投入的兵力: 亚述军队数万人;被侵略国的军队共几十万人

双方使用的武器: 亚述国使用铁制武器、投石机、攻城槌、战车等;被侵略国使用青铜武器、战车

交战结果: 亚述人征服了各国,建立了强大的军事帝国

历史背景

公元前 8 ~ 前 7 世纪,古老的亚述人生活在以亚述城为中心不大的地域内,国土、资源非常有限,还经常受到周围异族的进攻。为了抵御各民族的威胁,亚述人养成了好战的性格,并建立起一支精良的部队,开始了他们扩张疆土的征战历程。

主要过程

公元前 746 年,亚述国王提格拉·帕拉萨三世,把亚述人好战的习性体现得无以复加。征服是他最大的欲望,每一次对外的征服都助长了他扩张的野心。公元前 745 年,提格拉·帕拉萨三世以协助平定反叛为名,在巴比伦国建立了亲亚述政权。公元前 744 年,亚述人率先向东北扩张,并顺利征服了米底各部落。

两次征战的胜利,助长了提格拉·帕拉萨三世的扩张欲望。公元前743年他率领大军进攻大马士革城。大马士革城体坚固,守城将士和城中百姓奋勇杀敌,拼死保卫大马士革。亚述国王见久攻不下,急忙调集投石机,向大马士革城内发射巨大的石块和熊熊燃烧的油桶。投石机是古罗马和中世纪时代的一种攻城武器,凭借金属外壳的保护,参战的将士可把巨石投向敌方的城墙和城内,造成破坏。

一时间,整个大马士革城一片火海,城内士兵和百姓都无心继续守城。亚述将士还用装有巨大金属撞角的攻城槌对城门和城墙发起攻击,大马士革城被随即攻陷。

亚述国王对大马士革人的顽强抵抗极为恼火,命令士兵大肆屠杀城内军民,还让战俘躺在削尖的木桩上,直到死去。

亚述国王的暴行使周边国震惊,以色列、叙利亚、巴勒斯坦等19国结成联盟,在黎巴嫩山区展开了对亚述人的反抗会战。亚述人依然凭借精良的装备及训练有素的将士击败了联军。

19国联军俯首称臣后,亚述国王又开始北伐乌拉尔图。乌拉尔图倚仗险峻的地势和顽强的抵御,使亚述人的连胜势头有所收敛。然而,亚述人不甘心,又转而西征,并大获全胜。公元前714年,亚述再次北伐,国王率大军跋山涉水,抄小道直奔乌拉尔图的腹地。乌拉尔图守兵猝不及防,锐气尽挫,整个穆萨西尔城被亚述人洗劫一空。

对外征服是亚述国的传统,不管是哪任国王,都充满了征服的欲望。为取得两河流域(幼发拉底河和底格里斯河)的霸权地位,辛那克里布继任亚述国王后,突袭没有任何防备的巴比伦城,结果,巴比伦城被攻陷,其国王迦勒底也成了辛那克里布的俘虏。公元前667年,刚继位的亚述国王巴尼拔,在第一次进军埃及失利后,在卡尔巴尼特与埃及军队展开会战。虽然埃及将士拼命抵抗,但仍无法阻挡亚述军的进攻。埃及法老提哈卡趁乱逃走,埃及首都孟菲斯也遭亚述大军的洗劫。

亚述军队步兵像

在国王提格拉·帕拉萨三世时代,亚述人建立了一支当时世界上兵种最齐全、装备最精良的常备军,分为战车兵、骑兵、重装步兵、轻装步兵、攻城兵、工兵等。提格拉·帕拉萨三世和他的后代,凭借强大的军队,进行了一系列的侵略战争,成为两河流域和北非一带最强大的军事帝国。

亚述帝国的军队拥有当时最强大的攻城武器,投石机是一个个巨大的木框,里面装有一种特制的转盘,上面绞着用马鬃和橡树皮编成的绳索,只要用力一拉,就能射出巨大的石弹和燃烧着的油桶。他们还有一种攻城槌,是由青铜铸成的,攻城时用来撞击城墙。图为公元前701年,亚述国王辛那克里布率领他的军队攻打耶路撒冷的堡垒——拉凯斯的情景,他们修筑了一条石质斜坡,把重型攻城机器移上斜坡,直至城墙下,彻底摧毁了拉凯斯的城墙。

亚述国王塑像

在亚述国王的领导下,这个帝国的统治在公元前7世纪达到巅峰,包括巴勒斯坦和埃及在内,领土从波斯湾一直延伸到地中海。

◆ 亚述的军事组织和技术 ◆

亚述军队在对外扩张中之所以能取得一系列胜利,重要原因在于他们有一整套较完备的军事组织和先进的技术。从军事史的角度来看,亚述征服不但加速了军事装备水平的发展进程,还促进了军事组织和军事技术的提高。

首先体现在兵种上。亚述军队是当时兵种较齐全的军队,编制有轻装步兵(无甲弓箭手、投石手、投枪手,使用藤盾)、重装步兵(披金属盔甲,执金属盾牌的枪手)、骑兵(使用弓和矛,披戴盔甲,后期马匹也披甲)、战车兵(两轮战车上一个驭手,一或两个弓手,两个盾牌手)、工兵(开路架桥、建筑营垒、操纵攻城器械等),还初步建立起一支海军。

其次是军事装备。亚述的军事装备在当时是先进的。有用以攻击城堡的有效武器——撞城车,车头上装有巨大的金属撞角,车体覆有保护层(金属、棉被等),车内配有操纵人员。

此外还有云梯、发射石弹的弩、可与城墙平高的活动塔楼(弓手在塔楼上向城里放箭)、攻城弓手所用的一人高的掩护大盾、士兵渡河用的充气羊皮浮子等。

最重要的一点是,长期的战争促进了亚述人军事战术的发展。正面攻击、侧翼攻击、排列进军队形、抢占地势和水源等战略战术在亚述对外征服过程中已经被使用。另外,亚述人还广泛地进行军事侦察和谍报工作,并十分重视保障交通线和通信联络。

重要意义

亚述帝国的扩张战争,给各族人民带来了深重灾难,严重破坏了社会生产力;另外,亚述的新兵种、新战法和新武器在世界军事史上也具有深远影响。

波斯帝国的崛起
——骑兵时代的到来

交战双方：波斯军队 VS 被征服国军队
交战时间：公元前 6 ~ 前 5 世纪
双方投入的兵力：波斯军 5 万人；被征服国几万人
双方使用兵器：长矛、盾、弓箭、马刀、战车等
交战结果：波斯建立了强大的帝国

历史背景

公元前 7 世纪，在今伊朗西部居住着两个伊朗语部落群体，波斯在南，米底（又译米堤亚）在北。公元前 612 年，米底帝国成为西亚最强大的国家之一，波斯人成为他们的臣属。

公元前 558 年，波斯王子居鲁士继承王位，号称居鲁士二世。公元前 550 年，居鲁士二世领导波斯人灭掉了米底王国，建立了波斯帝国，也称阿契美尼德王朝。为了建立世界霸权，居鲁士二世开始了对亚洲、北非、黑海北部沿岸地区和巴尔干半岛各民族的远征。

大流士一世雕塑

大流士一世原为阿黑明尼德王族支系的军事贵族。他在位期间（公元前 522 ~ 前 486 年），对外推行军事扩张政策，对内为了适应庞大帝国的需要和加强奴隶主专制统治，进行了一系列改革。

主要过程

为了实现宏伟目标，波斯国王居鲁士二世首先组织了一支 5 万人的强大常备军队。这支军队由步兵、战车兵和骑兵组成，骑兵是主要兵种。士兵装备有弓箭、短矛和剑，配有藤制盾牌和鱼鳞铠甲护身。另外，他还进一步完善了征兵制度，远征期间可以随时由当地居民补充。

一切准备就绪后，居鲁士二世开始实施他的远征计划。

公元前 549 年，居鲁士二世首先征服两河流域的埃兰，将首都移到埃兰的首都苏撒。随后又用一年的时间先后征服了帕提亚、希尔卡尼亚和亚美尼亚等地，几乎把米底人当时的领地都纳入了自己的统治之下。

波斯的崛起，引起小亚细亚强国吕底亚王国的不安，国王克洛伊索斯决定联合小亚细亚诸希腊城邦和斯巴达及埃及一同对付波斯。当时居鲁士计划先夺取巴比伦尼亚王国,再征服小亚细亚。当吕底亚国王率军进攻波斯的臣属国卡帕多细亚时,居鲁士改变了战略,先在卡帕多细亚彻底消灭失去盟军支持的吕底亚王国的军队,继而一举征服了小亚细亚诸城邦,切断了巴比伦王国的商路。

公元前539年,居鲁士二世借巴比伦尼亚国内矛盾尖锐之机,轻易地攻占了巴比伦城。接着,他又征服了三个中亚国家——巴克特里亚、索格地安那和花剌子模。

公元前6世纪,居鲁士二世在被征服的广大地区建立了一个庞大的国家。当时的波斯帝国西起地中海,东至印度河,北接里海,南及波斯湾,幅员极其辽阔。

公元前530年,居鲁士二世又对游牧部落马萨吉特人发起了远征。在战斗中,波斯远征军被歼灭,居鲁士二世阵亡。居鲁士二世的儿子冈比西斯继位后,于公元前525年远征埃及。在佩卢修姆战役中,波斯人一举击败埃及军队,从而征服了埃及。

此时的波斯帝国虽然更加强大,但统治却极不稳固,不但内部矛盾尖锐,而且被征服地的人民也纷纷起来反抗。公元前522年,就爆发了高墨达起义。在埃及的冈比西斯听到消息后,立即返回波斯,但在途中去世。大流士等贵族镇压了暴动,大流士当上波斯国王,被称为大流士一世。

大流士一世继续推行扩张政策。公元前512年,大流士一世率军渡过伊斯特

波斯常备军

画面上的这些瓷砖以沙子和石灰为原料制成,有些学者把瓷砖上的弓箭手鉴定为波斯常备军精英1万名不死队的成员。波斯常备军达5万人,在大规模征战期间,还征集当地居民补充。这支军队由步兵、战车兵和骑兵组成,其中骑兵是主要兵种。

波斯金剑

这柄金质短剑长 17 英寸，剑柄以两头咆哮的狮子做装饰，在沿剑身靠近剑脊处已进行了加固，表明这把剑不仅仅为波斯人仪式之用。

◆ 波斯军事战术特点 ◆

步兵和舰队多次进行联合征战；大批登陆兵登陆作战；大量使用骑兵。

波斯军队的战斗队形由弓箭手、矛兵、战车兵和骑兵组成，有时还有战象配置在数条战线，各兵种分工协作，相互配合。

一线由战车、战象或弓箭手组成，用以冲击敌人，打乱敌人的战斗阵形；二线由重步兵组成，是战斗中的主力军，负责在短兵相接的战争中消灭敌人，两翼配置强大的骑兵掩护；三线由战车和骑兵组成，用以追击溃逃的敌人。

在整个战斗队形之后，预备队一线列开，以备战时应急之用和监督军队中临阵脱逃的士兵。

波斯人在征服过程中，注重军事改革，采取随时随地补给兵源及财物的策略，解决了前线军队的后勤补给问题。

尔河（多瑙河），侵入黑海北部沿岸地区的斯基福，遭到了斯基福人的袭击，被迫退到伊斯特尔河以南。公元前 517 年，大流士率军征服了印度河流域和巴尔干半岛的色雷斯地区。

波斯帝国在大流士一世时期空前强大，成为世界古代史上第一个横跨欧亚非三洲的大帝国。然而，波斯的征服并未结束，波斯军队继续西进，爆发了历史上著名的希波战争。希波战争后，波斯帝国元气大伤，开始走向衰落。

重要意义

波斯帝国的兴起，在古代文明史中占有重要地位，对地中海地区社会经济、政治、军事，乃至文化都有较深远的影响。在军事上，波斯人建立了强大的骑兵，使得骑兵在以后的战争中成了重要的作战兵种。波斯人的军事技术和军事创新也极大地促进了世界军事史的发展。

希波陆军战争
——西方战阵与东方骑兵的较量

交战双方： 希腊联军 VS 波斯军队
交战时间： 公元前 490 ~ 前 480 年
双方统帅： 雅典统帅为米太亚得，希腊联军为斯巴达国王列奥尼达；波斯统帅为波斯国王大流士和薛西斯
双方投入兵力： 希腊联军 10 万人；波斯军队 50 万人
双方使用兵器： 希腊联军使用青铜武器；波斯军队使用铁制武器
交战结果： 马拉松战役雅典军胜，温泉关战役波斯胜

历史背景

波斯通过不断地扩张，到大流士一世时期，已经成为世界古代史上第一个横跨欧亚非三洲的大帝国，并企图继续西进，征服整个希腊半岛。这样就和希腊的扩张企图自然而然地发生了对立，战争已不可避免。

主要过程

公元前 500 年，小亚细亚的诸希腊城邦因不满波斯的压迫，爆发了起义。雅典和埃雷特里亚派军舰支援，希波战争由此拉开了序幕。

公元前 492 年，波斯人镇压了起义之后，以雅典和埃雷特里亚支援起义为借口，派海、陆两路大军进攻希腊本土。埃雷特里亚很快被攻克。大流士一世在进军雅典时，遭到飓风的袭击，海军几乎全军覆没，陆军在进军中也遭到色雷斯的伏击，被迫撤退。

公元前 490 年春，大流士一世调集 10 万大军第二次远征希腊。波斯军在距雅典 40 多公里的马拉松平原登陆，马拉松会战开始。然而，这是一场力量极为悬殊的较量。

当时，雅典城内仅有 1 万多名士兵。统帅米太

这幅陶瓶画表现了一个希腊人被击倒后反戈一击，举剑砍向波斯人的情景。

马拉松战役形势示意图

波斯军队横渡爱琴海,于公元前490年9月在雅典东北沿海马拉松登陆,该地有道路直通雅典。雅典急遣约1万重装步兵迎战,盟邦普拉提亚也派出约1000人助战。波斯军远较雅典军多,且有一支约800人的骑兵队伍。

亚得根据马拉松平原三面环山、一面濒海、地形狭长的特点,抢先占领了战略要地,层层设防,封锁住通往雅典的道路,并派士兵中的健将斐力庇第斯去斯巴达求援。斐力庇第斯星夜赶路,整整两天两夜,跑了240公里,终于在9月9日到达斯巴达。而斯巴达国王因宗教惯例,在月圆之夜没有立即发兵。

米太亚得曾在波斯军队服役,非常熟悉波斯军平原作战时的特点。于是他将方阵重兵和骑兵的主力布置于两翼,中间安排较弱的方阵重甲步兵来引诱波斯人进攻。战争一开始,米太亚得指挥中间兵力边战边退,波斯骑兵步步紧逼。等到波斯主力进入伏击阵地后,雅典两翼方阵重兵和骑兵潮水般冲杀过来。随后,波斯军队大败,从海上仓皇退走。

马拉松战役虽然失败了,但是波斯人西侵的野心还是不能收敛。公元前486年,薛西斯继承王位后,又开始积极备战。公元前480年,薛西斯率领大军50

> **◀ 双方的策略 ▶**
>
> 马拉松战役中,雅典人巧妙地运用中部诱敌、两翼夹击、重点进攻的战术,使拥有强大骑兵的波斯惨败。温泉关战役波斯人则以绝对优势攻克了温泉关。

图为列奥尼达在温泉关战役中

在温泉关战役中,当希腊联军被敌人重重包围时,列奥尼达解散了他的部队,只留下300名近卫队员战斗到全军覆没。

万人、战舰 1200 余艘,又分水、陆两路向希腊进发。

面临波斯军的大兵压境,包括雅典、斯巴达在内的 30 多个希腊城邦,组成反波斯联盟,一致推举最擅长军阵、最勇猛善战的斯巴达国王列奥尼达为统帅。列奥尼达决定在温泉关阻止波斯陆军插入希腊腹地,使他们不能与海军会合。

温泉关地势险要,隘口很窄,只能容一辆战车通过,是希腊的一道天然屏障。波斯人连续发动几次进攻,都被顽强的希腊联军击退。波斯人死伤惨重,进军受阻。

就在双方僵持不下的时候,波斯人在一名希腊联军俘虏的带领下,沿秘密小道直插温泉关后方。

希腊联军腹背受敌,温泉关陷落,斯巴达国王也战死沙场。

攻克温泉关后,波斯军迅速推进,攻占了雅典城。至此,希波战争中陆上的较量暂时告一段落。

重要意义

马拉松战役是世界战争史上以少胜多的著名战役之一,这次战役的胜利鼓舞了希腊各城邦人民的斗志,大大提高了雅典在希腊的威信。马拉松战役在战术上是一次重大突破,这次战役以重军方阵和骑兵相结合的战术代替了以往单兵混战的方式。

希腊陆军对波斯陆军的顽强阻击,使波斯舰队与陆军会合并进行密切合作的计划破灭,为希腊联合舰队的防守及反击赢得了喘息的机会。

萨拉米斯海战
——第一次大规模的海战

交战双方：希腊海军 VS 波斯海军

交战时间：公元前 480 年

双方将帅：希腊海军统帅为斯巴达的欧里拜得斯和雅典的提米斯托克利；波斯海军统帅为波斯国王薛西斯

双方投入军力：希腊 370 多艘战舰 VS 波斯 1200 多艘战舰

双方使用兵器：战舰、青铜兵器、铁制兵器

交战结果：希腊海军大胜

历史背景

就在波斯陆军直扑雅典的时候，波斯海军也绕过优卑亚岛，掠过阿提卡，来到雅典的外港比里犹斯。他们水陆呼应，大有踏平希腊之势。面对波斯军队的水陆夹击，希腊人将一切海军力量集中起来，决定与波斯军决一死战。希腊人认为自己的水上力量有限，只能在狭窄的水域里战斗，自己才有获胜的机会，为此，他们选择了萨拉米斯海峡。于是希腊海军统帅提米斯托克利率领海军船只沿优卑亚海峡南下，前往萨拉米斯海湾，引诱波斯人前来应战。

海神波塞冬青铜像，这是为了纪念希腊在海战中的胜利而创作的。

主要过程

温泉关首战告捷后，薛西斯一世决定进军雅典。出乎意料的是，得到手的只是一座空城，雅典人已全部撤走。原来，在雅典的军事战略家提米斯托克利提议下，雅典公民大会决定暂避敌军精锐，把战场转到海上。

在国家危急关头，雅典将成年男子编入军队，将其他居民南撤到特里津城和萨拉米斯岛等地。希腊联合舰队 300 余艘战船，在斯巴达的欧里拜得斯和雅典统帅提米斯托克利率领下，由阿提密喜安海角撤退至狭窄的萨拉米斯海湾，准备迎战波斯舰队。果然，波斯舰队尾追而至，封锁了萨拉米斯海湾东西两个出口。希腊联合舰队进退无路，进一步坚定了团结抗敌背水一战的决心。公元前 480

年9月20日，萨拉米斯海战正式开始。

欧里拜得斯按照提米斯托克利的建议，立即进行战争准备。他派遣科林斯支队据守西面海峡，斯巴达战舰为右翼，雅典战舰为左翼，其他城邦的战舰在中央，开始向波斯海军发起攻击。

而薛西斯封锁萨拉米斯海峡后，首先派800艘先锋战舰分成三线一字摆开，向萨拉米斯海峡东端进攻。可是，海峡中间的普西塔利亚岛打乱了波斯军的阵形，波斯海军只好将纵队一分为二进行攻击。

再加上波斯战船体太笨重，在

萨拉米斯海战形势图

狭窄的海湾运转困难，前进不得，后退无路，因此自相碰撞，乱作一团。

相反，希腊军舰却能在波斯军舰中任意穿梭，因为希腊战舰大多是三层桨军舰，这样的战舰既快速又灵活。

希腊联军抓住时机，充分发挥自己战舰的优势，猛烈攻击波斯舰队。雅典的每艘战舰上载有 18 个陆战队员，他们不断地向敌舰发射火箭，投掷石块，波斯战舰逐渐变成一片火海。更令波斯人惊慌的是雅典船只坚固的构造和特殊结构。雅典战舰船头镶嵌铜冲角，船身安装一根 5 米的包铜横木。希腊人用铜冲角把波斯战舰撞得支离破碎，当战舰紧贴波斯舰飞速冲过时，横木更像锋利的刀子一样削断敌舰的木桨。波斯军队只能被动挨打。

经过七八个小时的激战，萨拉米斯海战结束。希腊联军大获全胜，击沉波斯战舰 200 余艘，缴获 50 余艘。希腊舰队仅损失 40 艘战船。

此后，以雅典为首的希腊转入进攻，并乘机扩张海上势力，逐渐建立起雅典在爱琴海的霸权。公元前 478 年，雅典舰队占领赫勒斯邦海峡北岸的重镇塞斯托斯，从而控制了通向黑海的要道。同年，雅典联合一批希腊城邦组成海上同盟，夺取色雷斯沿岸地区、爱琴海上许多岛屿和战略要地拜占庭。公元前 449 年，希腊海军在塞浦路斯岛东岸重创波斯军，至此双方同意媾和。同年，希腊和波斯在波斯首都签署了《卡利亚斯和约》，希波战争结束。

> ◆ **双方战略战术** ◆
>
> 希腊联军利用诱敌之计，凭借有利地势和特制舰船，充分发挥自身特长，灵活作战，击败敌军。波斯军虽数量上占优，但在战术上不能审时度势，结果惨败。

重要意义

萨拉米斯海战是世界上最早的大规模海战，是希波战争的转折点，也是世界海战史上以少胜多、以弱胜强的典型战例之一。这一战役使希腊人取得了制海权，波斯人则走向了衰落。

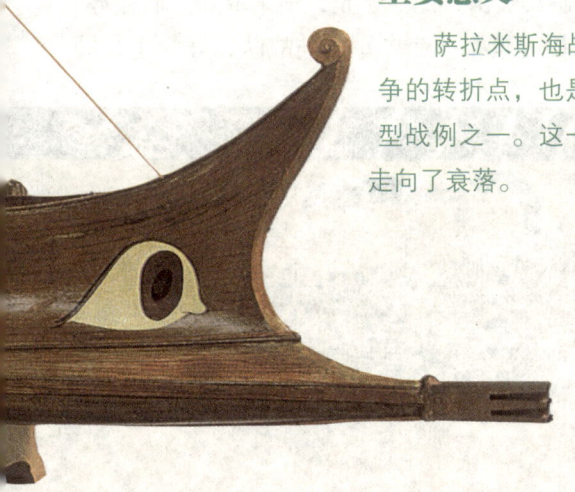

雅典的三层桨战舰模型

雅典的新式三层桨战舰长 40～45 米，速度快，机动性强，吃水浅，170 名桨手分别固定在上中下三层甲板上。希腊海军发挥自己船小且快速的优势，不断向波斯战船做斜线冲击，利用船头一根长约 5 米的包铜横杆，先将敌人的长桨划断，然后掉转船头，用镶有铜套的舰首狠狠冲撞波斯战舰的腹部，波斯战舰就这样一艘一艘地被撞沉。

伯罗奔尼撒战争
——古希腊由盛到衰的重大转折点

交战双方：以斯巴达为首的伯罗奔尼撒同盟 VS 以雅典为首的提洛同盟
交战时间：公元前 431～前 404 年
双方将帅：伯罗奔尼撒同盟为斯巴达统帅伯拉西达斯，他在安菲波利斯战役中战死；提洛同盟军统帅为雅典国王伯里克利，他于公元前 429 年因瘟疫而死。
双方投入兵力：斯巴达 6 万人；雅典 3 万人
双方使用兵器：青铜兵器、标枪等
战争结果：最终以斯巴达获胜而告终

历史背景

希波战争后，雅典不断向外扩张，控制爱琴海，形成与斯巴达争霸希腊的局面。斯巴达则针锋相对，与雅典争相干预他邦内政，冲突不断发生。公元前 435 年，科林斯与其殖民地克基拉发生争端。公元前 433 年，雅典出兵援助克基拉，逼科林斯退兵。公元前 432 年，雅典以科林斯殖民地波提狄亚隶属提洛同盟为由，要求它与科林斯断绝关系，双方矛盾加剧。同年秋，伯罗奔尼撒同盟各邦商议，在科林斯代表的鼓动下，要求雅典放弃对提洛同盟的领导权，遭拒后，伯罗奔尼撒战争就爆发了。

主要过程

面对与雅典的争端，斯巴达决定采取发挥陆军优势，鼓动提洛同盟成员国叛离，削弱和孤立雅典的战争策略。因为，斯巴达训练有素的重甲方阵步军和骑兵在陆战中将占有绝对的优势。

公元前 431 年，伯罗奔尼撒同盟成员底比斯袭击雅典盟邦布拉底引发战火。5 月，斯巴达国王率领精锐部队 6 万余人，向阿提卡进军，战争全面爆发。

雅典的统帅伯里克利是一位杰出的政治家和军事家，他对局势认识清楚，要想在战争中胜利或逼和斯巴达，必须避其长击其短。于是，他采取陆上取守势、海上则取攻势的策略，命令军队陆战队以守为主，同

时派舰船侵袭伯罗奔尼撒半岛沿海地区。

就在斯巴达不断对阿提卡进攻时,雅典的海军则在伯罗奔尼撒半岛开始登陆,严密封锁伯罗奔尼撒半岛海岸港口,断绝斯巴达海上与外界的联系,并煽动斯巴达的奴隶希洛人举行起义,斯巴达的陆上进攻受到极大牵制。整个战争正按照雅典人的预想进行着。

但不幸却降临在雅典人头上,公元前430年,雅典城内人口密集,发生严重瘟疫,死者甚众。雅典国王伯里克利在这场瘟疫中丧生,他的不幸去世使战争从防御战变成了新任统帅克里昂主张的侵略性战争。公元前425年,雅典海军占领了美塞尼亚西岸的皮洛斯及其附近的斯法克蒂里亚小岛,斯巴达亦陷困境。为避开强大的雅典海军主力,斯巴达国王命令柏拉西达将军率领一支精锐部队由小道穿过希腊半岛,向北绕到雅典背后进行攻击,对雅典同盟进行说服,并攻下安菲波利斯。

公元前422年,双方在安菲波利斯展开对决。斯巴达军分三路,中路出城诱敌,南北两路埋伏,出奇制胜。雅典军队惨遭伏击,乱作一团,溃不成

斯巴达武士像

在这幅画面上,雅典方阵的前列士兵正踏着双管长笛的节奏迎战斯巴达方阵的前列士兵。双方的军事力量按其地理环境而各有优势:雅典领导的同盟主要由爱琴海中的岛屿和滨海城市组成,因此它们的强项在于海战;斯巴达的联盟主要由伯罗奔尼撒半岛和希腊中心地区的城市组成(科林斯是一个例外),主要是陆地国家,强项在于他们的长矛兵。

关于伯罗奔尼撒战争的美术作品

几乎所有的希腊城邦都参加了这场战争,其战场涉及了当时整个希腊语世界。这场战争结束了雅典的黄金时代,也结束了希腊的民主时代,强烈地改变了希腊的国家面貌。

军。斯巴达骑兵乘胜追击,一举杀死雅典统帅克里昂。斯巴达统帅伯拉西达斯在乱军中也被杀死。

双方失去统帅,战争只好暂时停止。公元前421年,雅典主和派首领尼西阿斯与斯巴达缔结《尼西阿斯和约》。和约规定:交战双方退出各自占领地,交换战俘,保持50年和平。然而,导致战争的基本矛盾依然存在。

雅典和斯巴达在希腊争霸的野心并没有消除。和约签订的第6个年头,雅典调集134艘三桨战船、130艘运输船、5100名重步兵、1300名弓弩手共约2.7万人,组成雄壮的远征军,由亚西比德统率向西西里进发,与科林斯、斯巴达军队展开激战。很快雅典人便攻占了叙拉古城北的卡塔那,并计划下一步攻占有"西西里钥匙"之称的叙拉古城,战争发展极为顺利。

◆ 双方战略战术 ◆

斯巴达充分发挥陆军优势,巧施离间计,出奇制胜;求助宿敌波斯扩建舰队,增强海军实力;指挥官在决战中指挥得当,最终取得希腊霸主的地位。

雅典虽有海军优势,但麻痹轻敌,内部矛盾突出、奴隶逃亡、盟国叛离、财源耗尽等导致了最终的失败。

但惊人的意外还是发生了,雅典国王命令亚西比德回国受审。原来,雅典城内的海尔梅斯神像被人毁掉,亚西比德因一贯不敬神而被诬陷,还将被判处死刑。亚西比德一怒之下,在回国途中逃往斯巴达。对雅典战略战术一清二楚的亚西比德的投降给几乎绝望的叙拉古城人带来了转机,再加上斯巴达援军赶到,形势发生了转变,斯巴达在埃皮波拉伊重创雅典军队。雅典军队无奈只好撤退,但撤退当晚发生月食,相信月食会带来凶险的雅典士兵不肯登船撤退。斯巴达抓住时机,封锁港口,切断陆上要道,包围了雅典军队。公元前413年9月,雅典全军覆没,尼西阿斯被杀。经此严重打击,雅典渐失其海上优势。

西西里之战后,斯巴达又加强了陆上进攻。公元前 413 年,斯巴达军队大举入侵阿提卡,并长期占领德凯利亚(雅典城北部),破坏和消耗雅典的力量。

公元前 411 年,雅典海军在阿拜多斯,次年在基齐库斯,先后打败斯巴达海军。斯巴达则寻求波斯援助,增建舰队,要与雅典海军做最后的较量。公元前 405 年,斯巴达海军在波斯人的援助下一举全歼雅典海军,从此斯巴达成为希腊的霸权国。公元前 404 年雅典投降,被迫接受屈辱的和约:取消雅典海上同盟(即提洛同盟),拆毁长墙工事,舰船除保留 12 艘警备舰外,余皆交出,解散雅典同盟。长达 27 年的伯罗奔尼撒战争结束了,斯巴达取得了希腊霸权。

重要意义

伯罗奔尼撒战争使斯巴达成为希腊的霸权国,但整个希腊遭到严重危害,繁荣富强的希腊从此一蹶不振。这场战争是希腊城邦开始衰亡的标志,也是希腊古典时代的结束。

从喀罗尼亚到伊苏斯
——马其顿方阵的兴起

交战双方: 马其顿 VS 希腊、波斯
交战时间: 公元前 338 ~ 前 333 年
双方将帅: 马其顿统帅为马其顿国王腓力二世和亚历山大;波斯统帅为波斯国王大流士三世
双方投入兵力: 马其顿兵力 3 万步兵、5000 骑兵、160 余艘战舰;希腊联军兵力约 4 万人,波斯兵力 3 万余人。
双方使用兵器: 矛、箭、盾、剑等
交战结果: 马其顿赢得战争胜利

历史背景

公元前 4 世纪,位于希腊北部的马其顿,一跃成为希腊北部的重要国家。尤其是经过腓力二世改革后,马其顿成了巴尔干半岛的军事强国。西边的伊利里亚、伊庇鲁斯,东边的色雷斯、北边的派奥尼亚,都在其势力范围之内。腓力雄心勃勃,有强烈的征服欲望。

为打开出海口,夺取沿海一带,腓力二世多次与希腊城邦发生冲突,与马其顿毗邻的卡尔息狄斯同盟首先成了腓力的囊中之物。

主要过程

马其顿腓力二世的扩张,使希腊各城邦开始恐慌。雅典、麦加拉和科林斯等城邦组成了反马其顿同盟。公元前 338 年,以雅典和底比斯人为主的希腊联军在彼奥提亚的喀罗尼亚与马其顿军队决战。腓力二世率领 3 万步兵和 3000 骑兵,以骑兵为两翼、步兵居中的方阵向数量上并不少于他们的希腊联军冲去。一时间

双方战略战术

马其顿凭借独特的方阵战术,使三个兵种在作战中完美结合,形成了一个整体。而希腊和波斯战术古板、单调,不能形成强势冲击,最终落败。

杀声震天。希腊联军集中优势兵力直击马其顿方阵的右翼,顽强的马其顿右翼骑兵奋勇抵挡,终因人少力薄而支撑不住。眼看希腊联军就要突破防线。18岁的亚历山大对战场形势观察透彻后,直接指挥战阵左翼向力量较薄弱的希腊联军右翼发动猛烈攻击,联军一片大乱,整个阵线即刻崩溃。亚历山大的战术取得了决定性胜利,扭转了整个战局。

这是一次决定希腊城邦命运的战役。从此之后,希腊城邦实际上失去了政治独立,反马其顿派彻底失败了。

在这场战役中,腓力二世组建的马其顿方阵显示了强大的威力。新组建的马其顿方阵核心是由约100人组成的长矛阵,在阵中完全取消了重甲兵,第一线士兵的盾也大为缩小(斯巴达人的巨盾甚至可以遮盖整个身体),缩小的盾使士兵可以站得更紧密;同时,后方的矛渐次加长,最终所有的长矛手都可以向对方阵前的敌人进行攻击,最长的甚至达到10米。

相比重步兵方阵,马其顿方阵的防守能力略为逊色,但攻击则凌厉得多,因为马其顿方阵能使各个兵种更好地发挥优势,协同作战。另外马其顿方阵自身具有很高的机动性,能以完整的横队勇猛地冲向敌人,给尚未从骑兵袭击中恢复过来的敌人以更沉重的打击。战败的雅典人曾这样描述:攻到马其顿人面前的每个

士兵都必须同时对付至少 10 个的长矛头。

喀罗尼亚战役取胜后，马其顿军乘胜追击，南下伯罗奔尼撒，征服了除斯巴达外的希腊各城邦，基本实现了对希腊的征服。公元前 337 年，腓力二世召集希腊各城邦在科林斯召开全希腊会议，成立希腊永久性同盟，马其顿为盟主。公元前 336 年，腓力二世在女儿的婚礼上遇刺身亡，随后，亚历山大继位。

腓力二世猝然死去，希腊的反马其顿派又活跃起来，被征服、被吞并的北方部落也开始骚动。年仅 20 岁的亚历山大凭借聪明才智，以迅雷不及掩耳之势，很快平定了各地的骚乱与起义。

公元前 334 年，解除了后顾之忧的亚历山大按既定目标，亲率 3 万步兵、5000 骑兵、160 艘战舰，跨过霍尔木兹海峡进军波斯。

亚历山大与波斯的军队先在小亚细亚的格拉尼卡斯河附近交锋，波斯军队一触即溃。亚历山大乘胜前进，直逼小亚细亚重要城市萨狄斯。萨狄斯不战而降，小亚细亚的诸希腊城邦获得了名义上的自由。亚历山大接着沿海岸向叙利亚推进。公元前 333 年，在伊苏斯城与大流士三世亲率的大军相遇，双方展开会战。

波斯军在波纳鲁斯河岸排出长长的两横队，大流士本人坐镇中路指挥。马其顿的 2 万步兵、5000 骑兵分为三部分，中央是全身披挂青铜头盔，手持盾牌、利剑、长矛的重装步兵，两翼有轻装步兵骑兵掩护，三个军种训练有素，完美结合，形成一个整体。激战开始，亚历山大直捣波斯军的左翼和大流士御驾亲督的中军。大流士三世怯阵脱逃，波斯军全线溃败。

马其顿军的对外征服可谓势如破竹。之所以会取得这样好的效果，一方面和统帅的指挥分不开，另一

亚历山大头像
亚历山大年轻气盛、才智过人，20 岁时便继承了王位，巩固内政，东征波斯，将马其顿建成为一个强大的帝国。

亚历山大创立了包括步兵、骑兵和海军在内的马其顿常备军，将步兵组成密集、纵深的作战队形，中间是重装步兵，两侧为轻装步兵，号称马其顿方阵，每个方阵还配有由贵族子弟组成的重装骑兵，作为方阵的前锋和护翼。亚历山大通过一系列改革，使马其顿迅速成为军事强国。图为大流士的军队溃不成军，亚历山大正骑马追赶大流士的马车。

方面,马其顿方阵所起到的重要作用也是不可低估的。这一点,在亚历山大的进一步东进中表现得更为明显。

重要意义

喀罗尼亚战役是马其顿征服希腊的转折点,这一战役使马其顿变成希腊事实上的主宰者。伊苏斯战役,则使马其顿获得战争主动权,打开了进军叙利亚等国的门户。

马其顿方阵的兴起,改变了以往传统的战术模式,使多个兵种有机地结合起来,协同作战。

高加米拉决战
——波斯的崩溃

交战双方: 马其顿联军 VS 波斯军队
交战时间: 公元前 331 年
双方将帅: 马其顿统帅为国王亚历山大;波斯统帅为国王大流士三世
双方投入兵力: 马其顿 7000 骑兵、4 万步兵;波斯 4 万骑兵、100 万步兵
双方使用兵器: 战车、长矛、标枪、箭、刀
交战结果: 马其顿取得胜利

历史背景

亚历山大继承了父亲腓力二世对外扩张的遗志,继续东征波斯。他凭借训练有素、行动协调、战无不胜的方阵,在伊苏斯重创波斯军。战败的大流士三世逃到幼发拉底河,在这里重整旧部,又招募军队,准备在高加米拉与亚历山大决一死战。

主要过程

亚历山大通过伊苏斯战役打开了通往叙利亚、腓尼基的门户,并在短短的时间内,先后攻破腓尼基、提尔、加沙和孟菲斯等城邦。公元前 332 年,亚历山

在这座腓尼基墓穴的墙饰中,可以辨认出亚历山大军队的一部分。这些墙饰描绘了在与波斯人战斗中被围困的这位征服者的军队。

大在腓尼基的推罗遇到了出师以来最顽强的抵抗。经过7个月的围攻,推罗陷落。公元前331年,亚历山大返回推罗,东渡幼发拉底河。10月1日,在尼尼微附近的高加米拉原野与大流士三世的军队再次决战。

大流士三世对此役做了充分的准备,他调集4万骑兵、100万步兵,还有200辆装有刀剑的战车及15头战象,布置于开阔的高加米拉平原。大流士认为这是最适宜骑兵、战车作战的地方。他命令士兵铲平地面,移走障碍物,高加米拉平原显得更加空旷了。大流士吸取了伊苏斯战役的教训,还给士兵配备了更长的矛,并在战车上装备长刀,试图突破亚历山大的方阵。

大流士三世将军队分为两个方阵排列:第一方阵为主力部队,排成前后两条战线。战线的左右翼骑兵、步兵混合在一起,中央由大流士三世亲率皇族弓箭兵、步兵、骑兵及其他城邦联军组成纵深队形。第二方阵排列在第一方阵正前方。方阵的中央为15头战象和50辆战车,大流士三世的御林军骑兵紧跟其后;方阵左翼为100辆战车及西亚人骑兵;右翼为50辆战车及亚美尼亚和卡帕多西亚人骑兵。

亚历山大趁大流士三世尚在设防之际,亲率一支精锐骑兵勘察地形,巡视敌情,把敌军的战略部署搞得清清楚楚。而后方部队则一边加固防御工事,一边休养整顿。

10月1日早晨,亚历山大率领4万步兵和7000骑兵,正对着大流士三世的战线摆好阵势。与伊苏斯战役基本一样,中央为6个马其顿方阵,两翼配备骑兵,并将精锐的步兵和骑兵重点集中在右翼。在战线的后面两翼,亚历山大各安排了一个预备方阵,以应对随时可能出现的变化。

当波斯和马其顿军队接近时,亚历山大并没有直接进攻,而是向波斯军的左翼斜向移动。大流士三世担心亚历山大攻击左翼,也跟着平行移动。渐渐地,队伍走出了波斯人特意平整的地带。这时大流士三世开始警觉起来,他担心精心准备的战车失去作用,便立即命令左翼部队赶紧绕过亚历山大的右翼,阻止其继续右移。双方侧翼骑兵开始了激战。数量明显占优的波斯军,因为骑兵和马匹都有铠甲保护,致使亚历山大骑兵伤亡惨重,败下阵来。亚历山大急忙调骑兵支援,勇猛的骑兵

双方策略战术

大流士三世利用有利地形,采取纵深队形,试图攻破敌人方阵,但却被亚历山大瓦解。

亚历山大在战略上知己知彼,设置了预备队,在战术上巧施方阵,牵制敌人,制造战机,成功击败敌人。

连续向波斯军左翼发起冲锋,终于将敌人击退。

大流士三世看到其左翼激战正酣,趁势发动长刀战车冲向对方的方阵,试图冲散敌人。当他们接近时,马其顿方阵前方的弓弩手、标枪手上前迎战,有效地阻止了大流士三世的进攻。

大流士三世遂下令右翼开始进攻敌人左翼。亚历山大则命令攻击那些迂回到马其顿右翼的敌军。两翼骑兵的进攻,使波斯中央部队现出了一个漏洞。亚历山大亲自率领马其顿方阵和骑兵及预备方阵向内旋转,形成一个劈尖,直插大流士三世的阵营。波斯人顿时乱了阵脚,波斯军被冲得七零八落,再也组织不起有效的进攻了。大流士三世见大势已去,仓皇逃走。

公元前330年春,亚历山大引兵北上追击大流士三世,大流士三世被其部将谋杀,波斯帝国及阿契美尼德王朝就此灭亡。

亚历山大率领马其顿军队征服了波斯的全部领土,建立起了一个横跨欧、亚、非三洲的大帝国。

重要意义

高加米拉战役的胜利彻底击溃了波斯帝国主力军队,为亚历山大建立横跨欧、亚、非三洲的大帝国奠定了基础。

亚历山大征战场景

罗马早期的扩张
——罗马军团初显锋芒

交战双方： 罗马军队 VS 迦太基军队
交战时间： 公元前 264～前 241 年
双方将帅： 罗马统帅是雷古卢斯，迦太基统帅是桑希普斯
双方投入兵力： 罗马军约 5 万人，330 艘战舰；迦太基军 300 多艘战舰
双方使用兵器： 箭、矛、盾、刀、剑等
交战结果： 最终以罗马军的胜利而告终

历史背景

公元前 3 世纪，罗马征服意大利半岛后成为奴隶制强国，并开始向外扩张。位于西西里岛的叙拉古国发生内乱，一批意大利雇佣军强占了东北部的墨西拿，并求助迦太基和罗马的支援。占有优势的迦太基海军捷足先登，赶走叙拉古军队。对西西里早就野心勃勃的罗马人担心迦太基控制整个西西里乃至地中海，便于公元前 264 年，对迦太基宣战。

主要过程

在罗马对外扩张时期，投射武器的进步，使马其顿方阵渐渐消亡，因为敌方可以在远离方阵的地方通过箭射和投枪杀伤阵中士兵。罗马人在与高卢人的作战中首先尝到了这个滋味，当高卢的剑盾兵攻破了罗马人的侧翼后，3 万罗马人和同盟军毫无反抗能力地在阵位上被杀死。这场惨败令罗马人意识到，长矛阵

威武的罗马战车

古罗马战舰浮雕

这是在罗马附近普里赖斯特的普里米尼厄运女神神殿里发现的一件浅浮雕，上面雕刻有一艘古罗马战舰。古罗马战舰在装备上有几点创新：装有登船板；舰首安装撞角，可撞击并击沉敌舰；还有弓弩手、标枪手和投石手使用的高塔；桨手的数量和技术也是一大优势。

如果被突破就很难抵抗剑兵的进攻。于是，他们对马其顿方阵进行了革命性的改进，并推演出罗马小步兵方阵的新战术：用重步兵组成真正的兵团部队，并按年龄分为3个部分。每个兵团分为3个师，排成纵深序列，每师分10个连。青、壮年每连为120人，而老年每连60人。一个支队包括青、壮、老年各一连，还有120名轻步兵和30名骑兵共450人。10个支队组成一个兵团。在战斗中，各连部署犹如棋盘格子，第二师的各连可以对第一师正面上的间隔做掩护，第三师又可掩护第二师，10个中队的骑兵合成一个侧翼。这就是罗马军团。

罗马人凭借战斗力极强的罗马军团，占领了大部分富庶的西西里岛，并于公元前262年攻占了迦太基在西西里岛西南岸的据点阿格里真托，但西西里岛西部和沿海的一些要塞却仍控制在海军优势强大的迦太基人手中。

罗马人在陆上的胜利，并不能击溃迦太基的海上舰队。公元前261年，罗马人做出了极为勇敢的决定，迅速建立起一支拥有120艘大型战舰的海军。公

双方战略战术

罗马军队利用新式兵团和"乌鸦吊"战船确立了陆海军优势。而迦太基军战略上轻敌，战术古板，造成了最终的失败。

元前260年，尚未成熟的罗马海军企图攻占梅萨纳，结果失败。这使罗马人认识到不做传统战术的改良是战胜不了在海军方面训练有素、机动性和作战经验都优于自己的迦太基军队的。

如何在海战中发挥罗马军团的陆上优势呢？

对此，罗马人发明了新的海上战术：他们在战船上装一个在桥板顶端下面安有长钉的木板桥，叫作接舷吊桥，又称"乌鸦吊"。前进时，木板桥可以直立起来，用来阻挡敌人投掷的武器；接近敌船时，板桥可以左右摆动，当它落在敌船甲板上时，钉子马上把敌人船只抓住。这时，罗马军团就可以迅速通过板桥，与对方展开肉搏战。

表现罗马人与迦太基人战斗的绘画

因罗马人称迦太基人为布匿人，所以他们之间的战争被称为布匿战争。从公元前246到公元前146年，布匿战争共爆发了三次。

罗马人对所有战船做了改进后，便开始向西西里北部进发。当在迈利海与迦太基海军相遇时，用这种木板桥，罗马兵团把迦太基将士打得落花流水。这一次战役使罗马成了海上强国。

公元前256年，罗马人派出一支拥有约5万人、330艘战船的庞大军队，开始进攻非洲。不甘失败的迦太基海军调集更庞大的舰队准备在中途攻击罗马战船，可是当两军相遇时，"乌鸦吊"板桥又显示出了极大的威力，致使迦太基军损失惨重。

罗马人进军非洲的计划虽然被打破了，但他们赢得了中部地中海的控制权。

取得中部地中海的控制权后，罗马陆军统帅雷古卢斯准备攻占突尼斯，以建立对迦太基的作战基地。不料在交战中，雷古卢斯被迦太基赶到的援军俘获，罗马军大败。

公元前242年，罗马人在卡托拉斯统率下，250艘战船向西西里岛的利利贝奥和德里帕那发起突然进攻。迦太基获悉后非常震惊，立即派400艘战舰出海，企图夺回这些港口。两军在爱加特斯岛附近展开激战，虽然迦太基战舰数量占优，但罗马的"乌鸦吊"战船仍然使迦太基战舰沉没50艘，被俘70艘。结果，罗马大胜，迦太基撤出西西里。

重要意义

通过这一系列战争，罗马夺得西西里和地中海的控制权，罗马与迦太基矛盾更深。新兵团和新战术的应用，则为世界军事史翻开了新的一页。

第二次布匿战争
——汉尼拔的"坎尼"战法

交战双方： 罗马军队 VS 迦太基军队
交战时间： 公元前218～前201年
双方将帅： 罗马将领是费边；迦太基统帅是汉尼拔
双方投入兵力： 罗马约7万人；迦太基约5万人
交战结果： 最终以罗马的胜利而结束

历史背景

罗马与迦太基的第一次战争，虽然使罗马的势力范围扩大，得到巨额的赔款，但这并没有彻底摧毁迦太基，反而使双方的矛盾更深。公元前221年，迦太基为了夺回失地，任命25岁的汉尼拔为主帅，开始了对罗马的战争。公元前219年，迦太基统帅汉尼拔攻占了罗马的同盟者萨冈坦。第二年，罗马派费边去迦太基交涉此事，要求交出汉尼拔，但遭到拒绝，于是罗马对迦太基宣战。第二次布匿战争爆发了。

汉尼拔胸像

汉尼拔（公元前247～前183年），迦太基著名将领，在第二次布匿战争期间，他在意大利与罗马人作战15年之久，其将才足以与亚历山大、恺撒及拿破仑相比肩。

主要过程

第二次布匿战争爆发了，罗马军队兵分两路，一路扑向西班牙，攻击迦太基在欧洲大陆建立的据点；另一路则从海上直扑迦太基的本土。正当罗马人在这两个战场上节节胜利时，令其意想不到的事情发生了：一支迦太基军队竟然出现在意大利。

原来，迦太基统帅汉尼拔为求出奇制胜，于公元前218年4月，率领9万名步兵、1.2万名骑兵和37头战象，从新迦太基城出发，沿西班牙东部向东北方向进军，开始了对意大利的远征。由于行军环境的艰苦以及阿罗布罗克斯人的攻击，当他们进入山南高卢平原时就只剩下步兵2万人和骑兵6000人了。

汉尼拔的突然出现，使罗马人大为惊慌，不得不放弃侵略非洲和西班牙的计划，集中兵力保卫意大利本土。公元前217年，罗马人派两位将领分东西两路进攻汉尼拔。汉尼拔则采用迂回战术,有效地避开罗马主力,艰难地通过沼泽地带,绕到了特拉西梅诺湖的北岸。这是一个三面环山,一面临湖的谷地,只有一条狭长的隘口可以通过。汉尼拔将部队部署在这里,准备伏击罗马军:他把骑兵和步兵分别安排在谷地的入口和出口处,亲自率领步兵占据两边的高地,然后以轻装步兵和骑兵诱敌深入,果然四个军团3万余人的罗马大军,在迦太基军士的引诱下,贸然进入谷里。这时,汉尼拔一声令下,高处的迦太基将士高声呐喊,箭和标枪像雨点一样密集地向罗马军掷去。突遭袭击的罗马军大乱,根本组织不了反攻。出口与入口的迦太基士兵凶猛地冲杀过来,罗马军四面受敌,死伤无数,剩余的1.5万人只好被俘。

> ◀ **双方战略战术** ▶
>
> 汉尼拔在罗马进攻时采用以攻为守的策略牵制对方,在战斗中诱敌深入,利用自己的想象力迂回作战,出其不意,创造世界军事史上以少胜多的精彩典范。后来罗马军凭借数量优势,切断孤军深入的迦太基军的补给,最终赢得战争的胜利。

汉尼拔继续向南移动,罗马方面开始震惊。罗马元老院下令加固罗马城防,同时任命经验丰富的费边率领4个军团的兵力尾追汉尼拔军队,却不与他们正面交战。罗马军意欲采取避敌锐势,使其孤军深入,切断汉尼拔补给线的策略。然

特雷比亚河战役场景

在公元前217年的特雷比亚战役中,罗马军团士兵首次与战象这种巨兽交战,因此遭到战象的猛烈袭击,罗马士兵仓皇逃跑。在象战中,最重要的是要使任性的大象听从驭手的指挥,弓箭手才能站在柳条的塔楼内有条不紊地射向敌军。

布匿战争示意图

公元前264年，古罗马与迦太基之间爆发了一场大规模冲突，由此展开了三次布匿战争。上图反映了几次布匿战争影响到的地区、战争中重要战役的时间及罗马人获胜的时间。

而，公元前217年底，瓦罗接替费边任执政官，由于其好大喜功，主张速战速决。双方于公元前216年8月在奥费达斯河岸的坎尼地区展开了一场大战。人数占优的罗马军列成密集、纵深的战斗阵形，企图以强有力的方阵步兵击垮迦太基队伍，而两翼只配备少许骑兵。此时，汉尼拔识透了罗马人的意图，把自己的部队布置成一个半月形的阵势，中央凸出的部分安排轻装骑兵和轻步兵，两翼竖排的却是战斗力极强的重甲骑兵和重甲步兵。战争一开始就极为激烈，骑兵占优的迦太基部队一举击溃了罗马骑兵，但罗马方阵步兵开始压了过来。刺猬般的方阵步兵攻势猛烈，迦太基部队凸出的部分开始后退，两翼的重兵、骑兵慢慢地跟着向内旋转。一直到罗马军将队形压凹进去，汉尼拔才命令两翼步兵和骑兵快速内旋，从两侧把罗马军卷在迦太基部队的中央，形成了对罗马军的包围，最后全歼罗马军队。这就是著名的坎尼之战，它是西方军事史上第一个包围歼灭战，被认为是军事史上的杰作之一，所以包围歼灭战又称为"坎尼"战法。

公元前205年，罗马33岁的年轻将领西庇阿率军渡海到北非迦太基的本土，迦太基急忙召汉尼拔回军救援。公元前202年秋，双方在扎马城附近进行最后的决战。交战开始后，汉尼拔军的战象受到西庇阿一线部队鼓角齐鸣的惊吓，或者停滞不前，或者转身向自己的战阵冲去，或者被罗马军的投枪击伤后逃跑。西庇阿抓住时机，一鼓作气，取得了胜利。

此后迦太基的海上霸主地位彻底被颠覆，罗马成了西地中海新的霸权国家。

重要意义

坎尼之战创造了以少胜多围歼敌人的奇迹，表现出汉尼拔杰出的军事才能。而这一战，也使罗马认清形势，随着扎马之战的失败，迦太基人不得不向罗马求和，从此迦太基人在西地中海的霸权地位就由罗马所取代了。

第三次布匿战争
——迦太基的覆亡

交战双方： 罗马军队 VS 迦太基军队
交战时间： 公元前149～前146年
双方将帅： 罗马统帅是艾米利亚努斯，迦太基统帅是迦太基国王
双方投入兵力： 罗马军8万步兵、4000骑兵、600艘战舰；迦太基约8万人
双方使用兵器： 矛、盾、弓箭、投石机等
交战结果： 罗马攻克迦太基城获胜

历史背景

第二次布匿战争失败后，迦太基被彻底剥夺了军事和外交上的主动权。但经过50余年的快速发展，迦太基又恢复了过去的繁荣。罗马害怕迦太基的重新崛起会对其在地中海的霸权构成威胁，于是教唆努米底亚人进攻迦太基。迦太基被迫组织反击。罗马则以迦太基破坏了第二次布匿战争后签订的"未得到罗马同意之前，迦太基不得发动任何战争"的约定为借口，正式向迦太基宣战。

主要过程

公元前149年，罗马进犯迦太基，第三次布匿战争爆发。罗马派执政官孟尼留斯率8万步兵、4000骑兵、600艘战舰，从西西里渡海直达迦太基的重镇乌提卡。

突如其来的侵略使得迦太基措手不及，只得向罗马求和。罗马却提出极为苛刻的条件：一是送300名贵族男孩到罗马做人质；二是交出他们的一切武器；三是命令他们放弃自己的城池，迁移到距离海岸10英里以外的地方去。由此迦太基不得不将300名男孩和20万套兵器以及200门弹射机送给罗马。

在擎徽手的带领下，罗马军团战士用木杆扛着自己的装备跨越一座用船只架设起来的浮桥。

战败的迦太基士兵正在逃离被火点燃的城市 浮雕

◀ 双方策略战术 ▶

迦太基采用坚固的防御策略，一度使罗马军束手无策。罗马人则运用全面封锁的策略，凭借人数优势，采用步步为营的战术，最终攻破迦太基。

罗马人冲进迦太基城，战斗持续了一个星期，最后攻下中央要塞——比尔萨。罗马元老院成员抵达这座被占领的城市后，决定将它夷为平地。罗马人血洗迦太基，挨房搜查，将所有居民找出杀死。这样，迦太基港口被毁灭，国家成为历史。

但第三条让迦太基人忍无可忍，他们决心团结起来保卫自己的国家。迦太基国王处死了主降派和反战分子，释放所有的犯人和奴隶，重新组建军队。城中居民和犯人、奴隶一起修筑城墙，建立坚固的防线。城内所有的工厂都投入到兵器的制造中，日夜不停地赶制武器。城中的妇女还献出自己的秀发，作为弓弩的弦。迦太基人为保卫自己的家园做了充分的准备。

而罗马并没有把迦太基放在眼里，他们认为没有武器的迦太基人一定不堪一击，但第一次交锋罗马人就遭到了当头一棒。迦太基城建造在北非海岸一个半岛的顶端，三面环海，地势险峻，易守难攻，在陆上除了有坚固的城墙外，迦太基人还迅速建起了一道坚实的防线。登陆攻城的罗马军团由于不熟悉地形，被奋勇出击的迦太基人痛击而遭惨败。迦太基还缴获了大量的兵器。

出师不利使罗马人不得不对迦太基另眼相看。于是罗马人撤换了前线的将领，命艾米利亚努斯率领15万大军再攻迦太基。当时，迦太基城里包括老弱病残妇孺只有25万人，能打仗的壮丁不足8万人。对比，罗马军就在城外筑起一道长垣，采取围困策略，欲困死迦太基人。然而，令罗马人没想到的是迦太基的陆上交通虽然被阻，但海上交通却依然畅通。所以，罗马人花了两年时间也未攻破迦太基。公元前147年，罗马统帅艾米利亚努斯重新审视迦太基的周边地形，才发现港口是迦太基赖以生存的命脉。由此，他一面命人在迦太基河上游筑坝，切断迦太基的海上运输；一面下令倾全力强攻港口。罗马人首先攻占了港口南部的小岛，把这里作为进攻港口的基地，继而攻下了迦太基的港口。

公元前146年，迦太基城发生饥荒，疾病也乘虚而入，大面积流行起来。艾米利亚努斯抓住这难得的时机，从四个方向对迦太基发起总攻。不久，就攻破了迦太基城。残酷的巷战进行了6天6夜，迦太基战死者达8.5万，5万残存居民沦为奴隶，城市也被付之一炬。这样，罗马完全吞并了迦太基，将其地设为阿非利加省。

重要意义

这次战争让陆上强国罗马为战胜海上强国迦太基而建立了海军；而迦太基统帅汉尼拔在不拥有制海权的情况下，从陆上翻越天险———阿尔卑斯山深入罗马腹地，并以劣势兵力围歼优势之敌和罗马海军所采取的接舷战，也是战术史上的杰作，这些都对欧洲陆战和海战产生了深远的影响。

皮德那之战
——罗马军团的胜利

交战双方：罗马军队 VS 马其顿军队
交战时间：公元前168年
双方将帅：罗马统帅是鲍鲁斯，马其顿统帅是佩尔修斯
双方投入兵力：罗马军共2.8万人，1200名骑兵；马其顿3万多人
双方使用兵器：矛、盾、标枪、弓箭、剑等
交战结果：罗马军队大胜

历史背景

第二次布匿战争中，马其顿国王腓力五世曾经与汉尼拔联合对付罗马人，罗马人对此非常不满，派军队驻守亚得里亚海岸，监视马其顿。公元前168年，佩尔修斯继承马其顿王位后，不断扩充兵源，训练军队，筹集粮食武器，准备与罗马决一死战。罗马人不想再容忍马其顿的所作所为，正巧帕加蒙王欧米尼斯去罗马陈述马其顿国王佩尔修斯侵略的意图，在回去的路上，佩尔修斯雇用刺客企图谋杀他。罗马人以此为借口，向马其顿宣战。

主要过程

公元前171年，罗马执政官埃米利乌斯·鲍鲁斯率主力部队2.8万步兵和1200名骑兵挺进希腊。

马其顿国王佩尔修斯派兵一路截击，并几次挫败敌人。鲍鲁斯一面从正面牵制佩尔修斯的兵力，一面派纳西卡沿艾尔皮亚斯河岸向下游移动，准备迂回到佩尔修斯的后方。但是这一计划却让佩尔修斯知道了。佩尔修斯派米罗前去阻止，双方经过一番激战，米罗惨败。佩尔修斯听到失败的消息后，害怕受到前后夹

> **双方策略战术**
>
> 马其顿军采用传统的方阵战术，一度使罗马军团节节后退，但其战术单调而古板，缺乏灵活性，最后失败；罗马人利用地形优势，采用侧翼包抄，用短兵肉搏之战术大破马其顿方阵。

击，遂率主力3万余人撤向南部沿海的皮德那，驻守在卡提里尼。卡提里尼的南面是平原，非常适合马其顿方阵作战，佩尔修斯准备在这里与罗马军决战。

鲍鲁斯知道马其顿撤兵，就立即前进，向卡提里尼推进。他将部队驻守在阿罗克拉斯山上，这是高低不平的山丘地带，不利于马其顿方阵的进攻，并且这里与马其顿军营隔劳卡斯河相望。

劳卡斯河是该地区的唯一水源，所以两军达成协议，对取水的部队互不侵犯。

公元前168年6月22日下午，在河边饮水的罗马战马突然脱缰向河的对岸跑去，马其顿两名士兵上前拦马，被跟在后面的罗马士兵打死，双方守河士兵混战在一起。双方主帅都认为这是一次难得的机会，遂决定在此展开决战。

马其顿军首先击溃罗马军前锋，罗马人退向山地。擅长平原作战的马其顿方阵怎么能适应高低不平的地形呢？可是，佩尔修斯并没有命令方阵停止前进，而是命令继续进攻。

这时灵活的罗马军团却有了用武之地，他们从右翼反击马其顿方阵。佩尔修斯想立即调转方阵正面策应右翼，但高低不平的地形和笨重的长矛使方阵调整起来极为困难，方阵出现无数漏洞。鲍鲁斯又命令第一、二军团从左翼强渡劳卡斯河，从侧面、后面进行攻击。佩尔修斯急令马其顿士兵以密集的长矛冲击罗马军队，试图突破罗马军的包围，但几次冲锋均未成功，马其顿方阵却被罗马军冲得七零八落。鲍鲁斯见时机成熟，急令罗马军团从敌人方阵的空隙中插入，用刀剑与马其顿士兵展开肉搏战。马其顿士兵的长矛暴露出缺陷，近距离交战既不能进攻，又很难防守，于是士兵纷纷丢下长矛逃命。

此战，马其顿士兵被杀者有2万人，被俘者1万多人，罗马仅损失几百人。佩尔修斯在逃跑途中被擒，后死于罗马狱中。马其顿灭亡。

在这场战役中，马其顿方阵表现出在适应战场环境上的笨拙，可以想象，要让上百人在战场上快速向前是可以的，但让其团团转以应付来自各方的敌人，是很困难的，在狭窄地区就更困难了。

重要意义

皮德那战争，使强大的马其顿帝国走向消亡，罗马开始向一个世界性的强权帝国迈进。

罗马军团

每个罗马军团重装和轻装的步兵大约4200人,骑兵300人,分成30个中队和2个百人队,每个百人队实际为60～80人。重装步兵分成三列,第一列是最年轻和没有什么战斗经验的士兵(枪兵);第二列由成年的有一定战斗经验的士兵组成(主力兵),各有10个中队,每个中队120人;第三列是年长且战斗经验丰富的老兵,被称为后备兵,也是10个中队,但人数却只有60人。每列之间要保持一定的距离,以便于两列之间的退后或者前进。另外还有1200名轻步兵和300名骑兵,他们列于阵列的最前方或者两翼。

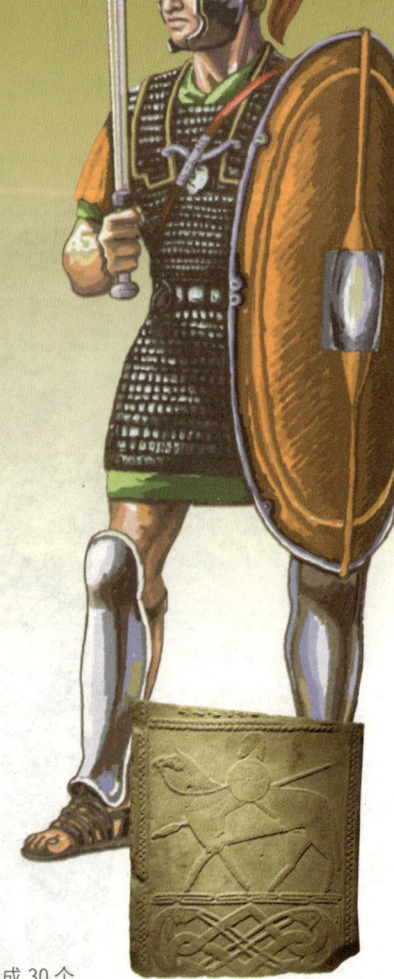

罗马人将那些生活在他们边界之外的以及和他们不属于同一文化的部落称为"蛮族"。右图这个日耳曼武士像雕刻在公元7世纪的一个墓碑上。

斯巴达克起义
——罗马共和国的丧钟

历史背景

公元前2世纪，罗马成为了横跨欧、亚、非三大洲的帝国。连年的扩张，使大批的战俘和被征服的居民成为罗马人的奴隶。在罗马，到处都有大规模使用奴隶劳动的大庄园，奴隶被称之为"会说话的工具"。奴隶主为了取乐，建造巨大的角斗场，强迫奴隶成对角斗，并让角斗士手握利剑和匕首，相互拼杀。一场角斗戏下来，场上留下的是一具具奴隶的尸体。由此，奴隶和奴隶主的矛盾日益突出。公元前73年，世界古代史上最大的一次奴隶起义——斯巴达克起义爆发了。

交战双方： 罗马军队 VS 奴隶起义军队
交战时间： 公元前73~前71年
双方将帅： 罗马统帅有瓦利尼乌斯、椤图鲁斯、盖利乌斯、克拉苏；起义军统帅是斯巴达克
双方投入兵力： 罗马为6个兵团约9万人；起义军12万人
双方使用兵器： 矛、盾、标枪、剑等
交战结果： 起义军遭到镇压而失败

主要过程

在古罗马奴隶制时代，奴隶领袖斯巴达克领导的大起义，曾经震动了整个西方世界，其不畏强暴、前仆后继求解放的斗争精神曾影响了一代又一代奴隶，谱写了奴隶解放的光辉诗篇。

公元前80年，希腊东北部的色雷斯被罗马征服，战将斯巴达克被俘后沦为奴隶，成为一名供罗马贵族娱乐的角斗士。为了争取自由和权利，公元前73年，斯巴达克带领70多名角斗士

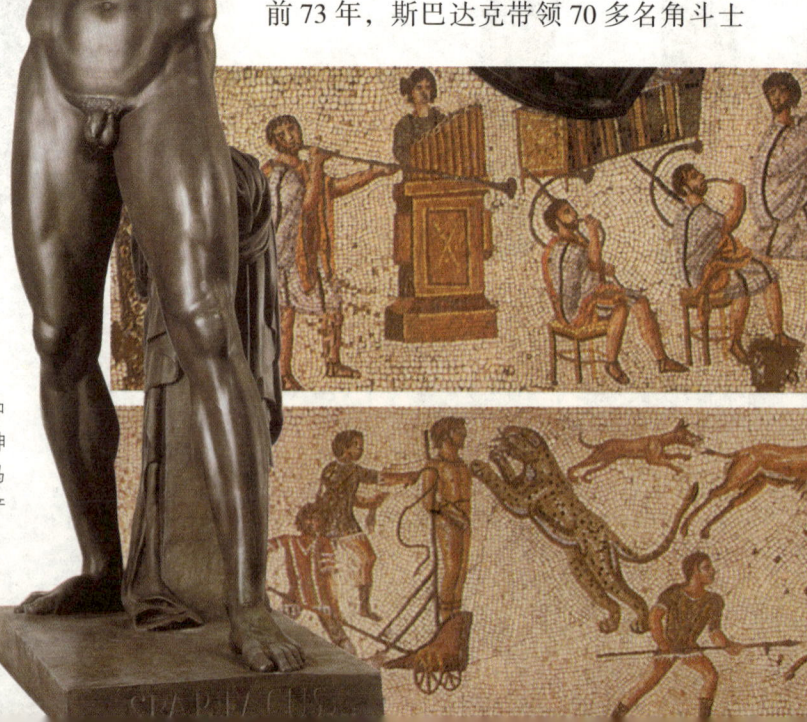

斯巴达克雕像
斯巴达克在起义中表现了英勇的斗争精神和卓越的军事才能，马克思称他是"古代无产阶级的真正代表"。

杀死卫兵，逃到维苏威深山里。斯巴达克被推选为起义首领。许多逃亡的奴隶和农民纷纷参加起义军，很快发展到1万人，起义军的势力日益壮大起来，影响范围也越来越广。

公元前72年，罗马当局派军队围剿起义军。维苏威山是断崖山，山后是悬崖峭壁，罗马军把进出的道路封死，欲围困起义军。斯巴达克一边命人在前面吸引敌人的注意力，一边命主力从后山绕到敌后偷袭罗马军。结果大败罗马军，起义军声名大振，队伍进一步扩大。

起义军队伍壮大起来后，斯巴达克决定将队伍转移到罗马实力较弱的意大利北部。罗马元老院命瓦利尼乌斯率领1.2万大军分三路截击。斯巴达克采取各个击破的策略，先后打败两路大军。两路失败的罗马军与第三路军会合后继续反攻，将起义军困在山洞里。起义军正好得到了休整机会。休整完毕，起义军在营中点起篝火，吹响号角，迷惑敌人，然后趁夜色从崎岖的小道突破重围。天亮后，罗马军才知中计，急忙率军追赶。起义军又利用有利地势设下埋伏，打了罗马军队一个措手不及。

后来，斯巴达克的起义军增加到12万人，已具相当规模。于是，斯巴达克便按照罗马军队的形式将自己的部队进行了改编，除了由数个军团组成的步兵外，还建立了骑兵、侦察兵、通信兵和小型辎重部队。此外，斯巴达克还组织制造武器，对士兵进行训练，并制定了严格的兵营和行军生活规章。起义军声威大震，控制了整个坎佩尼亚平原。不久，斯巴达克决定继续北上，但是他的副手克里克苏由于和斯巴达克产生分歧，拒绝北上，带领3万余人原地留守。

在古罗马，奴隶主为了取乐，建造巨大的角斗场，强迫奴隶成对角斗，或同猛兽决斗。一场角斗竞技下来，场上留下的是一具具奴隶尸体。奴隶主的残暴统治，迫使奴隶一再发动大规模武装起义。

双方策略战术

斯巴达克起义在军事上有许多成功之处，如在战斗行动中力求夺取和掌握主动权；组织好步兵和骑兵的协同，力主进攻；在战区内巧妙地移动部队；行军隐蔽迅速，设置埋伏，实施突袭；善于各个歼灭敌人。这些对后来的奴隶起义战争提供了许多有益的经验。斯巴达克多次运用迂回战术，出奇制胜，屡屡突破罗马军的围剿。

罗马军队采用围追堵截的战术，凭借人多势众镇压了斯巴达克起义。

罗马元老院对起义军的发展极为担忧，遂命椤图鲁斯和盖利乌斯统率2个军团对起义军进行围剿。首先给了留守的克里克苏部致命一击，克里克苏部阵亡。然后，罗马军又兵分两路夹击斯巴达克军。斯巴达克集中兵力先打击堵截罗马军团，后又乘胜回头对追兵发起了猛攻，罗马军团再次惨败。

取得这场胜利后，斯巴达克不再向北转移，而是挥师南下，向西西里岛进军。罗马当局惊慌失措，派克拉苏统率6个军团约9万人镇压起义军。这时斯巴达克大军已挺进到意大利半岛的南部，准备从这里渡海去西西里岛。但是被西西里收买而毁约的海盗没能给他们提供船只。斯巴达克只好组织起义军编制木筏，但海上的风暴使他放弃了计划。这时罗马大军赶到，起义军被围。斯巴达克打算趁夜率军冲破罗马防线渡海去希腊，但未能实现。

公元前71年，斯巴达克命精锐骑兵攻击敌人较弱的地方，自己率军集中攻击中路。斯巴达克被敌人重重包围，中枪十余处，壮烈牺牲，6万多士兵战死。随后，斯巴达克的余部仍继续战斗达十年之久。

轰轰烈烈的斯巴达克起义虽然失败了，然而，这次起义的意义远远超出了起义本身，它沉重地打击了奴隶主的统治，加剧了罗马奴隶制的危机，促使罗马政权由共和制向帝制过渡。列宁在评价斯巴达克起义时指出："在许多年间，完全建立在奴隶制上的仿佛万能的罗马帝国，经常受到在斯巴达克领导下武装起来、集合起来并组成一支大军的奴隶的大规模起义的震撼和打击。"

重要意义

斯巴达克起义虽然失败了，但它沉重地打击了罗马的统治，对罗马的政治、经济、军事都产生了深远影响。这次起义敲响了罗马共和国的丧钟，一个新的军事独裁政权——罗马帝国即将诞生。

斯巴达克起义对奴隶解放与自由运动是一次巨大的推动，在人民群众争取社会解放的斗争史上留下了不可磨灭的印迹。

高卢战争
——恺撒战术大演练

交战双方： 罗马军队 VS 高卢军队
交战时间： 公元前 58～前 51 年
双方将帅： 罗马统帅是恺撒，高卢统帅是韦辛格托里克斯
双方投入兵力： 罗马大军 10 个军团；高卢联军 25 万人
双方使用兵器： 矛、盾、标枪、弓箭等
交战结果： 罗马军队最终征服高卢

历史背景

高卢位于当时罗马共和国北部的大片地区，包括今天法国、意大利、卢森堡、比利时、德国以及荷兰和瑞士的一部分。罗马与高卢的冲突由来已久，罗马人始终把高卢作为自己的威胁，只不过罗马因为长期陷于布匿战争和东方的战事，而无暇顾及高卢地区。到公元前 1 世纪，罗马征服了希腊，摧毁了非洲的迦太基，扫平了马其顿，镇压了斯巴达克起义，已经成为地中海世界最强大的霸主。这时，罗马人觉得该彻底解除高卢的威胁了。

主要过程

公元前 58 年，罗马杰出的政治、军事和文学家恺撒出任高卢总督。他为壮大自己的实力，战胜自己的对手进而确立独裁统治，先后对高卢发动了 8 次军事远征。

高卢由赫尔维提亚、比尔格和凯尔特三个部落组成，虽然部落之间并不团结，却都对罗马的扩张很反感。于是他们纷纷采取行动，与罗马人进行对抗。首先是赫尔维提亚人，为扩张势力，36.5 万军民混杂在一起，向罗纳河沿岸迁移。恺撒得知消息后，急令一个军团阻止赫尔维提亚人的行动。但由于人数相差悬殊，罗马人无法阻止赫尔维提亚人的前进。于是，恺撒命令副将率军牵制敌人，自己则调集大军越过阿尔卑斯山，出其不意地出现在敌人的侧翼及身后。在毕

在高卢战争中，恺撒意图用军事工事包围敌人，他命人在战场上布设大量障碍物。如右图所示，他让人在丛林下面埋下铁制棒，在圆形陷阱里插上尖木桩，然后在整个工事的外围布满有着锋利枝杈的灌木丛。

布拉克德附近，与赫尔维提亚人展开激战。罗马军的弓箭、标枪让赫尔维提亚人猝不及防，只好投降返回原地。

制服了赫尔维提亚人后，恺撒又率军在莱茵河附近与日耳曼人展开激战，不但解除了英勇善战的 20 万日耳曼人对自己的威胁，还顺势征服了东北部的高卢部落和比尔格人。

恺撒大军虽然节节胜利，但是他对战败国采取的血腥屠杀和贪婪的洗劫，激起了高卢人的反抗。公元前 53 年，阿费尔尼人的青年族长韦辛格托里克斯联合其他部落，在高卢中部发起了大规模的反抗罗马入侵和暴政的起义。韦辛格托里克斯趁恺撒不在高卢之机，率领 25 万起义大军向罗马人发动攻击。为了不让罗马军得到一丝供给，起义军实行了"焦土"政策，将所到之处的粮草一律烧光。同时，起义军还切断了恺撒与罗马军联系的渠道。

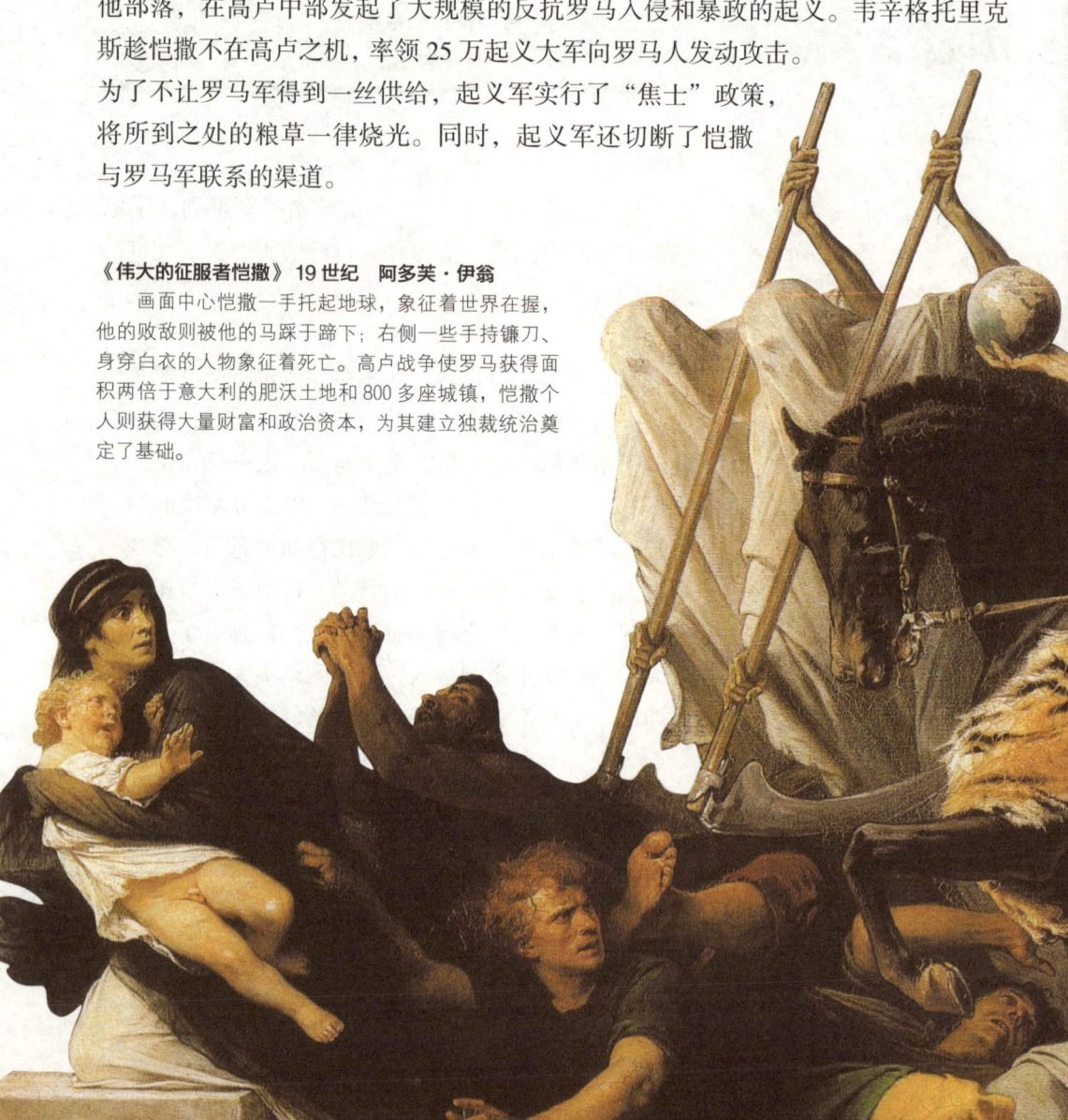

《伟大的征服者恺撒》 19 世纪　阿多芙·伊翁

画面中心恺撒一手托起地球，象征着世界在握，他的败敌则被他的马踩于蹄下；右侧一些手持镰刀、身穿白衣的人物象征着死亡。高卢战争使罗马获得面积两倍于意大利的肥沃土地和 800 多座城镇，恺撒个人则获得大量财富和政治资本，为其建立独裁统治奠定了基础。

恺撒只好翻过冰封雪冻的阿尔卑斯山，回到军营。恺撒的归来，使罗马人军心振奋，也使起义军感到惊奇，并开始军心动摇。恺撒抓住这一良机，采取分化瓦解、各个击破的策略，一举将顽强抵抗的韦辛格托里克斯包围在阿莱西亚城。

建造在山顶上的阿莱西亚城，地势原本就险峻，再加上高卢人在城墙前方挖了壕堑，筑了2米高的护墙，恺撒不敢强攻，只好采取围困与封锁的战略。他派兵筑建封锁工事，并在工事前挖了许多陷阱，在陷阱后面挖了间隔100米的三道壕沟。又在中间的壕沟后面筑建起一道壁垒，让军队防守在壁垒间。

双方对峙了30余天后，阿莱西亚城内闹起了饥荒。与其等死，不如一战，韦辛格托里克斯决定率军突围。就在这时，城外的起义军赶来救援，这更坚定了韦

恺撒获胜的原因

第一，罗马军队在人员和技术装备上占有优势。

第二，正确的战略战术和谋略计策。恺撒采取积极进取、果敢行动、歼敌有生力量的战略。具体表现为：善于周密侦察敌情和地形，采用灵活多样的作战方式；善于利用有利地形并迅速构筑工事；长于快速移动兵力、实施突然打击，一旦击溃敌人则定要跟踪追击，务求全歼敌人而取胜。

第三，为了孤立、分化敌人，采取外交手段，运用谋略和计策分化瓦解数量上占有优势但意志不统一的众多部落。

辛格托里克斯突围的决心。可是，罗马人的防御工事却使援军无法接近阿莱西亚城。城内起义军用柴草泥土填平壕沟后，好不容易杀到罗马人的壁垒前，却遭到了从侧翼绕到后方的罗马军队的攻击。高卢人腹背受敌，军心大乱，最后全军溃败，韦辛格托里克斯被俘。

到公元前51年，恺撒彻底镇压了高卢部落的多次起义。

重要意义

高卢战争大大加强和壮大了恺撒的实力和权威，为建立独裁政权奠定了坚实的基础。恺撒的战术大演练也极大地丰富了世界军事史的内容。

安息与罗马之争
——罗马军团惨败东方

历史背景

公元前1世纪70年代末，罗马斯巴达克起义被镇压，罗马局势发生变化，庞培和克拉苏开始执政。此时，恺撒亦崛起于罗马政治舞台，经他周旋，庞培和克拉苏摒弃嫌隙。三人出于政治需要，达成秘密协议，建立罗马历史上的三头政治同盟。恺撒征服高卢后，庞培和克拉苏及罗马贵族对他产生了戒心和忌妒。克拉苏为增加自己的政治资本，决定东侵。

交战双方：安息军队 VS 罗马军队
交战时间：公元前53年
双方将帅：安息军统帅是苏莱那；罗马军统帅是克拉苏
双方投入兵力：安息军共1万名骑兵；罗马军共4万名
双方使用武器：矛、盾、弓箭、刀、剑等
交战结果：以安息军队取胜而告终

主要过程

公元前54年，为增加自己的政治资本，克拉苏率领包括7个重步兵军团、一个轻步兵军团和4000名骑兵共4万余人的罗马军队向东进发，开始入侵安息。当时，附属于安息王国的亚美尼亚国王阿尔塔瓦兹德

早有脱离安息统治的想法。克拉苏便与他密谋，罗马军沿美索不达米亚沙漠推进，强渡幼发拉底河后向底格里斯河进攻，然后和阿尔塔瓦兹德的军队从两面对安息腹地实施钳形夹击，欲歼灭安息军队。

安息王国位于幼发拉底河以东，境内主要是沙漠。安息王国以帕提亚人为主，过着游牧和半游牧生活，但是却建有一支完全由骑马的弓弩手组成的强大军队。他们使用的弓与一般的弓有很大差别，这种弓是由许多块兽角组成的，拉起来很费劲，但发出的箭射程远。

克拉苏入侵的消息很快传到了安息国王耳中，于是他命令青年将领苏莱那率领骑兵迎敌。苏莱那是一位无所畏惧且极富想象力的人，他命一支人马突击亚美尼亚部队，迫使阿尔塔瓦兹德退出战争。自己率领1万名骑兵，向底格里斯河方向的沙漠腹地退却，打算诱使罗马军进入沙漠，一举歼灭。他还配备了1000匹骆驼载运大量的箭，保证武器补给。

公元前53年，克拉苏占领了当年亚历山大渡过底格里斯河的地点尼斯发流门后，获悉安息的骑兵正向底格里斯河方向退却，克拉苏命令部队向北进发，决定沿捷径，穿过沙漠袭击敌人。4月底，罗马军队在宙格马附近强渡幼发拉底河。安息军队在苏莱那的指挥下避免与其发生正面战斗，而是以袭击战的形式消耗敌人，并在不断的偷

克拉苏（约公元前115～前53年）
公元前56年，古罗马"三巨头"划分势力范围，恺撒统治高卢，庞培统治西班牙，克拉苏统治东方。

图为安息骑兵
安息军队的主力是骑兵，重骑兵头戴铁制硬盔，身披铁链护甲，骑着高头大马。轻骑兵则身穿宽松的衣裤，骑小而灵活的战马。

安息军队的战术示意图

安息军队运用迂回战术,当轻骑兵骑到离敌人约 45 米远处就开始放箭,然后一边撤退一边转到右侧保持骑射阵。当敌军阵营出现混乱,重骑兵便冲上去掩杀。在这场战争中,罗马军队遭到安息军队的围歼,统帅克拉苏被俘遭斩首,一度所向无敌的罗马军团几乎全军覆没,只有克拉苏的长子普布利乌斯所率的第一军团 6000 余人拼死突围。

袭中将敌人慢慢引诱至无水的沙漠深处。善于远距离奔袭迂回的安息军队,使阿尔塔瓦兹德军受到惨重损失,被迫退出了这场战争。

6 月,罗马军队进至卡尔海地区。正值夏天的沙漠炎热异常,缺水成了罗马军的最大问题,罗马军干渴难耐。而补给队伍又时常被截,缺粮少水,致使罗马军疲惫不堪。

已消除后顾之忧的苏莱那见时机成熟,下令发起全面反攻。骁勇的安息骑兵从四面迂回包围罗马军。罗马军强打精神,组织成密集的战斗队形,准备迎战,但安息人并不做正面交锋,而是在四周不停地运动,同时向罗马军万箭齐发。很快,罗马军阵形大乱,丧失斗志的士兵在沙地上艰难地东奔西突。暴雨般的乱箭致使罗马军全线崩溃,克拉苏在战斗中被俘遭斩首。罗马军几乎全军覆没。

双方策略战术

卡尔海战役中,安息军采用诱敌深入的策略,充分利用沙漠补给困难和自身优势,运用袭击战骚扰敌人;还采用运动围歼敌人的战术,成功歼灭了罗马军。

而罗马军对敌人的策略判断失误,盲目行军造成最终的失败。

重要意义

卡尔海战役抑制住了罗马向东扩张的步伐,使罗马步兵的声威明显下降,改变了罗马三头政治同盟统治的局面。

历史背景

罗马共和国末期,罗马出现全面危机,社会矛盾、阶级矛盾极其尖锐复杂。奴隶数量迅速增加,奴隶制度进一步发展,共和制统治显得过时了,垄断帝制建立是社会的迫切要求。罗马元老院在军事与政治独裁面前形同虚设。罗马的权力开始被一些拥有巨额财富和军队领导者所掌控。这些巨头私下结成同盟,明争暗斗,罗马政治成了他们合作与斗争的舞台,最终演变成军事上的对抗。罗马内战是公元前1世纪后期罗马奴隶制国家内部为争夺政权和建立军事独裁而进行的一场战争。

罗马内战
——为罗马帝国奠基

交战双方: 恺撒军队 VS 庞培军队
交战时间: 公元前 49 年
双方将帅: 恺撒军队为恺撒;庞培军队为庞培
双方投入兵力: 恺撒军队 2.2 万人;庞培军队 4.5 万人
双方使用兵器: 矛、盾、标枪、弓箭等
交战结果: 恺撒军队击败庞培军队

主要过程

罗马内战的发动者是罗马共和国晚期著名的"前三头"和"后三头"。"前三头"是指克拉苏、恺撒和庞培,三人为了各自的目的,秘密联合起来,结成反对元老院贵族派同盟,史称"前三头同盟"。

为使恺撒陷于战争,无暇问津政治,庞培和克拉苏积极支持恺撒出任高卢总督。恺撒用 9 年的时间征服了高卢,不仅为罗马扩张了大面积疆土,也为自己积累了雄厚的财富,并锻炼出一支忠心耿耿的军队。

公元前 55 年,克拉苏在征服帕提亚的战争中不幸战死,三头同盟变成了两头,恺撒和庞培的较量也进入白热化。公元前 49 年,庞培被元老院任命为独一执政官,命令恺撒交出兵权,否则将宣布恺撒为罗马的"公敌"。

恺撒深知庞培的阴谋和野心,于是先发制人,于公元前 49 年 1 月突然率军越过卢比孔河(今意大利东北部),进军罗马,内战开始了。

恺撒大军一路势如破竹,一举攻至罗马城下。庞培万没料到恺撒的部队如此果断迅速,来不及应战就逃往希腊。恺撒攻

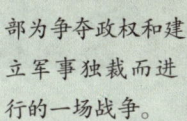

恺撒头像

恺撒之死　18 世纪晚期　油画

　　这幅以恺撒之死为主题创作的油画,将恺撒遇刺后瘫倒在血泊之中的场面表现得淋漓尽致。恺撒被刺中 23 刀(其中仅有一处是致命伤),倒在了庞培的雕像下气绝身亡。他死后按照法令被列入众神行列,被尊为"神圣的尤利乌斯"。元老院也决定封闭他被刺杀的那个大厅,并将 3 月 15 日定为"弑父日",元老院永不得在这天集会。

占了罗马和整个意大利。攻占罗马后,恺撒决定歼灭庞培留在西班牙的 7 个军团的主力,以保障后方安全并掌握战争的战略主动权。他率领 6 个军团开进西班牙。失去首领的庞培军未做顽强抵抗即缴械投降。从而使恺撒占领了整个西班牙。

　　为了扩大自己的社会基础,恺撒推行各省居民和罗马人权利平等的政策,从而使军队猛增至 28 个军团。而庞培在希腊总共只有 9 个军团。公元前 48 年,恺撒率领 2.2 万大军大举进军希腊。庞培组织 4.5 万军队于 8 月在法萨罗准备与恺撒决一雌雄。

　　庞培军在法萨罗与埃尼派夫斯河之间的开阔地带布置了战斗队形:步兵横排成三线,右翼靠近埃尼派夫斯河,左翼集中了精锐的骑兵、投石手和弓弩手。恺撒军与之对阵,同样横排成三线,左翼傍埃尼派夫斯河,右翼为强大骑兵,并在其后埋伏 3000 名步兵,第三线配置预备队。恺撒军向前冲锋迎敌。庞培的骑兵、投石手和弓弩手出击,攻击对方暴露的翼侧。恺撒骑兵主动后撤。庞培骑兵追击时遭到伏击溃散,恺撒骑兵乘胜迂回到庞培军后方,预备队也投入战斗。经过激烈的战斗,庞培大败,逃往埃及,被埃及国王托勒密暗杀,其残部也全部投降。

◆ 获胜方的战略战术 ◆

恺撒善于发现对手的不足，迂回作战出奇制胜；善于选择主要突击方向，巧妙地分割敌军，将其各个击破；他在迎击敌军时，通常集中兵力狠狠打击敌人的某一侧翼；在战斗队形中通常留有强大的预备队，预备队作为战斗队形的重要组成部分，用来加强部队在主要方向上的突击力量，实施决战和扩张战果，这是军事学术史上的创举。

恺撒和他的继承者屋大维，都善于根据政治、经济和军事的不同形势来指导战争，并能从政治的全局高度把握军事问题，实现了政治目标同军事手段的完美结合。

恺撒为追击庞培的军团在埃及登陆后，卷入埃及内讧，打败托勒密国王的部队。随后，又进军攻打并击溃了占据着部分罗马领土的帕提亚人。

公元前46年，恺撒再次在非洲登陆，并在塔普苏斯城附近击溃贵族派军队。接着他又挥师西班牙，在公元前45年的孟达一战中击败庞培两个儿子的部队，庞培的残余势力被彻底消灭。公元前45年9月，恺撒建立了个人的军事独裁政权。

公元前44年3月，恺撒被共和派刺杀。公元前43年，其义子奥古斯都·屋大维及部将安东尼、李必达结成"后三头同盟"，共和制已名存实亡。

"后三头"当权后对共和派展开大屠杀和清洗，罗马又陷入内战中。公元前42年秋的菲利皮（马其顿东南部）一役，布鲁图等共和派一败涂地。此后，屋大维逐渐接近元老院。公元前36年，屋大维消灭了占据西西里岛的庞培之子，并剥夺了李必达的军权，形成屋大维和安东尼"两头"对峙的局面。屋大维待机进攻了安东尼及与安东尼结婚的埃及女王克里奥帕特拉七世。

公元前31年9月，在亚克兴海战中，安东尼和埃及女王彻底失败，托勒密王朝灭亡，埃及被并入罗马，内战结束。公元前27年，屋大维获得元老院赠予的"奥古斯都"尊号，建立了罗马帝国。

重要意义

罗马内战揭开了罗马历史新的一页，使罗马奴隶制从共和制发展到帝制的新阶段。这次内战对于军事学术的发展也有很大的作用。

历史背景

罗马内战过程中,具体地说,就是在菲利皮之战后,屋大维和安东尼之间争夺国家统治权的斗争也日益加剧。公元前37年,安东尼与埃及女王克里奥帕特拉七世结婚,并表示将东方行省部分地区赠予女王及其子嗣。公元前32年,屋大维鼓动元老院和公民大会宣布安东尼为"公敌",随即对埃及宣战。阿克兴海战是屋大维和安东尼的一次海上决战。

屋大维时期的罗马军团

屋大维是罗马所有军团的最高统帅,他建立了30万人的常备军和一支驻在罗马的近卫军,身边还有一支由日耳曼人组成的精锐卫队。他凭借这些武装,打败国内外敌人的进攻,镇压奴隶的反抗,维持其奴隶主军事独裁的统治。

阿克兴海战
——战争、阴谋与爱情

交战双方: 屋大维军队 VS 安东尼军队
交战时间: 公元前31年
双方将帅: 屋大维军队为屋大维,安东尼军队为安东尼
双方投入兵力: 屋大维军队4万人,战船400余艘;安东尼军队10万人,战船500艘
双方使用兵器: 矛、盾、标枪、弓箭等
交战结果: 屋大维击败安东尼取胜

主要过程

公元前31年9月,安东尼和埃及女王率军10万人、战船500艘来到希腊西海岸,将舰队部署在安布拉基亚湾,陆军驻扎在海湾南岸一带。屋大维带领4万人马、400余艘战船向埃及进军。屋大维以陆军占领科罕岛和莱夫卡斯岛,对安东尼军形成南北夹击的态势,以舰队控制安布拉基亚湾出口,并派战船袭扰安东尼的后方补给线。

安东尼派步骑兵袭击屋大维军受挫,面临供应困难、士气不振和兵员逃亡的不利局面,遂决心在海上决战。

安东尼将舰队分为左、中、右三个部分,排成一线,他亲自指挥右翼的170艘战舰,左翼安排阿格里帕率领两支舰队,中央为一支舰队,在右翼中央的后面是

营帐外的安东尼

公元前40年,安东尼和屋大维的妹妹屋大维娅结婚,但3年后,安东尼认识到他和屋大维根本不可能和解,遂前往东方会见克里奥帕特拉。此图表现了安东尼和克里奥帕特拉的会见场面。

罗马帝国皇帝屋大维雕像

克里奥帕特拉率领的一个支队共60艘战舰。安东尼将右翼兵力集中,其目的是想从对方的左翼形成突破,迂回到敌人的后方进行夹击,当自己迂回到敌后战线形成空当时再由克里奥帕特拉堵塞,这样,战线仍然会保持完整。屋大维针对敌方的部署特点,也将舰队分成左、中、右3个编队,并成一线展开,由海军名将阿格里帕指挥左翼编队迎战安东尼。

9月2日,安东尼率舰队驶抵海湾出口阿克兴角,其右翼编队从上风方向发起攻击。阿格里帕的左翼编队充分发挥船体轻、航速快和机动灵活的特点,避开对方矢石的攻击,运用撞击、火攻及接舷跳帮等战术进行反攻。安东尼舰队船体笨重,被动挨打,损失惨重,其中央和左翼编队见胜利无望准备掉头回航。女王所率编队也挂起风帆驶向埃及。安东尼见大势已去,无心再战,命令战船尾随其后撤离战区。此战,安东尼损失战船300余艘,其陆军也全部投降。

第二年,屋大维进攻埃及,安东尼无路可走,伏剑自刎,克里奥帕特拉和宫女一同服蛇毒而死。

自此,罗马内战结束,屋大维建立起了一个地跨欧、非、亚三洲的罗马帝国。

◆ 双方策略战术 ◆

在战争中屋大维机动灵活,时而攻,时而退,与敌人迂回作战,给对手以沉重打击。而埃及军的临阵脱逃,葬送了战胜屋大维的机会,导致惨败。

重要意义

通过阿克兴海战,屋大维彻底消灭了安东尼的势力,将罗马大权集于一身,建立了元首制,成为罗马第一个皇帝,从此,罗马进入新的奴隶制帝国时代。

拜占庭 – 波斯战争
——两败俱伤的拉锯战

交战双方：拜占庭军队 VS 波斯军队
交战时间：公元 527 ~ 628 年
双方主帅：拜占庭将帅有贝利撒留等；波斯将帅有扎基西斯等
双方投入兵力：拜占庭约 20 万人；波斯 20 余万人
双方使用兵器：矛、盾、标枪、弓箭等
交战结果：双方交战过程中互有胜负,最后一次以波斯军战败而终结

历史背景

罗马帝国不断衰落,逐渐分为东、西罗马两帝国。在匈奴等外族的入侵下,西罗马灭亡,而东罗马帝国仍是横跨欧、亚、非三大洲的大帝国,人们称之为拜占庭帝国。当时,伊朗王朝也迅速崛起,成为西亚最大的帝国,史称新波斯帝国。两大帝国为扩张疆土从未停止过战争。4 世纪末,两大帝国均受到外族入侵而暂时停止战争。拜占庭帝国查士丁尼一世登上皇位后,一心想恢复古罗马旧时的版图,积极向东西扩张。

主要过程

公元 527 年,刚即位的查士丁尼一世为恢复昔日罗马的辉煌,对内厉行改革,加强中央集权,对外开始扩张。他任命贝利撒留为东征统帅,率领 2.5 万人进攻波斯。波斯人立即命令扎基西斯率领 4 万大军在尼亚比斯阻击贝利撒留的东征军。公元 529 年,以逸待劳的波斯军对疲惫的东征军发起猛烈的进攻,贝利撒留全军溃败。波斯军趁机猛追,一直追到美索不达米亚平原地区。贝利撒留只好退守战略要塞德拉城,但他并未选择一味地防守,而是在要塞的南边平坦开阔的平原上命士兵挖一条"丁"字形壕堑,然后开始排兵布阵。他把勇敢而矫健的轻骑兵和步兵安排在壕沟里隐藏,将重骑兵部署在壕沟的前面。很快波斯军骑兵就向拜占庭重骑兵猛冲过来,拜占庭骑兵顽强抵抗,尽可能地消耗对方的体力。人数占优的波斯军形成强劲的冲击波,拜占庭重骑兵终于支撑不住向后败退。这时贝利撒留命令埋伏的骑兵和步兵迅速冲出,猛攻波斯军,波斯军死伤无数。公元 532 年,拜占庭为实现收复

西罗马的计划，以退出德拉城驻军并向波斯支付巨额赔款为条件与波斯缔结合约。

拜占庭西征，收复了大片西罗马领土。波斯对拜占庭的胜利极为担心。公元540年，查士丁尼将贝利撒留召回国，其理由是要对付来自波斯方面的新威胁。不过，真正的原因似乎是由于查士丁尼的恐惧心理，因为他听到一些传说，说哥特人在向贝利撒留求和的时候，曾经决定承认他为西方的皇帝。正当贝利撒留取道回国的时候，波斯的新国王乔斯罗斯也完成了又一次横越大沙漠的进军，占领了安条克城。而后，在查士丁尼答应每年输送大量钱财的条件下，缔结了一项新的和约。可是，在乔斯罗斯刚好返回波斯以后，贝利撒留回到了君士坦丁堡，于是，查士丁尼又立即撕毁了这个条约。双方再次爆发战争，因为拜占庭兵力集中于西方，所以，波斯军一路势如破竹，先后攻占安条克、亚美尼亚。接着又向美索不达米亚挺进。面对咄咄逼人的攻势，查士丁尼一世忙调兵支援。

公元545年，双方再次签订5年的休战协议。随后，拜占庭为援助被波斯侵占的科尔奇斯人，双方在高加索山麓进行了长达13年之久的拉锯战。双方各有胜负，损失惨重。公元562年，双方又缔结合约，波斯人放弃对科尔奇斯的侵占，拜占庭每年支付1.8万磅黄金给波斯，期限为50年。

连年的战争和巨额的赔款，使得拜占庭出现了财政危机。公元572年，查士丁尼三世停止向波斯支付黄金。波斯遂发兵进攻拜占庭，大获全胜，并索赔4万磅赔款。公元589年，波斯发生叛乱，拜占庭趁机向波斯发兵，一举攻破波斯首都泰西封，帮助库斯鲁二世夺回了王位，并稳定了东方边境。

拜占庭在积极对外扩张的同时，内部的权力斗争也日益加剧。在拜占庭帮助下重新登上波斯王位的库斯鲁二世趁机发兵西征，攻陷德拉城后，继续兵分两路向西

> **◆ 双方策略战术 ◆**
>
> 拜占庭与波斯的拉锯战中，波斯充分发挥陆军优势，在绝大多数时间里占有主动权，但缺乏强大的海军使其最终战败；拜占庭军队善于主动进攻，利用优势地形，诱敌迂回作战，以少胜多，以弱胜强，最终取得胜利。

在波斯战争中，波斯军队的战斗队形由部署成数条战线的弓箭手、矛兵、战车和骑兵组成，其中骑兵是主要兵种，装备有弓箭、短矛和剑，并配有藤制盾牌和鱼鳞铠甲护身。

拜占庭的武圣人

在出征时，拜占庭士兵总会携带这种木刻神像。战斗开始前，战士们跪在神像前，祈求神灵保护他们，并保佑他们取得战争的胜利。

挺进，先后攻破安条克、埃梅萨和大马士革等地。公元613年，波斯军队侵入叙利亚，开始进攻耶路撒冷。为保卫"圣地"，拜占庭士兵和城中居民浴血奋战，但80天后，城池被攻破，耶路撒冷成为废墟。波斯大军已经威胁到拜占庭的首都君士坦丁堡。

波斯国虽然拥有强大的骑兵和步兵，但是海军较弱。公元622年，拜占庭皇帝希拉克略抓住这个机会，亲率大军避开波斯的正面进攻，乘战舰出其不意地攻取小亚细亚。波斯忙派援兵救急。12月12日，以逸待劳的拜占庭军队在卡帕多西亚与波斯军展开会战，波斯军惨败，弃城而逃。希拉克略乘胜追击，一举追至波斯首都泰西封城下。波斯被迫与拜占庭签订和约，交还侵占的所有土地及"圣十字架"，两国又回到以前的状况。

重要意义

拜占庭－波斯历时100年的拉锯战使两国两败俱伤，但为中东阿拉伯人的兴起和扩张创造了条件。

哥特战争
——贝利撒留的精彩战法

交战双方： 拜占庭军队 VS 东哥特军队
交战时间： 公元 535～540 年
双方将帅： 拜占庭统帅是贝利撒留；东哥特统帅是维蒂吉斯
双方投入兵力： 拜占庭军队共 1.5 万人；东哥特军队约 15 万人
双方使用兵器： 矛、盾、标枪、弓箭、刀、剑等
交战结果： 拜占庭战胜东哥特军队

历史背景

公元 527 年，具有雄心壮志的查士丁尼成为东罗马帝国（也叫拜占庭帝国）的皇帝，这时的罗马版图已支离破碎，被异族瓜分，意大利沦入东哥特人的手中。查士丁尼立志要夺回被蛮族占据的领土，重新恢复古罗马帝国的昔日雄风，对哥特发动了征服战争。

主要过程

东哥特王国在国王狄奥多里克时与罗马的元老维持了比较好的关系。狄奥多里克死后，王位传给了他的外孙阿特拉里克，但实权却掌握在太后阿拉马松塔手里，阿拉马松塔是个十足的亲罗马派。公元 534 年，阿特拉里克病故，阿拉马松塔感到自己地位不稳，便秘密派人与查士丁尼联系，表示为保住自己的地位，愿把意大利交还东罗马。接着，她又立自己的表弟狄奥达特为国王。不想狄奥达特即位后反而囚禁了她，

东哥特人进军罗马

公元 540 年，查士丁尼的军队从东哥特人手中夺回了拉文纳，为了纪念此次胜利，他命人在克拉斯建造了这座长方形教堂。

后来干脆把她处死了。这便给了查士丁尼兴师问罪的借口，于是历时 20 年之久的"哥特战争"爆发了。

公元 535 年，查士丁尼命贝利撒留为统帅，率领 1.5 万人远征意大利。在过去的 60 年间，意大利处于东哥特人的统治下，收回意大利是恢复古罗马辉煌的关键。贝利撒留决定先攻取西西里作为进攻基地。536 年 5 月，他带兵渡过墨西拿海峡，开始进攻沿海重镇那不勒斯城。那不勒斯城地形险峻，易守难攻。守军储存了大量的粮草，准备凭险坚守。贝利撒留围困 20 余天，几次强攻都未能见效，战事毫无进展。贝利撒留仔细侦察周围地形，发现了一条干涸的进城水道，当晚便派 400 名士兵沿这条水道溜进城去，打开城门。先进城的 400 名士兵与主力军里应外合，一举攻破那不勒斯城。与此同时，拜占庭与占据高卢的法兰克人建立了同盟，东哥特人面临两面受敌的境地。

那不勒斯的失陷，使东哥特人极为恐慌。他们废掉狄奥达特，选武士出身的维蒂吉斯为王。维蒂吉斯凶悍善战，有勇有谋。他用领土收买法兰克人，以稳定后方。然后，他在罗马留下少许驻军，自己则携罗马元老做人质，率大军撤出罗马城。公元 536 年 12 月 10 日，罗马教皇和城中居民违背对维蒂吉斯立下的誓言，开城迎接贝利撒留入城。

东哥特人不甘心将罗马城轻易让人，遂于次年 3 月，倾全国兵力 15 万人，开始围攻罗马城。贝利撒留军中大多数士兵是罗马人和同盟者匈奴人，他们是优秀的骑射手，可是东哥特人中却没有一个人熟知这种战法，他们的骑兵只习惯于使用长枪和短剑。贝利撒留抓住这一点，修整城墙，备足弓箭，只等敌人来攻。31 日，剽悍的东哥特骑兵攻来。贝利撒留闭门不出，在城墙上指挥将士开弓放箭，投掷石块、标枪等。东哥特人顿时乱了阵脚，战死者有 3 万人之多。维蒂吉斯见强攻不行，便改变策略，将罗马城团团围困，毁掉罗马城的供水道，断绝城中水源。这一举动一度使罗马居民十分恐慌，维蒂吉斯处死了充当人质的罗马元老，更引起了城内军民对东哥特人的仇视。维蒂吉斯失去了劝诱罗马投降的好机会。接着，又有

◆ 双方策略战术 ◆

在整个战争过程中，贝利撒留的战术体系和防御进攻战略，构成了拜占庭帝国的军事基础。在以后的几个世纪中，西欧进入了中世纪的黑暗时代，而拜占庭帝国却继续维持了它的地位和罗马的传统。从拜占庭的两本著名军事学教科书中，即从毛里塞皇帝的《战略学》和李阿的《战术学》中，还可以看到这些作战方法和军事组织的进一步发展。

战略上，东哥特军队采用正确的封锁断源策略，但战术单一死板；贝利撒留在战争中善于利用地形，采用偷袭和防守等灵活战术，发挥优势攻敌之短，最终战败了东哥特人。

1600名骑兵赶来增援罗马，城内将士精神大振。贝利撒留决定出击，一举消灭东哥特人。东哥特人在罗马人的攻击下节节败退，弃营而逃。

贝利撒留下令在台伯河上的米尔费亚桥上切断敌人的退路，可是，冲进东哥特人军营的士兵只顾抢劫财物而无人听命。

这幅大理石双折画中，坐在王座上的是罗马派驻东哥特王国的执行官卢佛斯·奥雷斯特斯，他身后是两个代表罗马和君士坦丁堡的人物造型。

东哥特人元气大伤，但在维蒂吉斯的领导下依然坚持苦战。公元539年，贝利撒留攻下了他的最后两个据点，直向东哥特人首都拉韦纳进攻。

因为害怕拜占庭的势力增长会威胁到自己的利益，再加上维蒂吉斯的鼓动，波斯撕毁和约，对拜占庭开战。查士丁尼担心两面受敌，意欲与东哥特人和谈，但是贝利撒留却加强围攻。东哥特人以贝利撒留称王为条件同意投降，贝利撒留虚意接受。东哥特人投降后他却拒绝称王，并将维蒂吉斯送到君士坦丁堡。然而，忠心的贝利撒留却受到猜疑，并被解职。东哥特人再次围攻罗马，一年后被打败。

重要意义

这场战争中，东罗马虽然赢得了胜利，但却丧失了大量的财力和兵力，不但没有恢复辉煌，反而大大削弱了国力。

阿拉伯-拜占庭战争
——希腊火照亮拜占庭

交战双方： 阿拉伯军队 VS 拜占庭军队
交战时间： 公元 715～718 年
双方将帅： 阿拉伯统帅有马斯拉马、苏里曼；拜占庭统帅是利奥
双方投入兵力： 阿拉伯军队 20 余万人；拜占庭军队为全部兵力
双方使用兵器： 矛、盾、标枪、弓箭、刀等
交战结果： 阿拉伯军队被击败

历史背景

打败拜占庭和波斯两大帝国后，阿拉伯人乘势继续扩张，不久就建立了横跨亚、欧、非三大洲的大帝国。这时的拜占庭帝国却衰颓到有史以来的最低点，领土被分割，人口逐渐减少，欧洲方面受到斯拉夫和保加利亚人的劫掠，亚洲方面受到阿拉伯的蹂躏，而内部为争权夺利叛变四起。征服拜占庭首都君士坦丁堡成为阿拉伯帝国的最后目标。

主要过程

公元 655 年，阿拉伯人派一支海上远征军进攻君士坦丁堡。虽然拜占庭舰队遭到重创，但因阿拉伯内乱，阿拉伯人放弃了继续进攻。公元 668 年，阿拉伯人又从陆海两路进攻。陆军很快攻占了卡尔西登，从这里进入色雷斯境内，开始攻击君士坦丁堡；海军攻占了博斯普鲁斯，虽然取得了海上控制权，但每次进攻都遭到拜占庭军舰的顽强阻击，终因损失过多而撤退。

公元 715 年，阿拉伯领袖瓦利德去世，苏里曼一世继承王位，开始谋划对君士坦丁堡的大规模进攻。苏里曼的兄弟马斯拉马率领陆军从陶拉斯进入罗马尼亚；苏里曼将军则带领阿拉伯海军进军。途中他们都被最有资格继承拜占庭皇帝的伊索里亚人利奥所击败。

公元 717 年，利奥发动政变，登基做了皇帝。他马上补充谷仓，扩充军队，还研制兵器，修补城墙，

阿拉伯战士

并在城墙上安置许多战争器械,以便加强防御。君士坦丁堡本来就建立在一个岬角上,三边濒海,接陆的西面内外有两道坚固的城墙,地势险峻,再加上这样的防御,城池越发变得坚不可摧。

8月,阿拉伯军队开始从水陆大举进攻君士坦丁堡。马斯拉马从陆上攻克柏加曼,8月15日攻到君士坦丁堡的外城。马斯拉马立即下令攻城,险峻的地势和拜占庭的坚固防御使他没能占得丝毫便宜。他命令军士在君士坦丁堡城墙外挖掘一条深深的壕堑,打算从陆上封锁君士坦丁堡。然后马斯拉马又派苏里曼率领舰队从海上切断君士坦丁堡从爱琴海和黑海方面的供给。但是博斯普鲁斯海峡正好处在君士坦丁堡的掩护之下,拜占庭的军舰都停在这里。当阿拉伯舰队尚未布成战线时,利奥立即下令让舰队出战。拜占庭士兵用新研制出的"希腊火"喷射在阿拉伯人的舰船上。由硫磺、石油及石灰等组成的"希腊火"液体,见水迅速地燃烧起来。阿拉伯战船被烧毁20只。当苏里曼的主力赶到时,利奥已经退回海湾。苏里曼不敢轻易突入,只好撤退,海上封锁失败。

阿拉伯人不能适应欧洲冬天的寒冷,数以千计的士兵死亡,苏里曼将军也没有逃过劫难。

次年春季,阿拉伯人又派400艘战舰从埃及的亚历山大港出发,偷渡博斯普鲁斯海峡,并封锁了博斯普鲁斯水道。君士坦丁堡处在阿拉伯人的包围之中,城内发生了饥荒。利奥束手无策,开始做投降的准备。这时阿拉伯军中的埃及基督教徒叛逃到城中。利奥看到了希望,他立即命令舰队出海,直向敌军扑去,将大量的"希腊火"投掷到敌人的舰船上。阿拉伯舰队被突然来袭的敌船打乱了阵脚,有的慌忙逃跑,有的被熊熊烈火烧死,损失惨重。利奥率领部下乘胜追击,一举击溃了阿拉伯海军。

身着罗马"战裙"、护心,头戴铁盔的拜占庭士兵,长矛在握,随时准备战斗。

君士坦丁堡会战场面

　　海军的胜利，激起了利奥及拜占庭部队的战斗欲。他利用外交手段使保加利亚出兵，对阿拉伯陆军进行夹击，在亚得里亚堡以南痛击马斯拉马陆军，杀死阿军2.2万余人。

　　公元718年8月15日，阿拉伯被迫撤围。回归途中又遭遇风暴，2560艘舰船最终只剩下5艘。20万大军只剩下不到3万人。

　　君士坦丁堡会战之后，拜占庭开始向小亚细亚和叙利亚展开全面进攻，整个战局发生了根本转折，拜占庭进入战略进攻，而阿拉伯则转为战略防御。公元8世纪后半期，拜占庭在小亚细亚屡获胜利，把阿拉伯人赶到小亚细亚东部，重振了"帝国"的声威。公元750年，拜占庭与阿拉伯争夺的重点主要在小亚细亚和上美索不达米亚、黑海沿岸及地中海东部和意大利等地，虽然战事连绵不断，但规模不大。

> **◆ 双方策略战术 ◆**
>
> 　　阿拉伯人利用了正确的封锁战术，却因叛徒的出卖而功亏一篑；利奥利用有利地势坚守，运用新制武器"希腊火"，采用出奇制胜和外交战术一举解围。

重要意义

　　这场战争中，利奥的胜利不仅拯救了拜占庭帝国，也拯救了西方的基督教，保证了西欧文明的顺利发展。

查理大帝的征战
——为欧洲中世纪奠基

交战双方： 法兰克军队 VS 欧洲众国军队
交战时间： 公元 771 ~ 814 年
双方将帅： 法兰克统帅是查理大帝；欧洲诸国统帅是诸国国王
双方使用兵器： 盾、矛、刀剑、弓箭和匕首等
交战结果： 查理大帝对各国、各族的战争，最终均以胜利而告终

历史背景

4世纪末，欧洲进入又一个动荡的年代，各族部落纷纷侵入衰落的罗马帝国。日耳曼族的一支法兰克人也趁机闯入罗马，盘踞在高卢，不久他们便控制了大部分的高卢地区，建立了法兰克王国，巩固了他们在高卢的根基。751年，信奉基督教的法兰克人在教皇的帮助下，废黜了墨洛温王朝皇帝，颇具雄心的宫相"矮子"丕平当上了皇帝，建立加洛林王朝。771年，具有伟大战略思想的查理成为法兰克王国的统治者，他就是查理大帝。为了使所有西方民族都包罗在一个巨大的基督教大帝国之内，查理大帝开始了他的征战。

查理大帝

公元768年加洛林王朝国王丕平死后，其子查理与弟卡罗曼共同治理国家。公元771年卡罗曼死后，查理成为法兰克唯一的国王。查理发动多次战争，疆域扩大到西临大西洋，东到易北河和多瑙河，北达北海，南至意大利中部的广大地区。

主要过程

查理大帝掌权后，为使自己伟大的战略思想能顺利实现，就对军队进行了改革。他根据各民族桀骜不驯的特点，在每个地区都系统地建立了据点要塞，训练了一支装甲骑兵和一支配备精良的步兵，另外，还组建了两支独立的纵队：攻城纵队和补给纵队。一切准备就绪，查理大帝就开始了他的征服之战。

阿拉伯人进攻西欧被法兰克人阻止后，他们中的一支撒拉森人从北非进入西班牙，并在那里建立了哥尔多氏王国，对欧洲产生了巨大的威胁。公元778年，查理大帝率领大军远征西班牙。他们越过比利牛斯山脉，向撒拉森人发起猛攻，精良的装备和勇猛的冲杀，使撒拉森人组织不起有效的进攻，

公元800年圣诞日,教皇立奥三世在罗马圣彼得教堂为查理加冕称帝,宣称其为"伟大的罗马人皇帝",标志着西欧基督教化即罗马和日耳曼的融合基本完成。有人认为查理大帝的加冕标志着神圣罗马帝国的开端,然而大多数人还是认为那时的帝国应该叫作法兰克帝国。

被迫退到比利牛斯山以南的地区,并在查理大帝撤军的途中设下埋伏。

2000余名法兰克士兵在撤军途中,突遭伏军的袭击,赶紧吹响求救信号,但查理大帝误认为是海啸,没有在意。得不到支援的法兰克士兵只好与敌人死拼,2000余名士兵全部阵亡。后赶来救援的军队一鼓作气,才将埋伏的撒拉森人消灭。

日耳曼族的一支撒克逊人,凶悍善战,常常入侵周边国家。他们大都生活在德意志西北部森林里,对敌人多采取游击战,胜则烧杀抢掠,败则退居深山丛林。

查理大帝征服了撒克逊人后,决定出击撒克逊人。查理大帝派人对撒克逊人的出没规律做了详细的观察后,派一支精兵将撒克逊人诱出深山丛林,并命令主力部队迅速封锁撒克逊人的退路。然后,

◆ 双方策略战术 ◆

查理大帝在他伟大的战略思想指导下,施行强兵加安抚的策略,使征服对象逐渐统一到帝国之内。

他集中优势兵力向撒克逊人发起了进攻。撒克逊人招架不住，只好向山里转移，早已埋伏在山上的法兰克人突然冲出使撒克逊人腹背受敌。查理大帝经过三年苦战，终于打败了撒克逊人，撒克逊皇帝维蒂金逃亡国外。

一年后，维蒂金渡河回到本土，重新组织军队，进犯法兰克，并且屡战屡胜。查理大帝为了彻底消灭撒克逊人，调集全部兵力，向德意志的西北部进军，并且很快就将撒克逊人击溃。但是维蒂金又趁机逃亡国外，盛怒的查理大帝把俘虏的4500余撒克逊人集体屠杀了。

如图所示，查理大帝崇尚武力，有关他的传说甚多，他是欧洲中世纪最具代表性的人物，在其统治期间，创建起封建制度的新罗马帝国。

公元782年，维蒂金又卷土重来。查理对其进行了多次围剿，但始终不能彻底消灭撒克逊人。经过33年18次之多的反复较量，撒克逊人倔强不屈的性格使查理终于认识到要改变策略。他开始实行安抚策略，使他们融入法兰克人中，使其改信基督教。撒克逊人最终还是被征服成了法兰克的臣民。

查理大帝在位的46年中，进行了53次重要的战争，其中有30次亲征。他相继征服了不列颠人，把东方的文德人远远赶出境外，使强悍的阿瓦尔人俯首称臣，将匈奴的行宫夷为平地，最后，建立了一个继罗马帝国之后欧洲最强大的帝国。

查理大帝的战功和辉煌为世人所传颂，或许是出于此因，他成了扑克牌中的"红桃K"。

重要意义

查理大帝的征战不仅改变了西欧的混乱局面，而且彻底解除了周边民族的威胁，使西欧自罗马以后第一次统一在一个较安定的政教一体的帝国之内。这对日后欧洲的历史进程和文化振兴都产生了十分深远的影响。

北欧海盗的掠夺
——恐怖的帆船舰队

交战双方： 维京海盗舰队 VS 西欧沿海诸国军队
交战时间： 公元 8~10 世纪
双方将帅： 维京人海盗统帅是罗洛等；西欧沿海诸国统帅为诸国国王
双方使用兵器： 矛、盾、弓箭、刀、剑等
交战结果： 维京海盗在沿海各国掠夺，所向披靡，在部分地区实现了征服

历史背景

公元814年，查理大帝去世，其帝国亦随之瓦解，欧洲又陷入一片混乱。这时，维京人逐渐发展起来。早在公元前60年，维京人就居住在斯堪的纳维亚半岛上，由瑞典人、挪威人和丹麦人组成，他们说同一种语言，信奉同样的神，其足迹遍及斯堪的纳维亚。8世纪前，维京人已形成没有边界的国家，他们贪财且喜欢冒险，是一个勇猛的民族，有非常强烈的征服欲。

维京人是令人生畏的战士，他们利用在对手中引起的恐惧感速战速决。他们使用多种武器，如双刃剑、长矛、战斧以及弓箭等。

主要过程

欧洲的混乱，给了维京人发展的大好机会，本就贪财并具有征服欲望的他们趁机四处抢劫、侵略和征伐，驾驶海船纵横南北，几乎袭击了整个西方世界。到8世纪末，维京人已从一群海盗变成了征服者和开拓者。

维京人以西欧、不列颠群岛及俄国为主要目标，先后建立战略据点，进而袭扰内地。公元787年，海盗们从多塞特海岸迅速登陆，开始了对英国的洗掠。满载而归的海盗尝到了甜头，公元793年6月，他们又以迅雷不及掩耳之势洗劫了英国沿海的村落和修道院。人们的恐慌助长了海盗的嚣张气焰，他们的洗劫开始蔓延到苏格兰、爱尔兰、葡萄牙、德国、意大利、俄罗斯、君士坦丁堡，直至法国

公元885年维京人攻打巴黎时,城里的守兵大部分战死沙场,而且城里还流行瘟疫。图为奥多伯爵冒着生命危险越过城墙,穿过维京人的防线,去寻求法国国王的救援。

巴黎。

公元885年11月,维京人率领700艘耸立着高高的桅杆、上挂红色船帆的战舰沿塞纳河直驱巴黎。当时,法国为征服意大利,主力军队都调集到意大利,巴黎只有200余名骑兵和少许步兵守卫。闻讯海盗来袭,巴黎将士连忙加强警备,发动市民加固防御工事。当晚,3万名维京人和以往一样开始了他们的侵袭行动。他们不把仅有200余名士兵防守的巴黎放在眼里,但刚到城下,弓箭和石块等便像暴雨一样落了下来,维京人伤亡惨重。他们做过几次强攻,均被英勇顽强的巴黎军民击退。维京人久攻不下,不得不采取包围战术。在城外挖壕堑,一面封锁巴黎的对外联系,切断城内供给;一面继续在城郊大肆掠夺和屠杀。巴黎城军民团结一致,以死相拼,誓不投降,坚持了一年。公元886年2月,河水上涨使巴黎城南边的桥被冲断,维京人抽调部分参与围困的士兵,沿塞纳河和卢瓦尔河之间的地区长驱直入。巴黎陷入了绝境。为寻求救兵,奥多伯爵亲自在海盗疏于防范时翻越城墙,翻山涉水,将巴黎的困境汇报给查理国王。查理急忙回师解巴黎之围,双方展开激烈的战斗。激战多时不分胜负,只好各自收兵。几次交锋,查理仍然无法彻底击败维京人,为解巴黎之围,无奈之下查理出黄金7000磅让维京人离开。离开巴黎的维京人却沿塞纳河而上,洗劫了勃艮第。

对英国和法国的侵袭,开始只是抢劫财物,接着变成了移民,最后竟真正实

> **双方战略战术**
>
> 凶悍、敢于冒险的维京人凭借数百年的航海经验和精湛的造船技术,加上强烈的征服欲望,从掠夺财物到移民,再到最后顺利地征服所到之处。

现了征服。公元896年,以罗洛为首的维京人再次进攻法国。昏庸无道的法国国王无力阻止海盗的进攻,于是把诺曼底奉送给海盗,以求不再受到侵扰。公元911年,维京人搬迁至法国的诺曼底定居,建立了诺曼底公国。9世纪末,劫掠英国的维京人也在伦敦和剑桥定居,并不断侵扰英国,最终丹麦国王斯汶征服了英国,成为不列颠岛的主人。后来,诺曼底大公渡过海峡,成了英国国王。

9世纪末,向东欧掠夺的瑞典人奥莱格来到斯拉夫人的部落,并逐渐统治了全国。奥莱格继续扩大统治范围,一举统一了俄罗斯的南部和北部,建立新俄罗斯,基辅成为它的首都。公元988年,拜占庭国王拜访俄罗斯,实现两国联姻,使东正教传播到俄罗斯。

重要意义

维京人的入侵和掠夺给欧洲许多民族和地区带来了严重的灾难,但他们对历史与文明的发展却有着重大影响。他们也可能是最早踏上美洲大陆的人。

维京人扩张图

斯堪的纳维亚四面环海,非常方便进入大陆,这样的地理条件对维京人远征十分有利。

诺曼底与英国之战
——诺曼底征服

历史背景

富庶的英国自公元 978 年便成为维京人疯狂劫掠的目标，1013 年，丹麦王斯汶大举入侵不列颠，攻占了伦敦，建立了包括英国、丹麦和挪威在内的北欧帝国。丹麦王国衰落后，长期流亡在诺曼底的英国王子爱德华被迎回英国，继承了王位。爱德华曾宣誓永葆童贞，因此没有儿子。在表弟诺曼底公爵威廉访问英国时，爱德华将王位继承权暗许给他。但在爱德华临终后哈罗德却继承了王位。诺曼底公爵威廉极不甘心，决定以武力夺回继承王位的权力。

交战双方： 英国军队 VS 诺曼底军队
交战时间： 1066 年 10 月 14 日
双方将帅： 英国军队统帅为哈罗德；诺曼底军队统帅为威廉
双方投入兵力： 英国军队 6000 余人；诺曼底军队 6000 余人
双方使用兵器： 英军以矛、双刃剑、标枪、战斧为主；诺曼底军以长枪、刀、剑、铁锤、战斧、弓弩为主
交战结果： 诺曼底征服了英国

主要过程

为了夺回王位，威廉以讨伐背信弃义的篡位者为名在欧洲各国进行游说，得到了教皇、罗马帝国皇帝和丹麦国王的支持。教皇还赐给他一面神圣的"圣旗"。不久，威廉便组织了一支 6000 余人的军队。其中有 2000 余名骑兵、3000 余名步兵和 450 艘战舰。整个部队集结在索姆河口的圣瓦莱里，只等风向转南即可出发。

1066 年 9 月 27 日，威廉下令横渡英吉利海峡，向英国挺进。而这时，英国国王哈罗德正在约克庆祝胜利。原来，当威廉正积极准备攻打英国的时候，挪威国王哈拉尔和托斯蒂格联合在一起，入侵英格兰北部。托斯蒂格想趁哈罗德继位不久之机，要求王位的继承权，而哈拉尔却想趁火打劫。他们一路烧杀抢掠，向约克前进。哈罗德听到哈拉尔入侵的消息后立即率兵救援约克。经过一场苦战，敌军全部被歼，哈拉尔和托斯蒂格也被杀。

9 月 28 日，威廉顺利渡过英吉利海峡并在佩文西登陆，然后在哈斯丁建立了营地，并开始向四周洗劫，用来补给。10 月 1 日，哈罗德闻讯后赶紧率领亲兵返回伦敦，11 月 13 日夜，哈罗德率领从各地调集的 6000 余兵力，到达了巴特尔，并占据了附近的一个高地。威廉军队也向这边前进。14 日，双方

诺曼武士

《哈斯丁战役》 地毯画

威廉一世在这场战役中实现了"诺曼征服",建立了诺曼王朝。诺曼骑士使用的主要武器是长矛和剑,也有一些使用战斧、铁锤、铁棍和狼牙锤等。骑士的长矛在战场上可抛出刺杀敌人,诺曼骑士正是用这种方式打乱了英国军队城墙似的盾牌阵容。

会战开始,哈罗德在山冈的顶部指挥,两侧是他的亲兵,山脊的两翼则主要为民兵。为防止骑兵的冲击,哈罗德将士兵组成一个"防盾的墙壁"。两翼又有险陡的洼地防止敌人迂回两侧攻击,这使哈罗德军队能有效地维持阵形。威廉将部队排成左中右三部分,每一部分又有三个梯队,前面为弓弩兵,中间是重装备步兵,后面为骑兵,而队伍的正前方,打出了教皇赐的"圣旗"。

威廉军队开始缓缓向山坡进攻,直扑英军的盾墙。两军接近时,威廉军前面的弓弩手开始进攻,但是由于地处下风,并没有给对方造成太多的伤亡。而英勇的英军向威廉军投掷长矛、标枪和石块,犹如疾雨,却对威廉军造成了严重伤亡。威廉军左路兵向山坡进攻,突然敌人自上而下猛攻下来,左路军队随之溃逃,这对中路军士兵的士气造成了很大影响。威廉重新排好阵形,让骑兵分成小队,试图攻破"盾墙",但英军的步兵手持战斧,打得诺曼骑兵纷纷落马,败阵而逃。

威廉见无法攻破盾墙,急中生智,决定佯退,以引诱敌人离开山坡。他先让步兵撤回安全地带,再让骑兵引诱敌人。原本占上风的哈罗德见敌人伤亡惨重,开始全线撤退,认为这是消灭威廉的大好机会。于是,哈罗德命军队全线压上,向前迅速追击。威廉继续后退,从谷底退向山坡,步兵却向两

◆ 双方战略战术 ◆

威廉在战争中能够扬长避短,善抓时机,诱敌出击;在战斗过程中采用突然袭击、出奇制胜的战术,最后取得胜利。而哈罗德不能充分利用优势,贻误战机,导致兵败身亡。

侧转移。等到占据居高临下的有利地势后，威廉立即下令进行反攻。这时，英军的盾墙因为移动而漏洞百出。诺曼军一鼓作气杀入敌军。哈罗德猝不及防，被砍死。失去主帅的英军溃不成军，威廉最终赢得了哈斯丁会战的胜利。

接着，威廉大军直逼伦敦，势不可挡。伦敦早已做好投降的准备，威廉如愿以偿地登上了英国的王位。

重要意义

诺曼征服战后，将封建制度移植到英国，并建立了统一的中央集权政府。从此开始了英国历史上的诺曼王朝。

历史背景

几个世纪以来，拜占庭帝国和阿拉伯帝国之间经常发生战争。8世纪，阿拉伯帝国开始走向衰落，但塞尔柱人的崛起使拜占庭帝国的东部边疆再度遭到威胁。凶猛的塞尔柱人越过奥萨斯河，进入呼罗珊后继续向西进发，先后攻占伊拉克、克曼沙、哈马当和阿塞拜疆等地。1049年到达亚美尼亚，进到凡湖以西的阿德曾，并将该城夷为平地。塞尔柱人的大肆洗劫，使拜占庭帝国遭到极大的威胁。

塞尔柱土耳其骑兵

塞尔柱人从孩童时就开始学习怎样骑马，非正规骑兵没有铠甲的累赘，其优势在于能以高度的机动性战胜敌方的步兵和骑兵。

曼希克特之战
——通往小亚细亚之战

交战双方： 拜占庭军队 VS 土耳其军队
交战时间： 1071年8月19日
双方统帅： 拜占庭统帅为罗曼努斯四世；土耳其统帅为苏丹艾勒卜
双方投入兵力： 拜占庭军队4万余人；土耳其军队4万余人
双方使用兵器： 弓、枪、剑、斧、盾和矛等
交战结果： 拜占庭军队惨败

主要过程

逐渐衰颓的拜占庭帝国皇帝换了一个又一个，政治上处于混乱状态，贵族们挥霍无度。1068年，罗曼努斯四世登上皇位，他清楚地知道塞尔柱人的野心，于是他集结各联邦部队，希望能够顺利将土耳其人消灭。

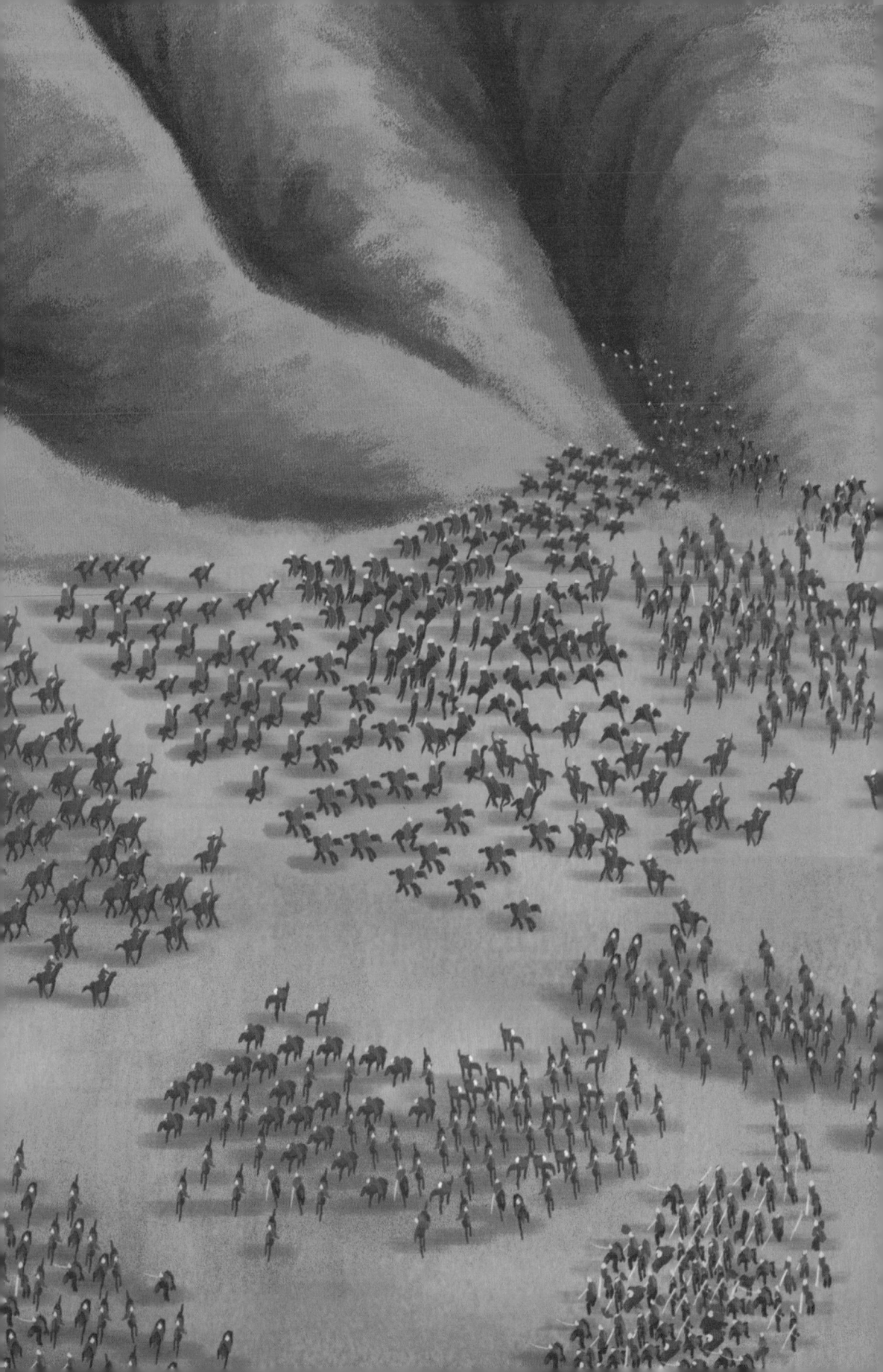

此图展现了曼希克特一战具有决定性的一幕,拜占庭统帅罗曼努斯四世正率军撤离,到这时整场战斗已经持续了数个小时。最终拜占庭全军覆没,负了伤的罗曼努斯四世被俘。一夜之间拜占庭帝国在亚洲的疆土全部落入土耳其之手。

◆ 双方策略战术 ◆

塞尔柱土耳其人的胜利归功于他们善于利用自己的优势，采用游击战术，出其不意，灵活多变，使敌人措手不及。

拜占庭帝国失败的原因是多方面的。首先，罗曼努斯的军队对这次战役没有做好充分的准备。其次，他坚持在开阔而又起伏不平的乡村地形上用重骑兵袭击土耳其行动敏捷的弓箭骑兵，而侧翼和背后又得不到充分的掩护。最后，预备队又偷偷撤退，使部队主力的后背失去了掩护，从而使拜占庭军队的形势更加恶化了。

土耳其苏丹艾勒卜深知，与拜占庭的精兵进行会战，很难获得胜利。当罗曼努斯四世调集军队进攻时，艾勒卜却分散逃跑，不时寻找时机突袭他们，这样在小亚细亚、亚美尼亚和波斯等地东奔西跑一年的时间，罗曼努斯四世并不能有效地拦截他们，于是于1069年空手回到君士坦丁堡。不久，他又第二次出兵，但军内的法兰克佣兵叛变，他不得不先平息叛乱，进攻土耳其的战事就此中途停止。罗曼努斯四世回到希巴斯提，向南准备在赫拉克利亚截击敌人，最终还是让土耳其苏丹突破重围而逃走。

当东方受到塞尔柱土耳其人的侵袭时，西方的诺曼人正攻击意大利的阿普利亚。罗曼努斯四世亲自赶往支援。这时，苏丹艾勒卜趁机带兵杀出，使留守东方的拜占庭军猝不及防，惨败而退，他们一举攻占了曼希克特城。

曼希克特城的陷落，使罗曼努斯四世大感愤怒。1071年，他集中大军挺进曼希克特城。兵分两路，一路以攻取基拉特为目标，另一路以攻取曼希克特为目标。苏丹听到消息后与曼希克特的守兵会合，率领约4万余人向霍伊进军。这时罗曼努斯四世仍不知苏丹主力就在附近，而是先派一支前卫军向基拉特前进。突如其来的庞大苏丹军使前卫军溃不成军，这才使罗曼努斯四世意识到局势的严重性。不过由于土耳其兵力过于分散而不能一时会合，兵力较弱的罗曼努斯四世并不害怕。苏丹不愿与拜占庭军会战，要求和谈，但遭到拒绝，会战遂不可避免。

1071年8月19日，罗曼努斯四世将部队按左中右排成战斗序列，中央由他亲自指挥，后方组成一条强大的预备战线。土耳其的战斗队伍却无组织可言，他们主要是骑马的弓弩手。为激励士兵，苏丹将调度权交给爱将塔劳格，自己只携带剑和锤矛充当一名士兵。

激战开始了，土耳其弓弩手向敌人发箭如雨，凶猛地冲杀。拜占庭军队虽然比土耳其军队精良，但大都是组织起来的杂牌军，并没有很高的斗志。看到土耳其人的攻势，相当数量的人开始逃跑，两翼的士兵溃不成军。还好中央兵团虽遭到箭雨的攻击，仍发动攻势。因遭受不少损失，罗曼努斯四世只好发动中央的重步兵前进，密集的盾墙使苏丹骑兵束手无策，节节撤退。

天黑了，激战一天的全军将士又渴又饿，疲惫不堪，罗曼努斯四世下令向曼希克特撤军。但擅长游击战争的土耳其人突然反冲过来，罗曼努斯四世只好被迫下令转身迎击敌人。受到冲击的范围并不大，但是，当后排的士兵转身与敌人苦战时，一些将士拒绝服从命令而向营地退却。土耳其苏丹乘机命令士兵从两翼绕过正面敌人，从后方攻击溃逃士兵，之后，转身夹击罗曼努斯四世的中央部队。中央部队没有两侧的掩护，背后也暴露出来，成为一支四面挨打的孤军。罗曼努斯四世极其勇敢，带领中央部队身先士卒，以身作则，英勇苦撑，战马被杀，自己也负重伤，遂被苏丹俘虏。

土耳其苏丹利用这一有利机会与罗曼努斯四世签订和平协议：偿付土耳其150万拜占庭金币，每年还要偿付36万拜占庭金币，长达50年。罗曼努斯四世被释放。

11世纪期间，尽管拜占庭帝国的国内条件和行政管理状况逐步恶化，但是，在曼希克特战役之前，它的军队始终没有削弱。曼希克特战役惨败后，拜占庭国内战乱四起，不久又丧失了作为军队（特别是骑兵）主要来源的安纳托利亚地区，从此，拜占庭帝国一蹶不振，再无复兴之日。

重要意义

曼希克特之战使拜占庭不仅失去了大片土地，更失去了其最佳兵力的来源，小亚细亚的大门从此被打开了。

土耳其的胜利大军

蒙古西征
——轻骑兵扬威亚欧大陆

交战双方：蒙古军队 VS 亚欧各国军队
交战时间：1217～1258 年
双方将帅：蒙古统帅有铁木真、窝阔台；亚欧诸国统帅为诸国国王
双方投入兵力：蒙古军队共计 20 万人；亚欧诸国军队合计百万余人
双方使用兵器：蒙古军以弓箭、马刀、长矛、狼牙棒、投石机、火箭等为主；亚欧诸国以弓箭、矛、盾、刀、剑、锤矛、战斧等为主
交战结果：蒙古军在亚欧大陆几乎所向无敌

历史背景

公元 1206 年，蒙古各部落首领在斡难河（今鄂嫩河）源召开大会，推举铁木真为大汗，尊称成吉思汗，建立了蒙古国家。蒙古国建立后，不断发动掠夺战争，用兵的主要方向是南下与西征，南下攻击的主要目标是南宋和金朝，西征则是征服中亚及东欧各国。

演练中的蒙古骑兵

蒙古骑兵很少有重装甲，他们既能用马刀和长枪，也可以使用弓箭。骑兵存在的主要目的是增强军队的机动能力和正面的冲击力，以便在很大范围内作战。

主要过程

1219 年，为了剿灭乃蛮部的残余势力，征服西域强国花剌子模，成吉思汗带着四个儿子术赤、察合台、窝阔台、拖雷，以及大将速不台、哲别开始了西征。蒙古 20 万大军长驱直入，在额尔齐思河流域分进合击，先后攻占布哈拉、花剌子模新都撒马尔罕以及讹答剌与毡的城。花剌子模国王摩诃末西逃，成吉思汗令速不台、哲别等穷追不舍。后来，摩诃末病死在里海的一个小岛上，他的儿子札阑丁在呼罗珊一带继续抵抗。为了剿灭札阑丁，1221 年，成吉思汗率大军

成吉思汗像

◆ 西征的战略战术 ◆

战略上采取由近及远、相继占领的策略，以蒙古大漠为中心，向外一步步扩张。

战术上注重学习汉人的军事技术，用汉人工匠制造大炮，提高了战术优势；西征时蒙古军还注意集中优势兵力，攻击敌人；剽悍的蒙古骑兵适合远距离作战，战斗力强。

而封建社会的欧亚各国则是分裂独立。如俄国当时分裂为许多小公国，相互争斗，不能一致对外；花剌子模虽是大国，但分兵守城，消极防御，不能集中兵力迎敌。

渡过阿姆河，占领塔里寒城。他以塔里寒城为根据地，分派出两路大军，分别进攻呼罗珊、乌尔根奇。拖雷率兵进攻呼罗珊，相继攻陷你沙不儿、也里城，察合台与窝阔台攻陷乌尔根奇。两路大军完成任务后，都回到塔里寒城与成吉思汗会师。然后，各路大军又在成吉思汗的率领下，继续追击札阑丁，在印度河击败其余众。札阑丁孤身一人逃跑，花剌子模灭亡。1223年，蒙古大军在西追札阑丁的同时，还深入俄罗斯，在迦勒迦河与钦察和俄罗斯的联军展开决战，大败敌军，俄罗斯诸王公几乎全部被杀。1225年，成吉思汗凯旋东归，将本土及新征服所得的西域土地分封给四个儿子，后来发展为四大汗国。

1227年，成吉思汗去世，其第三子窝阔台继任大汗。1234年，太宗窝阔台集结诸王大臣召开会议，商讨西征大事。窝阔台派兵分别攻打波斯和钦察、不里阿耳等部，基本上征服了波斯全境。1235年，由于进攻钦察的军队受阻，窝阔台派遣其兄术赤之次子拔都，率50万大军增援。西征军一路势如破竹，很快就彻底消灭了花剌子模，杀死札阑丁。1237年底，拔都又率大军继续西进，大举进攻俄罗斯，相继攻陷莫斯科和基辅诸城。1240年，拔都分兵数路继续向欧洲腹地挺进，大举进攻孛烈儿（今波兰）、马扎尔（今匈牙利）。1241年，北路蒙军在波兰西南部的利格尼兹，大破波兰与日耳曼的联军。中路蒙军主力由拔都亲自率领，进击匈牙利，大获全胜，其前锋直指意大利的威尼斯。全欧洲震惊，西方各国

蒙古人的远距离机动达到了历史上前所未有的程度,他们常常可以进行上百里的大规模机动,使敌人很难预料和防范到他们的攻击。他们在战斗中通常使用的方法是:一小部分骑兵不停地骚扰敌军,受攻击后后撤,待追击的敌军队形散乱疲惫时,早已四面包抄的骑兵则在一阵密集的弓箭射击后蜂拥而来。

惶惶不可终日,称为"黄祸"。1241年年底,窝阔台驾崩的消息传到军中,拔都率军只好从巴尔干撤回到伏尔加河流域,以撒莱为都城,在伏尔加河畔建立了钦察汗国。

1251年,蒙哥即大汗位。1253年,蒙哥派弟弟旭烈兀率军发起了第三次西征。这次西征的目标是消灭西南亚地区的木剌夷国(今里海南岸的伊朗北部)。10月,旭烈兀率兵侵入进抵两河流域。1256年,旭烈兀统率蒙古大军渡过阿姆河,6月到达木剌夷境内。1257年,蒙军荡平木剌夷之地,并挥师继续西进,直指黑衣大食首都巴格达。1257年冬,旭烈兀三路大军围攻巴格达,第二年初,三军合围,攻陷巴格达,屠杀80万人,消灭了有500年历史的黑衣大食。此后旭烈兀又率兵攻陷阿拉伯的圣地麦加,攻占大马士革,其前锋部队曾渡海到达收富浪(今地中海东部的塞浦路斯岛)。

由于蒙古军队被埃及军队打败,旭烈兀才被迫停止西进,留居帖必力思,建立了伊尔汗国。

重要意义

蒙古西征改变了亚洲和大部分欧洲的政治生活特征。它打开了中西交通要道,便利了东西商旅和文化交流——中国的四大发明因此辗转传入欧洲,对欧洲各方面的发展影响很大。

英法百年战争
——历时最长的屠杀游戏

交战双方： 英国军队 VS 法国军队
交战时间： 1337～1453 年
双方将帅： 英国统帅有英王爱德华三世、英王亨利五世；法国统帅有法王腓力六世、法军总司令迪盖克兰
双方使用兵器： 英国以矛、盾、弓箭、刀剑、战斧等为主；法国以矛、盾、弓箭、刀剑、战斧、炮等为主
交战结果： 在英法百年战争中，法国虽负多胜少，但最终取得了胜利。

历史背景

11世纪威廉征服英国成为英国国王后，通过联姻和继承，在法国占有了广阔领地。12世纪以来，法国逐渐收回被英国占领的部分地区。法国力图把英国人从领土上驱逐出去，双方的矛盾越来越尖锐。富庶的佛兰德曾被法国夺回，但仍与英国保持密切的联系。对于佛兰德的争夺使双方矛盾升级。1328年，没有男嗣的法王查理四世去世，英王爱德华三世凭借自己是法王腓力四世外甥的身份要求法王继承权。这样围绕继承权的争夺演变成了一场百年战争。

英王爱德华三世提出应由他继承法国王位，并且修改了皇室盾形纹章，把法国的鸢尾花与英国的狮子绘在一起。

主要过程

1337 年 11 月，英王爱德华三世率军入侵法国。对于岛国英国来讲，制海权是入侵法国成败的关键。1340 年 6 月，爱德华三世率领 250 艘战舰约 1.5 万人攻击法国海军基地斯勒伊斯港。法国舰队接到消息后急忙出海迎战，拥有 380 艘战舰和 2.5 万人的法国舰队向英舰队压过来。爱德华三世不敢硬碰，为诱歼敌人，英舰队开始有条不紊地佯退。见敌船要逃，法舰队急速追击，阵形开始混乱。英军舰队突然调转船头，向法军冲去。虽然数量处于劣势，但英国海军更擅长海战。他们弓箭齐发，投掷物像暴雨一样砸向敌船。英国的小船在法军舰船中来回穿梭，寻找时机破坏敌人的船桨。法国舰船失去灵活性，企图逃跑，但未能逃脱英军的追击，几乎全军覆没。这样，英国夺得了制海权，就为陆上战争解除了后顾之忧。

1346 年，丧失海军的法王腓力六世大怒，他将自己精锐的重装骑兵派到前线。当时的英国以步兵为主，没有与之相抗衡的骑兵。法王

◆ 双方战略战术 ◆

在战争中英军能够充分发挥自身的优势,采用特制大弓抑制敌人的优势,步步为营,才使得英军在大部分战役中占据优势;而法军采用突袭、游击战术,赢得了最终胜利。

想让强硬的马蹄使英军粉身碎骨,号称6万余人的法国骑兵在克雷西与2万人的英军步兵相遇。爱德华三世命部队放慢进攻速度,引诱敌人来攻。当两队尚有一定距离时,英军强弩手发出的箭雨齐向法国骑士飞去。原来,英军为对付身披铠甲的骑士,偷偷制造了一种秘密武器"大弓",这种弓箭射程远,射速快,精确度高,能在较远处射穿骑士的铠甲。法军被箭雨打乱了阵脚,溃不成军。英国步兵抓住时机猛攻上去,与敌人展开白刃格斗。身着笨重铠甲的法军陷入了被动,很快被英军击败。英军控制了陆上进攻的主动权,一举占领了法国的门户诺曼底,不久又攻占了重要的港口加来。英国的弓箭让法军吃尽了苦头,从卢瓦尔河至比利牛斯山以南的领土都为英国人所有。

为抵抗英国的侵略,夺回丧失的土地,法王查理五世改编军队,整顿税制,还任命迪盖克兰担任总司令。迪盖克兰指挥法军避开英军的锋芒,采用消耗、突袭和游击的战术,发挥新组建的步兵、野战炮兵和新舰队的威力,使英军节节败退,陷入困境。法国趁势夺回大片领土,并恢复了骑兵编制。

可是,法国内部矛盾日益加剧,贵族争权夺利,农民起义不断。刚登上英国王位的亨利五世乘机重燃战火,不久法国的半壁江山又沦入英军手中。英军继续向南推进,开始围攻通往法国南方的门户要塞奥尔良城。法国贵族没有一个敢去解围的。

"英法百年战争"中发生在斯鲁斯港口外的大规模海战场面
1340年的夏天,英法百年战争中第一场大规模海战在斯鲁斯港口打响了。在英军密不透风的箭雨下,法军惨败。这一战役使得英国暂时夺得了制海权,暂时控制了英吉利海峡。

农民出身的少女贞德经过一番波折，成为解救奥尔良城的统帅。她以神遣的救国天使名分，手持一把剑和一面旗帜带领法军冲进英军营中。她身先士卒，把旗帜高高举起。贞德的勇气鼓舞着法军，他们顽强拼杀，一次次击败英军的进攻。为攻下英军最后一个堡垒，贞德高举旗帜第一个爬上云梯，但不幸被箭射中而掉落下来。但她顽强地站起来，又冲了上去。守城的士兵出城支援，一举击溃英军。被围困长达7个月之久的奥尔良城得救了，贞德于是成为法军的灵魂。战争开始向有利于法军的方向发展，1453年法军夺回了所有被攻占的地区，英国被迫投降。

重要意义

英法百年战争给法国人民带来了深重的灾难，但促进了法国民族的觉醒。它也使英国放弃了谋求大陆的企图，走向海洋扩张的道路。

帖木儿战奥斯曼帝国
——西亚鏖兵

交战双方： 帖木儿军队 VS 奥斯曼军队
交战时间： 1402年
双方将帅： 帖木儿军队统帅为帖木儿；奥斯曼军队统帅为巴耶赛特一世
双方投入兵力： 帖木儿军队30万大军；奥斯曼军略少
双方使用兵器： 矛、斧、弓箭、刀剑等
交战结果： 帖木儿战败奥斯曼

历史背景

14世纪以来，奥斯曼帝国在欧洲扩张的道路上几乎是一帆风顺，欧洲各国对它感到恐惧，因此它也成了欧洲的最大敌人。这一时期，突厥人帖木儿带领族人逐渐发展起来，陆续征服了花剌子模、伊尔汗国、阿富汗及亚美尼亚等地的部落政权，并且北征俄罗斯，南伐印度，原来蒙古帝国所属的国家几乎全被帖木儿攻占。野心勃勃的帖木儿开始对欧洲产生兴趣，而横在通向西方道路中间的奥斯曼帝国就成了帖木儿势必要清除的绊脚石。

主要过程

1399年，奥斯曼帝国苏丹巴耶赛特一世带兵在东南欧节节胜利，先攻下亚得里亚堡，又在科索沃大败巴尔干等诸国联军，还一举攻到拜占庭帝国的首都君士坦丁堡城下。拜占庭皇帝立即写信求助帖木儿的支援。帖木儿觉得这正是出兵的大好机会，于是他调集大军30万人，开始了对奥斯曼帝国的进攻。奥斯曼帝国国内不满苏丹统治的臣民和受它侵略的小亚细亚国家，纷纷倒戈，帖木儿的进军非常顺利。1400年，帖木儿一举攻下了防御严密且易守难攻的锡瓦斯城，俘虏了

帖木儿指挥作战图

14世纪末,帖木儿通过征战在伊朗和中亚细亚建立起一个大帝国,版图自俄国南部至蒙古,南达印度北部、波斯和美索不达米亚等地区。

巴耶赛特一世的儿子。

巴耶赛特一世听到消息后,极为愤怒,随即从君士坦丁堡撤军,改攻帖木儿大军。牧民出身的帖木儿这时正转战于西亚各国,他们擅长远距离作战,行踪更是飘忽不定,巴耶赛特一世扑了个空。1402年,帖木儿开始大规模向小亚细亚地区进军。巴耶赛特一世在安哥拉列队相迎,以阻击帖木儿的入侵。巴耶赛特一世带领他的军队多年来几乎是所向披靡,差不多所有的欧洲国家听到他的盛名都感到恐惧和震慑。尤其是他的近卫军,都是从各地挑选的体力和智力非常优秀的男童,从小就接受严格的训练,是一支绝对服从、意志刚毅、凶猛勇悍、视死如归的精锐部队。

两强相抗,双方僵持不下。巴耶赛特一世命令近卫军从中路冲出。这些身经百战的精兵,像狮子一样向敌人冲去。他们挥舞着手中的刀剑、战斧、长枪、长矛,在帖木儿军队中横冲直撞。帖木儿的军队开始混乱,但是经过调整,双方又进入僵持状态。

足智多谋的帖木儿知道只靠死打硬拼很难击退敌人。于是他利用自己军队擅长游击和远距离迂回包抄的特点,一面用优势兵力牵制敌军,一面派人截断敌人的水源,并令骑兵从两侧迂回。缺水的奥斯曼士兵时间一长,干渴难耐,有的开起小差,军心一片慌乱,坚持战斗的近卫军渐渐失去了侧翼的掩护和配合。帖木儿见敌人士气低落,立即命令迂回的骑兵发起总攻。帖木儿身先士卒,带兵冲入敌军。负责截断水源的部队从敌人后方也杀了过来。帖木儿军队从四面对巴耶赛特一世军队形成包围之势。

帖木儿军队从四面向中间围来,本已干渴缺水的奥斯曼军队很快溃败,只剩下顽强的巴耶赛

◆ 双方战略战术 ◆

安哥拉之战,帖木儿灵活多变,抓住持久战敌人需要饮水的特点而断其水源,扰乱敌军军心;还采取迂回包抄、围攻合击的战术,一举击溃敌军。巴耶赛特一世在人数处于劣势的情况下,又骄傲轻敌,致使这次战役失败。

特一世率领近卫军做最后的挣扎。巴耶赛特一世试图在近卫军的保护下冲出重围，但几次努力都失败了。最后终因寡不敌众、精力衰竭而被俘，后来在监狱中忧郁而亡。

重要意义

安哥拉之战，使拜占庭帝国逃过一劫，整个欧洲对奥斯曼帝国也松了口气；另一方面，奠定了庞大的帖木儿帝国的基础。

格林瓦尔德之战
——挫败条顿骑士团

交战双方： 波兰、立陶宛、俄罗斯联军 VS 条顿骑士团
交战时间： 1410年7月3～15日
双方将帅： 联军统帅为波兰国王亚盖洛；条顿骑士团统帅为云金根
双方投入兵力： 联军共3.2万人；条顿骑士团共2.7万人
双方使用兵器： 矛、弓箭、盾、臼炮等
交战结果： 联军以最终的胜利而告终

历史背景

西欧国家为巩固政权，建立骑士团作为常备武装力量。1198年条顿骑士团建立。14世纪末，条顿骑士团发展到鼎盛期，并将入侵之手伸向波罗的海和黑海地区，先后侵占了意大利、希腊、西班牙、法国和爱沙尼亚等国家。条顿骑士团在欧洲东北的属地堵塞了波兰、立陶宛和俄罗斯在波罗的海的出海口，这引起三国与条顿骑士团的矛盾日益加剧，发展到非武力不能解决的地步。

主要过程

1410年，波兰和立陶宛联盟，准备向占据波罗的海区域的条顿骑士团发起进攻，试图将其赶出这一地区，夺回出海口。当时，据守该地区的条顿骑士团兵力主要由德国、法国等国家的骑士和瑞士、意大利、英国等国家的雇佣兵组成。波、立联军的兵力不足以与之抗衡，于是他们就联合俄罗斯、瓦拉几亚、捷克、摩拉维亚、匈牙利和鞑靼等国，组成91个梭镖骑士队，共3.2万人。

7月3日，各国军队在切尔温斯克地域集结完毕，在波兰国王弗瓦迪斯瓦夫二世亚盖洛的率领下向马林堡进发。

条顿骑士团团长乌尔里希·冯·云金根得到联军进攻的消息后，欲在中途的格林瓦尔德地域阻截并歼

格林瓦尔德会战，骑士团的大部分军队被歼灭，联军取得全胜。此后，条顿骑士团转向衰落。

灭联军。于是他率领主力51个旗共约2.7万名条顿骑士部署在该地，以逸待劳。云金根选择了一座前面是平坦的草原的高地驻军，居高临下，使自己占据了有利地势。

7月14日，联军到达格林瓦尔德地域，在卢本湖畔的森林里集结休整。这时前哨士兵发现据守高地的条顿骑士，亚盖洛下令做第二天进行会战的准备。

15日，亚盖洛选择在背靠沼泽地和马尔沙河的地方分三线排成2公里长的正面队形。由立陶宛和俄罗斯士兵组成的40个梭镖骑士队在立陶宛大公维托夫特的率领下部署在右翼；由波兰、俄罗斯和捷克等国的士兵组成的51个梭镖骑士队在皇家元帅兹比格涅夫的率领下部署在左翼。而背后的森林、沼泽地和马尔沙河给联军组成了一道天然屏障，不易受到敌人的迂回包抄。

和联军相对应，条顿骑士团依托高地分两线排出2.5公里长的正面队形。利希滕施泰固率领20个旗的兵力部署在右翼，瓦伦罗德率领15个旗部署在左翼，第二线有16个旗作为预备队。双方的白

◆ **双方策略战术** ◆

战争中，联军采用三线战斗队形，在地形处于劣势的情况下，灵活运用战术，切割敌人，集中优势歼敌；联军协同作战，合围包抄，挫败敌人。而条顿骑士团战术古板，机动性差，以致溃败。

炮和弓箭手都排在阵地的前方。

　　骑士团的臼炮和弓箭手首先发起攻势，但并未给联军造成太大伤亡，联军开始向前压近。联军右翼的维托夫特命令一线向敌人左翼发起进攻。占据高地有利地势的骑士团居高临下，凶猛的火力迫使联军退缩，联军二、三线士兵的进攻也被骑士团阻击而退。瓦伦罗德乘胜向退败的联军右翼实施追击。但冲下高地，骑士团的队形也随之变得混乱，出现空当。右翼联军的俄罗斯梭镖队顺势插入敌军，使骑士团左翼兵分两段。同时，由波兰为主力的联军左翼和敌人右翼也展开了激烈的战斗。兹比格涅夫率兵切入敌人右翼，切断了其两部分的相互联系。溃败的联军见追兵数量较少，遂重新组织实施反攻，歼灭追兵。接着又与俄罗斯军联合，对瓦伦罗德部队形成局部优势，一举将其击溃，转而增援左翼联军。联军左翼二线的俄罗斯、捷克及波兰梭镖骑士队遂投入战斗，与右翼联军形成对条顿骑士团右翼军队的合围之势。见势不妙的云金根调集预备队增援，但被亚盖洛派出的三线军队歼灭。

　　在联军的包围下，条顿骑士团主力被歼灭，除团长云金根外的所有指挥官全部战死。格林瓦尔德会战以联军的胜利而结束。

重要意义

　　这次战役，使条顿骑士团遭到重创，阻止了其进一步东侵的步伐，也使条顿骑士团从鼎盛走向衰落。

战斗中的条顿骑士团

　　条顿骑士团于1198年在巴勒斯坦建立，主要由德意志骑士组成。14世纪末至15世纪初，是条顿骑士团的鼎盛时期。但格伦瓦尔德会战后，骑士团的大部分军队被歼灭，总团长云金根以下所有的指挥官全部战死。此后，条顿骑士团转向衰落。

胡司战争
——宗教性农民战争

交战双方：捷克农民起义军 VS 教皇组织的十字军
交战时间：1419～1434年
双方将帅：起义军统帅为杰士卡；十字军统帅有罗马教皇马丁五世、德国皇帝西吉斯孟德
双方投入兵力：起义军6万余人；十字军约13万人
双方使用兵器：矛、盾、刀剑、挠钩、战斧、火炮等
交战结果：起义被镇压

历史背景

15世纪，捷克王国的土地和矿山大都集中在由德国的僧侣和教士担任的捷克主教和修道院长手中。他们控制着城市，在经济上和政治上形成特殊的集团，捷克人的钱财大量流入德国人手中。时任布拉格伯利恒教堂神甫、布拉格查理大学校长的胡司，目睹天主教会在捷克榨取农民血汗、搜刮民脂民膏的腐败行径，决心在宗教方面进行改革。胡司的改革严重触及了天主教会的利益。教会会议在承诺保证胡司人身安全的情况下逮捕了他，并宣布他为异端，处以火刑。胡司的死，激起了捷克人民强烈的反抗情绪。

主要过程

捷克人民多次在布拉格举行集会，抗议教皇和皇帝的暴行和失信。他们冲进教堂，痛打牧师僧侣，拒绝缴纳杂税，驱逐德国教士，自发地掀起反对天主教的高潮，最终爆发了农民起义。

在这幅16世纪的手稿画中，捷克起义军正和十字军作战。实际上，起义军并不是如图描绘的全副武装的骑兵，而主要由装备落后的捷克农民组成，不过，他们在杰士卡的正确指挥下，多次以少胜多，击败敌人。

农民起义军由两派组成：一是由中产阶级和中小贵族为主的圣杯派；一是由下层劳动人民为主的塔波尔派，他们是起义的主力军。1419年7月22日，有4万多捷克各地的农民来到了塔波尔城，他们把带来的多余财物放在街道上的大木桶中，大家可以随意取用，两派起义军团结在杰出的指挥官约翰·杰士卡（约1378～1424年）周围。杰士卡出身于一个破落的骑士家庭，曾在军队中服役，有丰富的作战经验，起义爆发后他立即参加了起义军，并被推举为起义军的首领。在他的领导下，起义军很快发展到6万余人，并形成了一支兵种齐全、训练有素、纪律严明的新型军队。

捷克国王被胡司起义惊吓而死，德国皇帝西吉斯蒙德兼任捷克国王，这更激起了捷克农民的愤怒。罗马教皇马丁五世和德国皇帝西吉斯蒙德立即组织十字军镇压起义。1421年，十字军开始向布拉格城推进，讨伐起义军。为对付十字军强悍的骑兵，杰士卡在布拉格城外的田野里列好阵式。他还研究出一套"战车堡垒"战术：他把战车在田野里围成许多圆形阵地，每辆战车都用铁链子连接在一起，战车上安装有火炮和装甲。铁链围在步军的外面，抵御敌人骑兵的冲击，火炮可以直接攻击敌人。阵形布置完后，他命人在战阵的前方挖一条深堑，上面做好伪装。

十字军骑兵开始向起义军发起攻势，前排的骑士纷纷掉进伪装的壕沟，冲进起义军阵地的十字军

如图所示，在捷克手抄本《圣经》中，一名胡司派支持者（身穿黑衣者）描述了胡司被烧死在火刑柱上的情景。胡司的死，激起了捷克人民的极大愤怒，由此引发了胡司战争。

◆ 双方策略战术 ◆

胡司战争中，起义军采用防御策略，针对敌人的骑兵优势，采取"战车堡垒"和迂回夹击战术，大败十字军；在圣杯派的反叛战争中，圣杯派抓住战车堡垒的不足，采用诱敌出击、合围攻击的战术大败起义军。

在这幅手稿画中，杰士卡正带领一支起义军队前进，他在1421年7月的一次战役中失去了一只眼睛，所以图中他的眼睛被布蒙着，他身后飘扬的旗帜上画的就是胡司派的圣餐杯。

骑士则被铁链阻挡在战车外，手中的战斧和长矛伤及不到圈内的起义军。一个个圆圈使十字军骑兵阵形相互被分割开来，这时起义军用弓箭和火炮攻击圈外敌人。战车内的步兵通过空隙寻找机会用挠钩把敌人拉下马，用长矛和弓箭射杀。身穿笨重铠甲的骑士落马后无用武之地，不是被钩杀，就是被火炮打死。不久进入阵地的骑士就所剩无几。未进入的骑兵正准备撤退，但早已埋伏好的骑兵乘势杀来，堵住了敌人的去路。战车上的铁链也收了起来，阵地的起义军冲出来追击。十字军腹背受敌，顾不上反击，乱作一团，由此，起义军一举全歼敌军。

在随后的几次围剿中，起义军凭借"战车堡垒"战术连连获胜。1424年10月11日，杰士卡因病去世。起义军在新的统帅领导下开始反攻，一直攻到德国境内。

然而，起义军内部却发生了分裂。当时圣杯派的中产阶级和中小贵族在战争中慢慢取代了德国贵族在捷克的位置，他们获得了城市的管理权。起义的目的已经达到，现在他们开始害怕起义军继续壮大，希望停止战争。罗马教皇和德国皇帝见武力并不能镇压起义军，于是他们开始拉拢和分化起义军。圣杯派于是和德国人联合共同镇压起义军。为了削弱和破坏起义军的战车堡垒战术，他们诱使起义军进攻，并派骑兵从侧翼突袭，起义军领袖普罗科普战死，起义军全面溃败。但不间断的反抗一直坚持到1452年。

重要意义

这场战争，沉重地打击了教皇和德国的势力，使捷克取得了政治独立，对捷克具有重要意义。特别是起义军车载兵、战车工事及火炮的运用是欧洲军事史上的一种创新和发展。

玫瑰战争
——英国封建贵族的葬礼

交战双方： 英国兰开斯特贵族军队 VS 英国约克贵族军队
交战时间： 1455～1485年
双方将帅： 兰开斯特贵族统帅为王后玛格丽特；约克贵族统帅为爱德华三世
双方投入兵力： 兰开斯特贵族军约6万人；约克贵族军约4万人
双方使用兵器： 矛、盾、弓箭、火炮、刀剑等
交战结果： 约克贵族军一度战胜兰开斯特贵族，但亨利·都铎最后成为英国新国王

历史背景

英国在英法百年战争中失败后，国内各阶层矛盾越来越尖锐，皇室内部争斗更为激烈。在这种长期的争斗中，英国皇族后裔的两个旁系家族逐渐形成了两大对立的贵族集团：一是以红玫瑰为标志的兰开斯特派，它代表着西北经济落后地区的贵族集团；一是以白玫瑰为标志的约克派，它代表着东南部经济比较发达地区的贵族集团。围绕着英国王位继承权问题，两大集团进行了激烈的争夺，英国朝政更为混乱。1454年12月，约克公爵查理在宫廷斗争中失利，开始举兵反对兰开斯特家族出身的国王，玫瑰战争开始。

主要过程

1455年5月22日，约克公爵联合沃里克伯爵等贵族从南方调遣3000人发起对兰开斯特派的进攻。兰开斯特家族出身的国王和王后玛格丽特率军队2000余人在圣奥尔本斯迎战。约克军的弓箭和火炮使国王受伤后被挟持，而玛格丽特逃到了苏格兰。约克公爵威胁国王承认他为王位继承人。玛格丽特闻讯大怒，从苏格兰借兵反攻约克，双方在威克菲尔德展开激战。人数占优的玛格丽特军一举击败约克军，并将约克及其次子杀死，将其首级扣上纸做的王冠悬挂示众。

约克公爵的死，使约克贵族的拥护者极为愤怒，他们拥立约克公爵的儿子爱德华为王。在沃里克伯爵的帮助下，1461年3月，爱德华四世率领4万余人向北进军攻打玛格丽特。玛格丽特带领6万人迎击，两军在陶顿相遇了。

陶顿位于地势较高的山丘上，王后玛格丽特的军队处于居高临下的位置，地势较为有利。但是，这一天正刮着强劲的南风，暴风雪使人睁不开眼睛，同时受逆风的影响，弓箭的射程和威力大打折扣。爱德华四世却正好相反，虽然处于地势较低的不利形势下，但风雪却使他们的弓箭威力大增。借着风势，爱德华率军向山上发起猛攻，兰开斯特军队损失惨重。虽说

双方策略战术

玫瑰战争双方都采用骑兵与步兵分散搏击的白刃格斗战术,充分发挥自身优势,克制敌人的长处,善抓对方的内部矛盾来攻击敌人。

占有人数上的优势,但恶劣的自然条件却抑制了玛格丽特军队的攻势。

玛格丽特为了扭转被动的防守局面,下令向山下的敌人发动反攻,双方在风雪中展开肉搏。一直激战到傍晚,仍然未分出胜负。突然,玛格丽特军队的侧翼开始骚动。原来,爱德华四世的后续部队赶到了,并从防守较弱的敌人侧翼进行猛攻。玛格丽特军队发生混乱,无法抵挡。爱德华四

两朵玫瑰之间的选择

在这场战争中,兰开斯特家族和约克家族同归于尽,大批封建旧贵族在互相残杀中或阵亡或被处决。新兴贵族和资产阶级的力量在战争中迅速增长,从这个意义上说,玫瑰战争是英国专制政体确立之前在封建无政府状态下的最后一次战争。

世率领将士一鼓作气，一直追杀到深夜。玛格丽特王后趁乱带着亨利六世和幼子又一次逃往苏格兰。1465年，亨利六世再次被俘，被爱德华四世囚禁在伦敦塔下。这场战争基本肃清了兰开斯特派的势力。

约克派掌握政权后，内部的矛盾开始显露出来，国王爱德华四世与实权人物沃里克产生了不可调和的冲突。沃里克密谋反叛，把爱德华四世俘获，关在监狱里。爱德华四世出狱后又重

如图所示，1471年4月14日的巴尼特战役中，约克家族的国王爱德华四世打败了兰开斯特家族的亨利六世的军队。

新组织力量，一举将沃里克赶到法国。沃里克转而与兰开斯特家族结成联盟，并在法国的支持下，卷土重来，爱德华四世不得不逃亡到他妹夫勃艮第公爵那里。

沃里克掌权后，英国人民对他的统治极为反感，国内矛盾再一次加剧。爱德华四世抓住这一有利时机，于1471年3月亲率军队在巴尼特和沃里克展开决战。这天浓雾迷漫，仅有9000人的爱德华四世决定以先发制人的战术突袭敌人，于是他率部队提前出发。沃里克想依靠2万人的绝对优势采取迂回战术夹击敌人。激战开始后，浓雾使双方分不清敌我，死伤惨重。爱德华四世趁势猛攻，沃里克在交战中被杀。兰开斯特的军队抵挡不住，几乎全军覆没。爱德华四世抓住了偷渡的王后玛格丽特，并将她和其幼子以及许多兰开斯特的贵族杀死，只有兰开斯特的远亲亨利·都铎得以逃脱。

1485年，亨利·都铎率军击败英王查理三世并将其杀死，结束了历时30年的玫瑰之战。都铎登上王位后与爱德华四世的长女伊丽莎白结婚，至此两大家族重修旧好。

重要意义

玫瑰战争是英国贵族自己实施的大手术，使英国两大家族为首的贵族几乎全部消亡，新兴贵族和资产阶级的力量逐渐发展起来，政治也逐渐统一，可以说这是专政体制确定前的最后一次战争。

土耳其攻占君士坦丁堡
——永恒之城的陷落

交战双方： 土耳其军队 VS 拜占庭军队
交战时间： 1453 年
双方将帅： 土耳其统帅为苏丹穆罕默德二世；拜占庭统帅为君士坦丁十一世
双方投入兵力： 土耳其军队 15 万人；拜占庭军队 8000 人
双方使用兵器： 刀剑、战斧、长枪、长矛、大炮等
交战结果： 君士坦丁堡被土耳其攻陷

历史背景

公元 476 年 9 月，西罗马帝国灭亡，而以君士坦丁堡为首的东罗马帝国依然保持着大国地位，这就是拜占庭帝国。随着东西方各帝国的崛起和不断的侵略扩张，连年的战争使拜占庭帝国的国势早已衰落。但作为千年帝王之都和东西商路上的要塞，君士坦丁堡不仅聚集了大量的财富，而且积淀了丰富的文化。东方土耳其人的兴起和不断扩张，使拜占庭周边不断遭到侵占，疆土一天天缩小，最后只剩下君士坦丁堡一座孤城。于是，君士坦丁堡成为土耳其针对东罗马的最后目标。

穆罕默德二世知道这场决战将损失巨大，所以在临攻城之前，给了君士坦丁十一世最后一次机会。他横立阵前，向康斯坦丁劝诫道："如若你能向我投降，我将依据法律宽恕你和这座伟大城市的人民，你的家人和财产都不会有任何损失。"但君士坦丁十一世拒绝投降的坚决态度给了守城士兵誓死守卫的勇气。

主要过程

土耳其人对君士坦丁堡进行过数次围攻，都徒劳而返。原来，君士坦丁堡建立在一个向东突出的三角形岬角上面，北面的侧面为金角，南面则有马尔马拉海，海岸与城墙为一体，是无法攀缘的悬崖峭壁。只有西面连接大陆，但有内外两道城墙。城墙又分三层，

内层高 12 米，外层高 7.6 米，最外面是宽 18 米、深 4.6 米的护城河。内外层城墙上都密布着高 18 米的碉楼。南面金角的出口有大铁链保护，并且城市本身从侧面掩护着在南面的进口，由拜占庭的 26 艘舰队驻守。得天独厚的险峻地形和坚固的防御工事阻挡着敌人的进攻。

1453 年 4 月，不甘心的土耳其苏丹穆罕默德二世组织 15 万人、战船 300 艘、大小炮近 100 门，再一次对君士坦丁堡发起最大规模的一次进攻。君士坦丁十一世为对付敌人，补修城墙，招补军士，使兵力达到 8000 余人。

◆ 双方策略战术 ◆

在战争中，君士坦丁凭借险峻地势，采用积极防御策略，一度多次击退敌军。土耳其苏丹采用突袭分散对手力量、保持持续进攻、消耗对方实力的战略战术，最终攻破君士坦丁堡。

土耳其苏丹计划从西面开始进攻，他把兵分为四路从不同地点同时进攻。君士坦丁看出敌人主力攻打的地区，也将主力转移过来，而其他地方却只有很少的士兵守兵。土耳其苏丹调集大炮，开始组织有史以来的第一次炮击。面对坚固的城墙，放在护城河边上的大炮的效力显得非常有限。城墙虽然有部分被炸毁，但两个小时才能装好一发炮弹，使君士坦丁堡士兵可以有足够的时间再修补完整。不耐烦

16 世纪初的伊斯坦布尔
1453 年，土耳其攻占君士坦丁堡，灭亡了东罗马，将这里变成奥斯曼帝国的首都，并改名为伊斯坦布尔，直至 1923 年土耳其共和国成立迁都安卡拉为止。

的土耳其苏丹遂下令对城墙和金角铁链同时发起攻击，土耳其士兵迅速冲去。守城的将士把各种火器、投掷物和弓箭同时向敌人发射，把攻城者击退。向金角进攻的士兵被铁链阻挡在外面，里面的拜占庭舰队则纷纷向他们投掷火箭、标枪及可怕的"希腊火"。

土耳其苏丹清楚地意识到控制金角，威胁城墙较弱、防守士兵较少的北面海墙是破城的关键所在。金角口是由铁链来防御的，如果设法绕过去，从水路偷袭就可能打开缺口。于是他命令士兵整平地面，在陆上修一条木质轨道，上面涂上一层牛羊油脂。在炮兵的掩护下，让士兵将70余艘船从博斯普鲁斯的海岸拖到加拉塔西面流向金角的溪流中。溜进金角湾后，土耳其士兵用猛烈的炮火对海墙进行轰击。君士坦丁对突然出现的舰队极为震惊，于是忙把西面的守军撤出部分加强北面的防卫。

这时，土耳其苏丹的援军赶到，对西线已经削弱防守的城墙开始了总攻。他们用"攻城楼"作为掩护，从楼上向城里发射火力。他们还动用士兵挖掘坑道，从地下向城里攻，企图破坏城墙。但"攻城楼"被守军用火药炸毁，坑道士兵不是被炸死，就是被闷死。守军还勇敢地钻进地道用短刀将敌人杀死。土耳其苏丹并不放弃，仍然调集援兵，就连他的侍卫队也投入了战斗。

后来，土耳其苏丹将进攻者分为两个梯队。第一梯队上去，虽然立即遭到各种火器、"希腊火"和沸油的反击，但是经过反复几次，守城的将士被连续的攻城拖得筋疲力尽，弹药和投掷物也用光了。这时，第二梯队马上冲上去，高架云梯开始强攻。君士坦丁堡守城士兵用刀剑与敌人展开肉搏，最终都战死沙场。君士坦丁十一世和随从也冲进敌军勇敢地杀敌，但终因寡不敌众被乱刀砍死。君士坦丁堡历时两个月终于被攻破，许多珍贵的建筑被洗劫一空。

重要意义

君士坦丁堡的陷落，标志着罗马帝国的终结。在战争中流亡的学者和流失的文化使欧洲文化得以发展，对人类历史起了重大的促进作用。

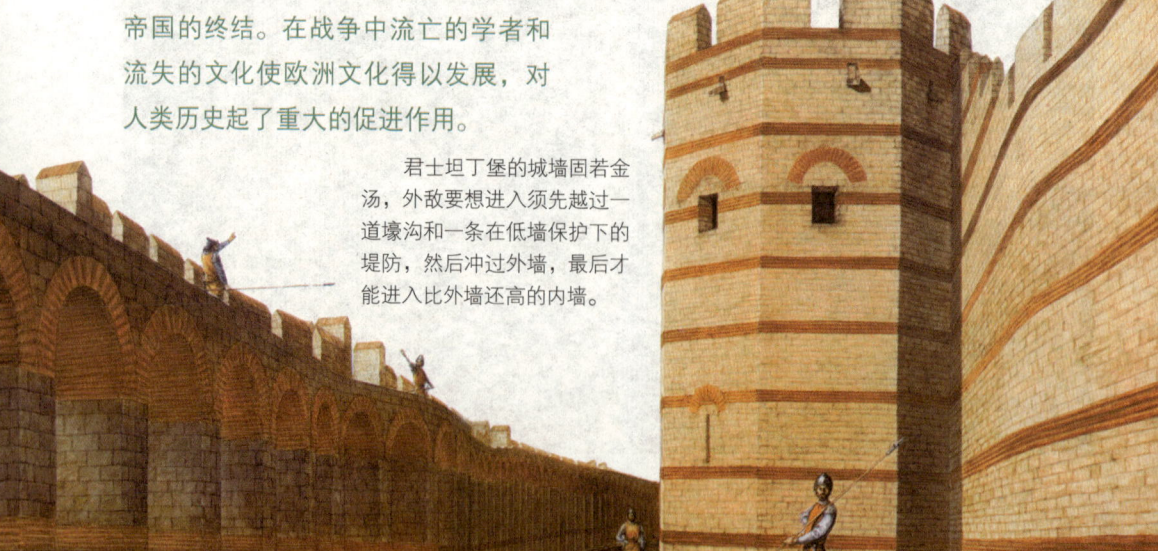

君士坦丁堡的城墙固若金汤，外敌要想进入须先越过一道壕沟和一条在低墙保护下的堤防，然后冲过外墙，最后才能进入比外墙还高的内墙。

维也纳保卫战
——土耳其扩张的极限

交战双方： 奥斯曼军队 VS 奥地利军队
交战时间： 1529 年 9 月
双方将帅： 奥斯曼统帅为苏丹苏里曼一世；奥地利统帅为尼克拉斯·萨尔姆伯爵
双方投入兵力： 奥斯曼军队 20 余万人；奥地利军队 1.8 万人
双方使用兵器： 奥斯曼军队以矛、刀剑、长枪及火炮等为主；奥地利军队以矛、刀剑、长枪、火炮和火绳枪等为主
交战结果： 奥地利击退奥斯曼军队

历史背景

由游牧民族土耳其人逐渐发展起的横跨亚欧非三大洲的奥斯曼帝国在 14 世纪末期攻占了巴尔干半岛的绝大部分地区。1453 年，奥斯曼帝国又一举攻克了具有战略意义的宗教圣地君士坦丁堡，结束了拜占庭帝国的历史。君士坦丁堡的战略地位给奥斯曼帝国带来源源不断的财富，使具有军事征服传统的土耳其人，增加了雄厚的财力物力，使其扩张欲望越来越大，并开始将目标瞄准中欧各国。而欧洲社会的动荡与政治上的分裂也给奥斯曼的入侵提供了契机。

这幅 16 世纪的德国画作描绘了土耳其苏丹一位高级指挥官带领他的将官列队出征的情景。在苏里曼统治时期，这样的近卫军人数在 1.2 万左右，他们只效忠于苏丹。

主要过程

1526 年 4 月，苏里曼一世率领大军沿多瑙河进军，直攻匈牙利。双方在莫哈奇展开决战，本来对奥斯曼大军就心有余悸的匈牙利军队仅支撑了 4 个小时，就全军覆没了，国王也在战斗中阵亡。土耳其人一举攻占了匈牙利首都布达佩斯，并进行了洗劫。随后奥斯曼撤军，特兰西瓦尼亚公爵扎良波趁势占领了布达佩斯，并自立为王。但奥地利大公斐迪南联合部分贵族击败扎良波当上了国王。扎良波遂逃亡到土耳其，以求借助奥斯曼的力量东山再起。早已对奥地利野心勃勃的苏里曼借此机会于 1529 年率军进攻奥地利。20 余万奥斯曼大军在苏里曼的亲率下攻到奥地利的

都城维也纳，对维也纳实行了团团包围。

维也纳不仅是奥地利的都城，也是罗马帝国的都城，是基督教徒心中的圣地。于是，斐迪南被奥斯曼军队在布达佩斯击败后，立即调集1.8万人加强对维也纳的保卫。他命作战经验极为丰富的尼克拉斯·萨尔姆伯爵为统帅，指挥维也纳保卫战。萨尔姆指挥士兵加固城墙，并在城墙上安装各种防御设施，还把对奥斯曼大军来讲可以说是秘密武器的步枪，集中在奥斯曼军队进攻的地方。

苏里曼一世

苏里曼知道维也纳的守兵与自己的大军在人数上相差甚大，他并没有把维也纳放在眼里，只是安排士兵从水陆两方切断维也纳与外界的联系和供给，并派人到城外高声劝降。城墙上的守兵被嚣张的土耳其士兵激怒了，只听"叭"的一声，耀武扬威的劝降士兵满头是血，倒在地上，原来守城的枪手用枪把他击倒了。

苏里曼被激怒了，他命令大军从四面进攻，在弓箭和投掷物的掩护下，士兵们架起云梯向城墙扑去。可弓箭的射程不及步枪，攻城的士兵在城墙上的枪声、炮声和弓箭、投掷物的打击中纷纷倒下了。坚固的防御使奥斯曼大军根本靠近不了城墙。"叭叭叭"的枪声，则使他们一直后退。

连续几天，步枪的威力和顽强的防守，让土耳其人伤亡惨重，没有任何进展。于是奥斯曼军队将火炮调来，趁着夜色的掩护摸到城下，在城墙根埋上地雷。火炮的攻击和地雷的爆炸使维也纳城墙被打开了几个缺口，土耳其人潮水般地从缺口中涌进城里。

萨尔姆果断下令将所有枪支集中到缺口处，一排排密集的子弹，使冲进城里的敌人纷纷倒下。这极大地震慑了土耳其士兵，看到接连倒下的同伴，他们开始后撤。维也纳防守士兵趁机将被摧毁的城墙修补好。

凭借坚固的城池和守军的拼死防御，维也纳守军和对方相持了一个多月。伤亡的剧增和接济的困难，使苏里曼不得不退兵，而维也纳也到了弹尽粮绝的地步。

◆ 双方策略战术 ◆

苏里曼以优势兵力围攻维也纳，采用封锁和强攻战术取得了一定的效果，但终因消耗巨大供给不足导致无功而返。奥地利采取积极的防御战术，充分利用新式武器与敌人形成相持，最终坚持到敌人退军。

重要意义

维也纳保卫战的胜利，阻击了奥斯曼帝国在欧洲的进一步扩张。随着科学技术发展而产生的步枪等火器开始登上军事战场。

德国农民起义
——德国人民的革命尝试

交战双方： 德国封建主军队 VS 德国农民起义军
交战时间： 16 世纪 20 年代
双方统帅： 封建主军队统帅为特鲁赫泽斯；农民起义军统帅为托马斯·闵采尔
双方投入兵力： 封建主军队约 5 万人；农民起义军约 4 万人
双方使用兵器： 矛、盾、刀剑、火炮等
交战结果： 起义军遭到残酷镇压而失败

历史背景

16 世纪初，德国教会力量横行无忌，他们以出售神职为手段，敲诈勒索，贪污受贿，过着奢侈糜烂的生活。他们巧立名目、中饱私囊的聚敛暴行引起了社会的极大愤慨。而各封建主仗着自己的权势，强占土地，乱设高额税赋，掳掠民财，横行霸道。农民赖以生存的土地和财产逐渐集中到教会和封建贵族手中。穷困的生活和繁重的劳役引起农民的强烈不满和反抗，他们纷纷组织起来，掀起了农民反抗教会与封建主的起义高潮。

主要过程

随着德国内部矛盾的日益尖锐，农民燃烧着对宗教势力和封建主的怒火，在南部秘密成立了"鞋会"，他们以画着一只鞋子的旗帜为会旗，开始了对穿着长靴的贵族的对抗。他们每年都聚集到一起，杀贪官贵族，砸教堂，均分财产和土地。但是，每一次都被封建主和教会残酷地镇压了。这更激发了德意志农民对他们的仇视。

托马斯·闵采尔是一位下层的教士，他目睹了教会上层的腐败和堕落，因此坚决反对教皇的放任自流和奢侈，反对一切压迫和剥削。他积极传播自己的思想，他的信徒遍布许多城镇。1524 年，封建主和教会对农民的奴役更为残暴，农民无法忍受这非人的劳役。于是在托马斯·闵采尔的领导下，士瓦本南部的农民拒绝了贵族们的劳役，集结在一起，发动了大规模的农民起义。他们冲进封建主的庄园，占领和捣毁寺院与城堡，强迫封建主交出粮食和土地。他们以推翻封建制度为口号，提出了自己的纲领——《书简》。士瓦本贵族们对农民的起义极为恐慌，他们假意与农民谈判，暗地里却调集军队，镇压起义军。闵采尔知道上当后，立即拒绝了谈判，指挥起义军攻占城市，抢夺敌人的武器，杀富济贫。周边的农民及奴隶闻讯后纷

1524年，农民们再也忍受不了封建主和教会的残酷剥削，揭竿而起，许多城市的平民也参加了起义。图为农民们举着起义旗帜（上面画着一只系带的鞋子）将一个抓获的骑士围了起来。

纷来投靠，不久起义军席卷士瓦本地区，起义人数猛增至4万。1525年3月，起义军领袖们在闵采尔的领导下，在梅明根集会，制定起义军的斗争纲领——《十二条》。纲领规定收回贵族霸占的农民土地，恢复被压迫农奴的人身自由，限制地租和劳役等。这个纲领部分地反映了农民的利益要求。

闵采尔又来到图林根，在缪尔豪森城领导起义。起义军一举冲进贵族们的庭院，攻占教堂、城堡和修道院，焚烧掉封建主的家院，分掉贵族的土地和财物，推翻了缪尔豪森城内的贵族统治，建立了没有领主、财产公有、人人平等的"永久议会"。闵采尔被选为主席，缪尔豪森城成为德意志中部农民起义的中心。许多骑士开始加入到起义军的队伍里，许多城市也倒向起义军。

封建主和教会上层见农民起义军的发展势头迅猛，极为惊慌，他们集结军队，在特鲁赫泽斯的率领下，开始对起义军进行围剿镇压。狡猾的特鲁赫泽斯看到起义军队伍分散，并且组成人员极为复杂，于是他一面拉拢只想利用起义来实现自己利益、对起义态度不坚决的部分，进行假谈判，争取时间；一面组织武力对付起义军。整个起义军队伍人心涣散，战斗力大为削弱。特鲁赫泽斯抓住时机，采用突然袭击、各个击破的策略，向起义军发起了猛烈的攻击。弗兰科尼亚等各地的起义被镇压。闵采尔率领8000余起义军将士于1525年5月在缪尔豪森和封建主5万大军展开了最后的决战。

面对兵力处于绝对优势的敌人，闵采尔毫不畏惧，率领起义军一马当先向敌人冲去。由于起义军没经过系统训练，武器落后，终因寡不敌众，许多人都壮烈牺牲。闵采尔被俘后被处以极刑，起义失败。

◆ 双方策略战术 ◆

封建主军队根据起义军分散的实际情况，采用假谈判、真动武的策略，分化起义军，各个击破。起义军在战争中虽提出战斗纲领，成立起义中心，但最终因兵力分散没形成优势兵力，且军心涣散，因寡不敌众被镇压。

重要意义

德国农民起义从根本上动摇了天主教在德国的统治，促进了整个欧洲的宗教改革和文艺复兴运动的深入发展，推动了社会的前进。自此，封建统治开始动摇，无产阶级慢慢登上政治舞台。

荷兰独立战争
——第一次成功的资产阶级革命

交战双方： 西班牙军队 VS 尼德兰起义军
交战时间： 1566～1609年
双方将帅： 西班牙军队统帅为阿尔瓦；尼德兰起义军统帅为威廉·奥兰治
双方使用兵器： 刀剑、长矛、火枪、火炮等
交战结果： 起义军胜利，荷兰独立

历史背景

1556年，包括荷兰、比利时、卢森堡和法国东北部的尼德兰，因王朝联姻和王位继承关系，归属了西班牙。西班牙对尼德兰推行封建专制制度，对尼德兰人民进行残酷的奴役和剥削，造成手工工场倒闭、工人失业，极大地遏制了资本主义经济的发展。西班牙专制还体现在教会迫害上：查理一世曾在尼德兰设立宗教裁判所，颁布"血腥诏令"，残酷迫害新教徒；腓力二世加强教会权力，命令尼德兰总督一切重大事务听从教会首领格伦维尔的意见，并且拒绝从尼德兰各地撤走西班牙军队。西班牙的专制行为引起尼德兰人民的极度不满和抗议。

主要过程

面对西班牙的专制统治和宗教迫害，以宗教斗争为先导的尼德兰民众的反封建斗争逐步高涨。激进的加尔文教教徒迅速增多，并不时地同当局和教会发生冲突。腓力二世只好表面答应群众的要求，但是暗地里却在秘密制订残酷镇压尼德兰革命势力的计划。1566年，尼德兰贵族也向西班牙国王请愿，要求废除宗教裁判所，缓和镇压异端的政策。在没有任何收获的情况下，贵族中的激进派加入到加尔文教会和革命群众的行列，一场大的革命风暴即将来临。

1566年8月，一名叫马特的制帽工人，掀起了破坏圣像、圣徒遗骨和祭坛的运动，并得到广大人民群众的支持，安特卫普、瓦朗西安爆发了起义。1567年，腓力二世命阿尔瓦为总督率军进驻尼德兰，开始了对异教徒和起义军的血腥镇压，一些贵族和资产阶级也被杀害。由工人、农民和革命资产阶级分子构成的起

群情高昂的城市保卫者射击连队的军官们，充分展现了独立后荷兰人的自信和自豪。

双方策略战术

阿尔瓦采用封锁战术，取得了一定效果，但终因援兵水淹而失败；起义军在受到残酷镇压后，采用游击战术与敌人迂回，最终取得了胜利。

义军和激进的加尔文教徒转移到森林里和海上，组成"森林乞丐"和"海上乞丐"，展开游击战，神出鬼没地袭击西班牙军队，奏响了尼德兰革命的交响曲。1568年，奥伦治亲王威廉从国外组织一支雇佣军，但终因势单力薄而被西班牙统治者派出的阿尔瓦公爵的部队击败。1572年4月，在"森林乞丐"和"海上乞丐"的影响下，尼德兰北方各省均发生起义，致使阿尔瓦军力分散。"海上乞丐"乘机率领装有枪炮的轻便船猛攻泽兰省的布里尔，守卫的西班牙军遭受重创。起义军又一举将西班牙军从北部大部分地区驱逐出去，并占领了荷兰省和泽兰省，建立了自己的根据地，威廉被推选执政。

阿尔瓦极为恼火，他开始集中兵力镇压北部起义军。1572年12月，阿尔瓦大军挺进到哈勒姆，几次强攻都以失败而告终。阿尔瓦于是改变策略，包围哈勒姆，切断所有通道，封锁城池，断绝城内的一切供给，并不时进行佯攻，消耗城内的弹药，8个月后终于攻陷哈勒姆城。随后，阿尔瓦开始攻打荷兰的莱顿城。由于莱顿城地势险要，防御工事坚固，易守难攻，阿尔瓦就继续采用封锁战术。市民和起义军坚持了近一年，基本上到了弹尽粮绝的地步。阿尔瓦感觉时机成熟，便开始发起总攻，但城内剩余的弹药却使阿尔瓦惨败。于是阿尔瓦试图诱降起义军，但遭到拒绝。

这幅寓意画中，阿尔瓦正在接受魔鬼的加冕，并给代表荷兰各省的人物戴上枷锁，而室外正在执行阿尔瓦对荷兰贵族处以死刑的命令。这幅画充分反映了荷兰人发动起义的合理性——面对西班牙的专制统治和宗教迫害，以宗教斗争为先导的尼德兰民众反封建斗争的情绪必将高涨。

"海上乞丐"这时赶来救援，游击队在海坝上挖掘了16处缺口，海水顺势涌向莱顿城，莱顿城外一片汪洋，本来就伤亡惨重而士气低落的西班牙人在海水中仓皇撤退。

1576年9月4日，布鲁塞尔举行起义，起义军占领了国务委员会大厦，这样，西班牙在尼德兰南部的统治就被推翻了。

1576年11月，以威廉为代表的北方起义军和南方起义军签订协议，首先驱逐西班牙人，成立政府，再解决双方在宗教上的分歧问题。1581年，北方7省联合成立荷兰共和国，宣布废黜腓力二世。而坚持妥协的南方起义军却遭到西班牙军队的镇压而失败。1609年1月9日，西班牙国王和荷兰共和国签订协议，承认了荷兰的独立。

重要意义

尼德兰革命是世界上第一次取得胜利的资产阶级革命，建立了第一个资产阶级共和国。它推翻了西班牙的专制统治，争取到了民族独立。

无敌舰队的覆灭
——西班牙海上霸权衰落

交战双方：西班牙舰队 VS 英国舰队
交战时间：1588年7月31日～8月9日
双方将帅：西班牙统帅为西多尼亚公爵；英国统帅为霍华德勋爵
双方投入兵力：西班牙3万余人，130艘战舰，2431门火炮；英国约9000人，130余艘战舰，2000余门火炮
双方使用兵器：火炮、火枪等
交战结果：西班牙舰队被击溃

历史背景

自哥伦布发现新大陆后，西班牙凭借强大的海上势力，在美洲占领了广大地域，掠夺了大量财富，并将殖民势力扩展到欧、亚、非、美四大洲。此时，英国正处于资本主义发展阶段，急需大量的原料和财富，也开始积极推行殖民政策，向外扩张，寻找建立殖民地的土地和国家。由于西班牙是海上霸主，这给英国的对外扩张带来了极大的阻碍，于是两国的矛盾冲突日益尖锐。

主要过程

为与西班牙争夺海上霸权，英王伊丽莎白采取各种措施加快海军建设，同时利用海盗来抢劫西班牙从各地掠来的财物，以威胁西班牙在海上的贸易垄断地位。西班牙对此极为恼火，怀着侵占英国的目的，想把苏格兰女王玛丽扶上英国的王位。1587年3月，伊丽莎白下令处决了玛丽。海上的不断侵扰和玛丽之死，

当时的西班牙海军,可谓世界上最强大的海军,而英国海军则是由海盗小船拼凑成的,总体实力与无敌舰队相去甚远。但英国的舰船体积比较小,而且很灵活,速度也快,火炮的威力射程较远。这样,在英国舰队炮火的轰击下,西班牙无敌舰队慌乱撤退。

使愤怒的西班牙国王腓力二世准备以武力征服英国。

1588年2月,西班牙国王腓力二世命西多尼亚公爵为统帅,率领130余艘船、3万余人、2431门火炮组成的庞大舰队远征英国。英国接到情报后,积极备战。伊丽莎白命霍华德勋爵为统帅,德瑞克为副手,并任用海盗出身的霍金斯和舰炮专家对船身、船楼、船体及炮台、火炮做了相应的改进。其船体矮且狭长,重心较低,目标小,灵活性强,速度快,船上装载的火炮数量多,射程比西班牙的重炮远。

7月中旬,在一座座堡垒似的西班牙战舰上挤满了步兵,西多尼亚欲利用步兵数量上的优势,运用传统战法,冲撞敌舰,并勾住它们,然后登船与敌人进行肉搏战。但英军凭借战船快速灵活的优势,伺机攻击,始终保持在敌炮射程范围之外,并利用自己炮火射程远的优势不断袭击敌船,消耗对方的弹药,使他们时刻处于警备状态。当西班牙舰队到达尼德兰加莱附近时,并未得到计划好的帕尔马公

◆ 双方策略战术 ◆

在这次海战中,霍华德充分利用武器和舰船的优势,远距离击敌,快速灵活迂回作战;同时运用火船战术打乱敌人,很好地抑制住敌人重炮的威力,从而克制住敌人,最终一举重创敌人舰队。

爵的船只、人员及弹药的补给。

7月29日凌晨，霍华德按照前一天会议的决定，用火船战术攻击敌舰。英国在8艘旧船内装满硫磺和柴草等易燃物品，船身涂满柏油。点燃后，8只火船像8条火龙顺风而下，向西班牙舰队急驰而去。在黎明的宁静中，西班牙哨兵发现几道火舌向他们冲来，立即发出警报。顿时，西班牙舰队乱作一团，一些木壳船已经被大火点燃。西多尼亚公爵忙命令各舰船砍断锚索，想等到火船过去再占领这个投锚地。但恐慌的西班牙人乱成一片，他们只顾夺路奔逃，致使船只相互碰撞，甚至大打出手。被砍断锚索的舰船随风沿着海岸向东北漂流，西多尼亚只好命旗舰"圣马丁"号起锚向漂流的船只追去。

图为英女王伊丽莎白像

德瑞克与霍金斯等人继续全速向西班牙舰队追去。英军开始向敌人开火，许多船只纷纷中弹起火，而西班牙的重炮却很难击中目标，步兵和重炮无法充分发挥作用。英国凭借船身矮小、灵活自如的优点，对敌船猛烈地轰击。他们巧妙配合，相互策应，使散开的西班牙战舰更为混乱。激烈的战斗持续了近一天，英军的损失极小。而西班牙舰队却受到严重的摧残，舰船被打得支离破碎，一只旗舰被击沉，

这幅画表现了伊丽莎白夏季出巡的场面。画中，伊丽莎白坐在撑着华盖的轿椅上，轿前左起第二位蓄着白胡须的就是指挥英舰队抗击西班牙无敌舰队的霍华德勋爵。

损伤 30 余艘船只，另有 16 艘成了英军的战利品，剩余的伤兵残船在西多尼亚的领导下被迫退出英吉利海峡。

不甘心的西多尼亚带领残部决定再度控制英吉利海峡，但风向始终没有转向有利于他的方向，再加上没有船只、人员及弹药的补给，他只好放弃并绕道北海退回西班牙。1588 年 10 月，当他们返回西班牙时仅剩 43 艘残破船只。

重要意义

这场海战是历史上第一次全凭舰炮制胜的海战，舰船的机动性和火炮优势取代了传统的战法。英军的胜利，使西班牙一蹶不振，英国从此成为新的海上霸主。

壬辰海战
——援朝抗日的经典战役

交战双方：朝鲜海军 VS 日本海军
交战时间：1592～1598 年
双方将帅：朝鲜海军统帅为李舜臣，中国援军统帅为邓子龙；日本海军统帅为丰田秀吉
双方投入兵力：中、朝海军十多万人；日本海军 16 万人
双方使用兵器：刀剑、长矛、火枪、火炮等
交战结果：日本失败

历史背景

16 世纪后期，长期处于封建集团割据混战的日本，被封建主织田信长统一了大半。1590 年，他的亲信丰田秀吉继承他的遗志，相继征服了西部和南部地区，统一了全日本。可是，丰田秀吉的扩张欲望越来越强烈，想把朝鲜、菲律宾、中国都纳入日本版图，建立大日本帝国。首先他把目标锁定在朝鲜，以朝鲜为跳板进而侵略中国。当时，李氏统治的朝鲜政府腐败虚弱，官僚营私舞弊，内部矛盾尖锐，明争暗斗十分激烈，政变不断，民不聊生，国力衰落，边防设施也因年久失修而破烂不堪。这给日本提供了侵略的良机。

主要过程

1592 年，丰田秀吉动用 16 万人马，开始大举进攻朝鲜。软弱无能的朝鲜统治者束手无策，日军长驱直入，势如破竹，不足三个月的时间，汉城、开城、平壤相继失守。朝鲜皇帝被迫逃到鸭绿江南岸的义州，同时派使者向中国求援。很快，日本就占领了大半个朝鲜。所到之处，烧杀淫掠，无恶不作，朝鲜人民陷入苦海之中。

面对日本的侵略和残暴的恶行，朝鲜人民纷纷举起抗日大旗与日军对抗。朝鲜的爱国将领也都积极备战，全力抗敌。时任全罗道水军节度使的李舜臣是一

李舜臣发明的龟船战阵作战灵活,使朝鲜水军在壬辰卫国战争中连获大捷。

龟船是原始的装甲炮舰,长十余丈,宽丈余。甲板上有坚固外壳,木壳上覆有鳞状铁叶,因酷似龟背而得其名。龟船上刻龙头,船首有几个炮眼,两舷有一些枪眼和炮眼,每边10支划桨,在近海作战机动灵活,火力很强。

位著名的战将,他自幼熟读兵法,文韬武略集于一身。为有效地抵抗日军,他在充分了解了日舰及火炮的特点后,便精心设计改进朝鲜战舰:他用硬木制成龟甲船,表面覆盖一层鳞状铁皮,其形状酷似龟背,龟甲船的船首刻有龙头,船的两舷各有10支桨,船首有几门重炮,两侧有小炮和枪眼,枪炮手可在铁甲包着的船舱里袭击敌人而不致被敌人击伤。

忙于陆上进攻的日军,船舰的防守人数少而松懈。李舜臣抓住机会率领80余艘战舰主动出击,进攻停泊在巨济岛玉浦港的日本战舰。朝鲜水师的突然出现使毫无作战准备的日本人乱了阵脚。龟甲船逼近日本战船后,更是炮枪齐发,日军伤亡惨重,仓皇逃跑。李舜臣下令快速追击,全歼敌人。这一战使日军损失44艘战舰,伤亡人数不计其数。

巨济岛的失利,使日军大为恼火,遂派遣主力,想一举歼灭朝鲜水师。

李舜臣选择在闲山岛附近宽阔水深的海面上设伏,准备与日军决一死战。他派出一支舰队前去,和日军主力交火,且战且退。日军不知是计,紧追不舍。当日军舰队进入了伏击圈，李舜臣就升起战旗，诱敌龟甲船忙调转船头向敌军迎头冲来，埋伏的朝鲜军从两翼包抄。日军猛烈的炮火奈何不了龟甲船，朝鲜军勇敢地闯进敌阵，船首及两侧的炮火猛烈地扫射敌舰，日军又几乎全军覆没。日军几天内共损失100余艘船只，也丧失了朝鲜海峡的制海权。朝鲜人趁势夺回了汉城和大部分失地。

丰田秀吉意识到李舜臣在海上的威胁，而没有制海权是不可能攻占朝鲜的。于是他利用亲日派在朝鲜统治层内部制造争端，陷害李舜臣。朝鲜国王果然免去了李舜臣统制使的职务。丰田秀吉见奸计得逞，于1597年8月率军突袭朝鲜水师。昏庸无能的统制使指挥不当，朝鲜水师濒临崩溃。迫于形势，李舜臣重新被任命为水师统制使，抗击日军。

> ◆ **双方策略战术** ◆
>
> 壬辰海战中，李舜臣在战备上能知己知彼，改进作战工具，克制敌人优势；充分利用自然条件，诱敌深入，迂回包抄，灵活运用战术，加上中国的增援，最终取得了彻底的胜利。

李舜臣率领仅存的12艘舰船于8月28日迎战330艘战舰的日军。他巧妙地利用海潮的起落，迂回作战，使敌军受到重创，振奋了朝鲜军的士气。

1598年，我国明朝派邓子龙带领大军援助朝鲜。11月，中朝联合舰队在露梁海设伏。18日，火速支援被围困的日军的500多艘日军舰船进入伏击圈。中朝两将领亲自冲入敌阵，激战整整进行了一昼夜。不幸的是在激战中李舜臣和邓子龙先后英勇就义。这时我国增援舰赶到，层层包围敌军，丧失斗志的日军被分割聚歼，日舰被击毁450多艘。

历时六年的朝鲜壬辰卫国战争结束了，无论是在陆地上，还是海洋上，日本侵略军都遭到了彻底的失败。壬辰战争的胜利，使日本统治集团数百年不敢入侵朝鲜。而一系列威武雄壮的海战，也在中朝海军史上谱写了光辉的篇章。

重要意义

这场战争，朝鲜人民维护了国家独立和尊严，粉碎了日本侵吞朝鲜染指中国的野心，保证了朝鲜长期的和平与安全。同时，中朝共同抗敌，为中朝海军史写下了光辉的一页。

朝鲜水军将领李舜臣

历史背景

16世纪后期和17世纪初,欧洲社会资产阶级势力抬头,资产阶级新贵族和封建专制相对立,各国政治经济的矛盾冲突、封建王朝及诸侯的领土之争以及宗教派别的矛盾也日益尖锐。欧洲各国逐渐形成两大对立集团:哈布斯堡集团和反哈布斯堡集团。以宗教改革而形成的新教派联合在反哈布斯堡集团下,力图建立中央集权的天主教派联合在以德国皇室哈布斯堡家族为首的哈布斯堡集团下,两大集团矛盾日益激化。1618~1648年,哈布斯堡王朝同盟和反哈布斯堡王朝同盟两个庞大的强国集团为争夺欧洲霸权而进行的第一次全欧性战争就此进行。

三十年战争
——欧洲第一次大规模国际战争

交战双方:哈布斯堡王朝联军 VS 反哈布斯堡王朝联军
交战时间:1618~1648年
双方将帅:哈布斯堡王朝联军统帅有华伦斯坦、蒂利;反哈布斯堡王朝联军统帅有曼斯费尔德、古斯塔夫二世等
双方投入兵力:哈布斯堡王朝联军约4万人;反哈布斯堡王朝联军约4.7万人
双方使用兵器:长矛、手枪、火枪、火炮等
交战结果:以反哈布斯堡集团的胜利而告终

主要过程

第一阶段:

捷克于1526年重新并入神圣罗马帝国,德皇兼任捷克国王,但捷克保有宗教自决、政治自治的权利。可是哈布斯堡王朝三世皇帝马提亚(1612~1619年)企图在捷克恢复天主教,并指定斐迪南为捷克国王,遭到捷克人民的强烈反对。1618年捷克人冲进王宫,把国王的两个钦差从窗口投入壕沟,从而引发了起义与战争的导火索。捷克议会选举新教同盟首领巴拉丁选侯腓特烈为国王,捷克军队6月一直打到维也纳城下。斐迪南慌忙求救于天主教同盟,并把巴拉丁选侯的爵位让给巴伐利亚公爵。天主教同盟出兵2.5万人,由蒂利伯爵统领。1620年11月8日,在布拉格附近的白山战役中,捷克与巴拉丁联军被天主教军队击败,腓特烈逃往荷兰,巴拉丁被西班牙占领,捷克成为奥地利的一省,3/4的封建主土地落入德国人之手。

斐迪南像

三十年战争中,像这样在战争中惨遭蹂躏的村庄不计其数。战争双方都采取了烧杀抢掠、切断对方补给线等策略,给人民造成了深重的灾难。

第二阶段:

天主教同盟的胜利,不仅引起新教诸侯的紧张,而且加剧了周边国家的不安。1625年法国首相黎塞留倡议英国、荷兰和丹麦结成反哈布斯堡联盟。丹麦国王克里斯钦四世联合德国北部新教诸侯向德皇斐迪南宣战,并攻占卢特城。英国也乘势出兵。德皇任命德国化的捷克贵族华伦斯坦为总司令,1626年4月,华伦斯坦率军在德绍打败英军,孤立了丹麦。8月,蒂利伯爵率军乘机击败丹麦军,收复了卢特城。此后两军会合,直捣丹麦"老家"日德兰半岛。1629年丹麦国王被迫在律贝克签订和约,保证以后不再干涉德国内务。

1630年,瑞典国王古斯塔夫二世加入新教联盟一方,一度扭转了战争的形势,但两年之后他死于战场,天主教联盟重新获得了主动权。

第三阶段:

由于德国皇帝准备在波罗的海建立一支强大的舰队,这直接威胁到瑞典的优势地位。因此在法国的金钱援助下,瑞典国王古斯塔夫率军于1630年7月在奥得河口登陆,一举打败德国天主教联军,势如破竹。1631年9月17日,在布赖滕费尔德会战中,瑞典—撒克逊联军大败蒂利伯爵,直抵莱茵河畔。1632年初占领美因斯,次年春在莱希河会战中击毙

双方策略战术

德瑞战争中,古斯塔夫采用火枪兵和长矛兵、骑兵相互策应、相互掩护,并运用炮火压制、骑兵、步兵冲锋的战术,一举击溃采用传统方阵古板战术的德军。

蒂利伯爵，4月攻陷奥格斯堡和慕尼黑。德皇在危急之中，5月重新任用华伦斯坦为统帅，11月与瑞典军在吕岑会战，虽然瑞典军大胜，但国王古斯塔夫阵亡，军纪松弛。于是德皇联合西班牙军于1634年9月在诺德林根大败瑞典军，一直追到波罗的海沿岸。这对法国大为不利，于是法国不得不直接出兵。

第四阶段：1635年5月

如图所示，战争的主要舞台在现在德国、波兰以及捷克的南部与东部，但战争几乎将欧洲所有国家卷入其中。

法国对西班牙宣战，瑞典也重新参战。在意大利，法军重创西班牙主力；在尼德兰，法军与荷兰军夺取阿图瓦等地；主战场仍在德国境内，法军占领阿尔萨斯与梅克伦堡等地，双方都疯狂蹂躏占领地区。1643年5月19日，法国孔代亲王率2.3万法军与2.7万西军在法国北部边境要地罗克鲁瓦遭遇，并取得了决定性胜利。瑞典军队也节节胜利，深入南德。法瑞联军在楚斯马斯豪森会战中大败天主教军队，使哈布斯堡王朝无力再战。但瑞典的胜利却引起了丹麦的嫉妒，丹麦竟然袭击瑞典后方，两国经过三年战争，瑞典迫使丹麦求和。从1643年起交战双方就开始谈判，直到1648年签订《威斯特伐利亚和约》，30年战争才宣告结束。

重要意义

30年的战争使德国分为300个大大小小的诸侯国，神圣罗马帝国事实上不再存在了。西班牙失去一等强国的地位。法国从德国得到大片土地，成为欧洲霸主。瑞典得到波罗的海沿岸地区，成为北欧强国。荷兰正式独立。

纳西比之战
——英国资产阶级革命的转折点

交战双方：英国国王军队 VS 英国国会军队
交战时间：1645年6月14日
双方将帅：英国国王军统帅为查理一世和鲁珀特；英国国会军统帅为小费尔法克斯和克伦威尔
双方投入兵力：王军约8000人；国军约1.3万人
双方使用兵器：刀剑、火枪、火炮等
交战结果：国会军大败王军

历史背景

17世纪初，英国自给自足的封建农业经济随着圈地运动而瓦解，随之转化成资本主义经营。资本主义经济的发展，产生了新贵族和资产阶级。他们要求废除封建专制，分享政治权力。这样，在国会中就形成了与专制王权相对立的反对派。国会与国王的矛盾日益加重。1628年，查理一世同意了国会提出的限制王权的《权利请愿书》，但却未经国会同意继续征税而违反了请愿书精神。国会便号召抗税，国王解散了国会。此后的10年间，广大群众与王权的矛盾日益加剧。1640年4月，国王被迫重新组织国会，标志着资产阶级与封建王权到了非用武力不能解决的地步。

主要过程

1642年1月，英国国王密谋逮捕反对派首领，消息泄露后被迫离开伦敦，在约克城开始组织保王势力，准备以武力镇压国会反对派。

战争初期，掌握国会领导权的长老派并不愿与国王决裂，更无心推翻王权，他们消极怠战，致使国会军队节节失利。国王军队相继攻克约克郡的几大城市和布里斯托尔，然后又兵分三路进攻首都伦敦。这时国王军队已控制了3/5的国土。

1643年，国会军中涌现出一位杰出的将领克伦威尔，在战斗中屡克敌军。他亲自组织1.2万人的东部盟军于1644年6月收复林肯郡的大部分地区，又开始围攻约克城。这样两军首次大规模会战就在约克城西北的马斯顿荒原上拉开了。鲁珀特率领的王军迅速占领了整个荒原。国会军当晚就发动进攻。克伦威尔重点布置左翼兵力，并让左翼骑兵首先冲下高地，直扑王军右翼，很快王军右翼一线二线被击得溃不成军，落荒而逃。但国会军中路步兵和右翼骑兵却被王军逼得节节后退，于是克伦威尔指挥胜利的左翼骑兵从王军中路步兵的右翼后侧进行猛攻。腹背受敌的王军不敢恋战，仓皇逃跑。这一战扭转了国会军连连失利的局面，也使克伦威尔的部队赢得"铁骑兵"的美誉。

滑膛枪的使用方法示意图

　　使用火绳点燃火药发射弹丸的滑膛枪，由西班牙人发明，是火绳枪的一种，真正实现了从冷兵器向火器的转变。在燧石枪发明前滑膛枪一直是军用枪械的主力，流行于15世纪和16世纪。后来这个词成为军用前膛枪的代称。

　　1645年4月，国会任命小费尔法克斯为总司令，克伦威尔为副司令兼骑兵司令，率领1.4万人进攻国王的大本营牛津。得到情报的查理一世立即调集军队阻击国会军，他共拼凑了8000余人，其中骑兵4000余人，步兵3500人。

　　1645年6月，国会军和国王军在纳西比附近相遇。查理一世按传统方式把兵力分为三线，第一线中间为步兵，两翼是骑兵，第二线是步兵中间夹着骑兵中队的混合军队，第三线是国王的步兵团和近卫骑兵团。国会军采用平行队列，与国王军相对应。

　　纳西比村位于哈勃勒南11公里处，坐落在一座小山上，四周空旷，树木稀少，中间有一些宽岭分隔。国会军开始由此向哈勃勒进军，但很快又发现国王军仍继续南下。于是，克伦威尔建议费尔法克斯在南边选择较有利的地势做阵地，诱敌深入。国会军被迫开始折回南退。6月14日上午8时许，仍未发现国会军踪影的鲁珀特极不耐烦，他亲自骑马登上高坡侦察，远远看到国会军全线后退。他认为这是攻击敌人的契机，遂率领国王军放弃坚固的防御阵地，向南追击。

　　10时许，国王军进入宽岭地带，并向山脊攀爬。这时国会军也已爬到山顶。激战从此开始，国会军左翼的将领中弹受伤，左翼开始混乱。国王军右翼的鲁珀特抓住时机一举将敌人左翼赶出战场并向纳西比逃去，鲁珀特带兵穷追不舍。双方中路的步兵短兵相见，展开了激烈的肉搏战。受左翼军溃败的影响，国会军混乱不堪，被国王军压得节节后

◆ 双方策略战术 ◆

　　纳西比会战中，双方均采用传统的排列布阵。但国会军却能灵活应变，采用诱敌深入、利用有利地势的策略，运用分进合击的战术，一举将敌人夹击消灭。国王军策略多变，战术死板，作战意图不统一，造成最后的惨败。

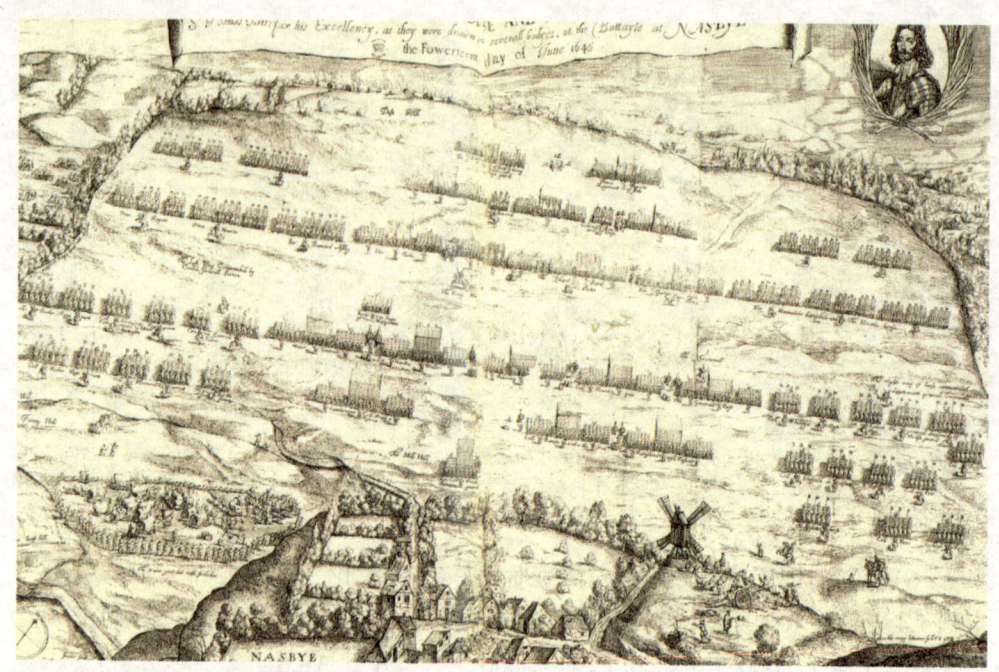

战斗之初国会军军队的部署图

画面前部是纳西比村,村左边是国会军的运输队伍,右边山上是观望者,观望者之下,在国会新模范军的右侧是克伦威尔的骑兵队伍,面对着王党军队。在另一边,克伦威尔的女婿所带领的骑兵遇上了鲁珀特的部队。

退,将领也受了重伤。在这个关键时刻,克伦威尔率领3600名铁骑兵冲下山坡猛攻敌人的左翼,国王军乱了阵脚,纷纷逃跑。克伦威尔命三个兵团追击逃兵,其余部队左转猛攻敌人中央步兵的侧后方,后退的国会军也转身反攻。国王军阵形顿时大乱。查理一世见势不妙,率领自己的部队既不冲锋,也不救援孤立的步兵,而是向右逃跑。追击国会军左翼的鲁珀特在纳西比也被费尔法克斯的辎重纵列所击溃。

内战结束后,克伦威尔开始执政。起初,他想要通过谈判来进行新的选举,但是当谈判破裂时,1653年4月20日,他还是用武力解散了残余议会。从1653~1658年,他以护国主的头衔统治着英格兰、苏格兰和爱尔兰。在这5年期间,他在不列颠建成了大体完好的政体和井然有序的行政机构。他改善了粗暴的法律,扶持文化教育。他提倡宗教信仰自由,允许犹太人再来英格兰定居,在那里信奉他们自己的宗教(他们在3个多世纪以前被国王爱德华一世驱逐出境)。他推行的外交政策也是成功的。他于1658年因患疟疾在伦敦去世。

重要意义

英国资产阶级在这场战争中依靠人民群众推翻了封建主专制统治,为资产阶级革命的胜利铺平了道路。战争中建立了英国历史上第一支正规陆军,在英国军事史上占有突出的地位。

北方战争
——俄国称霸波罗的海

交战双方： 俄罗斯军队 VS 瑞典军队
交战时间： 1700～1721年
双方将帅： 俄罗斯统帅为彼得大帝；瑞典军统帅为查理十二世
双方投入兵力： 俄罗斯军队4万人；瑞典军队约3万人
双方使用兵器： 刀剑、长矛、火枪、火炮等
交战结果： 以俄罗斯取胜而结束

历史背景

17世纪末，俄罗斯已成为跨欧亚两大洲的封建大国，但仍远远落后于欧洲各国。彼得继位后开始全面改革，办工场、修水利、促商业，使经济发展日新月异。对于军队的改革，他积极学习西方的先进技术，兴办兵工厂，造船铸炮，改善部队的装备，扩大征兵，建立海军。当时，俄国基本上为内陆国，为了使俄国富强起来，彼得一世开始为俄国寻找通往西方的出海口，因此发动了与波罗的海的强国瑞典争战。

主要过程

1700年9月2日，彼得一世率3.5万大军包围了瑞典要塞纳尔瓦。当时瑞典是欧洲首屈一指的强国，国王查理十二是有名的常胜将军，他正围攻丹麦，闻讯后就迅速带领1万精兵救援。11月9日，瑞典军突然出现在纳尔瓦城下，一阵猛烈而迅速的冲锋，打得俄军抱头鼠窜，由于战线拉得太长，俄军首尾不能相顾，遂全军崩溃，彼得一世只身逃回莫斯科。

这一战充分暴露了俄军的缺点，但彼得一世并不灰心，他尽最

彼得一世像

俄国沙皇，亦称彼得大帝。他在位期间，励精图治，对内实行改革，对外进行扩张，使俄国从一个封闭而落后的内陆国家跻身于欧洲强国之列。

表现纳尔瓦战役的绘画

　　纳尔瓦战役中,俄军阵亡约 8000 人,损失火炮 145 门;瑞军阵亡近 3000 人。俄军的暂时失利使彼得一世认识到加紧俄国正规军建设并装备新式火炮的重要性。

大力量重建军队,命令全国每 25 户出一名士兵,建立了 20 万大军;命令每三座教堂交出一口大钟,很快铸造了 300 门大炮;命令每 1 万个农民缴纳一只战舰的钱,然后集中全国工匠造出 40 艘战舰和 200 多只小船,建立了俄国第一支舰队。

　　1701 年俄国恢复了对瑞典的军事行动。1704 年,俄军又一次包围纳尔瓦,俄军抓住瑞军求援的信使,就让 4 个团的兵力伪装成瑞典援军与俄军厮杀,诱使城内守军出来接应,终于攻陷纳尔瓦。随后,俄军占领整个涅瓦河流域和英格利亚。

　　1705 年查理十二打败波兰,1707 年集结大军进攻俄国,俄军从波兰撤回,转入战略防御,实行坚壁清野和诱敌深入的战略,瑞典军一路受冻挨饿,只好转入乌克兰,打算在那里补充粮草,等候援军。

◆ 双方策略战术 ◆

　　北方战争中,查理十二采用突然袭击的策略,相继战胜丹麦和俄国。但在随后的战斗中,彼得一世避开锋芒,坚壁清野,诱敌深入,逐渐消耗敌人的粮弹,拖垮敌人,并巧妙设计地形来分散敌人,最终各个击破。

圣彼得堡的建立标志着俄国作为一个海上强国追赶上了欧洲其他国家。

彼得一世决定首先攻打援兵,他率一支1.2万人的"飞行军"前往。10月9日,双方在列斯那亚村激战,彼得一世虽然歼灭援军大部,缴获了7000辆装满粮食和武器的大车,但自身也只剩下了残部几千人。1709年4月,查理十二率军围攻波尔塔瓦要塞,发动十多次强攻,均未得逞。7月6日,彼得一世率俄军主力来到。俄军有4.2万人,72门大炮;瑞军只有3.1万人,4门大炮。8日大会战非常激烈,瑞军不顾敌人炮火继续前进,然后是短兵相接的白刃战,交战中彼得一世的帽子和马中弹了;而查理十二则受伤,从马上摔下来,失去知觉,被抬离战场。结果瑞军惨败,只有查理十二带领2000余人,沿着第聂伯河逃到土耳其。

逃亡的查理十二鼓动土耳其对俄宣战。1711年夏,彼得一世率4万人南下,向多瑙河下游冒进。土耳其出动10万大军,在克里木军支持下,包围了俄军,俄军弹尽粮绝,彼得一世只好求和。

1714年8月,俄国海军在汉科角大败瑞典海军,并以阿兰群岛为跳板,进入瑞典本土。这时各国都怕俄国势大,先后与瑞典议和。由于查理十二在挪威前线战死,瑞典新女王拒绝与俄国议和,双方战事又起。1720年,俄海军在格雷厄姆岛大胜瑞典舰队,并直逼其首都斯德哥尔摩。1721年夏,俄军再败瑞典舰队。9月,瑞典已无力再战,只好议和。俄国得到卡累利阿等大片地区,并将芬兰归还瑞典。从此俄罗斯人在波罗的海得以自由进出。

纪念纳尔瓦战役的小饰品

重要意义

北方战争使彼得一世被尊为"大帝",俄国打通了波罗的海的出口,为西进和南下创造了有利形势。此战争也使俄国进入欧洲强国之列,单纯军事强国的瑞典从此衰败。

西班牙王位继承战争
——法国失去霸主地位

交战双方：由英、奥、荷等组成的反法同盟军 VS 由法、西、巴等组成的法国同盟军

交战时间：1701～1714年

双方将帅：英荷统帅为马尔巴罗、尤金；法国同盟军统帅为维洛罗伊、旺多姆

双方投入兵力：英、奥、荷联军共约16万人；法、西、巴联军共约8万人

双方使用兵器：装有刺刀的燧发枪、马枪和火炮等

交战结果：法、西、巴联军交战处于下风，被击败

历史背景

西班牙在16世纪是盛极一时的欧洲大国，但16世纪末期开始走向衰落，这对于法、英、奥、荷等欧洲列强来说是扩张的好机会。1700年，西班牙国王查理二世去世，对于没有继承人的西班牙来说，继承问题成了各国密切关注的焦点。英、法、荷为分割利益，决定由神圣罗马帝国皇帝利奥波德一世的孙子巴伐利亚继承。但查理二世遗嘱让法国国王路易十四的孙子菲利浦继承。菲利浦享有法国的继承权，英、荷惧怕法国独吞西班牙，就对法宣战。神圣罗马帝国、奥地利也为争夺继承权对法宣战，这样，争夺西班牙王位继承权的战争开始了。

法王后裔菲利浦

法国的宿敌英国和荷兰，初期曾一度承认菲利浦的继位，但菲利浦宣布切断西班牙和英、荷两国的贸易关系，将两国推向了奥地利一边，使得战争无法避免。

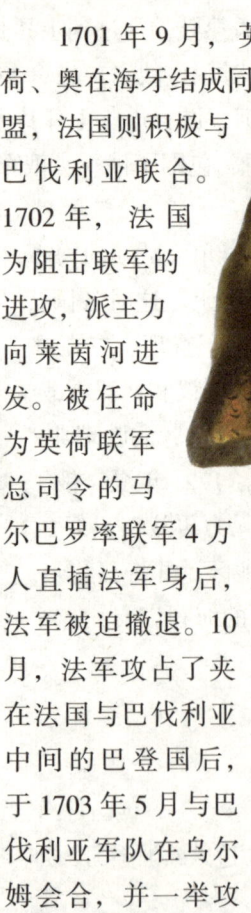

主要过程

1701年9月，英、荷、奥在海牙结成同盟，法国则积极与巴伐利亚联合。1702年，法国为阻击联军的进攻，派主力向莱茵河进发。被任命为英荷联军总司令的马尔巴罗率联军4万人直插法军身后，法军被迫撤退。10月，法军攻占了夹在法国与巴伐利亚中间的巴登国后，于1703年5月与巴伐利亚军队在乌尔姆会合，并一举攻

占了交通要塞布里萨赫，直接威胁奥地利。

形势危急的奥地利急忙求助英国，在尼德兰连战连胜的马尔巴罗迅速率军从马斯河长途跋涉，向多瑙河流域转移。这是马尔巴罗针对法国在尼德兰实施战略防御、在奥地利实施进攻的策略，对英荷联军的战略部署做出的重大调整。

1704年8月13日凌晨，英荷联军在布伦海姆与法巴联军开始会战。双方均以炮兵做头阵，相互对射4小时之久。在炮火的掩护下，英荷联军开始发动进攻，两翼骑兵同时向敌人发起全面攻势，中央步兵在两翼进攻的配合下迅速抢渡尼贝尔河。连续不断的枪炮压得法巴联军不断后退，英荷联军步步逼近。下午5点半，马尔巴罗命炮兵又开始了新一轮的轰击。逼近的骑兵和步兵趁势全面出击，法巴联军阵形被打开无数缺口，英荷联军如一把把锋利的尖刀插入敌人的阵地。法巴联军彻底溃败，四散而逃。晚9时，这场战役宣告结束，法巴联军共损失4万余人，遭到毁灭性的打击，巴伐利亚被迫退出战争。英荷联军乘胜一直追击向莱茵河撤退的法军残余，一举夺回被侵占的要塞朗道。

◆ 双方策略战术 ◆

这次战争中双方在战术上均采用传统的线式阵形，但策略各不相同，英荷联军在马尔巴罗的指挥下，运用机动灵活的远涉迂回、切断敌人供给、突袭等策略，使法巴联军屡败。法军在策略上采用多线作战，致使兵力分散，在局部造成人数上的劣势。

对于奥地利战场上的失败，法国极不甘心，于是将战略重点转移到尼德兰。1706年5月，两军在拉米伊再次相遇，英荷联军凭借杰出的军事天才马尔巴罗的出色指挥，使法军再次遭到重创，损失2.1万余人，英荷联军乘势攻占了佛兰德伦和布拉邦特两个地区。9月，法军重整残部，猛攻都灵。受英荷联军胜利影响的奥地利军队士气高涨，一举将法军击败，迫使法军撤出意大利境内。

西班牙战场上，在已登位的西班牙国王菲利浦和西班牙贵族的支持下，法国取得了几场局部胜利，但对于整个局势没有根本性的意义。

1707年7月，英奥联军开始入侵法国本土，并包围了土伦。联军多次发动围攻，但坚固的防御和顽强的守兵使英奥联军撤回了意大利。

1708年7月，英荷联军总司令马尔巴罗和尤金亲王再次联手在奥德纳尔德与旺多姆率领的法军展开激战，法军溃败，损失1万余人，联军攻克了里尔。惨败的法国被迫提出议和，但联军的要求使法国难以接受，于是在1709年9月，双方调集兵力展开了最大的一次会战。

马尔凯拉凯位于法比边界上，马尔巴罗率11万联军和8万法军在这里展开决战。双方排开传统的线式队形，展开了激烈的对攻。这是整个战争中最激烈、最壮观、最残酷的一次战役，双方混战在一起，凭借人数上的优势，联军最终取得

在西班牙南部进行的阿尔曼萨战役

　　这次战役是西班牙王位继承战中期的一个转折点,法军的胜利巩固了菲利浦作为西班牙国王的统治权。但法军在其他地方的战败,很快又使菲利浦无法保留在西班牙的属地。

胜利,但也付出了损失达 2.4 万人的惨重伤亡。

　　之后,战争又继续了 5 年,虽然联军占有人数上的优势,但由于整个欧洲并没有采取积极行动,战争一直呈僵局。英国为阻止俄国势力的增强,不想击垮法国,遂与法国议和,各国响应,于 1713 年和 1714 年分别签订《乌德勒支和约》和《拉施塔特和约》,战争宣告结束。

重要意义

　　此次战争后,法国开始走下坡路,大大削弱了法国在欧洲的地位,英国成为新的海上霸主。法西两国没有达到合并的目的,欧洲局势形成了新的格局。

七年战争
——欧洲格局的重新调整

交战双方： 英、普同盟军队 VS 法、奥、俄联军
交战时间： 1756～1763年
双方投入兵力： 英、普同盟军20余万人；法、奥、俄同盟军50万人
双方使用兵器： 刀剑、矛、盾、火枪、火炮等
交战结果： 双方互有胜负，最终无力再战，停战议和

历史背景

18世纪前期，英法为争夺殖民地和制海权而矛盾重重；奥地利和普鲁士为争夺萨克森、波兰等地区和德意志诸侯国的霸主地位，斗争日益激烈；俄罗斯先后战败瑞典和土耳其，成为欧洲强国，但普鲁士的强大成为俄国进一步南下扩张的严重障碍；瑞典想趁机从普鲁士手中夺取波美拉尼亚。在这种情况下，各国积极展开外交，寻求同盟，欧洲列强逐渐形成以英、普为首和以法、奥、俄为首的两大同盟集团，战争已不可避免了。

图为七年战争结束后，腓特烈大帝胜利返回首都柏林。

腓特烈二世不但建立了强大的军队，而且鼓励工商业发展，使得普鲁士成为18世纪日耳曼民族中最强盛的国家。直到今天，德国人仍然认为，腓特烈大帝是有史以来日耳曼民族最伟大的帝王。

主要过程

七年战争也称第三次西里西亚战争，这次战争是法国大革命前欧洲各大国卷入的最后一次欧洲大战，战场遍及欧洲、北美和印度的陆地与海洋。

1756年7月，法、奥、俄同盟反普呼声高涨。普鲁士国王腓特烈为防止反普势力联合，决定主动进攻，争取战争的主动权。他把军队分成四路，用三路大军

防守和钳制俄国,他亲率第四路大军于1756年8月28日对萨克森发动突然攻击,一举攻占了德累斯顿,封锁了皮尔那,迫使萨克森投降。前来支援的奥军被普军在罗布西兹击溃,普军乘胜进攻布拉格。

普军入侵萨克森,法、俄等国极为震怒。于是,法、奥、俄联盟决定出动50万大军围攻普军。面对联军的大举围攻,腓特烈并不害怕,他频频调动军队,抗击各路敌军。

11月5日,普军和联军在罗斯巴赫附近相遇。联军统帅索拜斯凭借兵力优势,想迂回侧翼突击,力求速战。腓特烈识破意图后,立即命令部队移师贾纳斯山上。索拜斯误以为普军在全面撤退,认为攻击的机会来了,于是下令全面追击。联军的整个队形杂乱无序,盲目进攻,预备队也冲到前面,侧翼完全暴露出来,给普军的进攻提供了明确的目标。

> **◆ 双方策略战术 ◆**
>
> 七年战争中,腓特烈采用主动进攻、抢占主动权的策略,巧妙地运用机动灵活的突袭战术,以小股部队牵制敌人,集中优势兵力,各个击破。在战斗中,他能使各兵种配合得尽善尽美,在绝大多数会战中能以少胜多,赢得主动权。而法、奥、俄联军虽人数占优,但内部目标不同,形不成合力,这就给了敌人以可乘之机。

负责监视的4000名普军骑兵在联军攻近时,如尖楔一般插入敌人的正面和右翼。贾纳斯山上的普军炮兵同时向联军发出猛烈的火力,扰乱了联军的整个队形。在普军的攻击下,联军溃败,损失8000余人,普军仅伤亡500余人。

贾纳斯山大战结束后,腓特烈并没有宿营过冬,而是采取突袭策略,连连打击联军。12月4日,联军在鲁腾占领了一个较好的防御性阵地,它的前面是一片开阔的平原。沿着阵地,联军排列阵形长达9公里,兵力是普军的3倍。5日凌晨,对地形极为熟悉的腓特烈发现敌人阵地过长的弱点,于是派小股骑兵佯攻联军的右翼,把优势兵力隐蔽起来,以防止作战意图的暴露。受到攻击的右翼联军误认为是普军主力,遂从预备队和左翼调兵支援,致使左翼兵力薄弱。腓特烈立即命主力军由4支纵队变为2支纵队,采用斜切战斗队形向敌人左翼发起突然袭击。局部人数占优的普军使联军阵形大乱,不久便溃不成军,普军骑兵趁势猛冲入

1758年,英国攻占了路易斯堡,这是法国在圣劳伦斯河河口一个居高临下的堡垒。

敌人阵地。双方激战至夜幕降临，联军全部崩溃，其中奥军遭到毁灭性的打击。随后的时间里，普军和联军互有胜负。

1759年8月12日，俄、奥两军联合在普鲁士腹地库勒尔斯多夫与普军展开会战。仅有2.6万人的普军仍采用主动出击的策略，向拥有7万余人的俄奥联军阵地发起长达3个小时的猛烈炮轰，随后以斜切队形发起进攻，顺利夺取了米尔山阵地，向联军中央阵地发起冲击。联军被迫顽强防守，猛烈的炮火阻击住普军精锐骑兵的进攻。接着，联军展开猛烈的反攻。已精疲力竭的普军抵挡不住敌人的冲击，纷纷逃离战场。

普军与奥军的激战
1757年5月，普军向布拉格发起进攻，奥军被迫退守城内。为解布拉格之围，奥军一部向布拉格开进，普军亦派一部迎击，两军在科林附近遭遇激战。

这次战役成为七年战争的转折点，从此，普军元气大伤，被迫转入战略防御。随后战争又拖了4年之久，双方各有胜负。另外，英法海上战争十分激烈，各联盟之间战争不休，欧洲陷入一片混战之中。1762年，英国人背弃了普鲁士，率先与法国单独缔结停战协议，使普鲁士陷入孤立。交战各国这时都已筋疲力尽，无心再战，遂相继签订停战协议，一场席卷欧洲的战争宣告结束。

这次战争使英国获得了大片殖民地，成为最大的赢家，普鲁士也巩固了在德意志的地位，已经可以和奥地利分庭抗礼了。同时，这场战争对军事学术的发展很有影响，战争中暴露了以平分兵力和切断敌方交通线为主要特征的警戒线战略和呆板的线式战术的弱点，显示了野战歼敌的优越性。各国都吸取了腓特烈军事改革的一些经验，腓特烈自己也完善了其军事理论，特别是连续运用内线作战，集中兵力各个击破敌人，坚决连续进行会战夺取战略要地，歼灭敌人有生力量，从而保住了普鲁士的生存。

重要意义

七年战争使欧洲格局发生了较大变化：英国真正成为海上霸主，法国受到削弱，俄国加强了其欧洲强国的地位，普鲁士的特殊地位在德意志得以巩固。

美国独立战争
——既是民族独立战争，又是民主革命战争

交战双方： 美国军队和法国援军 VS 英国军队
交战时间： 1775年4月~1783年10月
双方将帅： 美国统帅为华盛顿；英国统帅为威廉·豪、伯戈因等
双方投入兵力： 美国军队共计10余万人；英国军队共计9万人
双方使用兵器： 长枪、火枪、火炮、军舰等
交战结果： 美军最终战胜英军，美国独立

历史背景

从16世纪开始，北美洲逐渐成为欧洲列强的殖民地，各国都有移民移居北美。经过100余年的发展，美利坚民族渐渐形成。18世纪中叶，英国在北美大西洋沿岸建立了13个殖民地，并阻止当地资本主义经济的发展，企图把这些殖民地变成英国工业品的销售市场和廉价原料的供应地，加大对殖民地的掠夺与压榨。英法七年战争结束后，英国在殖民地增加税收，控制出海权，把战争损失转嫁到北美人民的身上，双方矛盾日益激化。英为独占西部，禁止向西移民，切断了北美人民的谋生之路，同时也限制了资产阶级对西部的开发，北美人民不断反抗，从经济和政治斗争渐渐演变成武装冲突。

主要过程

1774年9月5日，英属殖民地代表在费城成立美洲"大陆会议"，并秘密组织民兵武装，在康科德置备军需物资库。这一消息被英殖民者麻省总督盖奇知道后，于1775年4月18日派史密斯上校带兵收缴。民兵在莱克星顿打响了第一枪，但是却牺牲了18人。毁掉军需物资的英军在撤退时受到全莱克星顿人民武装的包围，英军且战且退，伤亡259人。

莱克星顿一战是美国独立战争中的第一次战役，它震动了整个北美殖民地。民兵迅速集合起来，包围了波士顿。5月10日，大陆会议在费城召开第二次会议，决定成立一支真正的革命军队——大陆军，由华盛顿任总司令。

缺枪少弹的大陆军凭借满腔热情，攻占了加拿大的蒙特利尔，打退了波士顿的英军，击败了南部查尔斯顿的殖民者。1776年7月2日，大陆会议通过了《独立宣言》，大陆军成为合众国武装。整个北美殖民地人民情绪激昂。华盛顿率领军队接连取得胜利，迫使英军退出新泽西州中西部。

大西洋沿岸的北美战场极为狭长，对英军不利。英军欲以加拿大为基地，先平定北部新英格兰和纽约的美军，再向中南部推进。伯戈因遂带领加拿大英军南下，计划与纽约威廉·豪的驻军会合。威廉·豪改

1775年4月18日黎明,在莱克星顿公有草地上,身着红制服的英军向殖民地民兵开火,英勇的民兵扑向英国殖民军,打死打伤247名英国轻步兵,殖民军仓皇地逃回波士顿。这一役揭开了北美独立战争的序幕。

变计划南下,伯戈因失去接应而孤立。新英格兰境内的民兵不断阻击和骚扰,伯戈因无法获得充足的补给,行动迟缓。

9月19日,处于困境的伯戈因决定放弃交通线,破釜沉舟向南进发,在弗里曼农庄向美军发起进攻。美军的顽抗使英军伤亡600余人。10月7日,英国再次进攻,又遭到美军痛击,伯戈因被迫撤退。10月12日,退到萨拉托加附近的伯戈因发现被追击的美军包围,只好投降。16日,与美签订《萨拉托加条约》。

萨拉托加的胜利,是美国独立战争的转折点。国际反英势力纷纷支援美国,法、西、荷等国相继对英宣战,英国在国际上处于孤立状态。

英军将战略重心转移到南方,先征服佐治亚州,又逼降查尔斯顿的美军,随后攻占了南卡罗来纳。1780年12月,华盛顿任命洛林为南部美军总司令。洛林将部队分散开来,展开游击战。1781年1月17日,在考彭斯全歼英军1100人。3月15日,在吉尔福德重创英军。同时,法舰队在海上与英军周旋,大大牵制了英军的陆上攻势。

4月,美军在法、西、荷等国海上舰队的配合下,开始大规模的反攻,迫使英军退守海岸线。8月,英统帅康沃利斯将南部主力集中在弗吉尼亚半岛上的约克镇,以便与纽约驻军相互策应。华盛顿率领美法联军1.6万余人,从水陆各方包围了约克镇,切断了英军与纽约驻军的联系。10月9日,联

◆ 双方策略战术 ◆

美军凭借顽强的斗志、人民群众的激情,与英殖民军展开英勇激战。美军充分采用小型队形,运用游击、迂回和骚扰等灵活战术,消耗敌人,围歼敌人。同时积极进行外交活动,争取国际社会的援助,孤立敌人,牵制敌人,最终赢得战争的胜利。英军因战线过长,补给困难、内部意见不统一,造成相互之间不能形成合力。

　　1781年10月19日下午2时,最后一支英军在约克镇投降,胜利的美军奏起了当时的流行乐曲《世界变得天翻地覆》。1783年9月3日,双方签订和约,承认美国独立。美国独立战争是第一次殖民地人民争取独立解放的资产阶级革命,推动了18、19世纪的资产阶级革命浪潮。

军发起总攻,分别从左右两方同时向约克镇发炮。火炮的巨大吼声持续了近20个小时,英军逐渐支撑不住。16日,试图从海上逃跑的英军又因暴风吹散了准备好的船只而无法撤离。17日,失去反攻能力的英军只好投降。

　　1783年11月3日,美英签订和约,英国承认美国独立。美国独立战争宣告结束。

重要意义

　　美国独立战争是世界上第一次大规模的殖民地人民争取民族解放的资产阶级革命,它粉碎了英国的殖民统治,实现了独立,掀起了美洲殖民地人民谋求独立的革命浪潮,开创了资产阶级革命的新纪元。

《独立宣言》公开宣读后,激动的纽约市民冲到百老汇街尾的滚木球游戏草坪,捣毁乔治三世的塑像。

奥斯特里茨之战
——拿破仑军事指挥才能的最佳体现

交战双方：法国军队 VS 俄奥联军
交战时间：1805年12月2日
双方将帅：法国统帅为拿破仑；俄奥联军为库图佐夫
双方投入兵力：法国军队7.3万人，250门火炮；俄奥联军8.6万人，350门火炮
双方使用兵器：刀剑、火枪、火炮等
交战结果：法军大胜俄奥联军

历史背景

第二次反法同盟瓦解后，英国对法国在欧洲大陆的称霸极为不安，为了遏制法国的势力，一面封锁海岸线，进行经济战争，一面加强外交活动，争取再一次组成反法同盟。拿破仑在法国沿岸建立了庞大的军营，欧洲各列强也都加紧进行军事准备。1805年，英、俄、奥、瑞和那不勒斯结成欧洲第三次反法同盟。奥军西进，俄军南下，并拟会师后对法国进行攻击。拿破仑获悉后，放弃登陆英国的计划，率军东进。集中兵力攻击奥军，以阻止俄奥两军会合。

主要过程

拿破仑采用急行军，25日内从大西洋沿岸转移到莱茵河西岸，行程800千米。驻守在乌尔姆要塞的奥军被从天而降的法军打了个措手不及。法军一举拿下乌尔姆，于1805年11月13日乘胜直扑奥地利首都维也纳。维也纳失守，奥军被迫北移，与南下的俄军会合，势力大增。拿破仑率法军紧追溃败的奥军，至布吕恩地区时知道俄奥会师，遂停止前进，抓紧组织兵力，在周边寻找有利阵地，准备与联军决战。

《拿破仑越过圣伯尔纳山》
法国　大卫

在俄奥联军进驻的奥斯特里茨的西南部,是一些湖泊和鱼塘组成的水网沼泽地带,与利塔瓦河相连。于是拿破仑准备利用右翼的湖泊、河流和水塘等有利地势,设置阵地。法军先攻下湖泊北面的制高点普拉岑,开始观察联军动向,准备战斗。

联军统帅库图佐夫并不急于进攻,而是等待援兵的到来。本来人数处于劣势的拿破仑更怕拖延时日。于是他巧施妙计,散布法军兵力薄弱的消息,要与联军进行停战谈判,并让士兵衣衫不整,做出懒散松懈之态,诱惑敌人。沙皇亚历山大一世对谣言信以为真,不顾库图佐夫的反对,命令联军进攻。俄奥联军兵分五路,打算让主力军从南面采取迂回策略进攻法军右翼,从而切断拿破仑与维也纳的联系,进而实现五路合击,将法军消灭在布吕恩。拿破仑识破敌人意图,他将计就计,为诱使敌人加速进攻,主动命令守兵撤出利于防守的战略要地普拉岑高地,引诱联军进入普拉岑的南部。

12月2日早晨7时许,误认为法军胆怯的联军向法军仓促地发起进攻。俄奥联军首先以猛烈的炮火进行轰炸,普拉岑高地的法军迅速向南撤退。拿破仑命不足万人的小股军队在右翼顽强抵抗,牵制住联军主力。为保障左翼联军进攻的顺利进行,俄奥联军把普拉岑高地上的预备纵队撤下,投入左翼的进攻。

普拉岑高地位于整个战场的中央,是战场的制高点,战略位置极为重要。联军撤出预备纵队后,使高地和中央形成空当。拿破仑怎么会失去这一有利时机,

拿破仑在奥斯特里茨大会战前夕的战场上
　　拿破仑具有卓越的军事才能及敏锐的观察力,他能随时准备因时因地调整作战策略,这些再与细致入微的侦察措施、精湛的炮兵战术相结合,法军取胜也就不足为怪了。

俄奥联军惨败奥斯特里茨

在这次战役中,联军损失超过 2.6 万人,其中 1.5 万人战死,超过 1 万人被俘。此外还损失了 186 门大炮,45 面团旗。法军仅伤亡 8500 人,损失 1 面团旗。

他立即下令派一支精锐部队冲上普拉岑高地,把联军分割成南北两部分,切断了他们之间的联系。拿破仑指挥主力向联军薄弱的中央和右翼发起攻击。9 时,法军主力以大纵深的战斗队形插入敌人阵地,法军呈三面夹击之势,联军右翼很快被击溃。

高地被夺,联军感觉不妙,遂调集兵力反扑,但高地上法军猛烈的炮火把联军压制在高地以南和扎钱湖以北地带。孤立无援的联军欲向前冲破敌人的截击,但负责牵制联军的法军在前面紧紧咬住,联军无法突破。

此时,拿破仑下令开始总攻。左翼法军主力击溃右翼联军后右转,从侧翼和后方威胁联军主力,受到三面围攻的联军顿时大乱。在高地法军炮火的配合下,前后法军向联军猛冲。严寒的冬天,扎钱湖已结成厚冰,惊慌的联军慌不择路,向没有法军的北面冰面上溃逃。拿破仑下令集中炮火向湖面发起猛袭。冰层被炮弹击碎,挤作一团的联军沉于冰冷的湖水中,冻、淹死者数以千计。俄奥两国皇帝和受伤的库图佐夫狼狈逃走,剩余的被俘,法军却损失不到万人。反法同盟随之瓦解。

重要意义

这次战役,使欧洲第三次反法同盟瓦解,中欧成了受法国保护的莱茵联邦,奥皇被迫解散"神圣罗马帝国"。

◆ 双方策略战术 ◆

奥斯特里茨战役,充分体现出拿破仑杰出的战争指挥才能,在兵力处于劣势的情况下,他巧妙运用地形,诱敌深入,以小部队牵制敌人主力,局部集中优势兵力突袭,善抓战机,从而围歼敌人。联军对对方估计不准,并且军队指挥不统一,贸然进攻,导致整个战局的失败。

拉美独立战争
——影响深远的殖民地解放战争

交战双方： 拉丁美洲起义军 VS 西班牙军队

交战时间： 1810～1826年

双方将帅： 拉美起义军有玻利瓦尔、圣马丁；西班牙军队有莫里略、拉塞尔纳

双方投入兵力： 起义军共1万余人；西班牙军共约2.5万人

双方使用兵器： 刀剑、火枪、火炮等

交战结果： 西班牙惨败，拉美各国纷纷独立

历史背景

到16世纪中叶，西班牙凭借海上优势使拉美的广大地区成为其殖民地，并通过政府、宗教和军事，对拉美人民进行残酷的剥削和掠夺，给当地人民带来巨大的灾难。随着欧洲经济的发展，殖民地经济也有了一定起色，并出现了一定的资本主义经济关系，启蒙思想得到了传播。但殖民地和统治者之间的矛盾日益加剧，人民的反抗情绪与日俱增。伴随着西班牙在欧洲地位的败落，拉美人民的起义高潮迭起。

主要过程

1810年9月16日，47岁的教士伊达尔戈在墨西哥北部一个偏远的多洛雷斯村，率领几千名印第安人，高呼"独立万岁""美洲万岁""打倒坏政府"等口号，举起义旗。"多洛雷斯的呼声"从此传遍拉美的东西南北，北起墨西哥，南到阿根廷等广大地域的人民纷纷掀起独立战争的高潮。

墨西哥独立运动中的英雄们
墨西哥起义军与西班牙殖民军展开了激烈的战斗。1811年伊达尔戈被敌人俘虏、英勇就义，墨西哥人民把他发出"多洛雷斯呼声"的日子（9月16日）定为墨西哥独立日，并尊他为"墨西哥独立之父"。

这是一幅1825年的象征画,用以纪念秘鲁独立解放运动领袖玻利瓦尔。

玻利瓦尔有句著名的誓言:只要祖国一天不从西班牙统治下获得解放,就要奋斗一天。由于他在南美五个国家——哥伦比亚、委内瑞拉、厄瓜多尔、秘鲁和玻利维亚——从西班牙的统治下获得解放期间所起的作用,人们常称他为"南美的乔治·华盛顿"。

1811年4月,委内瑞拉宣告独立,成立第一共和国,但在7月29日被西班牙军队击败。失败的起义军在玻利瓦尔的领导下,转入新格拉纳达继续战斗。在人民的支持下,起义军再次攻进委内瑞拉,一举赶走殖民势力,第二共和国诞生。但势力较弱的起义军又没有保卫住自己的成果,1813年9月,第二共和国再次失败。

拉美的反抗,使西班牙当局极为惊慌。国王斐迪南七世派莫里略率1.6万人增援美洲地区。起义军陷入了最艰苦的时期,各地起义纷纷遭到打击。从海上袭击敌人的起义军也遭到重创,起义军被迫展开游击战,他们从失败和挫折中总结经验,吸取教训。1816年12月,玻利瓦尔率领新组织的力量又一次对委内瑞拉发动进攻,所到之处横扫殖民军队,委内瑞拉第三共和国宣告成立。1819年2月,玻利瓦尔被选为总统。

委内瑞拉的胜利,鼓舞了起义军的士气,玻利瓦尔乘胜翻越安第斯山,远征新格拉纳达,在波耶加一举击败殖民军,直扑波哥大。1819年12月,哥伦比亚共和国宣告独立。不甘心的西班牙殖民军调集军队,对起义军展开反扑,但是,屡战屡胜的起义军势不可挡。1821年6月,西班牙殖民军进入起义军在卡拉沃沃平原的阵地,双方经过猛烈的炮轰和激烈的拼杀,殖民军受到了重创,起义军趁势占领了加拉加斯。次年5月,起义军开始做解放基多城的准备,双方在皮钦查展

> ### 双方策略战术
>
> 拉美独立战争中，在战略上，起义军依靠群众，坚持游击战和持久战，消耗敌人；同时各起义军相互配合与支持，善于利用对方国内矛盾重重的良机；西班牙军在国际上孤立，国内矛盾激化，对战争不能形成统一的意志。

开了大会战，凭借顽强的勇气和视死如归的斗志，起义军取得了决定性的胜利，6月，整个新格拉纳达地区全部解放。

北部起义军的节节胜利，鼓舞着南部起义军的士气。1818年4月5日，在圣马丁的指挥下，起义军攻进智利首都圣地亚哥，赶跑殖民军，智利独立。殖民者退到秘鲁。1820年8月，圣马丁经海上北上秘鲁，顺利攻占秘鲁总督区首府利马，秘鲁获得独立，圣马丁被共和国授予"护国公"的称号。

"多洛雷斯的呼声"传遍拉美南北，但墨西哥的局势却相对平静，各地起义军以游击战为主。但法军攻进西班牙殖民军首府，给起义军提供了良好的契机。1820年，教会势力代表、掌握着军权的伊图尔维德率军暴动，配合起义军反抗殖民军。次年就攻下了墨西哥城，至此墨西哥也宣告独立。

1822年7月，南北双方的起义领袖圣马丁和玻利瓦尔在瓜亚基尔会面，但双方对协同作战和战后安排未能形成一致意见，圣马丁隐退。玻利瓦尔于1823年9月进入尚未完全解放的秘鲁，次年8月在胡宁平原痛击殖民军。12月，仍做垂死挣扎的殖民军总督拉塞尔纳集结9000余人准备与起义军决战，仅有5000余人的起义军在苏克雷的指挥下，在阿亚库乔和敌人相遇。苏克雷巧施妙计，歼灭敌军5000余人，殖民总督、众多将军和军官都未逃过此劫。1825年秘鲁全境解放。1826年1月，起义军趁势攻克殖民地最后一个据点卡亚俄，拉美地区全部解放。

重要意义

拉美独立战争，结束了西班牙在拉美300年的殖民统治。各民族获得独立，确立共和制，使奴隶制和封建专制受到严重打击。这场战争是世界历史上一次影响深远、意义重大的民族解放战争。

玻利维亚士兵像

博罗迪诺战役
——拿破仑覆灭的前奏

交战双方： 俄国军队 VS 法国军队
交战时间： 1812年9月7日
双方将帅： 俄国统帅为库图佐夫；法国统帅为拿破仑
双方投入兵力： 俄军共计20余万人；法军共计60余万人
双方使用兵器： 马刀、火枪、火炮等
交战结果： 法军取得战术上的胜利，但在其后遭到毁灭性打击

历史背景

19世纪初，拿破仑几乎征服了欧洲各国，但英国始终不与法国议和。拿破仑为毁掉英国人的贸易体系，实行高压政策，使欧洲各国断绝与英国的经济交往，对英实行经济封锁。面临经济破产的英国认识到只有引诱俄国脱离欧洲大陆组织，英国才会有生机，否则英国只有屈服。在英国的说服下，沙皇接受了英国的货物。拿破仑对俄国的行为极为不满，为报复沙俄，拿破仑兼并了亚历山大的小舅子德大公爵的赛尔登公国，开始对俄加强封锁。这使沙皇大怒，俄法关系迅速恶化。俄方要求法军撤到塞得河以西，遭到拿破仑的拒绝。拿破仑意识到战争不可避免，遂组织兵力东征俄国。

主要过程

1812年6月24日，拿破仑调集大军68万人，火炮1400门，渡过尼门河，开始了对俄的入侵。拿破仑计划在维尔纽斯及其以东地区歼灭敌人主力。面对咄咄逼人的庞大法军，俄军采取主动撤退的策略，法军紧紧追赶，但每次都落空。

俄军后退的同时，沿途实行坚壁清野，以阻滞法

博罗迪诺一战中法军的方阵及炮兵使用情形

博罗迪诺一役标志着拿破仑的总决战战略濒临破产，连他也不得不承认俄军具有优良的战斗素质，他后来写道："在我一生的作战中，最令我胆战心惊的，莫过于莫斯科城下之战。作战中，法军本应取胜，而俄军却又博得不可战胜之权。"

库图佐夫精于战术，尽管他让法国人在博罗迪诺一战中取得了表面上的胜利，而实际上他仍然没让拿破仑得到渴盼已久的决定性胜利。

军前进。随着法军的快速深入，前后方出现脱节，补给发生困难。拿破仑命令部队停止前进，进行休整。这时，俄两路大军在斯摩棱斯克会合，组织防御工事。获得供给的拿破仑迅速向该地进军。8月16日，双方在斯摩棱斯克展开激战。俄军在法军猛烈的攻势下，顽强地抵挡三天后，终于招架不住，弃城继续后退。

俄军只退不打，俄国内部舆论哗然，怨声载道。8月29日，沙皇任命库图佐夫为总司令对抗法军。深知撤退是正确决策的库图佐夫迫于舆论和沙皇的压力，决定与敌人展开一场会战。他把阵地选择在莫斯科以西124千米的博罗迪诺村附近。库尔干纳亚高地高踞周围地形之上，视野开阔，前方宽8千米，右翼为莫斯科河，左翼为难以通行的森林，后方是森林和灌木林，可隐藏预备军。在阵地上，俄军构筑了多面堡和钝角堡等完备的防御工事。库图佐夫企图以积极的防御手段达到最大程度杀伤敌人的目的。

9月7日，拿破仑率领13万大军开始进攻，在这种对己不利的地形上交战，拿破仑失去了军队的机动性，从两翼迂回包围阵地也是不可能的。如从南面做纵深迂回，只能分散削弱兵力，可能导致被各个击破。拿破仑只好正面突击，他选择比较狭窄的地段，采取突破敌人防线直插敌后方的策略，实施强攻。

会战开始，双方都以炮兵对射发起进攻。在炮兵的掩护下，凶猛的法军使俄

1812年9月7日，博罗迪诺血战打响，双方死伤严重。俄军首领库图佐夫既向莫斯科宫廷表现了一下，又精明地保留了军队的实力，算得上两全其美，而拿破仑却只赢得了表面上的小小胜利，没有达到歼敌主力的目的，等待他的将是战线的进一步拉长、军需的不足，以及天气的严寒等诸多艰难的情况。

军退过科洛恰河，法军遂紧追过去，但遭到猛烈火力的反攻，又被迫退回。凌晨6时，法军向钝角堡猛攻，虽说人数及火力都占优势，但法军仍被击退。7时许，法军又开始了新一轮进攻，攻占了左边的一个钝角堡，俄军则以勇猛的反击夺回，双方这时都加强了兵力。法军对左右两个钝角堡发动第

从俄国撤回的拿破仑军队

三次攻击，俄军也不甘示弱，抵抗极为顽强。这充分显示出库图佐夫排兵布阵的艺术：他把俄军战斗队形纵深配置达3000～4000米，使步兵、骑兵和炮兵之间配合默契，保障了积极防御的坚固性，使法军几次得手后又被迫放弃。双方进退反复，短兵相接，展开肉搏战。

为彻底突破俄军防线，拿破仑调集兵力实行猛攻。库图佐夫在此危急时刻，果断决定调强大的预备军袭击敌人左翼。战斗持续到18时，俄军仍坚守阵地，法军也没取得决定性胜利，但双方都付出了惨重的代价。法军伤亡2.8万人，俄军则为4.5万人。拿破仑遂退回出发阵地。

由于缺乏补给，库图佐夫决定撤回内地，积聚力量。9月14日，拿破仑进占了已成废墟的莫斯科。10月18日，俄军大举反攻，法军节节败退。12月，法军损失50多万人，拿破仑的侵俄战争终以惨败而宣告结束。

◆ 双方策略战术 ◆

俄军采用积极的防御策略，实行坚壁清野，拖耗敌人。在博罗迪诺会战中，库图佐夫充分利用地形，筑建坚固的防御工事，使队形纵深配置，三兵种密切配合，压住敌人机动迂回的战术优势，使敌人遭到最大程度的损失。

重要意义

拿破仑在俄国的失败，成为欧洲爆发反拿破仑战争的导火索，也成了拿破仑军队覆灭的标志。

从莱比锡到滑铁卢
——拿破仑帝国的败亡

交战双方：反法联军 VS 法国军队
交战时间：1813年10月16日~1815年6月18日
双方将帅：法国统帅为拿破仑；联军统帅为波尼亚托夫、惠灵顿等
双方投入兵力：联军29.5万人；法国25万人
双方使用兵器：刀剑、火枪、火炮等
交战结果：拿破仑惨败

历史背景

1813年前,法国达到鼎盛时期,在欧洲居于征服者的地位,但反叛的种子也撒遍了整个欧洲。1812年9月7日,拿破仑东征俄国,在博罗迪诺会战中,损失惨重,元气大伤。后来又兵败莫斯科,成为欧洲反叛拿破仑战争的导火线。俄国沙皇也想彻底歼灭拿破仑,于是,1813年2月,俄国与普鲁士结盟,英国、西班牙、葡萄牙、瑞典和奥地利相继也加入到行列中,范围更广的反法第六次联盟结成。面对这样巨大的变局,拿破仑迅速组建新军,做好了与反法同盟的作战准备。

拿破仑军队士兵

主要过程

1813年5月中旬,拿破仑准备妥当,仍采取主动出击、先发制人的策略,开始向德累斯顿和莱比锡进军。途中,在加卡和包岑分别与俄普联军相遇,经过激战,联军败退。虽然法军取胜,但损失很大。惨重的伤亡,使善于进攻的拿破仑被迫改变策略。此后,他分兵坚守德累斯顿到易北河一线的各个要塞。8月26日,联军开始进攻德累斯顿,人数多于法军一倍的联军从两面围攻。拿破仑亲自指挥,以坚固的防御工事和积极的反攻,使联军遭到惨败。联军围攻两天未果后撤退。联军的波希米亚军团绕过德累斯顿,西里西亚军团西渡易北河分别从南北两面夹击莱比锡。

10月16日,联军兵分几路发起进攻,莱比锡战役开始。双方炮火相互对射达5小时之久,联军的各个军团开始步步为营向莱比锡压缩。第一军团的右翼纵队攻占了制高点科尔姆山,左翼纵队经过激战拿下了维腾贝格,而孔讷维茨和莱斯尼希两渡口的

1813年10月16日,法军与反法同盟的莱比锡大战爆发,战斗持续至19日,法军溃退,损失惨重。至此,1813年的战役结束了,其中发人深省的是:拿破仑军队的战斗力已呈江河日下的势头,拿破仑帝国的大厦已经严重动摇。

争夺也异常激烈。法骑兵在炮兵的配合下,一度将联军队形打乱,步兵随之反攻。联军也不示弱,遂调集部队迎击,部署于步兵之间的炮兵奋勇击敌,下午5时法军被打退。双方损失惨重,伤亡均在2万人左右。18日,联军从东、南、北三面向法军猛攻,法军被迫放弃阵地,从联军较薄弱的地方逃出战场。

1814年,联军攻进法国本土,并结成不单独与法议和条约。3月20日,联军对巴黎形成包围之势。4月11日,拿破仑被迫与联军签订《枫丹白露条约》,并宣告退位,被软禁到厄尔巴岛,波旁王朝重新统治法国。

联军在利益分配上矛盾重重。1815年1月,英、奥、法等国密约向实力大增的俄国宣战。这消息很快传到拿破仑那里,拿破仑秘密回国。法国人民不满意波旁王朝的统治,拿破仑在旧部的支持下又顺利地登上帝位。

这使整个欧洲震惊,3月25日,因利益分配不均而争吵的联军又站在了一起,宣布成立第七次反法同盟,由英国的惠灵顿公爵任统帅,迅速集合大军64.5万人,分头向法军进攻。拿破仑到5月底也召集了28.4万的正规陆军和22.2万人的补助兵力。

拿破仑意识到如果联军几大军团会合一处,后果就不堪设想。他根据比利时联军战线分布过长的情况,决定采取主动进攻、集中优势兵力各个击破的战略。6月12日,拿破仑进至比利时,对驻守在利尼附近的英普联军实施突然袭击,普军大败。17日,拿破仑错误地让军队休息了一天,并决定18日同英军元帅惠灵顿指

从此图可看出滑铁卢战场的概貌：惠灵顿将军队部署在圣让山以南的山脊上，从而堵住通往布鲁塞尔的最后一道防线，防御体系西面以一座乡间别墅为据点，中间以一座农庄为缓冲，东面则以两座农庄为前哨，这样，整个防御体系像三只伸向前的拳头，将拿破仑的进攻割裂开来。

挥的英荷联军在滑铁卢（布鲁塞尔以南20公里）展开大决战。而惠灵顿指挥的英军早已修了坚固的工事，等待拿破仑。

6月18日，拿破仑指挥军队进攻，滑铁卢战役打响。拿破仑拥有270门大炮，但前一天晚上的大雨，使地面泥泞不堪，笨重的大炮只有一小部分进入阵地。11时，法炮兵首先发炮，接着双方对射，对峙到下午1时，拿破仑派兵佯攻英军右翼，以牵制敌人的主要兵力，使中央薄弱后加以主攻。但佯攻效果并不明显，拿破仑只好从中央发起总攻。双方僵持不下时，被击散的普军重新集结，出现在法军身后，拿破仑急命两军团堵截。惠灵顿精神大振，英军的士气猛涨。战至下午6时许，法军已疲惫不堪。8时许，惠灵顿下令反攻，在联军的夹击下，法军支持不住，全面溃败，拿破仑趁乱逃出战场。法军伤亡严重，损失3万余人。6月21日，拿破仑败退巴黎。7月7日，联军攻进巴黎，拿破仑被迫宣布退位，并被流放到南大西洋的圣赫勒拿岛，5年后病逝。

◆ 双方策略战术 ◆

在这两次战役中，联军凭借人数的绝对优势与敌人做正面强攻，给敌人造成了严重损失。而拿破仑却未能发挥统帅才能，过于分散强大的预备队，最终未造成兵力优势，使其正面攻击毁于一旦。

重要意义

这场战争标志着拿破仑时代的结束，进而动摇了欧洲封建政体，并为欧洲各国的资本主义发展奠定了基础。

匈牙利民族解放战争
——1848年欧洲革命史上的光辉一页

交战双方： 匈牙利自卫军 VS 奥、俄联军
交战时间： 1848年3月15日～1849年10月
双方将帅： 匈牙利自卫军为科苏特；奥、俄联军统帅为斐迪南一世
双方投入兵力： 匈牙利自卫军17万人；奥、俄联军24万人
双方使用兵器： 刀剑、火枪、火炮等
交战结果： 匈牙利自卫军失败

历史背景

1848年，欧洲各国资本主义发展迅速，资产阶级的势力越来越大，阶级矛盾变得尖锐化。处于奥地利统治下的匈牙利人民，不仅受到奥地利统治者的奴役，而且还受到本国封建主的残酷剥削和压迫，资本主义的渗透使匈牙利人民废除封建农奴制度、摆脱奥地利统治的愿望越来越强烈，国内各阶层与统治者之间的矛盾日益尖锐。此时，意大利、巴黎、维也纳也相继发动革命。受其影响，匈牙利人民振奋不已，于是准备进行民族解放战争。

主要过程

匈牙利民族解放战争是匈牙利人民在欧洲1848年革命中开展的反对奥地利封建专制统治和民族压迫、争取民族独立的资产阶级革命战争。

1848年3月15日，伟大的诗人裴多菲冒雨在匈牙利首都布达佩斯民族博物馆前的广场上高声朗读他的《民族之歌》，1万多名群众同声高呼"我们宣誓、我们宣誓，我们永不做奴隶"。随即资产阶级改革政治纲领《十二条》被通过，波澜壮阔的匈牙利民族解放战争拉开了序幕。

起义军控制整个首都后，迅速蔓延到广大的城乡。迫于压力，奥皇斐迪南一世同意在匈牙利废除农奴制度，成立资产阶级责任内阁，在军事、财政等方面独立自主，起义军改编成自卫军。1848年夏天，周边国家的民族革命相继被镇压。奥地利政府也开始调集军队，于9月11日开始向匈牙利进军，围剿起义军。情绪高涨的匈牙利自卫军和人民群众在科苏特领导下奋起抵抗，粉碎了奥军的围剿。

匈牙利自卫军的接连胜利，振奋了士兵和群众的激情，同时也得到奥地利首都维也纳人民的声援。但不幸的是声援于10月底被政府镇压。奥地利当局又从各地调集11万大军，兵分数路向匈牙利进发。天气严寒，河水封冻，自卫军失去了防御的地形优势，多瑙

长着匹诺曹式长鼻子的联军统帅仓皇逃跑。

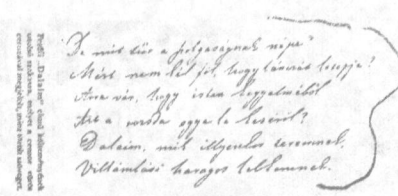

裴多菲手迹

1948年3月15日，裴多菲在匈牙利民族博物馆前朗诵《民族之歌》。裴多菲不仅是19世纪匈牙利卓越的诗人，也是一位杰出的民族解放运动的战士。他以诗歌为武器，猛烈抨击国内外反动势力，一生中写下了大量的政治抒情诗。一个世纪以来，裴多菲的名字和他的诗歌一起，成了自由和爱国的象征，激励着世界各国热爱自由与和平的人们，为争取本民族的解放和进步而不懈奋斗。

河以西的地区相继失陷。1849年1月15日，匈牙利首都也被攻占。2月末，双方在卡波恩相遇，展开激烈会战，奥军凭借绝对优势重创匈牙利军队。为保存实力，科苏特决定退往德布勒森，并积聚力量，与敌人展开游击战和运动战，革命转入低潮。奥皇把匈牙利重新变成了奥地利的一个行省。

1849年4月，匈牙利军队开始了新一轮的革命。14日，匈牙利重新废除了奥皇的统治，通过了匈牙利独立宣言，宣布国家独立，科苏特成为国家元首。国家的独立，更加鼓舞了人民的斗志，在对奥的反攻中连战连捷，再次震慑了奥地利统治者。奥地利统治者急忙调集军队，对自卫军进行围追堵截，但终没有挡住其前进的步伐。19日，匈牙利军队在纳迪沙和奥主力军相遇，气势逼人的匈牙利军一举粉碎了奥军主力。5月下旬，乘胜收复了首都布达佩斯。

此时，奥地利人民也强烈反对匈牙利的入侵，奥皇无法筹集足够的军饷和新兵，于是他求助于沙俄。沙俄对匈牙利革命形势的发展也极为吃惊，遂于5月29日，调集14万俄军兵分两路进攻匈牙利。10万奥军也从西面开始围攻，匈牙利军处在被夹击之中。

俄国的介入，使匈牙利军民的爱国、仇恨情绪上升到了极点，仅有17万人的匈牙利军队也兵分数路，分别进行阻击，多次击败联军的进攻。但7月上旬和31

双方策略战术

这场战争中，匈牙利军队在人数处于劣势的情况下，在策略上采用多线作战，注定了它的失败，而不利的国际环境和叛徒的出卖更加速了革命的结束。联军在策略上则采取多线围攻、内部瓦解，最终把起义镇压。

日的科马罗姆会战、吉格尔什西尔会战，均因匈牙利军数量处于明显劣势而惨败。伟大的诗人裴多菲也在战斗中壮烈牺牲。

凭借强大的军力，俄军很快攻占了匈牙利的东部及东北部地区，并向布达佩斯进发。这时，奥军放弃与之会合形成夹击之势的机会，向南推进。科苏特抓住时机命戈尔盖攻击处于孤立的俄军。

早有叛变之心的戈尔盖，暗中与沙俄勾结，并将匈牙利军队引入俄军的包围圈。8月13日，匈牙利军队被迫投降。在戈尔盖的威胁下，科苏特被迫离开匈牙利。匈牙利革命被叛徒出卖，解放战争最终失败了。

匈牙利民族解放战争失败后，沙皇俄国指使奥地利统治集团和戈尔盖叛徒集团，在匈牙利土地上恢复了旧的封建秩序，对匈牙利革命者和匈牙利人民进行了疯狂的反攻倒算，开始了残酷的大屠杀。匈牙利民族解放战争虽然失败了，但沉重打击了奥地利和匈牙利的封建制度，在波澜壮阔的1848年欧洲革命史上写下了光辉的一页。

重要意义

匈牙利民族解放战争沉重打击了奥地利的封建农奴制度，进一步推动了匈牙利资本主义的发展，为欧洲的解放斗争树立了光辉榜样。

匈牙利起义领导者路易·科苏特是极端的民族主义者，他拒绝一切与奥地利进行和解的可能。在起义军投降前的8月10日，他在戈尔盖等投降派的威胁下，交出了政权，与贝姆等其他革命领袖离开匈牙利，流亡土耳其。

历史背景

18世纪末至19世纪初，奥斯曼帝国陷入危机之中，逐渐走向崩溃。俄国趁机准备夺取君士坦丁堡，控制黑海海峡，将势力伸进近东。对于英国来说，奥斯曼是英国与其殖民国印度之间的陆上交通枢纽，一旦失去，将直接影响它对亚洲殖民地的统治，于是英国力图挫败俄国向近东扩张的图谋。在近东有大量投资的法国，也不会放弃这一机会，极力加强对近东的控制，英法为钳制俄国在欧洲势力的进一步扩大，便联合奥、普等国对抗南下入侵的俄国。

克里米亚战争
——世界史上第一次现代化战争

交战双方：俄国军队 VS 英法联军
交战时间：1853年7月～1856年3月
双方将帅：俄军统帅为科尔尼洛夫、纳希莫夫；英法联军统帅为拉格伦、圣阿尔诺
双方投入兵力：俄军共计100万人；联军共计100万人
双方投用兵器：俄军以旧式滑膛火枪、火炮、木制帆船为主要武器；联军以先进线膛火枪、火炮和汽船为主要武器
交战结果：以俄国的失败而告终

主要过程

基督教圣地耶路撒冷的管辖权一直是天主教和东正教争夺的焦点。1852年8月，以天主教为国教的法国迫使土耳其苏丹政府将管辖权交给天主教，引起以东正教为国教的俄国的不满，强烈要求恢复东正教的权利。在英、法的支持下，苏丹拒绝了俄国的要求。于是俄国以保护土耳其东正教徒的名义出兵土耳其。

1853年7月，俄军渡过普鲁特河，迅速攻占了摩尔多瓦和瓦拉几亚等国。土耳其立即应战。11月30日，双方为争夺黑海制海权，在汤诺普海展开激战，土耳其几乎全军覆没。12月，俄国又先后攻占了阿哈尔齐赫和巴什卡德克拉尔两个地区。

19世纪中叶，欧洲克里米亚战争时期即将出征的士兵们。他们正在往出征的战舰上装运火炮和炮弹。

克里米亚的炮弹山谷实景图

在克里米亚战争中，铁甲船和现代的爆炸性炮弹第一次被使用，它也是历史上第一次壕沟战和静止战，电报首次在战争中被使用，火车首次被用来运送补给和增援。

土耳其在战场上的节节失利，使英法联军坐立不安。1854年初，英法对俄宣战，6月，英法联军投入战争。

1854年9月14日，英法联军在拉格伦和圣阿尔诺的率领下，从克里米亚岛的叶夫帕托里亚登陆后，直逼重要港口塞瓦斯托波尔城。塞瓦斯托波尔位于半岛的险要位置，西北两边都是宽广的港湾，海岸都是悬崖峭壁。俄军在科尔尼洛夫中将的指挥下，充分利用地理优势，加强防御工事，增加防御火炮。

10月17日，联军迂回到防守较弱的南边，开始了对塞瓦斯托波尔的炮轰。俄军奋力还击，但旧式的火枪、火炮射程较近，很难击中对方。而英法经过工业革命，科学技术有了长足发展，火枪、火炮得到了较大的改进，射程和命中率大大提高，汽船的使用也增强了英法舰队的机动灵活性。俄军的防御工事、炮台在震耳欲聋的联军炮火轰击下纷纷倒塌。但俄军凭借险峻的地势和顽强的抵抗，粉碎了英法联军速战速决的攻城计划，战争转入持久消耗战阶段。

为改变被动防守的局面，俄军于10月25日调集援军袭击联军的基地巴拉克拉瓦，但遭到失败。11月5日，俄军3万余人向1.4万联军发起进攻。由于俄军内部协调不力，被联军痛击，损失1万余人。

◀ 双方策略战术 ▶

克里米亚战争中，英法联军凭借先进的军事技术装备，采用围攻策略，利用优势火力摧毁俄军防御工事，围城打援，各个击破，最终打败俄军。

英法联军与俄军在克里米亚激战

这场战争中英法联军使用了线膛枪、蒸汽船,大大提高了陆、海军的战斗力。落后的农奴制俄国损失惨重,不仅失去了在黑海拥有舰队的权利,使得对黑海扩张的长期努力前功尽弃,而且引发了国内的革命斗争。

连连失利,使俄军陷入更为被动的境地。

冬天的严寒,给双方带来很大麻烦。联军只对俄军进行了几次炮轰。俄军于1855年2月对联军的进攻再次受损。直到8月16日,俄军为打破敌人的围攻,兵分两路,向法军阵地发动全面进攻。法军指挥官圣阿尔诺果断决策,以小股部队牵制住敌人的左路进攻,集中兵力形成局部优势迎击右路敌人。在法军猛烈的火力下,右路俄军很快被击溃。法军主力转而猛攻左路俄军,俄军伤亡极为惨重,损失8000余人,被迫撤到黑海对岸。8月17日,联军又开始了新一轮的重炮轰击。

塞瓦斯托波尔在联军一轮接一轮的猛烈炮火的轰击下,防御设施被摧毁,险峻的地势不再显示出它的威慑力。俄军被迫通过浮桥渡海撤退。9月8日,联军向几乎被炸成废墟的塞瓦斯托波尔发起强攻,很快拿下了制高点。俄军在349天的塞瓦斯托波尔战役中损失人员达12.8万人,英法联军也损失惨重。

1856年3月,双方被迫在巴黎签订和约,战争结束。

重要意义

这次战争使俄国受到沉重打击,丧失了欧洲霸权,也使俄国的封建农奴制危机加深。战争中,科技在武器装备的应用中展现出了它的魅力,并进一步推动了火炮枪械和战略战术等方面的军事改革。

印度民族起义
——亚洲革命风暴的源头之一

交战双方：印度起义军 VS 英国殖民军
交战时间：1857年5月~1859年4月
双方将帅：印度起义军为坦提亚·多比、詹西女王；英国殖民军为坎贝尔、罗斯
双方投入兵力：印度起义军共20余万人；英国殖民军共10余万人
双方使用兵器：刀剑、火枪、火炮等
交战结果：起义军遭到镇压而失败

历史背景

19世纪初，伴随着工业革命的开始，英国工业资本发展迅速，使得英国对殖民地的剥削与资本掠夺进一步加大。印度是英国统治下的一个半殖民地半封建社会，殖民者把印度变成了倾销商品的市场和原料基地，使印度当地的手工业者破产失业，给广大农民和手工业者带来深重的灾难，也直接影响到一些封建主的利益。印度各阶层与英殖民者之间的矛盾日益尖锐，全国到处弥漫着反英抗英的呼声，民族起义在秘密酝酿之中正加快到来。

主要过程

印度反英大起义开始主要是在士兵范围内展开的，但它迅速带动了其他社会各界，掀起了印度人民反对殖民统治的高潮。

1857年初，殖民者不顾印度人的宗教信仰，激起了他们的满腔怒火。英殖民者还不断降低士兵待遇，更激起了他们的仇视。5月10日是星期天，英国军官们正在教堂做祈祷，下午5点，印度起义士兵们冲进教堂杀死了所有的英国军人。接着他们冲进英国官署和监狱中，痛击殖民强盗，救出了自己的同胞。之后，他们又冲进兵工厂和弹药库，把武器弹药分发给参加起义的所有人，准备向德里前进。

当晚，米鲁特起义军向德里进发，在德里城内军民的响应下，11日起义军就攻占了德里。他们焚烧英军营，严惩英军官，袭击英教堂。起义军在这里组建了起义政权，周围农民和手工业者等社会各阶层纷纷加入起义军，起义军人数迅速增至4万

印度步兵

人。英殖民者急调军队,以旁遮普为后方基地向德里发起进攻。4000余名英军于6月8日对德里发起攻势。德里城墙坚固,环城有一条很深很宽的护城河。英军开始时缺少重炮、攻城炮,在起义军的英勇抗击下,英军的每次进攻均被击退。受到挫败的英军并没放弃,他们一面调集重炮,一面和混进起义军内部的封建主勾结,造成起义军内部发生矛盾,起义军实力有所削弱。9月14日,德里城在英殖民军重炮的轰击下被攻陷,起义军在街巷内与敌人展开肉搏战。经过6天的激战,起义军打死5000多敌人,但最终被迫退出德里城,向勒克瑙转移。英殖民者进驻德里后展开了疯狂的报复,屠杀起义军2万余人。

1858年3月,勒克瑙成了起义中心,集结起义军20万人。英军获得消息后立即调集9万大军和180门大炮,向勒克瑙逼近。面对枪炮装备精良的敌人,以马刀为主的起义军不畏强敌,与敌人展开英勇的搏斗。在敌人的猛烈炮火下,起义军坚守半月之久,终因伤亡惨重被迫放弃了勒克瑙城。3月21日起义军主力开始撤离,随即英军攻陷了勒克瑙城。

英国殖民统治时期印度人口急剧增长,使饥荒更加频繁、严重。除士兵之外,印度社会各阶层包括不少封建王公们,对英国殖民者残酷剥削、压榨、肆意凌辱印度人民都抱有强烈的不满情绪。

3月25日,在罗斯爵士的率领下,英殖民军开始进攻另一个起义中心詹西城。当日,英军对詹西城展开了激烈的炮轰。詹西女王是一位英勇而出色的指挥官,她亲临城头,与起义军并肩作战。在她的影响下,起义军更为顽强勇敢,英军的进攻屡屡受挫。4月1日,2万起义军在坦提亚·多比的率领下,赶往詹西支援解围,但遭到英军的截击而溃败。4日,詹西城内投降主义者叛变,引英军从南门攻进城池。女王大怒,遂以身作则,挥动武器,带领士兵一起冲锋陷阵,与敌人展开白刃战。顽强的起义军们杀死敌人无数,但终因寡不敌众而战败,女王趁夜突出重围。

德里、勒克瑙和詹西三大起义中心相继沦陷后,各地起义军先后转入游击战。

印度起义军与英国殖民军作战图

他们充分利用熟悉的地形，机动灵活地与英军周旋，在运动中寻找时机打击敌人。

1858年5月，坦提亚·多比和詹西女王分别率领起义军向卡尔皮集结，围攻了瓜寥尔。6月，起义军攻占瓜寥尔，在这里建立临时政权。英殖民者十分恐慌，立即从各地调集军队。6月17日，英军在罗斯的指挥下向瓜寥尔进攻。在城市的东南郊，詹西女王与敌人展开激战。詹西女王始终和士兵在一起奋战，多次对英军发动猛烈的攻击，但遭到敌人炮火的轰炸。起义军伤亡越来越多，最终因腹背受敌而溃败，詹西女王英勇就义，坦提亚·多比率军撤出瓜寥尔。

在英军的收买政策下，起义军内部开始出现叛变分子，1859年4月，坦提亚被出卖遇难。印度民族起义最终失败了。

> ◀ **双方策略战术** ▶
>
> 印度民族起义军在战略上采取单纯的防御，组织分散，缺乏统一的领导，在英殖民者的收买政策下纷纷叛变，造成起义的失败。英军在战术上抓住起义军的弱点，凭借精良的装备彻底镇压了起义军。

重要意义

这次起义是印度历史上的重要转折点，沉重打击了英国的殖民统治，也加速了印度资本主义的发展。这次民族大起义在亚洲近代史上也占有重要地位。

美国南北战争
——美国历史上的第二次资产阶级革命

交战双方：美国北方军队 VS 美国南方军队
交战时间：1861～1865年
双方将帅：北军统帅为格兰特、谢尔曼；南军统帅为罗伯特·李、戴维斯
双方投入兵力：北方军队共80万人；南方军队约80万人
双方使用兵器：步枪、机关枪、榴弹、火炮、装甲列车、装甲舰、水雷、地雷、潜水艇、高空气球、毒气弹、无线电报等
交战结果：最终以北方军队的胜利而告终

历史背景

美国独立后，南北两方沿着不同的体制发展。美国北部工业发展迅速，资本主义生产力得到极大提高。而南部仍是以种植庄园主剥削压榨农奴为基础的奴隶制。北部工业的发展，需要大量的廉价劳动力、生产原料和商品市场，而大量的奴隶却被南部奴隶主束缚在庄园里，南部的生产原料也多出口到欧洲，并从欧洲进口工业品，这无疑使北方的工业得不到足够的原料和劳动力，进口的工业品则冲击着北方的生产。南部的奴隶制严重阻碍了美国资本主义的发展，两种制度之间的矛盾日趋尖锐。

南方联军总司令罗伯特·李（左）与格兰特（右）在投降仪式上

应罗伯特·李的要求，格兰特允许南方军官保留佩剑，投降仪式在"令人敬畏的平静中"进行，"就像在悼念死者"。在这场历时4年的战争中，北方最终取得了胜利，资本主义在美国得以全面迅速地发展。

主要过程

1860年11月，痛恨奴隶制的共和党人林肯当选总统，南部扩展奴隶制度的计划落空了。为维护自身利益，南部奴隶主发动叛乱。12月20日，南卡罗来纳州宣布独立，佐治亚、亚拉巴马、密西西比、佛罗里达、路易斯安那和得克萨斯等州也纷纷跟随。1861年1月，南部各州组织"南方同盟"，2月在蒙奇马利成立临时政府，戴维斯当选总统。4月12日，南军不宣而战，攻占了联邦政府军驻地桑特堡要塞，南北战争爆发。

预先对战争做好充分准备的南部诸州开始时进展顺利，采取以攻为守的战略，集中兵力寻歼北军主力。1862年初，北军沿东西两线发动进攻，除西线格兰特率领的部队解放了肯塔基州和田纳西州大部，取得一

定的战果外,在其他战场上南部军队均抢占上风。

面对不断的失利,林肯当局顺应民意,颁布《宅地法》,规定公民有权获得一份土地。1863年1月1日,正式颁布《解放黑人奴隶宣言》,宣布南部各州的奴隶永远获得自由,并允许黑人参加北方军队。宣言沉重地抨击了南部的奴隶制度,奴隶们看到了曙光,纷纷起义,参加北方军队,同时也极大地调动了北方人民的参战激情。

> ◆ **双方策略战术** ◆
>
> 南北战争中,北军采取攻占要塞维克斯堡、萨凡纳、哈得孙港,打通密西西比河,切断南军东西部联系的策略,占领了工业及交通枢纽基地查塔努加,断绝南军补给,运用两面夹击战术,迫使南军投降。南军在战略上轻视敌人,在战术上受到北军的牵制。补给的缺乏也是造成失败的重要原因。

1863年5月,北方波托马克军团13万人向里士满进军。轻敌的南军多次被击败,北军扭转了战争的被动局面。与此同时,西线的格兰特军团力图切断南军水上运输,从水陆同时实施进攻,打通密西西比河,向南军修筑在密西西比河上的重要堡垒维克斯堡发起总攻,把南军分割成东西两部分。防御坚固的维克斯堡控制着整个河面。北军猛烈的炮轰持续了47天,几乎摧毁了南军要塞的所有防御工事。弹尽粮绝的守兵失去防御能力,于7月4日投降,2.9万俘虏创造了南北战争期间俘虏人数最多的纪录。7月8日攻占了哈得孙港,实现了分割南军的目标。9月9日,格兰特命坎伯兰军团向查塔努加发起围攻,建立了向南部进军的基地。

维克斯堡和查塔努加大捷,注定了南军败亡的最后命运。因为维克斯堡切断了东西方的联系,查塔努加是进入亚特兰大的道路,也是弗吉尼亚州罗伯特·李军团的后门。

1864年格兰特被任命为总司令,统一指挥北军的战斗。北军发起战略进攻后,双方损失惨重。北方人力、财力充沛,能及时补给,南军则兵源枯竭。7月上旬,南军的罗伯特·李派2万余人奔袭华盛顿,就因消耗殆尽而全军覆灭。9月,北军西线的谢尔曼攻占了亚特兰大,插入敌人后方。12月21日,占领萨凡纳,奠定了战胜南部的基础。

1865年,谢尔曼北上,与格兰特形成夹击南军之势,一路势如破竹。4月1日,北军在彼得斯堡附近与南军展开决战,南军惨败。南军的罗伯特·李被迫于9日率领残军2.9万人在阿波马托克斯向格兰特投降,历时4年的内战到此结束。

重要意义

北军的胜利,恢复和巩固了联邦的统一,摧毁了奴隶制,扫清了美国资本主义发展的障碍。新科技的应用为战争史书写了全新篇章,战争面貌大为改观,后勤供应也更为复杂。这次战争被人们称为"第一次现代化战争"。

武器训练

士兵接受训练,以使他们能够熟练地使用武器,并能够抵挡得住战争的攻击。所以,士兵训练是军队能否形成战斗力的首要环节,而其中的武器训练更是重中之重。因此,世界各国的军队都非常重视对士兵的武器训练。虽然各国对士兵武器的体制、内容、时间、方法和要求不尽相同,但都强调要进行严格的军事基础知识和基本技能的训练,从而使士兵掌握军人的基本知识,学会手中武器、装备及器材的操作、使用和维护技能,进而培养高度的组织纪律观念和顽强的战斗意志。

剑法练习示意图

训练骑兵要比训练难得多,因为前者不得不顾他的马,同时还要使他的武器。骑马要接受剑法训练,包含许多砍、及躲闪的动作(阻挡对剑)。

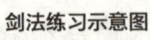

英国步枪团的衣着不同于步兵的红色。

陆军元帅佩戴的肩章

陆军上校佩戴的肩章

陆军上尉佩戴的肩章

一级准尉佩戴的袖章

军士佩戴的臂章

下士佩戴的肩章

普法战争中的法国骑兵

英国士兵在表演使用 Baker 步枪射击的五种不同姿势

军官及号手佩戴的羽毛

皮带便于在行进中将枪扛在肩上

剑柄

打蜡的帆布长筒橡胶靴

军官腰带

准备，开火！
英军特别注意实际操作和带战术背景的训练。在轻武器射击训练中，新兵通常是练一段时间，打上几发子弹以检验一下前面训练的效果。同时，组织者还常常把轻武器射击训练与野战技巧、基础战术动作训练结合起来进行，以提高新兵的综合素质。

上尉及更高层军官穿的粗麻布靴上有靴刺

普奥战争
——"铁血政策"的完美实施

交战双方： 普鲁士军队 VS 奥地利军队
交战时间： 1866年6月17日~7月22日
双方将帅： 普鲁士统帅为毛奇；奥地利统帅为贝尼德克
双方投入兵力： 普军63万人；奥军58.5万人
双方使用兵器： 线膛枪、火枪、火炮等
交战结果： 普鲁士军队获得胜利

历史背景

1848年，欧洲革命大规模爆发，德意志各邦国也不例外。各邦国资产阶级掌握政权，资本主义经济开始迅速发展，但它们之间的关税壁垒却严重阻碍着德意志国家的工业化进程。于是，实现德国的统一成为各邦国人民的共同要求。由于两大邦国普鲁士和奥地利为争夺德意志领导权而矛盾重重，德意志各邦国也分成以这两大邦国为首的两大集团。1848年5月，奥地利的约翰大公被选为全德国民议会首脑，虽然没有任何实权，形同虚设，但这也使奥普争夺德国统一领导权的斗争更为尖锐。

主要过程

从1850年蒙受奥尔米茨屈辱之后，普鲁士工业发展较快，很快恢复了元气。1861年1月2日，威廉一世登上普鲁士王位，普鲁士的国力日益增强。1862年，俾斯麦出任普鲁士首相兼外交大臣，他主张以武力统一德国，这一政策被称为"铁血政策"。俾斯麦对国际形势认识清楚，他的政策也简单直接，就是把奥地利逐出日耳曼。

为制造争端，他于1864年2月联合奥地利打败丹麦及石勒苏益格和荷尔斯泰因两公国。然后俾斯麦使用外交手段，争取到英、法、俄等国的中立，与意大利结成军事同盟，在国际上孤立了奥地利。同时为触怒奥地利，俾斯麦又重新提出德意志联邦的改革方案，并借口共有荷尔斯泰因的管辖权而派驻军队。被激怒的奥地利终于在1866年6月17日对普宣战。接着，普、意相继对奥宣战，普奥战争开始。

当时，普军总兵力有63万人，奥军

"铁血宰相"俾斯麦

普鲁士主要首脑,国王(中)左边是俾斯麦首相和毛奇伯爵

1861年,威廉一世即位普鲁士国王,开始进行扩军备战。同年任命毛奇为总参谋长,进行军事改革。第二年任命有"铁血宰相"之称的俾斯麦为首相,进行战争准备。

虽然仅有58万人,但骑兵和火炮占有数量优势。普军统帅毛奇根据实际情况制订作战计划,采取与意大利联合、迫使奥军两线作战的战略。战争在南、西、北三个战场同时展开,其中,北线波希米亚为主战场,它决定着整场战争的进程。普军用先进的铁路运输线向奥地利的南、北、西三个方向运输军队及军需品,为克服远距离外线作战的不利,毛奇将先进的电报用在战场上,进行统一指挥。

南线战场为意大利同奥地利的战争,数量和装备占优的意大利军队斗志衰落。6月24日,在库斯托查进行会战,意军大败而逃。意军的惨败使对奥地利南线的钳制迅速瓦解,打破了让奥军两线作战的计划。

西线是普军与奥联盟军队作战。在普军强势攻击下,各联盟军纷纷撤退。普军趁势围攻汉诺威城,7月初,普军挥师南下,直扑法兰克福。

北线是战争的主要战场。6月22日,毛奇接到奥军正集中在摩拉维亚准备向波希米亚前进的消息后,立即兵分两路:第二军团翻越苏台德山脉,向西南突进;第一军团和易北河军团沿厄尔士山脉的

◆ 双方策略战术 ◆

普奥战争中,普鲁士先以外交策略,孤立奥地利;然后运用三线并进牵制奥军的战略部署,并采用无线电通信新技术,实现外线统一指挥;采用快速机动、分进合击等战术,实施果断出击,最终赢得战争的胜利。奥军采取消极的防御策略,战术上处于被动挨打的不利局面,最终以失败而告终。

萨多瓦会战中，普鲁士重创奥军主力，历时7个星期的战争以奥地利的失败而结束。自萨多瓦战役后，普军节节胜利，国王威廉一世及总参谋长毛奇主张乘胜追击，但俾斯麦却坚持结束战争。因为俾斯麦明白在这场战争的胜利中，已得到他们所需要的——把奥地利的势力赶出德意志。

隘路向山南进军，分进合击，对奥军构成钳形攻势，企图先消灭贝尼德克统率的奥军主力，然后直取维也纳。6月30日，得到消息的奥军统帅贝尼德克忙率兵向萨多瓦全面退却。

7月3日，贝尼德克退至捷克斯洛伐克境内的萨多瓦，普军第二军团赶到后，从正面展开进攻，以此来最大限度地牵制奥军主力。双方战斗极为激烈，奥军的主力基本都投入了战斗。下午，普军另一路军团赶到，从奥军的右翼猛烈攻击，实行南北两面夹击。只顾正面进攻的奥军对右翼的普军防不胜防，整个战线大乱。普军趁势突入奥军的防御阵地，奥军战线崩溃。

萨多瓦决战，普军大获全胜，奥军损失惨重，元气大伤，再没有力量组织反攻，从而决定了普奥两国的命运。此后，毛奇下令向维也纳进军，21日奥军被迫要求休战。8月23日，普奥双方正式在布拉格缔结和约，签订《布拉格和约》，自此，奥地利退出德意志联邦。

重要意义

经过这次战争，普鲁士统一了北日耳曼联邦，巩固和加强了普鲁士在德意志的统治地位。奥地利的失败，则促使了国家内部矛盾的激化，奥地利王朝更趋衰落了。

色当会战
——法兰西第二帝国灭亡和德意志帝国建立的标志

交战双方： 普鲁士军队 VS 法国军队
交战时间： 1870 年 9 月 1 日
双方将帅： 普鲁士统帅为威廉一世、毛奇；法国统帅为拿破仑三世、巴赞、麦克马洪
双方投入兵力： 普鲁士军队 38.1 万人；法国军队 20 万人
双方使用兵器： 普军以德雷泽式击针枪、铁质后膛野炮为主；法军以沙斯波式击针枪、青铜前膛炮、李费依机关枪为主
交战结果： 法军惨败，被迫投降

历史背景

普奥战争后，普鲁士于 1867 年建立北德意志联邦，但靠近法国的巴伐利亚、巴登、符腾堡和黑森州达姆斯德四国，因受法国影响，不愿加入，使普鲁士并没能完全统一日耳曼联邦。于是普法之间的关系便紧张起来。法国为保持欧陆的霸权地位，竭力阻止德国的统一，并企图占领莱茵河左岸的德意志领土。普鲁士为统一德意志，继续推行"铁血政策"，并企图削弱法国势力，占领矿产丰富的战略要地阿尔萨斯和洛林。双方矛盾日益激化，战争一触即发。

主要过程

1868 年 9 月，西班牙舰队叛变，女王伊莎贝拉二世被放逐，普鲁士王室远亲霍亨索伦家族的利奥波德亲王受西班牙政府之邀，愿意继承王位。这引起法国的反对，法王通过大使要求普王拒绝接受并承诺永不同意霍亨索伦家族继承西班牙王位。普王拒绝接见法国大使，对法国的要求也婉言拒绝，并将报告送与俾斯麦。俾斯麦别有用心地对报告进行了修改，让新闻界公布于众。巴黎群众认为此举是法国的耻辱，群情激愤，法国国会也丧失理智，于 1870 年 7 月 19 日，对普正式宣战。

战争伊始，普军充分发挥铁路运输的机动性，迅速将部队集结到边境指定地点。毛奇将部队划分为三个军团，集结在中部莱茵河要塞的后面：第一军团部署在维特里赫，第三军团部署在兰道和拉斯塔特附近，第二军团部署在洪堡和诺伊基辛

普法战争时普军所使用的轻型阵地炮

图为1871年普法战争后期,胜利的德国军队群集在巴黎城墙外的废墟上。

这场战争中普军使用了后装填线膛火炮,法军使用了金属被甲枪弹和机械动力机关枪,军队野战攻防能力进一步增强。普军很好地利用了技术上的进步,改进了战术,迅速打垮战术保守、指挥混乱的法军。

之间,与一、三军团相互照应,使中央与侧翼可迅速增援策应。法王拿破仑三世对战争充满信心,他企图采取奇袭策略,动员未完成就命令法军越过莱茵河,直扑法兰克福,并与奥地利联合逼近柏林。7月28日,拿破仑三世自任最高指挥官,但兵力却只有20万人,且装备不整,物资不足,无法投入战斗,错失一次良机。

8月2日,法军在巴赞的率领下向萨尔河进攻。普军在萨尔布吕肯进行截击,并从维森堡进入法国境内,在沃尔特挫败法军。麦克马洪率法国残余部队向沙隆撤退,6日在斯皮齐仑再次落败。

两次挫败使得在梅斯的法军大本营开始惊慌,法皇把帅印交与巴赞后,与麦克马洪退到沙隆,法军分成两部分。普军一、二、三军团分三路从东、西、南三面向梅斯逼近。8月17日,巴赞率部队准备向蒙梅迪—色当撤退,但在圣普里遭到截击后,被迫返回梅斯,陷入了普军的包围圈。

普军第三军团和默兹军团继续分兵向沙隆方向前进。此时,麦克马洪奉命前往梅斯解围。为避开西进的普军,麦克马洪向西北经勒泰勒和蒙梅迪迂回前进。毛奇掌握敌人的动向后,立即密令第三军

◆ 双方策略战术 ◆

普法战争中,普军运用先进的铁路,快速完成战略运输;利用先进的通信装备,指挥灵活;分进机动,牵制正面,迂回侧翼和背后,使分进军团能迅速合击,因此击败法军。法军备战缓慢,错失良机;战术上兵力分散,不能形成合力,再加上战略上的失策,造成军事上的惨败。

团和默兹军团北上截击法军。8月30日，普法两军在博蒙相遇，遭到突然袭击的法军损失了5000余人和42门火炮后退至色当。

毛奇遂下达命令，第三军团从正面和侧翼用火炮轰击敌人，萨克森王储的军团则迂回到侧翼和背后攻击敌人，防止敌人向东逃脱；若敌人进入比利时，则应迅速追击。此举旨在把法军挤压到默兹河和比利时边界之间的狭窄空间。9月1日，普军开始向被围困的法军进行猛烈的炮轰。按照计划，普军迂回包抄法军左翼，不久便占领了色当周围的高地。色当是个盆地，法军被高地上的普军看得一清二楚，猛烈的炮火摧毁了法军炮兵。下午，法军组织了几次突围，都被击退，拿破仑三世无奈之下举白旗投降，法军损失12.4万人。这次战役是普法战争的转折点，它不仅决定了整场战争的结局，也促使了法国境内人民革命的爆发。

9月19日，普军包围了巴黎，法国政府于1871年1月29日投降。5月10日，普法签订《法兰克福条约》，德国兼并了阿尔萨斯和洛林东部地区。

重要意义

通过这次战争，德国实现了统一，成为欧洲的主要强国，而法国则丧失了欧陆的霸权地位，加速了法国第二帝国的灭亡。

色当会战场景

此次会战，法军共损失12.4万人，其中仅3000余人逃到比利时境内；普军损失近9000人。色当惨败加速了拿破仑三世帝国的崩溃。

马赫迪反英大起义
——近代非洲规模最大、持续时间最长的反殖民武装起义

交战双方： 马赫迪起义军 VS 英国远征军
交战时间： 1881～1899 年
双方将帅： 起义军为马赫迪；英远征军为拉希德·希克斯
双方投入兵力： 起义军约 3 万人；英远征军约 1.2 万人
双方使用武器： 火炮、机枪、步枪等
交战结果： 马赫迪起义被镇压

历史背景

19世纪，非洲成为欧洲列强瓜分殖民地的目标。70年代，名义上属奥斯曼帝国的埃及开始受到英国的渗透，1882年成为英殖民地。为向非洲内陆实施武力扩张，苏丹成为英占领埃及后的首选目标。当时，苏丹处在埃及的统治之下，英殖民者以埃及政府驻苏丹官员的名义，在苏丹实施政治控制，加紧对苏丹的经济侵略。苏丹人民受着埃及和英国殖民统治者的双重压迫，民族矛盾日益激化。

主要过程

1881年，马赫迪发动了圣战。他以救世主的名义宣传："建立普遍平等、处处公正的美好社会，要消灭不平等，消灭邪恶势力。宁拼千条命，不纳一文税。"

英埃恩图曼战役场景

处于社会下层、出身贫寒的人民纷纷响应,准备和他一起起义。

马赫迪宣传抗英的消息传到英殖民者耳中,他们便派军队去镇压,但遭到起义军的强烈反抗,在阿巴岛被打死了100余名士兵。初次的胜利使起义军的影响迅速扩大,队伍很快发展到近5000人。富有军事才能的马赫迪知道自己部队装备差,没有作战经验,就决定以地势险峻的卡迪尔山为根据地,凭借地形优势与英军周旋。

1881年12月,苏丹总督派拉希德率领1500名士兵尾随起义军至卡迪尔山区,追剿起义军。马赫迪设伏围歼,堵死英军进退各路口,将其全部歼灭。次年4月,英军派出第二支围剿部队。马赫迪以逸待劳,趁英军长途疲惫,立足未稳,进行夜间偷袭,再次歼灭英军3500人。

接二连三的反围剿胜利,使马赫迪巩固了卡迪尔根据地,起义军也迅速扩大到3万余人,由于缴获了大批武器,起义军的装备大大提高,士兵抗英信心十足。

1883年1月,马赫迪率领部队走出山区,向苏丹第二大城市乌拜依德发起进攻,并一举攻占了该城。

> **◆ 双方策略战术 ◆**
>
> 马赫迪利用山地优势,游击迂回;灵活运用突袭、诱敌深入和封锁包围等战术,一度使英军屡战屡败。
>
> 英军利用离间策略分化起义军,并发挥军事装备的优势,最终镇压了起义军。

描绘马赫迪反英起义的瓷画

乌拜依德的失陷，震惊了全苏丹。国内的反英斗争形势高涨，英统治者感到深深的忧虑。9月，英殖民者调集约1.2万远征军、14门大炮、6挺机枪、500匹战马等，在希克斯的率领下向乌拜依德进军。

马赫迪采取坚壁清野、断绝远征军供给的战术，在远征军沿途提前烧光村落、毁掉水井，以疲惫敌人，阻滞敌人的前进。在乌拜依德的南面，有片希甘森林，森林中间正好有块空地，马赫迪决定在那里消灭敌人。他把部队分成三路，将主力和重武器都埋伏在希甘森林空地的四周，然后一路小部队迎击英军，诱敌深入，另一路部队在诱敌途中负责迂回至敌人后方，以夺取敌人的辎重。

11月4日，希克斯的部队接近乌拜依德地区，他企图对起义军实施突袭，于是命令部队在黑暗的掩护下，连夜隐蔽行军。次日凌晨，希克斯远征军攻至乌拜依德城下，胸有成竹的马赫迪命部队按计划进行。负责诱敌的起义军开始向英军开火，英军迅速组织还击。在英军的猛攻下，起义军溃败，希克斯命部队追击。当英军追至希甘森林空地时，起义军却不见了踪迹。长途跋涉再加上紧张的追赶，使英军疲惫不堪。正要停下喘息的英军忽然听到四周枪炮齐鸣。希克斯知道中计，但这时他们已被起义军团团围住，以逸待劳的起义军向英军发起猛攻。希克斯在战斗中被打死，全军被歼，与大部队脱节的辎重也被起义军截获。

希甘战役的胜利，促进了苏丹各阶层人民反抗殖民统治运动的发展，起义军实力进一步扩大。1884年3月，起义军包围了苏丹首都喀土穆，并于次年8月26日攻占该城。英国当局紧急调集大批军队镇压，由于起义军内部分化，1899年，英军平息了起义，马赫迪起义失败。

重要意义

马赫迪起义虽然最后失败了，但它给予英殖民者以沉重打击，使苏丹人民觉醒，促进了国内民族民主联合阵线的形成，给非洲人民反抗帝国主义的殖民统治提供了丰富的经验。

美西战争
——美国加入世界争霸战

历史背景

19世纪末,美国完成对西部的开发,走向了帝国主义时期。垄断财团为寻找原材料和新的市场投资场所,迫切要求美国向海外扩张。为建立向拉丁美洲和远东及亚洲扩张的基地,美国将矛头指向西班牙。当时的西班牙是一个已衰落的殖民帝国,在国际上处于孤立的境地。古巴、波多黎各和亚洲的菲律宾均为西班牙殖民地。美国选择西班牙,欲夺取其殖民地,以满足美国对拉丁美洲和亚洲进一步扩张的战略部署。1895年2月,古巴发生反对西班牙统治的武装起义,美国借机意欲干涉,遭到西班牙的拒绝,双方矛盾激化。

交战双方: 美国舰队 VS 西班牙舰队
交战时间: 1898年4月25日~12月10日
双方将帅: 美军统帅为乔治·杜威;西班牙统帅为塞尔维拉
双方投入兵力: 美军12.5万人;西军5.4万人
双方使用兵器: 美军以速射野战炮、火枪、水雷、巡洋舰等为主;西军以火枪、火炮、水雷、木壳军舰等为主
交战结果: 西班牙彻底失败

主要过程

美国当局加紧做好战前准备,一方面广泛地进行外交活动,一方面加强军事装备,扩建军队。为加强海军力量,美建造了许多大型巡洋舰和战列舰。1898年2月,西班牙驻美公使攻击美总统的信件被公开,激起了美国内部反西班牙的情绪。2月15日,以友好访问为名的美舰"缅因"号突然在哈瓦那港爆炸沉没,造成美官兵260余人死亡,美国怀疑西班牙是事件的制造者。美国当局下令封锁古巴港口,并在周围海域

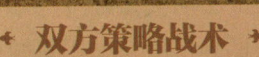 双方策略战术

美西战争中,美军作战计划周密,充分利用殖民地人民武装斗争的契机;战斗中,采用突袭、海陆联合作战和封锁包围等灵活战术,使西班牙军一败涂地。

西军武器落后,兵力分散,战术上受到钳制,造成最终的惨败。

美军猛攻被困在孤岛上的西班牙军队

在美西战争中,美国以其强大的海军力量在马尼拉湾重创西班牙舰队,从而登上了争霸世界的舞台。

布设水雷。4月24日,被逼无奈的西班牙只好对美宣战。次日,美对西宣战,美西战争全面爆发。

美军的作战目标极为明确,依靠强大的海军力量,先突袭菲律宾的马尼拉海湾,再打击古巴的西军,从而占领拉丁美洲及亚洲的西属殖民地。

5月1日凌晨,美海军上将乔治·杜威率领舰队,凭借良好的航海技术,乘着黎明前黑暗的掩护,率领舰队突然驶进马尼拉湾。西班牙要塞哨兵发现后开炮轰击,但均未命中。美军随即进行还击,停泊在港湾的西班牙舰队,慌乱中组织反击,但有的舰船还未起锚就被击沉。要塞上的炮火虽然猛烈,但命中率却低得可怜。杜威命令美舰队火力集中向西班牙的旗舰猛攻,7时许,旗舰被击沉。失去指挥的西班牙舰队更是乱作一团,只有被动挨打的份儿。中午,西班牙舰队遭到全歼,马尼拉湾被美军封锁,西班牙在太平洋的制海权落入美军手中。马尼拉突袭成功,极大地鼓舞了美军。6月,美国打着"帮助古巴独立"的旗号,计划从圣地亚哥港登陆。此时的古巴,反西民族革命全面爆发,西班牙军队大多被古巴革命牵制。西军利用圣地亚哥港呈瓶状、出入口狭窄、易守难攻的地形优势,用军舰和水雷在港口构筑了严密的防线,使美军无法前进一步,只好将出口紧紧围住。

为迫使西军接受海战,美军对周围地形做了详细侦察后决定,海军陆战队从港口东面不远的关塔那摩湾强行登陆,从陆上对圣地亚哥港形成包围之势。6月10日,600名海军陆战队员出发。虽然关塔那摩湾防守相对较弱,但仍遭到西军的顽强阻击,美军伤亡重大。防线最终被突破,美军成功登陆。7月1日,美陆战队先后攻占了圣地亚哥港东北部和东部的据点埃尔卡纳和圣胡安,形成了对圣地亚哥港的包围之势。陆上的攻势给停泊在圣地亚哥港内的西班牙舰队造成严重威胁。7月3日,他们开始试图冒险冲破美军的封锁。上午9时许,3艘巡洋舰和2艘驱逐舰在"玛丽亚·特雷莎"号旗舰的率领下率先冲出,严密封锁港口的美军集中火力向港口发射,西舰船逐一被击沉。这次海战不到3小时就宣告了结束。7月17日,圣地亚哥守兵投降。8月12日,美军趁势攻占了波多黎各岛。8月13日,在菲律宾人民起义军的配合下,美陆军攻占了马尼拉市,西班牙在殖民地的力量被美军彻底歼灭。

1898年12月10日,美西双方签订《巴黎和约》,美国如愿得到了古巴、波多黎各和菲律宾,西班牙仅得到美国付给的作为割让菲律宾补偿的2000万美元。

重要意义

这场战争使美国走向对外扩张,标志着美国进入帝国主义时代,开始了帝国主义重新瓜分世界领土的新时期;西班牙对拉美及太平洋殖民地的丧失,使其从帝国的政治舞台中逐步退却。

英布战争
——为黄金而流血

历史背景

19世纪中叶,南非的荷兰殖民者后裔布尔人为摆脱英殖民者的威胁控制,侵占了黑人的居住地奥兰治河和林波河之间的广大地区,建立了德兰士瓦共和国和奥兰治自由邦。这与英国在南非的殖民利益发生了冲突。1884年和1886年,在德兰士瓦发现当时世界上最大的金矿。欧洲移民纷纷涌入非洲淘金,人数剧增,其中英国人居多,不久就超过了当地的布尔人。布尔人对外来者实行严格的限制,而英国为夺取金矿的控制权,竟多次与布尔人发生冲突,双方矛盾日益激化。

交战双方:英国军队 VS 布尔军队
交战时间:1899～1902年
双方将帅:英军统帅为罗伯茨;布尔人统帅为约伯特
双方投入兵力:英国军队45万人;布尔军队6万余人
双方使用兵器:野战炮、机关枪等
交战结果:最终双方无力再战,遂合伙剥削压迫非洲人民

主要过程

布尔人感觉到战争是不可避免的,于是,德兰士瓦和奥兰治于1897年结成军事同盟,建筑防御工事,从德国购买先进的野战枪和机关枪等武器,积极扩军备战。1899年6月,英军以布尔人对英侨民不公为借口,向德兰士瓦边境集结军队,双方矛盾激化。英国拒绝了布尔人让英军撤离边境的要求,11日,布尔军向英军发起进攻,英布战争爆发。

1899年10月,英军调集大批援军,企图从开普敦沿铁路线向奥兰治和德兰士瓦进军,一举占领其首都。布尔人却计划在英援军到达前占领纳塔尔,向英

《布尔人伏击英军火车》 版画

战争的第一阶段,布尔人聚集了一支4万人的部队,处于攻势,击败了英国2万人的部队。19世纪最后一周对英国人来说是士气低沉的一周,伦敦报纸称之为"黑色星期"。

殖民地开普敦进攻。12日,布尔总司令约伯特率领军队向纳塔尔发起攻势。约伯特命令散开队形,充分利用有利地形筑建野战工事,进行伪装前进,使英军分不清主力目标的准确位置,增加其攻击点。而英军又采用密集队形,既不实施机动,也不进行伪装,战术呆板。布尔军队却士气高昂、装备先进,使英军遭到重创,伤亡惨重。布尔人攻下纳塔尔后,又一举占领了埃兰兹纳各特,趁势将万余名英军包围在莱迪史密斯、马弗金和金伯利。接着,约伯特采用围城打援的策略,连续击退增援的英军,英军损失近3000人。

1900年1月,不甘失败的英军频频调兵,从印度、加拿大、新西兰和澳大利亚调集25万大军支援南非。英军调整军事将领,更换新式武器,在总司令罗伯茨的率领下,重新部署兵力,改变进攻策略。布尔军由于围攻的城市较多,牵制了众多兵力,进攻力量被大大削弱。罗伯茨于是将战略重心从纳塔尔转移到易于攻击的奥兰治河流域。

2月,英军在奥兰治河的北岸,分东、北两路向奥兰治发起进攻,英军采用迂回战术,顺利从后面绕过防御坚固的克罗里埃,直扑金伯利。围城的布尔军仍以散形队形顽强抵抗。战斗极为激烈,英军虽然伤亡较重,但终因人数优势击败布尔军,切断其后退之路。27日,布尔军被迫投降。东路英军于27日经4次激烈的进攻,

双方策略战术

英布战争中,布尔人在战术上采用散形队形,有效地避开英军密集的火力;同时充分利用地形筑建野战工事进行伪装,实施准确射击,战争初期赢得了不小的胜利。

英军凭借人数优势,迂回包抄,使机动灵活的布尔人陷入被动,迫使布尔人转为运动游击战,以消耗敌人。

冲破图盖拉防线,围困莱迪史密斯的布尔军面临腹背受敌的境地。28日,布尔军被迫撤围。几个城市的围困解除,使英布战争转向有利于英军的方向发展。

3日,英军乘胜追击,依靠人数的绝对优势分进合击,两翼包抄,迫使布尔人退出坚固的防御阵地。英军顺势占领了奥兰治首都布隆方丹。5月31日,攻克约翰内斯堡。6月5日,德兰士瓦首都比勒陀利亚失陷。这样,德兰士瓦、奥兰治被英国吞并。

1900年9月,处于绝对劣势的布尔军队退出城市,在博塔和德韦特的领导下,分成若干小纵队,开始了旷日持久的游击战,对英军进行顽强的运动突袭。他们破坏交通线,抢劫英军辎重,使英军不得安宁,遭受到更大的损失。为挫败布尔人的游击战,英军被迫将军队增至45万人,并对乡村实行"焦土"政策,大肆烧杀抢掠。同时采用集中营的办法,拘禁大批群众,企图断绝布尔军的供给。另外,还广泛建立碉堡,秘密监视布尔军动向。

1902年4月,双方均感觉消耗巨大,无力再战,决定和谈。5月31日,双方签订了《弗里尼欣和约》,承认德兰士瓦和奥兰治两国并入英帝国。英帝国承认布尔人的自治。

重要意义

英布战争是又一次帝国主义重新瓜分殖民地的战争,是帝国主义时代到来的一个主要标志。英布战争使英布殖民者合流,共同剥削和奴役南非人民。英布战争中布尔人的战术对军事学术有许多新的发展,对世界军事史都具有重大的影响。

为独立而战的三代布尔武装战士

在这次战争中,所有年满14岁的布尔人都要投入战斗。虽然他们没有受过专业训练,也没有精良的装备,但他们坚信自己所从事的事业是正义的,这使他们成为英国人可畏的敌人。

日俄战争
——两个强盗在中国的撕咬

交战双方： 日本军队 VS 俄国军队
交战时间： 1904年2月~1905年9月
双方将帅： 日军统帅为大山郁夫、东乡平八郎等；俄军统帅为库罗帕特金、威特赫夫特等
双方投入兵力： 日军约27万人；俄军约30万人
双方使用武器： 弹夹式步枪、机关枪、速射火炮、榴弹炮、地雷等
交战结果： 日本取得胜利

历史背景

1895年中日甲午战争后，日本侵占了中国的辽东半岛、台湾和澎湖列岛，这与旨在控制中国东北的俄国产生了矛盾。俄国联合德、法出面干涉，迫使日本退出辽东半岛。日本统治者感到这是千古未有的耻辱，于是加紧军备，制订十年扩军计划，决心以武力同沙皇再度争战。俄国在中国东北的势力也迅速扩大，到1898年，整个东北三省沦为俄国的势力范围。1900年，中国爆发义和团运动，俄国借口"保护"侨民和中东铁路，一举占领东北三省。这引起日本和英国的强烈不满，在英国的支持下，日本开始了对俄国的复仇战争。

主要过程

1903年8月，日俄双方就重新瓜分中国东北和朝鲜进行谈判。已完成扩军备战的日本态度强硬，致使谈判破裂。1904年2月6日，日本断绝与俄国的外交关系。8月，日本不宣而战，海军舰队用鱼雷偷袭旅顺的俄国舰队。几艘舰船被击沉后，俄舰队被迫退到港内，日军遂将旅顺港口封锁。

这时，俄军面临着两个问题：一方面，陆上的支援和补给要经过西伯利亚铁路，从莫斯科到旅顺港约有6000英里，距离较远。并且贝加尔湖切断了西伯利亚铁路，所有运输物资在湖的一边必须卸下，用舰船运到对岸后再装列车，通常把一个营的兵力运到旅顺，需要一个多月的时间。另一方面，俄在东北有海参崴和旅顺两个港口，冬季海参崴港口因封冻而不能使用，只有旅顺为不冻港，可做海军基地。基于此，俄陆军司令库罗帕特金建议主力撤出辽东半岛，在哈尔滨集结，等候从莫斯科来的援兵，再进行反攻，以击退日本军队，解救孤军死守的旅顺俄军。但由于俄军指挥层意见分歧，于是将主力军集结点改为辽阳，然后把兵力向旅顺推进。

此时，日本也在考虑作战计划，他们认清了作战的关键是海军，但如果陆上不给俄军以决定性的打击，是无法把俄国势力赶出中国东北的；对于日本来说，朝鲜半岛是一条比较安全的补给线，是进退自如的便利基地；来自俄军的海上威胁就是驻旅顺港的俄舰队，他们足以切断日本的海上交通，制海权对日本是极为重要的。针对这些情况，日本一方面引诱俄舰队接受会战，否则就封锁旅顺港口。一方面日陆军在舰队的保护下，从仁川登陆，控制朝鲜半岛，在建立稳固基地后，用三个军团的兵力从朝鲜湾的北岸登陆并向辽阳进军，以阻止俄军南下支援旅顺。第四军团则围攻旅顺港，攻克后北上与前三个军团会合，在俄陆军增援未到前击败俄军。

5月初，日本在朝鲜站稳脚跟，便从朝鲜湾登陆中国东北。25日，日军攻入金州，次日，攻下南山高地，占领了大连。这样，旅顺港完全处于日军的包围之中了。

旅顺港有三道防御工事，依托地势，人工构建了堡垒和碉堡，并用高压有刺铁丝网包围，防御强度极高。日本连续发动两次总攻，采用坑道战、地雷战和炮轰战等均被顽强的俄军抑制住，日军损失惨重，但

日军舰队司令东乡平八郎

东乡平八郎（1847～1934），日俄战争时，任日本联合舰队司令，在日本海海战中击败俄国舰队。

反映日俄海战的版画

日本舰队对旅顺港实施严密封锁，给躲在旅顺港内的沙俄太平洋分舰队出海作战造成威胁，迫使俄军向海参崴突围。双方在黄海海面上展开了激战，俄军惨败。黄海海战后，日军取得了海上主动权。

也攻占了周边一些关键性的阵地。俄军全部防御体系的总枢纽 203 高地仍控制在俄军手中。11 月 26 日，日军向 203 高地发起第三次总攻。火力轰炸连续数天，日军付出 1.1 万人的血本，终于在 12 月 5 日登上 203 高地，旅顺港内的船只从这里尽收眼底。7 日，俄舰船被全部击毁。1905 年 1 月 4 日，日军占领旅顺，俄军投降。日军按计划北上与元帅大山郁夫会合，投入了对俄主力的进攻。

2 月 23 日，日俄双方分别出动 30 余万大军在奉天展开最大规模的会战。双方正面都挖有壕堑、筑建的野战工事，交战极为激烈，直到 3 月 10 日，日军才攻克奉天，俄军向哈尔滨撤退。

5 月 9 日，俄军波罗的海航队缓缓进入中国海域赶来支援。27 日在对马海峡被日舰队全部歼灭。对马之战的失败，使俄国国内忍无可忍，大多数城市爆发革命，沙皇专制制度接近崩溃边缘。9 月，俄日双方都已力竭，在美国的说和下，双方签订和约。

重要意义

日俄战争使沙皇专制走向毁灭，加速了俄国革命的到来。日本从此跻身于世界强国之列，亚洲各国人民反对帝国主义的斗争也继续高涨。

历史背景

19 世纪末和 20 世纪初，随着世界资本主义经济的迅速发展，各列强积极推行对外扩张和侵略政策，世界领土被瓜分殆尽。但列强们对占领的殖民地却极不平衡，他们之间的矛盾日益尖锐，世界格局于是发生变化，逐渐形成以德、奥、匈为主的同盟国和以英、法、俄为首的协约国两大集团。为重新瓜分殖民地，帝国主义国家加紧扩军备战，并不断制造危机，引起局部战争。这更使各列强之间的矛盾升级。

第一次世界大战
——重新瓜分世界和争夺霸权的世界级帝国主义战争

交战双方： 同盟国军队 VS 协约国军队
交战时间： 1914～1918 年
参战国家： 同盟国有德、奥匈、土耳其、保加利亚等；协约国有英、法、俄、日、意、希腊、美、中、罗马尼亚等
双方使用武器： 飞机、潜艇、坦克、高射炮、远程炮、毒气弹、烟幕弹、鱼雷、水雷等
交战结果： 协约国战胜同盟国

主要过程

1914 年 6 月 28 日，奥匈帝国皇位继承人斐迪南夫妇在波斯尼亚首都萨拉热窝检阅完军事演习后被枪

杀，这给渴望战争的帝国列强提供了绝好的机会，于是第一次世界大战爆发。

交战国都鼓吹本国进行的是"保卫祖国"的正义战争，并维护不能听任强国不顾国际信义而蹂躏弱小国的原则。大战的主要战场欧洲大陆，分四条战线：西线，为英、法、比军队与德军对抗；东线，为俄军同奥匈、德军作战；巴尔干战线和意大利战线；此外还有近东、高加索战线。

"一战"中协约国的征兵海报

德国为展开东西两线的攻势，采用速决战战略，东线只用少数兵力牵制，抵御俄军；西线集中优势兵力，用强大军力欲在巴黎以东一带将敌人加以歼灭后，主力转入东线打败俄国。8月4日，德军侵入比利时。比、法军民的顽强抵抗，使德军计划连连受阻，并付出了死伤4万余人的代价。9月5日，德军进攻中暴露侧翼。8日，英法联军趁机楔入，迫使德军撤退。联军转入反攻，15日受阻于埃纳河一带。这就是大战以来第一次大规模决战——马恩河战役，它打破了德军计划6天战败法国的速战计划。至此西线转入防御阵地战，虽发生多次大的战役，但双方进退不大，呈僵持状态。

东线的俄军先攻入东普鲁士，但在9月进行的会战中，俄军遭到德军重创后，退出了东普鲁士。巴尔干战线奥匈军队与塞尔维亚军队也未分胜负。战局的发展，彻底打碎了德国及同盟国的战略计划，使其处于不利地位。

1915年，德军调整作战方案，在西线进行战略防御，主攻东线俄国，企图首先打败俄国，以摆脱两线作战的困境。德奥联军对俄军两翼实施战略迂回，突破俄军防线。俄军被迫放弃波兰和立陶宛等地，大幅度东移战

图为"一战"中的一个作战场景

英国最先将坦克投入战争，第一次世界大战后期法国也很快制造出了自己的坦克并用于攻防作战。同时，英法两国共制造了近万辆坦克。第一次世界大战证明了坦克是一种威力强大的武器，战后各国开始研制并装备各种坦克。

作为德国停战代表团成员,埃尔茨贝格尔只能屈服于协约国的要求,这样可以把他的部队从被歼灭的危险中拯救出来。

线,损失了110万人。巴尔干战线的同盟国军队以优势兵力征服了塞尔维亚和门的内哥罗,但未改变战略上的不利地位。俄国并未退出战争,德军被迫两线作战。

一年半的战争,使双方损失惨重,由原来的运动战相继转入阵地相持,战略计划转移到实施重点进攻和局部进攻。

1916年,俄军实力大减,德军却把战略重心转到西线。2月21日,德军以50个师的强大兵力对法国的战略要地凡尔登实施重点进攻,企图消耗法军兵力。自空前猛烈的炮火和勇敢的将士冲击,并没能摧毁法军的防御。为减轻凡尔登的压力,试图突破德军防线的英法联军于6月24日发动索姆河攻势战。英法付出62万人的损失,虽然未突破防线,但牵制了凡尔登战场上的德军。12月18日,法军收复了凡尔登周围全部的失地,在这个被称为绞肉机的战场上,倒下了德、法70多万名士兵。

为支援凡尔登战场和意大利战线,俄国于6月4日开始把战线前推。9月,俄军以100万人的代价,使奥军损失60万人,重新占领加里西亚大部分。

德军的重点进攻和局部进攻战略再次落败,巨大的消耗使其逐渐丧失了战争主动权。海军方面,经过5月31日发生的日德兰海战,德海军被封锁在港内,这使德军被迫转入战略防御。

1917年,德军在各条战线上基本采取守势,并将注意力集中在潜艇战中。协约国发动过几次进攻,尤其是11月20日发动的康布雷战役。在坦克、飞机、炮兵与步兵的协同作战下,英军取得了战术上的成功,但产生的影响并不显著。

为迫使英国投降,2月1日,德军着力实施无限制潜艇战。无限制潜艇战使美国利益受到威胁,加上德国又与墨西哥密谋反美,激起了美国人的愤怒。4月6日美对德宣战,与协约国一同参与护航,采取反潜艇措施。德军的计划又一次失败,这也加速了战争的进程。

3年多的战争使参战国经受了巨大的人力、物力及财力损失。俄国的退出和美国的参战,使局势更为复杂。

1917年11月7日,俄国爆发了十月社会主义革命,以列宁为首的苏维埃政府宣布退出帝国主义大战,德国又鼓起了战争勇气,欲集中兵力对西线作战。德军统帅部把英军作为攻击的首要目标,企图击败英军后占领法国海岸,而后围歼法军。3月,德军集结190多个师连续发动了四次战役,在英法联军的抵抗下,损失了70多

纪念品

大量罂粟生长在西部战线上。许多士兵，像上方左图的杰克·默德，把它们做成标本寄给家里的爱人。默德把图中这朵罂粟送给了他的妻子莉兹（右）。1915年，加拿大医生约翰·麦克写了一首诗《佛兰德花地》。这首诗激发了英国士兵销售大量纸罂粟花，一方面用所得的钱来治疗伤兵，另一方面也作为对死去的同胞的纪念。

永远的怀念

西部战线建有许多纪念碑。在凡尔登，壮丽肃穆的法国国家纪念碑表达了对1.3万名无法辨认身份的法国和德国士兵的哀悼。另外，在索姆河谷，建有410座英国非教会所属公墓。

"一战"后,各国代表在《巴黎和约》上签字。

万人。7月中旬,德军的进攻力量枯竭。

美国军队陆续赶到,增强了英法打败德军的决心。7月24日,协约国制订反攻计划:先打通被德军在马恩河、亚眠、圣米耶尔切断的铁路交通,然后实施全面反击,彻底打败德军。

7月18日,大规模反攻开始,经过埃纳—马恩河战役、亚眠战役和圣米耶尔三场战役,德军节节败退。9月26日,联军总攻开始,28日,德军兴登堡防线全面崩溃。29日,同盟国保加利亚投降。接着土耳其、奥地利相继签订停战协议。11月11日,德国终于在巴黎东北贡比涅森林的火车车厢里签订停战协定。第一次世界大战结束。

双方策略战术

战争开始,德军以两线作战,采取东线防御、西线进攻的策略,取得了一定优势。随着战局的发展,其战略决策由西线转入东线,由实施重点进攻和局部进攻到战略防御与潜艇战。惨重的消耗,对敌人估计过低和美国的参战,使德军走向失败。协约国协同作战,并采取坚固的防御策略,成功地多次打破了德军的计划,为战略反攻战败德军奠定了基础。

重要意义

第一次世界大战给参战国造成了惨重损失,4000万人伤亡,直接损失1516亿美元,使欧洲工业倒退8年,欧洲走向没落,美、日则趁机兴起。战争中俄国建立了第一个社会主义国家,开创了人类历史的新纪元。武器装备和军事技术的飞速发展及先进武器的广泛应用,使战争样式发生重大变化,也为战后军事学术的发展提供了实战经验。

凡尔登会战
——战争史上的绞肉机

交战双方： 德国军队 VS 法国军队
交战时间： 1916年2月21日~12月19日
双方将帅： 德国统帅为法金汉、德国皇太子；法军统帅为菲利普·贝当
双方投入兵力： 德军120余万人；法军160余万人
双方使用武器： 德国以喷火器、毒气弹、超大口径火炮等武器为主；法军以轻机枪、超级重炮等武器为主
交战结果： 德军付出惨重代价而撤退

历史背景

1915年，德国在第一次世界大战中俄国战场上取得了重大胜利，但俄国地域辽阔，交通不便，再加上冬季的严寒，使德军不敢贸然深入。于是将战略重点转移到法国。此时，法国军队已苦战一年半，军事力量已消耗到极限。位于马斯河交通要道上的凡尔登是法国前线中最大的交通枢纽，也是法军重要的军事要塞。德军决定在这里给法军以致命的打击。

主要过程

法国总司令霞飞无暇顾及凡尔登要塞，驻守要塞的兵力只有4个师10万人，270门大炮，且各炮台早已弃之不用。但凡尔登要塞的防御工事却异常坚固，由4道防御阵地组成，其中前3道是以战壕、掩体、土木障碍和铁丝网等组成的野战防御工事，第4道防御阵地则由永久工事和两个堡垒地带构成。

德国总参谋长法金汉意识到负责进攻凡尔登的德国皇太子不可能仅通过一次奇袭就能攻取要塞。于是法金汉准备在凡尔登与法军进行一场消耗战，用一场规模空前的炮轰，以最小的代价取得实质性的初步胜利，以挫败法军士气，进而剿杀法军的一切反攻。

1916年2月21日早晨，法金汉调集10个师27万兵力、近千门大炮和5000多个掷雷器，以数量和火力压倒法军的优势分布在12公里长的前沿阵地上。7时许，德国炮兵开始实施强大的炮火攻击。铺天盖地的炮弹倾泻在法军的野战防御阵地上。德国的新式武器16.5英寸口径的攻城榴弹炮将一颗颗重磅炮弹射向坚固的工事；掷雷器发射的装有100多磅炸药和金属碎片的榴霰弹，使法军壕堑成为平地；5.2英寸小口径高射炮使法军惊慌失措；喷火器把法军前沿阵地变成火海。经过8个半小时200万发炮弹的轰炸，把要塞附近三角地带的战壕完全摧毁，森林被烧光，山头被

这张明信片表明了法国人民争取胜利的决心，图中一名手持刺刀的护士守护在两位年轻士兵的身旁，标语是："为了祖国。休息吧，同志。"

削平，法军前沿完全暴露出来。炮火刚息，德军步兵便以纵深战斗队形以散兵线分梯队向法军防线冲击。虽然士气高昂的法军凭借剩余工事奋勇抵抗，击退了德军的一次次进攻，但第一道阵地还是被德军占领。德军随后又进行了4天的轰炸，攻占了法军外围据点之一杜奥蒙特堡。但德军的伤亡远超过他们的预料。

杜奥蒙特的失守，使法军统帅霞飞如梦初醒，他一面命令守军不惜一切代价死守阵地，一面命令最优秀的将领贝当增援凡尔登。

> ### ◆ 双方策略战术 ◆
>
> 在这场战争中，德军以大量消耗法军的兵力和士气为战略目的，采用以优势火力从正面突击的策略，摧毁敌人的野战防御工事，并用纵深战斗队形分次推进的战术对敌人实施冲击。而法军采用防御反击策略，凭借坚固的野战防御工事，有效地阻击了德军的正面进攻，并且善抓时机，采用小纵队分散指挥的战术，击退德军。

贝当在马斯河左岸加强法军的炮火力量，用法国的新式武器轻机枪和400毫米超级重炮装备部队，重振士气，并在前沿阵地划定一条督战线，后退者格杀勿论。

整个凡尔登会战成了屠杀场，枪炮、喷火器、毒气弹成了残酷的屠夫。德军的伤亡也达到了极限，前沿阵地堆满尸体。7月，双方仍相持不下，德军仅前进了七八千米，但已攻下沃克斯堡。

眼看凡尔登将被攻破，此时，俄军突破奥地利防线，英法联军在索姆河战役中击败德军，这迫使法金汉分兵火速去救援。

1916年10月24日，法军开始反攻。他们采用小纵队分散指挥的战术，迅速收回了杜奥蒙特和沃克斯堡。德军被迫撤退出凡尔登。

凡尔登战役，法军几乎将全部军力投入其中。德军也有44个师加入战斗，双方伤亡人数超过70万人，可谓是战争史上的绞肉机。

重要意义

凡尔登战役是第一次世界大战中具有决定性意义的一次战役，虽说德军达到了消耗法军的目的，但自己也遭到无法弥补的人力、物力上的巨大损失。德军士气从此低落，各条战线的困境日益加重。另外，德军的正面突击战术并没有攻破野外壕堑等防御工事，这也更使人们认识到炮兵越来越重要。

法军在战争后期对德军进行的大反击

凡尔登会战是典型的阵地战和消耗战，双方参战兵力众多、伤亡惨重。战役中，法军野战工事与永备工事相结合组织防御的经验，成为大战后各国修建要塞工事的依据。

日德兰海战
——铁甲舰队的大决战

交战双方： 英国海军舰队 VS 德国海军舰队
交战时间： 1916年5月30日~31日
双方将帅： 英国统帅为约翰·杰利科、贝蒂；德国统帅为希佩尔、舍尔
双方投入兵力： 英国约150艘军舰；德国约100艘军舰
双方使用武器： 火炮、水雷、巡洋舰、驱逐舰、鱼雷艇等
交战结果： 英德双方都宣称自己是胜利者

历史背景

第一次世界大战期间，英国凭借着强大的海军优势对德国进行海上封锁，保护协约国的海上交通，制止德国对英国的入侵，并企图在有利的条件下与德国海军主力决战以消灭敌人。1916年4月25日，德海军袭击了英国的大雅茅斯和洛斯托夫特港口，英对德的封锁更为严密。为摆脱英国海军封锁带的困境，德国海军决心与英舰队决战。

德国炮兵的潜望观察镜

主要过程

1914年至1916年初，面对英国的海军优势，德国海军采取保存舰队力量、避免重大损失，同时不断制造机会削弱英舰队力量的策略，运用诱使英军部分兵力出海，集中优势力量给予沉重打击的战术，不断袭击英军，但并没有解除英国的封锁。

1916年5月30日，英军截获了德军无线电报，破译密码后才知道德海军对英舰队有行动。原来新上任的德国大洋舰队司令冯·舍尔仍以诱敌深入的策略，将英舰队引至日德兰西海域，并在此设伏袭击英舰队。

英海军上将约翰·杰利科勋爵认为这是歼灭德海军主力的好机会。于是他派贝蒂率领一支诱敌舰队驶离苏格兰罗塞斯港口，自己亲率主力埋伏在奥克尼群岛斯卡帕弗洛海军基地的东南海域。

5月31日，英诱敌舰队发现了德诱敌舰队，双方开始了火力轰击。英舰队利用其战舰速度快而灵活的特点，疾速前进，企图插入德诱敌舰队的后方，截断其后路。殊不知德海军主力尾随在其后不远的海域。英舰队陷入了德军的南北夹击之中，急

双方策略战术

这场海战中,英军凭借舰船的快速灵活及数量优势,采用切断敌人退路和意欲围歼德军的策略,运用夜袭战术向德军发起进攻。而德军在处于劣势的情况下采取积极的防御策略,采用集中突破的战术冲出了英军包围圈。

忙发无线电报求救。

德军舰艇采用了新式全舰统一方位射击指挥系统,所有炮火一齐发射,炮弹攻击点分布范围小,精确度高,给英舰队造成了很大麻烦,两艘英舰船相继被击沉。战况对英诱敌舰队越来越不利,德军主力也扑了上来,英舰队急忙后撤。

危在旦夕之际,接到求救电报的英主力舰队先后赶到。德驱逐舰分别出击迎敌,英驱逐舰为保护战列舰也冲在前面,双方轻型舰展开了搏斗。英军的被动局面逐渐改变。德国凭借舰船的水密结构设计和炮塔防护的坚固防御,频频向英军发起猛攻。英军也不甘示弱,利用航速快的优势,从容地躲过了德军鱼雷的攻击,并切入德舰队和赫尔戈兰湾之间,切断德军退路,对德舰队形成包围之势。

31日深夜,英军调集大批驱逐舰和鱼雷艇对德舰队进行夜袭。为躲避英军鱼雷的攻击,德舰队全部熄灯,并不停地移动位置。在四周小艇的保护下,战列舰和驱逐舰在黑暗中向英舰队发炮。

英舰队仍陆续向日德兰海域集结援军,德国海军上将舍尔认识到,如果夜间不能突围,天明后德军会遭到毁灭性打击。于是他利用灯光和无线电密码发出突围命令,率领舰队突破英舰队炮火和鱼雷的封锁,向赫尔戈兰湾撤退,疯狂的英舰队紧追不舍。当接近赫尔戈兰湾时,前面的战舰误入水雷区后,再不敢贸然向前追击,杰利科只好下令返航。

原来德国海军早在赫尔戈兰湾一带布下无数水雷,只留一条狭窄的秘密水道,

日德兰海战集结了英德两国海军的精华,双方共出动战舰254艘。这次海战,进一步确立了"大舰巨炮"主义理论,促使各国海军更加重视发展以战列舰为核心、以大口径舰炮为主要突击兵器的海上舰队。

日德兰海战情形

交战中，德军射击技术和舰艇操作水平较高，"同时转向"战术运用娴熟，但舰队实力处于劣势；英军虽握有主动权，但行动不坚决，也失去了歼敌良机。

以防止英国舰队的偷袭。

  日德兰海战是第一次世界大战期间规模最大的海战，也是世界海战史上最后一次战列舰大编队交战。但是，英国和德国的舰队主力并未进行决战，战后双方在北海的力量对比和军事态势未发生重大变化。海战中，双方未组织周密侦察，情况不明，指挥不力，均未达成预期战役目的。英军损失战舰14艘，德国损失11艘。事后双方都声称自己是胜利者，但德国舰队仍被封锁在港内，英海军继续控制着北海，掌握着制海权。

  日德兰海战，使各国认识到只有注重生存力的战舰才能在海战中拥有战斗力，各国军舰开始吸取德国设计的水密结构和炮塔防护等优点，研发新型海上工具武器和探索新的战术战法。日德兰海战可以说是铁甲舰队的最后一次大决战。

重要意义

  日德兰海战是历史上最大的海战之一，是"大舰巨炮"主义的高潮之役。未打破英军封锁的德国舰队不敢出海作战，名存实亡，而英国却进一步巩固了其在北海海域的霸主地位。这次海战也送走了铁甲舰队海战的旧时代，揭开了人类海战史上的新篇章。

苏俄内战与干涉战争
——捍卫红色旗帜

交战双方： 苏俄红军 VS 俄白卫军及外国干涉军
交战时间： 1918年3月~1922年10月
双方将帅： 苏俄红军统帅为列宁；俄白卫军统帅有高尔察克、邓尼金、尤登尼奇等
双方投入兵力： 苏俄红军共150万人；白卫军及干涉军共60余万人
双方使用武器： 步枪、机关枪、大炮、地雷等
交战结果： 红军取得胜利，捍卫了红色政权

历史背景

1914年爆发的第一次世界大战，给俄国造成了严重的经济政治危机，引起了劳动大众的强烈不满。1917年10月，酝酿成熟的反沙皇专制统治的革命爆发，一举推翻了农奴封建制度，创建了世界上第一个社会主义国家。地主阶级不甘心退出历史舞台，西方资本主义国家也不甘心丧失在俄的巨额投资和贷款，害怕十月风暴波及它们，并且苏德单独签订《布列斯特和约》而退出第一次世界大战，更使协约国担心德国因摆脱东线作战而对己不利。于是他们一方面派遣干涉军进犯苏俄，一方面扶植反动势力，企图扼杀新生的苏维埃政权。

1918年彼尔姆附近的一支红军特遣队

主要过程

1918年，协约国打起防止德国入侵和保护侨民利益的旗号，开始了对苏俄的干涉。3月，英军从俄北方港口摩尔曼斯克登陆。4月，日军进军海参崴。5月，在俄国的捷克战俘在英、法的鼓动下爆发叛乱。8月，英美联军侵入海参崴。德国也趁机践踏乌克兰、白俄罗斯和波罗的海沿岸地区。武装干涉者还从南方侵入苏俄。不过在当时，第一次世界大战还没有结束，外国干涉军的人数不多，作用有限。

用先进的马克思主义武装头脑的列宁把世界革命作为战略目标，并采用革命性的战术，用放弃空间来换取时间，不仅要用武装迫使敌人放弃抵抗，还要

针对当时的形势，红军贯彻列宁的战略方针，决心在白卫军同干涉军会合之前，先歼灭白卫军，再击败协约国军队。

反击的红军
　　高尔察克和邓尼金率领的两支白军,一直不断从东线和南线挺进,造成战线过长,力量分散。1919年4月起,红军抓住时机,果断出击,开始进行全线反攻。

用思想的力量使敌人内部腐朽,让其自行毁灭。他把德国看作世界革命的总枢纽,一旦西方把革命点燃,苏俄就会顺利收复丧失的空间。

　　俄国各民族纷纷叛乱,宣布独立。苏维埃政权四面楚歌,全国3/4的土地为敌人占领。

　　面对国内外猖獗的反动势力,苏维埃政府实行"红色恐怖",在"一切为了前线,一切为了战胜敌人"的口号下,开始大力平息反叛活动。10月,俄国东线的敌人被赶到乌拉尔地区,南线取得了察里津保卫战的胜利。

　　第一次世界大战结束后,协约国在俄南部迅速集结了13万干涉军。但在布尔什维克思想的影响下,很多士兵拒绝作战,内部矛盾重重,大部分干涉军被迫撤走。协约国并不甘心,转而支持苏俄国内的叛乱势力。

　　1919年3月4日,高尔察克率领25万白卫军从东线向西进攻,红军被迫撤出伏尔加河流域。4月,红军兵力增加到150万人,开始了对高尔察克的反攻,一举解放了乌拉尔。7月,红军乘胜追击,解放了西伯利亚大部分地区。年底,高尔察克被俘,其全军溃败。

　　协约国仍把颠覆苏维埃政权的希望寄托在白卫军身上。英、美、法转而支持邓尼金,并提供几百门大炮和几十万支步枪。凭借优良的武器,邓尼金率领15万白卫军占领了乌克兰大部,攻克了奥廖尔,直逼莫斯科。10月中旬,红军南方战线转入反攻。1920年初,红军收回失地,邓尼金主力溃败。残部逃往克里木半岛,邓尼金逃亡国外。

双方策略战术

在这场战争中,苏俄白卫军和外国干涉军企图采取四面封锁的策略,扼杀苏维埃红色政权。但红军采取广泛发动群众,积极开展游击战争,有效组织防御,及时进行反击的策略,切断白卫军的交通线,集中优势兵力消灭敌人,打破了敌人的企图。

高尔察克和邓尼金发动进攻的同时,波罗的海的尤登尼奇占领了杨堡,在英国坦克的掩护下攻抵彼得格勒城下。10月21日,反攻的红军一举击溃尤登尼奇,尤登尼奇退到爱沙尼亚境内,被当局解除了武装。

1920年4月,在法国的鼓动下,波兰入侵苏俄,占领了基辅、乌克兰和白俄罗斯的大片土地。6月,红军发起反攻,收复失地,进而越过国界,直逼华沙。红军进展过速,后援未跟。8月,波军反攻,红军被迫后退。10月双方签订停战协议。11月,南线红军打下刻赤,解放了克里木半岛,苏俄内战基本结束。1922年10月25日,由红军改组的人民革命军开进海参崴,将最后一支日本干涉军赶出国境。

重要意义

苏俄内战和对外国干涉军战争的胜利,保卫了十月革命的成果,巩固了第一个社会主义国家,粉碎了国内外反动势力的联合封锁,为世界革命树立了榜样。

由红军领导的反对军国主义制度的第一次军事游行

西班牙内战
——法西斯兵临马德里

历史背景

1931年4月,西班牙爆发革命,推翻了君主制,建立了资产阶级共和国。但革命并不彻底,封建地主阶级仍操纵大权,阶级矛盾和民族矛盾异常尖锐。在共产国际的号召下,西班牙共产党积极响应,联合无产阶级以及一切进步力量,组建了人民统一战线,并在1936年2月的会议选举中获胜,组成了新的共和政府。新政府一系列的进步改革,引起反动势力的极端仇视,他们在希特勒和墨索里尼等德、意法西斯的支持和鼓舞下,开始策划反对共和国的军事阴谋,以颠覆共和政府。

交战双方: 西班牙共和军 VS 西班牙叛军和法西斯干涉军
交战时间: 1936年7月~1939年3月
双方将帅: 共和军统帅为内格林;叛军统帅为佛朗哥
双方投入兵力: 共和军共30万人;叛军及法西斯干涉军40万人
双方使用兵器: 步枪、火炮、飞机、坦克、装甲车、航空炸弹等
交战结果: 共和军最终失败

主要过程

1936年7月17日,驻守摩洛哥的西班牙军队首先叛乱。次日,在西班牙北部的莫拉率部队响应,在佛朗哥的策动下,各大城市也相继发生叛乱。佛朗哥控制着共和军80%的兵力,他企图对共和国军实施南北夹击,一举攻占首都马德里。在法西斯的支援下,叛军很快占领了摩洛哥、加那利群岛和巴利阿里群岛以及西班牙北部和西南部各省。然而,工人阶级和人民群众积极响应反君主和法西斯的号召,奋起保卫共和国。共和军经过顽强反击,使得马德里、巴塞罗那、马伦西亚、卡塔赫纳、马拉加和毕尔巴鄂等中心城市的叛乱被先后平息,打破了叛军速战速决的企图,使叛军处境异常危急。

1936年8月,为控制地中海通往大西洋咽喉的西班牙这块战略要地,德、意法西斯公然支持西班牙叛乱,并提供飞机、坦克、装甲车及航空炸弹等大批新武器。西班牙成了法西斯新式武器的实验场。9月中旬,叛军逼近马德里。佛朗哥派兵从正面攻城,并企图从东南、西南迂回该城。但共和军采用坚守阵地和对敌军集团侧翼实施短促反突击结合的灵活战术,使叛军计划遭到破产。11月,法西斯干涉军入侵西班牙。其后,法西斯兵力迅速增加,共30余人。英、法、美政府害怕人民革命

挑起内战的法西斯分子佛朗哥

壁画 《格尔尼卡》 毕加索

在佛朗哥的命令下，德国飞机于1937年4月对格尔尼卡的巴斯克小镇进行毁灭性空袭。毕加索据此创作了壁画《格尔尼卡》，该画以后期立体主义语言表现了战争带给人类的灾难，鞭挞了法西斯的罪恶行径。

波及自己，对西班牙共和国奉行"不干涉"政策，西班牙处于被封锁的状态。实质上英、法、美对法西斯扼杀西班牙民主革命起到了推波助澜的作用。

1937年初，叛军和法西斯军仍试图夺取马德里，他们切断马德里与外界的联系，使其孤立无援，而后从南面和东北面同时分进合击。顽强的共和军实施反攻击，使叛军和法西斯遭到惨败。迫使叛军和法西斯放弃马德里，将战略重点转移到北部。

4月，法西斯对格尔尼卡—巴斯克地区实施猛烈的空袭。许多小城镇被夷为平地，国际社会为之哗然。在共产国际的号召下，来自世界54个国家4.2万国际无产阶级战士志愿者来到西班牙，和共和军一道反抗法西斯暴行。

但是，德意法西斯对西班牙进行大规模武装干涉，改变了双方兵力及军事装备的对比。6月，叛军及法西斯军转入进攻，在法西斯炮火、飞机立体轰炸的配合下，20日攻占了毕尔巴鄂，继而向桑坦德进发。10月22日，共和军在重工业区阿斯图里亚斯的最后一个据点希洪城失陷。随后，法西斯把作战重点转移到东线，并调集了几乎全部的空军和坦克兵。1938年3月9日，法西斯突破共和军防线，推进到地中海沿岸，将西班牙分成两半，掌握了战略主动权。英、法这时封锁了法西边界，使共和军处境更是雪上加霜。

12月23日，在英、法、美的直接支持下，叛

> **◆ 双方策略战术 ◆**
>
> 西班牙内战中，共和军采取积极的防御策略，运用把坚守阵地与对敌人实施短促反突击巧妙结合的战术，痛击叛军和法西斯联军，但叛军和法西斯联军凭借强大的军事实力，以强攻和内部瓦解共和军相结合的策略，再加上不利的国际环境，使共和军先从内部叛乱而最终失败。

军和法西斯率联军40万人向仅有17.6万人的加泰罗尼亚共和军发起强攻，被切断供给线的共和军只得孤军奋战。经过一个月的顽强抵抗，共和军被迫放弃巴塞罗那，联军也付出了惨重代价，于2月11日占领了整个加泰罗尼亚。

叛军和干涉军一面加强对共和军的猛攻，一面收买共和军内的叛变和投降分子。英、法、美同时对共和军施加压力，逼迫其投降，共和军处境愈发困难。3月5日，在英、法的指使下，共和国内部的卡萨多上校和右翼社会党首领贝斯太罗与叛军勾结，发动政变，夺取了马德里共和国政权。30日，法西斯联军开进叛军早已撤防的马德里。

重要意义

西班牙内战是第二次世界大战前夕民主力量反对法西班侵略势力的战争之一，它为各国人民反法西斯战争提供了宝贵经验。这次战争陆海空联合作战的方式，也对世界军事的发展具有重要意义。

第二次世界大战
——对人类文明的空前摧残

交战双方：法西斯轴心国 VS 反法西斯同盟国
交战时间：1939年9月1日～1945年9月2日
参战国家：法西斯轴心国为德、意、日等国家；反法西斯同盟国为美、英、苏、法、中等国家
双方使用武器：坦克、飞机、装甲车、火箭、大炮、航空母舰、潜艇、导弹、鱼雷、原子弹等
交战结果：以轴心国的失败而告终

主要过程

第二次世界大战是迄今为止人类社会所进行的规模最大、伤亡最惨重、造成破坏最严重的全球性战争。全球有60%的国家卷入战争，战火遍及亚洲、欧洲、美洲、非洲及大洋洲五大洲；交战双方同时也在太平洋、大西洋、印度洋及北冰洋四大洋展开战斗。

"二战"的交战双方是美国、苏联、中国、英国、

历史背景

第一次世界大战后，第一个社会主义国家的出现，对国际形势产生了深远影响。战后，帝国间的发展不平衡，世界霸权的争夺，受压迫民族的觉醒，使世界局部战火连绵不断，国际风云急剧变幻。德、日、意等法西斯独裁统治者，积极谋划各自争夺世界霸权的计划，为得到其他各洲的支持，他们秘密磋商。1936年11月25日，德日在柏林签订《反共产国际协定》。次年11月，意大利加入，结成了柏林、罗马至东京的侵略轴心。

法国等国组成的反法西斯国家联盟与德国、日本、意大利等国组成的法西斯轴心国集团。

在"一战"中，德国战败，《凡尔赛和约》对德国实行严厉的经济与军事制裁。在1929年的全球性经济危机中，魏玛共和国遭到重创。1933年，希特勒成为共和国总理。1934年，希特勒又根据宪法继任总统，真正成了德国的唯一独裁领袖。1922年，墨索里尼以及他所领导的法西斯党组成意大利政府。几年时间内，墨索里尼巩固了独裁地位，意大利也沦为一个法西斯国家。意大利与纳粹德国在1939年5月缔结了《钢铁盟约》。1940年9月27日，他们又接受了日本，柏林—罗马—东京轴心就此形成。

1939年9月1日，德国侵略波兰，第二次世界大战全面爆发。5月13日，德军进入法国。6个星期后，法国投降。5月19日，德军抵达离英吉利海峡只有80公里处。5月24日，被包围的盟军实施了敦克尔刻大撤退。

占领法国后，德国空军在法国北部集中。8月5日后，德军对英国进行大规模空中打击。英国损失了1/4的空军飞行员，几乎所有的英国工业重镇都遭到袭击，伦敦更是从9月7日到11月3日连续57个夜晚遭受轰炸。英国空军也不时在夜间轰炸欧洲大陆。不列颠战役的最终结果是，德国登陆英国的企图宣告失败。

1941年6月22日，德国对苏联发动突然袭击，苏德战争爆发。战争初期，无数苏联部队被包围并落入德国手中。但是苏联广阔的土地使德国人的后勤压力达到极限，再加上苏联游击队的破坏，德国的部队根本无法获得补给。冬天来临时，成千上万的德国士兵死于严寒的冬天和苏军所组织的反攻之中。8月中旬，德军包围

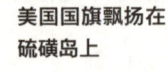

美国国旗飘扬在硫磺岛上

◆ 双方策略战术 ◆

就战略看，同盟国以先欧后亚、先德后日的顺序，较好地处理了两线作战的问题；相互之间配合默契，协同作战。而德国则在西线战场上未攻下英国的情况下，转而进攻东线的苏联，使自己处于两线作战的被动局面；日本也是在陷入中国战场不能自拔的同时，展开太平洋战争，导致腹背受敌，造成最终的失败。

战争后期,法国飞机在战场上猛轰德军阵地。从军事上来说,"二战"开启了空战的时代,自此,空军已经成为无法缺席的战略军种。

列宁格勒,同时用炮击和空军进行轰炸。包围持续了90天,列宁格勒大约有100万平民死亡——其中80万死于饥饿。1942年7月17日,德军150万兵力进攻斯大林格勒,斯大林格勒战役爆发。这是历史上最血腥的战役,大约有200万人死亡,其中50万是平民。斯大林格勒战役之后,德国人渐渐丧失了战争的主动权。1945年4月16日,苏联红军进攻柏林的战役开始。4月28日,墨索里尼被意大利游击队处决。4月30日,希特勒在自己的碉堡中自杀。5月2日,苏联红军占领柏林。5月8日,德国无条件投降。

北非战役开始于1940年,到1943年5月13日,在北非战场上,25万轴心国士兵被俘虏。

在太平洋战场,1939年,日本军队试图从中国东北进攻苏联,但很快就被苏联和蒙古的混合军击溃。1941年12月7日,日本偷袭在珍珠港的美国太平洋舰队,美国被拖入战争。4天后,德国也对美国宣战。日本在前期的战斗中占优势,暂时掌握了战场的主动权,但盟军的攻势逐渐加强:1942年4月,空袭东京;6月,中途岛海战,日本海军遭到了毁灭性的打击。中途岛海战是太平洋战场的转折点。

1945年8月8日,苏联对日宣战,百万大军进入中国东北地区,中国及盟军转入全面反攻。美国也在日本的广岛(8月6日)和长崎(8月9日)投下了两颗原子弹。8月15日,日本正式宣布投降。第二次世界大战最终以轴心国的彻底失败而告终。

"二战"对人类历史产生了深远的影响。战争带来的血腥杀戮及造成的巨大破坏长久地反映在战后人类社会生活的各个方面。战争的结果使得法西斯这一人类社会的毒瘤被铲除。战后世界的政治、经济格局很大程度上是战争结果所带来的。

重要意义

第二次世界大战造成9000万人伤亡，直接军费开支11170亿美元，物资损失40000亿美元，是人类历史上的空前灾难。协约国最终赢得战争，拯救了人类文明，彻底打败了世界法西斯统治，恢复了世界和平。战后，殖民体系瓦解，加快了世界历史发展进程。第二次世界大战推动了科学技术的大发展，一大批先进武器的运用为人类军事史增添了新的一页。

历史背景

第一次世界大战后，国际形势急剧变化，帝国主义国家间的矛盾更加突出，争霸斗争日趋尖锐，德国希特勒上台后，积极进行经济改革，扩充军备，加快侵略扩张步伐，企图确立在东欧和东南欧的统治。1936年，德军进入莱茵非军事区，伙同意大利干涉西班牙，随后又相继占领了奥地利和捷克斯洛伐克。1939年9月，德军以闪击战征服了波兰，解除了进攻英法的后顾之忧，建立了进攻苏联的前进基地。1940年4月，德海陆空三军联合攻占了英国的侧翼丹麦和挪威，为德国进军西欧奠定了基础。

德国闪击西欧
——哭泣的马奇诺防线

交战双方：德国军队 VS 英、法、荷、比、卢五国联军
交战时间：1940年5月～6月
双方将帅：德军总统帅为希特勒；联军总司令为甘末林
双方投入兵力：德军共136个师；联军共135个师
双方使用兵器：坦克、飞机、装甲车、机关枪、步枪、大炮等
交战结果：荷兰、比利时、卢森堡、法国相继沦亡，英军退守本岛

主要过程

1939年10月，希特勒着手制订入侵荷、比、卢、法的作战计划"黄色方案"。1940年2月24日，德军把136个师的兵力编为3个集团军群。右翼集团军群29个师从荷兰、比利时国境至亚琛地区突破防线，攻占荷兰全境和比利时北部后，向法国境内推进。左翼集团军群19个师配置在马奇诺防线的正面，进行佯攻，牵制法军不能北上增援。为实现进攻的突然性，希特勒把45个师的主力军配置在亚琛至摩泽尔河一线。这里是卢森堡和比利时的阿登山区，林密路窄，地形险峻，没有铁路和公路网，并且和宽阔的马斯河相接，被公认是机械化大部队难以通过的天险。法军在这里的设防较薄弱。德军欲以强大的空军掌握制空权，隐

《敦刻尔克撤退》油画

5月26日,英国政府任命多佛尔港司令拉姆齐海军上将为撤退行动总指挥,英国、法国、比利时和荷兰共派出各种舰船861艘。撤退开始后,德军加强地面进攻,并从空中和海上攻击英法运输船队。

蔽其主力,抢先通过险区,强渡马斯河,出其不意,突入法国的圣康坦、阿布维尔等平原地带,直趋英吉利海峡,进而切断联军南北联系,把联军主力压缩在背靠大海的困境,利用强大的空军歼灭之,剩余的43个师则作为预备队在莱茵地区待命。

联军总兵力135个师,在数量上与德军相当,但联军对德军的战略部署判断错误,认为中间的法、比、卢边界有阿登山区和马斯河天险可恃,德军机械化部队难以逾越,只部署少许士兵防守即可;而右翼有坚固的马奇诺防线,如果德军正面进攻,联军以逸待劳,可与德军打消耗战;左翼荷、比边境在过去是兵家必争之地,联军将主力部署在这一地区,并将马奇诺防线的唯一预备部队也调去支援。而英国海军则负责从海上封锁德军。

1940年5月10日凌晨,德军在荷兰海岸至马奇诺防线向联军展开了全线进攻。右翼的德军先对荷、比和法国北部的机场进行猛烈轰炸,夺取制空权。接着,空降部队在联军后方着陆夺占机场、桥梁、渡口和防御据点。前后方同时遭受德军袭击的荷兰陷入混乱和惊恐之中,荷兰女王逃亡英国。5月15日,荷兰投降。德右翼军乘胜出击,17日攻占了布鲁塞尔,28日,比利时宣布投降。荷、比的先后失利,使法军坚信最初计划的正确性,于是忙调集主力前往比利时,后方兵力出现空虚。

胸有成竹的德军主力在中路进展顺利,只有30万人口的卢森堡不战而降。12

战争中法军全面溃败，图为一个法国男人看见自己祖国的军队撤回马赛时流下了眼泪。

日，德军的坦克师和摩托化师通过阿登山区，抵达马斯河。13日下午，强大的空袭击毁了法军的防御阵地，德军开始强渡马斯河。这时，法军统帅才判明敌人的主攻方向，立即调兵遣将，但为时已晚。15日，德军攻下色当，大批的坦克、装甲和摩托化师突入法国北部的平原地带，快速向西挺进。20日，德军占领了阿布维尔，21日直抵英吉利海峡，完成了割裂联军的目的。德军以荷、比为基地，封锁加来海峡，截阻英军支援，把联军40余万人围困在法、比边境的敦刻尔克海岸地区。一面濒海、三面受敌的联军处境危急。这时，希特勒却下令停止进攻，给了联军以喘息的机会。英海军抓住时机，从26日开始实施"发动机计划"，对联军进行大营救。联军不顾德军的狂轰滥炸，在英空军制造的烟雾掩护下有秩序地撤退。9天内将包括22万英军在内的33.6万余联军顺利撤到英国本岛，创造了战争史上的一大奇迹。

占领法国北部后，德军立即移师南下，向巴黎和法国内地发起攻势。德军集中空中力量对法国各机场和重要目标进行了暴雨般的空袭，摧毁了法军的制空能力。

6月10日，认为德军胜局已定的意大利向法国宣战，趁火打劫，从阿尔卑斯地区向法军进攻，使法国腹背受敌。当日，德军兵临巴黎城下，法政府被迫放弃城池，向图尔退却。14日，巴黎被德攻占。15日，被法军认为坚不可摧的马奇诺防线在德军的前后夹击下崩溃。6月22日，法国新成立的贝当政府在一份带有胜利者提出的许多苛刻条件的停战协议上签字。法国成为德国的占领区。

◆ 双方策略战术 ◆

德国闪击西欧战中，联军对形势估计不足，策略战术判断失误造成战争的全盘皆输。而德国采用突袭闪击的策略，利用强大的陆空机械化部队，在最快的时间摧毁敌人的指挥体系和补给中心，造成敌人瘫痪，使荷、比、卢、法四国沦亡。

重要意义

四国的沦陷，使英国变得孤立无援。但敦刻尔克大撤退，为联军保存了有生力量。对德国来说，对法国的征服是它的一个欠债而非资本。这场战争，坦克、摩托及飞机伞兵的大量机动运用，丰富了世界军事史中的进攻战术。

历史背景

德国闪击西欧，法国投降后，整个西欧海岸线都被德国所控制，英国不列颠群岛陷入三面被围的境地。但包括希特勒在内的德国人把对法国的胜利，作为战争的结束。希特勒认为，如果打败英国，其殖民地将会落入美日和苏联手中，而对德不利，为对付苏联而避免两面作战，希特勒提出愿与英国在瓜分世界的基础上和谈，得到美国支援承诺的英国首相丘吉尔断然拒绝。诱和未遂的希特勒准备武力侵入不列颠。

不列颠之战
——人类战争史上的首次空战

交战双方： 德国军队 VS 英国军队
交战时间： 1940年8月~1941年5月
双方将帅： 德军总统帅为希特勒；英国军统帅为道丁
双方投入兵力： 德军共2660余架飞机；英军共1300余架飞机
双方使用兵器： 战斗机、轰炸机、高射炮、雷达等
交战结果： 双方均未取得决定性胜利，战争进入持久战

主要过程

1940年7月16日，希特勒发出对英登陆的"海狮作战"计划的训令。该计划以奇袭为基础，准备用39个师的兵力，在不列颠宽广的正面拉姆斯盖特登陆，抵达怀特岛。其中13个师作为第一批登陆部队，并在海峡港口集结大量船只，一切准备要求8月中旬完成。

英国海军优势强于德国，但德国的空军具有相当的优势。德空军集结2400架战机，欲对英伦进行大规模空袭。德军一方面想从精神和意志上摧毁英国，迫使其接受和谈；另一方面为"海狮作战"的海军渡海夺取制空权，为登陆创造有利条件。

7月10日，德军就开始了对英护航船队和波特兰、韦茅斯和多佛尔等港口与军港进行空袭，以引诱英战机出战，从而查明英空军的部署、防空能力及检验自身的突防能力。德国空军在形势上处于不利地位，他们必须在海上和英国领空上作战。英空军可以获得地面高射炮的支援，英军的喷火式飞机爬升速度要快于德战斗机，并且以防御战为主的英军还有雷达网的引导。更重要的是英军掌握了德军无线情报的破译密码，德国多数战略情报被英所掌握。

8月13日，德军480余架战机升空，开始对英国雷达站等军事目标进行轰炸。15日又出动1780架飞机，使英军一些军事基地和飞机制造厂遭到摧毁。英

B-17战机

1940年8月，不列颠之战中，由于大雾弥漫，英国皇家空军与入侵的德国飞机在伦敦上空展开近距离激战。图中为双方飞机的尾气。

军统帅道丁公爵也迅速命令7个"喷火式"和"旋风式"战斗机中队升空迎敌。在雷达的准确制导下，他们在德国机群中进行有效穿插分割，将德军机群分割成若干小队，利用飞机速度快的优势实施各个击破。双方空战十分激烈，这是双方第一次大规模空战。德军付出75架飞机的代价，英机只损失34架。德军"空中闪击战"一开始就未奏效。

8月24日至9月6日，德空军不分昼夜，每日出动千余架次飞机，对英西南部的机场及海峡商船进行高强度空袭，虽然德机被击落380架，但英机也损失186架，元气大伤。

9月7日，希特勒为了报复英国，开始了对伦敦的狂轰滥炸，企图瓦解英国人民的斗志。但这却给英空军以喘息之机。英军以战斗机、高射炮、雷达、探照灯和拦阻气球组成完备的防空系统。虽说大规模的轰炸使伦敦多处起火、王宫中弹、居民伤亡惨重，但在15日希特勒对英国的大规模空袭中，英军抢占先机，德机还没有进入伦敦上空，就遭到数百架英战斗机的截击。英战斗机猛冲德轰炸机，失去保护的德轰炸机除少数逃跑外，其余均被击落。英战机转而围攻德战斗机，凶狠的英战机使德战机招架不住，转身而逃。英战机紧追不放，又击落了多架德军战机。这时，英国轰炸机开始行动，对德国集结在海峡对岸的舰队、地面部队和港口码头进行了猛烈轰炸。德军损失惨重，共损失185架飞机，而英军仅损失26架。

9月17日，德军不但未击败英国空军，反而使英空军活动更频繁。希特勒感到无法取胜，被迫下令不定期推迟实施"海狮作战"计划。最终"海狮作战"计划不了了之。

不列颠空袭和反空袭之战中，德军共损失飞机1733架，英损失915架，双方飞行员损失约为6:1。空战受阻后，希特勒开始对英国实施封锁。

重要意义

这场空战是"二战"中历时最长、规模最大的空战，它使希特勒的侵略计划第一次未能得逞，为国际反法西斯同盟鼓舞了士气。这场空战也是人类战争史上的首次空战，它揭开了人类战争史上新的一页。同时也证明了大规模空袭与夺取制空权在战争中的重要性及防空的战略意义。

◆ 双方策略战术 ◆

此役中，德军利用空军优势，采取闪电空袭以夺取制空权，欲为登陆作战创造有利条件，对英实施狂轰滥炸。英空军采用积极的防空策略，运用分割战术，各个击破，粉碎了德军的企图。

敦刻尔克大撤退
——英法联军的命运交响曲

交战双方： 英法联军 VS 德军
交战时间： 1940 年 5 月 26 ~ 6 月 4 日
交战结果： 共约 34 万英军、法军和比利时军成功撤退到英国

历史背景

第二次世界大战初期的 1940 年 5 月，在德国机械化部队猛攻的形势下，英法联军防线全面崩溃，随后英军利用各种船只，在敦刻尔克进行了历史上规模空前的、代号为"发电机行动"的军事撤退行动，最终得以撤出大量的作战部队，为盟军的反攻保存了军事力量。这次撤退，被称为"敦刻尔克大撤退"，亦是英法联军的命运交响曲。

主要过程

1939 年，德国占领波兰之后，便开始准备对欧洲西部的进攻。经过精心的战略部署之后，1940 年 5 月 10 日拂晓，德军 136 个师和 3000 多辆坦克，绕过马奇诺防线进攻比利时、荷兰、法国和卢森堡等国。仅仅 10 多天时间，德国装甲部队就已横穿法国大陆，直逼英吉利海峡。

5 月 19 日，英国就已经预料到了战事的结局，便开始策划如何撤退，并制订了代号为"发电机行动"的方案。5 月 26 日下午 6 点 57 分，英法开始执行这个方案，但此时的形势已经发生了变化，能够撤离的港口只有敦刻尔克可以利用。40 万人的英法联军，只能依靠敦刻尔克及其附近的海岸线作为唯一的退路。

在敦刻尔克大撤退期间，士兵几乎将一艘驱逐舰给塞满。

在海军的努力下,首批撤离敦刻尔克的是1312人的后勤部队。此后,撤退行动由拉姆齐负责,这场有史以来最复杂、最危险的撤退正式开始了。

就德国方面而言,希特勒考虑到敦刻尔克是沼泽和低洼地,担心装甲部队受困于河道纵横的地带陷入阵地战,同时为了在接下来的作战行动中保存实力,便于5月24日,亲自下达了停止前进的命令。当时德军距离敦刻尔克港口仅有10英里远,正准备从西、南、东三面对英法联军进行围攻。可以说,希特勒的这个命令间接默许了联军在敦刻尔克的大撤退行动。

5月27日,比利时宣布投降,40万英法联军在德军的压迫下撤向敦刻尔克。此时的英法联军是在为生存而战斗,于是在敦刻尔克周边进行布置积极的防御工事,以延缓德军进攻速度,为部队撤离争取了宝贵的时间。

与此同时,德国空军对敦刻尔克港区和海滩进行了猛烈的轰炸,几乎把这一地区夷为平地。英国空军也出动了200多架次战斗机进行拦截,尽管没能完全阻止德军的空袭,但也给德军空军以沉痛的打击,使得德军在这一天的损失超过之前10天战斗损失的总和,成为德军"灾难的一天"。

随后,希特勒不得不取消了装甲部队停止前进的命令,令装甲师再度投入战斗。6月1日,德国和英国的空军都倾巢出动,一拼高下,结果英军遭受重创,成为大撤退中英军损失最惨重的一天。接下来,英军为了保存足够的空中力量,调整了撤退战略,只在夜间进行撤退。到2日午夜,最后一批英国远征军从敦刻尔克东堤登船,撤向海峡对面的英国。

6月4日上午9时,德国第18集团军的装甲部队进入了敦刻尔克市区,俘虏了来不及撤离的、在海滩上担负掩护任务的约4万法军部队。14时许,"发电机行动"宣布结束。

敦刻尔克大撤退历时9天,共撤离了34万人到英国,包括英军、法军和部分比利时军队,这些部队也成为盟军后来反攻的主要力量,而敦刻尔克大撤退的意义也正在于此。时任英国首相的丘吉尔向议会的报告中就已经说出了撤退的真意:"我们挫败了德国消灭远征军的企图,这次撤退将孕育着胜利。"

敦刻尔克撤退结束后,丘吉尔又在下议院发表了如下的演讲:"我们必须极其小心,不要把这次撤退蒙上胜利的色彩,战争不是靠撤退来取胜的……德国人拼命想击沉海面上数千艘满载战士的船只,但他们被击退了,他们遭到了挫败,我们撤出了远征军。"丘吉尔的演说,也警醒着联军们,一次成功的撤退并不代表着胜利,真正的胜利离我们还有着漫长的道路。

敦刻尔克大撤退其实并非一场战役,而是英法联军在德军的围攻之下所进行的一场无奈的逃亡行动。但从战略上讲,也正是得益于这次逃亡,使得英法联军保存了有生力量,并最终取得了反法西斯战争的伟大胜利。

中途岛海战
——太平洋战争的决定性战役

交战双方： 美国海军 VS 日本海军
交战时间： 1942年6月4~6日
双方将帅： 美国统帅为尼米兹；日本统帅为山本五十六
双方投入兵力： 美军共有航母3艘、战舰40余艘、飞机230架；日本共有航母8艘、战舰200余艘、飞机700架
双方使用武器： 航母、鱼雷、飞机、高射炮、战舰等
交战结果： 美海军战胜日军

历史背景

日本于1941年12月7日偷袭珍珠港，发动了太平洋战争，随后的三个月，便完全控制了西太平洋海域，为扩大日本的"外防御圈"，日本企图占领中途岛。中途岛位于太平洋中部，是北美和亚洲之间的海上和空中交通要冲，自1867年被美占领后，成为美军的重要海军基地及夏威夷群岛的西北门户。1942年4月18日，美太平洋舰队的航母战机空袭东京，震惊了日本。为消除威胁，日本决心进攻中途岛，从而消灭美太平洋舰队。

主要过程

日本联合舰队总司令山本五十六为吸引住美太平洋舰队的主力，以突袭策略击溃美军，攻占中途岛，他决定首先把敌人的海军兵力向南面吸引，攻击南太平洋的美拉尼西亚，切断美军同澳洲的联系，然后再把他们向北面吸引，袭击北太平洋阿留申群岛，牵制美军兵力。同时集中兵力从中路进攻，占领中途岛，

中途岛海战的失利，使日本将战争的主动权拱手相让。

在偷袭珍珠港仅6个月后，日本海军在中途岛遭受了前所未有的大败。山本五十六曾对首相说："凭日本的工业，根本不能与美国为敌，同其抗衡。如果（日美）非打不可，在开始的当年或一年中可以奋战一番，并有信心争取打胜。但战争如果持续下去，以致拖到二年三年，那就毫无把握了。"他的预言果然应验了。

在太平洋战场上，美、日疯狂争夺海上霸权。

迫使美军接受决定性会战，从而夺取制海权，达到控制北、中、南太平洋的战略目的。

5月7日凌晨，日美海军在南太平洋的珊瑚海展开了人类战争史上航母的首次交锋，揭开了日美中途岛战役的序幕。8日晚，双方各损失航空母舰一艘，美军却挫败了日本攻占莫尔兹比港的计划。

南侵的同时，山本几乎将全部的兵力都集中在中途岛和阿留申群岛上。他把部队分成5支，北区兵力向美军海军基地荷兰港实施毁灭性轰炸，摧毁其指挥体系，掩护日军攻占阿留申群岛。以此为诱饵，吸引美舰队注意力，然后主力军隐蔽行军，渐渐接近中途岛，并以突袭方式一举攻占。

6月3日，日本北区兵力按计划对荷兰港开始了猛烈的空袭。但美军却按兵不动。日军未遭到严重抵抗就顺利地实现阿留申群岛的登陆计划。

原来，美太平洋舰队尼米兹上将已闻风日本有在中太平洋发动进攻的计划，当时美军已掌握了破译日本无线电报的密码，对日本的作战计划了如指掌。针对日军的作战部署，尼米兹上将调集航空母舰3艘、其他战舰40余艘和230余架飞机，分成两个混合舰队，一面部署了以中途岛为中心的700海里远距离的航空侦察，一面加强该岛的防御工事。面对具有绝对优势的日本海军舰队，尼米兹将部队部署在中途岛东北面200海里处，隐蔽待机，计划从侧翼对敌人进行突袭。

6月3日，在距中途岛900多千米的海面上，美侦察机发现敌舰队，并对其进行轰击，但无一命中。4日，距离中途岛380多千米的日军开始实施第一次轰炸，中途岛完善的防御体系使日军并未达到理想效果。于是，日军准备用已挂上的鱼雷攻击美舰船的飞机改装炸弹，对中途岛实施第二轮轰炸。这时日侦察机发现美舰队，日军又立即卸下炸弹重挂鱼雷。混乱之际，美战机升空开始对日航母进行攻击。最初的进攻均被日战斗机击退，41架鱼雷机

双方策略战术

中途岛之战，日军采用突袭的策略，诱敌出击，集中兵力攻击中途岛，奇袭美军。但美军破译日军无线电报密码，将计就计，扩大侦察范围，加强防御工事，隐蔽待机，从侧翼突然袭击，从而重创日军。

仅有 6 架生还。上午 10 时许，日战斗机受到美鱼雷机的牵制，使麦克劳斯基少校指挥的美俯冲式轰炸机没受到拦截，开始对日"赤城"号和"加贺"号航母进行狂轰滥炸，两艘航母爆炸沉没。甲板上挤满正在加油的飞机"苍龙"号也遭到了美 3 颗 1000 磅重的炸弹的轰炸，烧成了一片火海。第二天，美军"约克城"号航母和日军的"飞龙"号航母也先后被击沉。

山本得知已损失 4 艘航母，而美军则还有两艘，于是放弃了进攻中途岛的计划。此役中，日军损失航母 4 艘，巡洋舰 1 艘，飞机 322 架。美军损失航母和驱逐舰各 1 艘，飞机 147 架。

重要意义

中途岛海空大战，使日军损失惨重，被迫停止了战略上的全面进攻。美军决定性的胜利，扭转了太平洋战争中的被动局面，改变了双方的兵力对比。此役体现出在现代海战中，制空权是掌握制海权的前提。

斯大林格勒保卫战
——世界反法西斯战争的转折点

历史背景

第二次世界大战中，德军在莫斯科战役中遭到惨败，被迫放弃了全面攻势，但德军在各地战场面积的扩大和大规模的战役，使石油的补给量成为制约其战争进程的严重问题。若没有新的石油补给，战争难免将崩溃。希特勒遂决定获取苏联高加索油田。德军统帅部趁欧洲尚未开辟第二战场的有利时机，继续增强东线苏联境内的军事力量。1942 年夏季改为在南线实施重点进攻，企图迅速占领石油资源丰富的高加索和粮食充足的斯大林格勒。

交战双方： 苏联军队 VS 德国军队
交战时间： 1942 年 7 月 17 日~1943 年 2 月 2 日
双方将帅： 苏联统帅为朱可夫；德军统帅为鲍罗斯
双方投入兵力： 苏军共约 110 万人；德军共约 100 万人
双方使用武器： 坦克、装甲车、飞机、火炮、步枪、火箭炮等
交战结果： 苏军取得了保卫战的胜利

主要过程

1942 年 7 月 17 日，德军精锐部队第 6 集团军 27 万人在鲍罗斯将军的指挥下，向斯大林格勒逼近。

斯大林格勒位于伏尔加河下游西岸，是连接苏联欧洲南北水陆的交通枢纽，也是重要的军事工业基地。该城一旦失守，将会切断莫斯科和高加索地区的联系，进而威胁到巴库的石油和库班的粮食。还可北上迂回莫斯科，南下切断英、美支援苏军的供给线，并染指

★ 双方策略战术 ★

此役中，希特勒以抢占石油、粮食丰富的高加索和斯大林格勒，改善部队能源供给为策略，运用分兵出击速战战术；苏军采用积极防御策略，充分发挥疲惫消耗、待机反击、南北夹击、围敌打援、分割敌人、各个击破等灵活战术，使德军惨败。

中东和印度洋，打通日德联系通道，它的得失将会影响到整个战局。因此，苏联决定死守该城，并在奇尔河、齐姆拉河一线布置了顽强的防御部队，迟滞德军的推进速度。

7月24日，德军接近斯大林格勒西面的顿河河岸大弯曲部，企图对苏军进行两翼突击合围，进而从近道直逼该城。但是由于燃料和弹药的缺乏，以及第四装甲军团调往高加索战场，进攻斯大林格勒的德军只能停在卡拉赤正面的顿河岸上。30日，希特勒开始调集部队增援鲍罗斯，第四装甲军团又被调回，从西南向斯大林格勒进攻。8月3日攻占了科特尼可夫，9日，遭到苏军的激烈抵抗而被迫转入防御。这时鲍罗斯在苏军的顽强阻击中攻占了顿河上的一个据点，并占领卡拉赤。23日占领了斯大林格勒城北面近郊，计划从北面沿伏尔加河实施突击夺取该城。他派出2000架次飞机昼夜对城区进行狂轰滥炸，整个城市变成一片火海。苏空军及防御兵也对德军进行激烈反击，击落敌机120架。苏统帅部急调预备部队对德军实施侧翼反击。德军继续增加兵力，9月底，德军已达80多个师，主力都转移到斯大林格勒会战之中。

9月15日，德军全面进攻斯大林格勒。在飞机、大炮及装甲坦克的配合下，德军于23日突入城市核心，勇敢的苏军与敌人展开了巷战。为争夺一座房子、一条街道，常常是几经易手。夜以继日的激战使斯大林格勒变成了第二个凡尔登。

图为"斯大林-3"重型坦克。专为对付德国"虎王"而研制，被西方称为"拥有战列舰级装甲的坦克"。

斯大林格勒巷战场面

  1942年9月23日,德军从西面和西南面逼近城市。保卫斯大林格勒市区的任务主要由第62集团军和64集团军共同担负。市内展开了激烈的巷战,每一条街道、每一个工厂、每一座学校、每一幢楼房,都要经过多次反复争夺。

  希特勒命令变换战术,用炮火和飞机把该城变为废墟。11月12日,德军从该城的南部冲过伏尔加河,但却付出了70万人的惨重代价,迅速攻占该城的企图及整个战局计划被打破。苏军的疲惫消耗战为统帅部组织反击争取了时间。

  9月,两军鏖战正酣之时,苏军朱可夫元帅就开始组织策划反击计划,并隐蔽调集110万兵力集中在顿河以北的森林中,准备伺机大反攻。朱可夫兵分两路,一路以德中央集团军群为目标,以阻止其向顿河战线增援;一路则与斯大林格勒以南的攻击配合,从北面攻击德军。

  11月19日,苏军反攻开始,以南北两侧强大的钳形进攻,包围了德军第六军团等30万人,并一举攻占了德军交通瓶颈罗斯托夫。鲍罗斯的处境艰难,储备物资早已枯竭,补给也基本中断。为解救被围德军,希特勒将全部预备部队投向斯大林格勒,但苏军的顽强阻击使解围计划破产。12月21日,欲突围的鲍罗斯因燃料不足而无法机动,希特勒仍下令死守斯大林格勒。

  1943年1月底,德军在顿河上的全部正面军被苏军击溃。包围圈越缩越小,苏军南北对进,将德军分割成多个孤立的集团。31日,德军开始整团整师地陆续投降。2月2日,包括鲍罗斯在内的24位将官、2000名校级以下军官和9万残存士兵全部投降,斯大林格勒保卫战结束。

重要意义

  这次会战为苏德战争乃至整个第二次世界大战的根本转折做出了决定性贡献。苏军从德军手中夺取了战略主动权,转入战略进攻,极大地鼓舞了世界反法西斯同盟国。

诺曼底登陆
——为开辟欧洲第二战场奠定基础

交战双方：德国军队 VS 英美联军
交战时间：1944年6月6日~7月24日
双方将帅：德军总司令为伦德斯特；联军总司令为艾森豪威尔
双方投入兵力：德军58个师、160架飞机；联军32个师、1.57万架飞机、6000余艘舰船
双方使用武器：飞机、装甲战车、火炮、步枪等
交战结果：在英美联军的攻击下，德军溃败

历史背景

苏德战争爆发后，斯大林便向丘吉尔提出在欧洲开辟第二战场的要求，丘吉尔担心斯大林会代替希特勒而未置可否。美参战后，苏、英、美三国政府多次协商攻击法西斯的战略问题。但各方就时间和地点问题发生分歧，各国间不同的利益与两种不同的社会制度问题交织在一起，错综复杂，争论不休。但是法西斯的扩张，又使他们不得不相互妥协。几经周折，各方求同存异，在1943年11月的德黑兰会议上，三方最终达成开辟第二战场的协议。

主要过程

1943年12月6日，美国的艾森豪威尔被选定为英美联军总统帅，开始着手准备这场战略性战争。1944年1月21日，艾森豪威尔及参谋部结合各种条件，决定在法国西北部的诺曼底登陆。计划从卡朗唐到奥尔尼河之间占领一个立足点，并攻占瑟堡和不列塔尼的各港口，英第二军团在卡昂地区进行突破，吸引敌人预备队。美第一军团趁势登陆，从西面侧翼实施突破，一直向南前进到卢瓦尔河上。联军正面以卡昂为轴旋转，使右翼向东前进到塞纳河上。

盟军在诺曼底登陆的场面

1944年6月6日凌晨，一项代号为"D"日的军事行动在诺曼底海滩开始。以2万多空降伞兵为先导，近16万部队在空军的掩护下，从朴次茅斯启航，横渡英吉利海峡，一举突破了德军防线——"大西洋壁垒"。

双方策略战术

诺曼底登陆是英美联军反法西斯战争中的战略之战,以开辟欧洲第二战场、策应苏德战争为战略目标,采用战略性轰炸策略,最大限度地使敌人的交通、指挥与补给瘫痪,运用制造假情报、声东击西、突袭、海陆空联合作战和控制制空权等战术,击退敌人。而德军以假为真,以致造成战略决策的失误、丧失交通线及兵力调度不利等而损失惨重。

1944年3月30日开始,联军对德阵地实施不间断的战略性轰炸,对铁路、公路、桥梁、车场、海防工事、雷达站与飞机场等设施进行大规模的摧毁,不仅造成德军指挥体系的瘫痪,交通运输补给线路的中断,而且最大限度地孤立了联军登陆区和塞纳河与卢瓦尔河之间整个联军前进作战区的德军。

英美联军对登陆的突然性特别重视,他们制订了一个伟大的骗敌计划。在英国东南部建造了假总司令部、假铁路、假电厂、假油站和假船只等大规模的系统假象,暗示敌人联军在英吉利海峡最窄处的加来港登陆,时间会更晚些。

1944年6月6日,天气条件不好,艾森豪威尔果敢决定,早已做好充分准备的联军开始发动渡海攻击。海军扫除德军水雷阻碍线,并用重炮轰击敌人阵地。两个空降集团分别在圣梅尔艾格里斯和卡昂东北部的地区降落,担负保卫登陆部队的任务。在舰队重炮和空军猛烈火力的配合和空降师的策应下,登陆联军在卡堡至基尼维尔沿海一线分五个登陆区开始登陆。这些突然攻击,使因天气恶劣而防备松懈的德军惊恐不已。联军对交通线路的战略轰炸,使德军处于"铁路沙漠"之中;对制空权的绝对控制,使德军防御工事遭到摧残,联军的登陆极为顺利。凭借大西洋长城的防御,德军仍顽强抵抗,到夜幕低垂时,联军终于突破防线。

6日下午,希特勒、伦德斯特和隆美尔仍然认为联军的攻击只是佯攻,目的是掩护在加来方向主力的攻击,于是隆美尔只是用步兵封锁住美军的渗透,用一个装甲军在卡昂地区与英军周旋,而精锐部队第十五军团仍部署在安特卫普与奥尔尼河之间。

6月12日,联军登陆区连成一片,开始向诺曼底中部推进。27日,瑟堡守兵投降。但在德军的顽强抵抗下,联军进展缓慢,直到7月25日,才推进到卡昂、科蒙及圣洛以南地带。艾森豪威尔决定发动全面进攻,部队开始向法国心脏进攻。8月15日,美第七军团侵入法国南部,对德军造成钳形攻势。苏联的反攻,牵制住德军的大量部队,没有预备队的德军遭到联军的痛击,损失惨重。8月19日,巴黎被联军攻占,诺曼底登陆以联军的胜利而结束。

针对登陆日的确定，各军兵种曾根据自己的需要提出不同的要求，陆军要求在高潮登陆，以减少部队暴露在海滩上的时间；海军要求在低潮时登陆，以便减少登陆艇遭到障碍物的破坏；空军要求有月光，便于空降部队识别地面目标。最后经认真考虑，联军统帅部才确定在6月5日登陆。

盟军获胜原因

诺曼底登陆战役是世界历史上规模最大的两栖登陆战役，是战略性的战役，盟军登陆成功的主要原因有以下几点。

一、成功组织了战略欺骗，使得德军统帅部判断错误，不仅保障了登陆作战的突然性，还保证了战役的顺利进行，对整个战役具有重大影响。

二、掌握绝对制空、制海权。盟军投入作战的飞机达13700架，军舰9000艘，是德国飞机和军舰的数十倍。在登陆前空军对德国空军基地、航空工业及新武器研制基地等目标进行了大规模轰炸，严重削弱了德国的战争潜力。

三、充足的物资准备和周密的侦察保障。盟军为确保登陆成功，进行了长达近一年的准备，而且参战部队多，装备全，登陆前盟军作战物资和装备器材的准备十分充足。在登陆后，也保障了不间断的后期补给。

四、逼真的战前训练。由于登陆作战是一种极为复杂的作战样式，盟军在登陆前对参战部队的组织和行动进行了反复多次近似实战的模拟演练，以使部队尽快掌握相关的作战技能，提高了部队战斗力。

五、恶劣天气的影响。天气是登陆作战中的关键因素之一。由于恶劣天气的影响，盟军不仅将登陆时间由1944年6月5日推迟到6月6日，而且在空降作战、海上航渡与火力准备等过程中都受到不小的困难。但也正是恶劣天气使德军丧失了必要的警惕，增加了登陆的突然性。

重要意义

诺曼底登陆是战争史上最大的登陆战役，它为开辟欧洲第二战场奠定了基础，使战争进入反法西战争的最后决战阶段，加快了欧洲解放和第二次世界大战结束的进程。

越南战争
——特种战争与人民战争

交战双方：越南军队 VS 美军及其伪军
交战时间：1955年1月~1976年7月
双方将帅：越南军队为胡志明；美军及伪军为保罗·哈金斯、吴庭艳、杨文明
双方投入兵力：越南军队共约150万人；美军及伪军共160万人，其中美军54万余人
双方使用兵器：越南以常规武器为主；美军除常规武器外还有除草剂、落叶剂等生化武器
交战结果：越南赢得胜利并统一了南北

历史背景

第二次世界大战后，越南共产党领袖胡志明宣布越南独立，但法国并不想放弃对越南的殖民统治。1954年，在由中、美、苏、英、法等23个国家参加的日内瓦会议上，法国承认了印度支那三国的独立、主权和统一的地位，并同意从三国撤军。美国出于在远东的利益和其全球性战略考虑，一心想在该地区取代法国，因此，美国拒绝在日内瓦协议上签字，只表示不会使用武力威胁来妨碍协议的实施，暗中却指使吴庭艳在南越成立南越傀儡政权。

战争间隙的美国大兵们正在"忏悔"，请求上帝减轻自己的罪孽，完毕以后他们再重回战场继续其凶残的杀戮。

主要过程

越南吴庭艳反动集团上台后，1955~1960年5年内残害革命者8万余人。在越共的领导组织下，1960年12月20日，以越共为核心的人民解放武装力量组建起来。

1961年5月，为保护吴庭艳政府，美国出钱、出枪、出装备，武装南越伪军，并派遣一支特种部队作为顾问，对越南人民解放武装军队进行剿杀，开始了美国利用越南人打越南人的"特种战争"。1962年2月，美国在西贡设立军事司令部，由保罗·哈金斯指

越战期间，美国向越南投下了 800 万吨炸药，远超过第二次世界大战各战场投弹量的总和，这场战争造成越南 160 多万人死亡和整个中南半岛 1000 多万难民流离失所，家破人亡、妻离子散的场景随处可见。

挥。南越伪军在美国的指使下，在南方建立 1.7 万个"战略村"，周围用带刺的铁丝网和碉堡围圈，将整个南部划分成为若干较小的地区，使越共很难渗透到村里，群众也全部被囚禁在村里，"战略村"成了变相的集中营。人民解放游击队针对敌人的战略村计划，想方设法与群众联系，又将战略村变成战斗村。

1963 年 1 月，美荻省丐礼县北村对敌人的扫荡进行勇猛的反击，击伤击落美直升机 15 架，粉碎了敌人的扫荡。到年底，南方游击队共打死打伤美军 2000 余人，南方大部分地区获得解放。

南越的军事受挫，使美国统治者愤怒。1963 年 11 月，美国策划政变，杀死吴庭艳。1964 年初，"特种战争"宣告结束。

1964 年 8 月 5 日，美国借口其驱逐舰"马多克斯"号在越南领海被北越鱼雷袭击，制造了"北部湾事件"。美军开始对北越义安、清化和鸿基等地进行连续的空中轰炸。企图以"逐步升级"的局部战争取代原来的"特种战争"，以挽回败局。接着，美军实行"焦土"政策，对北方进行大规模的轰炸，对南方不断增兵。

越南群众极其愤怒，他们积极参加民族解放军和游击队，采用奇袭战、游击运动战和伏击

◆ 双方策略战术 ◆

整个战争中，美国统治者采用特种战争和局部战争的策略，运用"战略村"隔绝军民联系的战术，给越南人民造成了深重灾难。但越南军民奋起反抗，充分利用游击战、奇袭战和伏击战，围点打援，各个击破，粉碎了美军及伪军的企图，取得最终的胜利。

战、围点打援，给美军及伪军沉重打击，歼灭美军6000余人。

1968年1月30日，南方军民开始对大中城镇进行攻击，对西贡、岘港和顺化等64个城市展开全面的"新春攻势"。经过45个昼夜的激战，歼灭美及伪军15万余人，赢得了新春大捷。美军虽然拥有各种兵力54.5万人，伪军110余万人，但在战场上却完全陷入被动防御。

1968年3月11日，美国被迫提出和谈。企图一面和谈，一面继续增兵，搞战略升级。越南军民的顽强反击，使计划屡遭失败。美国总统尼克松上台后，迫于国内及国际压力，不得不调整侵越政策。不甘心失败的美国政府决定实行"战争越南化"，一面从越南撤军，一面由南越伪军承担美军的作战任务。

1973年1月27日，美国被迫签订《巴黎协定》，宣告结束其在越南的军事行动，但变相地使2万余名军事顾问和相当规模的海空部队留守越南，支援南越伪军。

1975年3月，在胡志明的领导下，越南民族解放军和游击队展开了大规模的自卫反击战，在顺化、岘港及西贡会战中，全歼阮文绍伪军，彻底解放了整个越南，实现了全国的统一。

重要意义

越南战争，使美国遭到惨重失败，对美国的霸权是一次沉重打击。越南虽然赢得胜利并实现了统一，但战争的残酷，尤其是美国在越南使用的大量除草剂和除叶剂等生态武器，给当地群众带来了极为深重的灾难。

历史背景

中东地区是连接亚、非、欧三大洲的枢纽，不仅战略位置极为重要，而且拥有丰富的石油资源。1948年5月14日，在美英的支持下，犹太复国主义者在巴勒斯坦地区建立以色列国。第二天，埃及、伊拉克、叙利亚、黎巴嫩和约旦等阿拉伯联盟国家宣布对以色列进行圣战，从此，旷日持久的中东战争开始了。

中东战争
——旷日持久的民族冲突

交战双方： 以色列军队 VS 阿拉伯国家联军
交战时间： 1948年5月15日~1982年9月15日
双方使用武器： 坦克、大炮、飞机、装甲车、战舰、导弹等
交战结果： 双方交战中，以色列军队胜多负少

主要过程

1948年5月15日，阿拉伯国家军队集结几万大军从四面围攻以色列，第一次中东战争爆发，刚刚立国的以色列伤亡惨重。在美、苏、英等国的活动下，

以色列伞兵使用的 MIA 卡宾枪

  双方同意停火 4 星期。这给了以色列喘息之机，趁机迅速扩充军队，从法、英、捷等国购进大批武器装备，并迅速组建了陆海空三军，调整作战部署。经过充分准备，以军于 7 月 9 日向阿军队发起"十天进攻"行动。阿拉伯国家思想不统一，造成军事上的被动，虽然局部击退了以军进攻，但以色列夺取了约 1000 平方千米的土地，这使阿内部矛盾进一步激化。10 月 15 日，以乘势向加利利地区和内格夫发起攻击，进展顺利。1949 年 1 月 7 日，双方停战，参战国签订停战协议。战争激化了阿拉伯国家和以色列及美英等国的矛盾，致使中东局势混乱不堪。

  1956 年 10 月 29 日，为夺得苏伊士运河的控制权，英法两国怂恿以色列入侵埃及的西奈半岛，第二次中东战争爆发。为配合以军的进攻，英法两国出动飞机轰炸埃及军事基地，吸引埃军主力。接着，以色列军队大举进攻，英法军队也从塞得港登陆，向运河区进攻，切断埃军退路，围歼埃军。埃及总统纳赛尔识破英法企图，命东部军区切断以军空降兵退路，利用地形优势将以军围困于米特拉山口。为实现"中间突破"，以军迂回攻击埃军防守薄弱的达卡山口，威胁西奈北部埃及主力。10 月 31 日，以军攻占阿布奥格拉。11 月 6 日，英法炮轰塞得港，企图利用陆战队一举占领运河区，但遭到埃及军民的奋勇反击。后来，英、法、以被迫接受联合国的停火决议，先后从埃及撤军。

  这次战争之后，美苏为实现各自的战略意图，对中东激烈争夺，以、阿双方分别得到美、苏的军事援助。1964 年，阿拉伯国家出现空前的团结，巴勒斯坦解放组织建立，以色列感受到合围的严重威胁。为削弱阿联盟力量，消灭巴勒斯坦解放组织，1967 年 6 月 5 日，以出动全部空军，对埃及、叙利亚和伊拉克军事目标进行闪击，发动了第三次中东战争。阿拉伯国家空军及指挥体系陷入瘫痪，以陆军趁势向纵深发展，虽然遭到顽强阻击，但埃及、约旦、叙利亚等国也遭到重创，以军占领了加沙地带、西奈半岛、约旦河西岸、耶路撒冷旧城和叙利亚戈兰高地。

埃及、叙利亚为收复失地，进行周密准备，于1973年10月6日发动第四次中东战争，对以进行突然袭击。埃军飞机摧毁了以防空系统、雷达通信系统等重要军事目标，有效压制住以军火力，陆军突破了苏伊士运河东岸巴列夫防线，不仅收复了失地，还控制了运河东岸10～15千米地区。叙利亚兵分三路向戈兰高地进攻。以军采用先北后南策略，运用正面突击和迂回相结合的战术阻止住叙利亚军的进攻后，利用美侦察卫星提供的情报，趁埃及运河西岸兵力空虚之际，插入埃军空当，切断了埃军的相互联系，使埃军腹背受敌。以军控制了战争主动权。24日，在国际社会呼吁下，双方实现停火，但埃及运河西岸部分领土和叙利亚戈兰高地以东的部分土地被以占领。

> **◆ 双方策略战术 ◆**
>
> 就战略战术而言，以色列是五次中东战争的胜利者，以军在受到合围时积极采用外交手段组建军队，采用闪击、牵制、迂回、切断敌人退路和摧毁敌人指挥体系等灵活战术，取得绝对优势。而阿拉伯国家虽然利用突袭、伪装与合围的战术取得局部优势，但由于内部分歧，缺乏统一指挥，在武器装备上处于劣势，最终造成失败。

巴勒斯坦解放组织为建立自己的国家，积极展开对以斗争。1970年，巴解组织及游击队进驻黎巴嫩，给以北部造成严重威胁。1982年6月6日，以驻英大使遇刺，以怀疑是巴解组织所为，便集结陆海空10万大军对黎巴嫩发动旨在消灭巴解组织、挤走叙利亚在黎驻军的第五次中东战争。

以军兵分四路进行立体进攻，5小时的炮击空袭后，在海空火力的支援下，地面部队采用东路牵制、中路助攻、西路为主的战略，空军则以消除对方防空能力为目标，对贝卡谷地的叙利亚导弹基地进行袭击。13日，以军侵占黎巴嫩大部分土地，巴解组织受到重创，叙军也遭到沉重打击。6月27日，联合国大会第7次紧急特别会议通过决议，要求以色列无条件停火并从黎巴嫩撤军。9月30日，以军撤出贝鲁特。

重要意义

旷日持久的中东战争，给当地人民带来了沉重灾难，使中东局势变得更加错综复杂。大国的介入更使该地区危机四伏，以致造成了阿拉伯国家和以色列之间发生重重矛盾。

历史背景

马尔维纳斯群岛,由346个大小岛屿组成,位于阿根廷以南500公里处的大西洋洋面上,是大西洋通往太平洋的战略要地。最先发现它的英国人,称之为福克兰群岛。1770年,西班牙通过接受转让和占领取得马岛的主权。后来,阿根廷人民推翻了西班牙的殖民统治,取得独立,并于1816年宣布继承西班牙对马岛的主权。1833年,英国以武力夺取了马岛,10年后往岛上派驻了第一位总督,从此双方为解决马岛的主权问题进行多次谈判,成效甚微,纷争一直延续下来。

英阿马岛之战
——制导武器大显神威

交战双方: 英国军队 VS 阿根廷军队
交战时间: 1982年4~6月
双方将帅: 英国军队为特混舰队司令伍德沃德、登陆部队司令穆尔;阿根廷军队为梅嫩德斯
双方投入兵力: 英国军队共约1.2万人;阿根廷军队共约1.4万人
双方使用武器: 飞机、军舰、潜艇、大炮、坦克、制导导弹等
交战结果: 以英军的胜利而告终

主要过程

1981年,上任不久的阿根廷总统加尔铁里,就制订了收复马岛的"罗萨里奥"计划。1982年3月19日,阿根廷一家公司的工人在南乔治亚岛利斯港拆除一个旧鲸鱼加工厂时,升起了国旗。这引起英国的强烈不满,24日,驻马岛的英军进行武力威慑。加尔铁里决定趁机实施"罗萨里奥"计划。26日,阿根廷3支两栖特混舰队依照计划分别对目标发动攻击。4月3日,阿军占领马岛,英驻军全部被俘,梅嫩德斯负责驻守马岛。

英国获悉消息后,立即断绝了与阿的外交关系,成立以首相撒切尔夫人为主席的战时内阁,制定了以

马岛之战中的
阿根廷士兵

武力为后盾，政治、经济、外交等多方施压，迫使阿根廷从马岛撤军，否则以武力夺取马岛的战略方针。随后，任命少将伍德沃德和穆尔分别担任特混舰队司令和登陆部队司令，准备出征。4月5日，以"竞技神"号和"无敌"号航空母舰为核心的特混舰队第一梯队全速向马岛开进。同时，为保证长途作战补给问题，英政府实施征用商船计划，对征调的商船进行高效迅速地改装。

英阿马岛之战中被击中起火的英国船"加勒哈德先生"号

有西方媒体评论说："这是一场没有赢家只有输家的战争。"在这场血与火的较量中，英国用近千人的伤亡代价和27亿美元的巨额花费仅换来了名义上的胜利，而名义上的失败也没有使阿根廷人放弃争夺马岛主权的斗争，他们在战后把每年的6月10日定为"马岛主权日"。

4月12日，英第一梯队的核潜艇先期到达马岛周围，开始对其200海里的海域实施封锁。4月下旬，英全部兵力到达指定海域。26日，英军攻上南岛，俘虏了阿军150余人，获得了进攻马岛的前进基地。30日，英军利用核潜艇、巡洋舰、近程地对空导弹、高射炮和飞机交织成一个立体火力网，对马岛周围200海里的区域进行海空封锁，企图迫使阿根廷放弃马岛，增强在外交谈判中的主动权，同时为攻占马岛创造有利条件。5月2日，英军为消除阿海军对自己的威胁，打击阿军士气，经战时内阁批准，"征服者"核潜艇向在封锁圈外的阿军"贝尔格拉诺将军"号巡洋舰发射了声呐和磁性导航的鱼雷，将其击沉。作为回应，4日，阿3架"超级军旗"飞机采取超低空飞行，躲过英军雷达，向英国造价达2亿美元的最先进的"谢菲尔德"号军舰发射两枚"飞鱼"式制导导弹，给英军造成极大的打击。

为避免英阿冲突可能导致的战争，美国积极进行外交斡旋，但收效甚微。阿军继续向马岛增兵，兵力达1.4万余人，并调整了岛上的防御体系，重点防守马岛东部的首府斯坦利港，只对西部部署了少量守兵，其他地区也是分散把守。英军也加紧登陆作战计划的准备。此前，英军已通过电子侦察与空降兵全面了解了地形和阿军的兵力部署。为迷惑阿军，伍德沃德派小股部队佯攻达尔文港和福克斯湾，吸引驻斯

◀ 双方策略战术 ▶

这场战争中，阿军采用充分利用地形进行防御的策略，但对英军作战企图和战略方向判断错误。英军以封锁策略给阿军施压，不成之后，改为武力解决策略；最后以构筑防御阵地和分进合击等灵活战术，一举击败阿军。

在这场持续两个多月的战争中,有 254 名英国人和 712 名阿根廷人丧生。图为阿根廷坦克兵正准备与他们的英国对手作战。

坦利港的阿军。同时,在高射炮、导弹和"鹞"式战斗机组成的防空体系的掩护下,英主力军从阿军防守最薄弱的马岛最西端登陆。5 月 21 日凌晨,登陆行动全面展开,虽然遭到阿空军的猛烈反击,造成很大损失,但登陆进展顺利。

27 日,英军在陆上从南北两路呈钳形攻势向斯坦利港推进。阿军此时放弃外围,凭借布下的三道防线坚守斯坦利港。阿军三道防线中,第三道(即加尔铁里防线)最为坚固,它以一系列高地为主,并埋设了大量地雷和障碍,只有一条阿军严密火力保护下的秘道可以通行。

经过周密的勘测,英军于 6 月 13 日标示出通道,随后,开始了对阿军的全面攻击。双方激战 5 个小时,加尔铁里防线被英军突破。14 日,斯坦利港内的阿军投降。15 日,英国夺回马岛,战争结束。

重要意义

战争的失败,使阿根廷政局动荡,加尔铁里辞职。英国的胜利,加强了撒切尔夫人在英国的地位。战争中精确制导武器的应用,改变了传统海战的模式,动摇了以吨位和火力衡量实力的观念,为战争史中海战的防空和反潜丰富了内容。

海湾战争
——进入高科技战争时代

交战双方： 伊拉克部队 VS 以美国为首的多国部队
交战时间： 1991年1月17日~2月28日
双方将帅： 伊拉克部队为萨达姆总统；多国部队为施瓦茨科普夫将军
双方投入兵力： 伊拉克共120万人、坦克5600辆、飞机774架、舰艇60艘，其中驻科威特54.5万人；多国部队共70万人、坦克4300辆、飞机2000架、大炮2300门、战舰400艘，其中美军50万人
双方使用武器： 坦克、飞机、导弹、火箭、大炮等
交战结果： 伊拉克以失败而告终

历史背景

鲁迈拉油田横跨伊拉克、科威特两国120公里的边界。20世纪70年代，随着石油经济的发展，伊、科两国发生激烈的石油之争，矛盾日趋尖锐。之后，伊拉克因两伊战争而负债累累，经济陷入困境。为输出石油，伊拉克试图让科威特割让沃尔拜岛，租借半个布比延岛以面向波斯湾建港，但遭到科威特的拒绝。为控制石油，称霸海湾，1990年8月2日，伊借口科在历史上归属伊，突然侵入科。8日，伊宣布两国合并。伊的行为使美国在海湾的石油利益、战略地位受到严重威胁和挑战，为显示其在世界的领导作用，布什政府立即做出反应。

主要过程

8月7日，为防止伊拉克袭击沙特阿拉伯，美国实施"沙漠盾牌"计划。美国以联合国的名义组织一支包括英、法、加、澳等国在内的70万人的多国部队，装备大批的先进武器，部署在沙特及周边各国。国际社会一面谴责伊拉克的侵略行径，一面为和平解决海湾问题而斡旋。1991年1月5日，布什向萨达姆发出立即从科威特撤军的最后通牒，但遭到断然拒绝，于是解放科威特的"沙漠风暴"行动在海湾刮起。

多国部队统帅施瓦茨科普夫将军及其参谋部采用以大规模空袭进行饱和轰炸，切断伊军后方对前

战斗轰炸机 F-15

◆ 双方策略战术 ◆

此役,多国部队采取大规模战略空袭,对敌人地面部队、后方及指挥系统及军事机器进行轰炸,从后方阻滞敌人,切断供给,摧毁指挥控制体系,孤立战场;并且灵活运用大规模空袭、突袭、佯攻和集中用兵等战术,摧毁敌军斗志。伊拉克军因错误地估计形势和军事装备处于劣势而导致一败涂地。

方的供给和增援,取得制空权,摧毁伊军指挥和控制中心,最大限度地孤立前线敌人,为地面部队进攻扫清障碍的战略方针。

1月17日凌晨,多国部队凭借空中优势对巴格达进行大规模持续空袭,拉开了海湾战争的序幕。接着,成千上万的飞机和导弹对伊拉克境内的机场、导弹基地、指挥通讯中心和化学核武器工厂及储存设施等进行猛烈轰炸。先进的"爱国者"式和"毒刺"式导弹、F-117隐形轰炸机、B-52远程战略轰炸机等武器大显神通。伊拉克军事设施被大量摧毁,指挥体系也陷于瘫痪。美军每天2000多架次飞机的大规模空袭破坏了伊军交通线和供应基地,炸毁了掩体防御工事。虽然伊拉克军队向沙特、以色列等多国部队的驻地发射了许多苏制"飞毛腿"导弹,但大多被利用卫星电子防御系统的美军用"爱国者"导弹拦截。

30天地毯式超饱和的连续轰炸,摧毁了伊通信枢纽和情报系统,切断了前线伊拉克军队与后方的联系。

2月24日4时许,配有夜视系统的多国地面部队,向伊拉克前线部队发起代号为"沙漠军刀"的地面进攻。施瓦茨科普夫精心策划,先派遣一支1.7万人的两

图为科威特儿童正欢迎解放者进驻。

栖部队，从科威特东海岸阵地登陆，进行极具威胁的佯攻。萨达姆火速调走科威特南部战线中段伊军支援东线，伊军阵地局部兵力空虚。多国部队趁势兵分四路，分别从科威特南部中段、沙特和伊拉克边境西部、伊拉克萨尔曼机场和沙、科边境的右侧实施突袭。在大规模直升飞机攻击的配合下，多国部队对伊军形成大包围，切断了伊军的供给线路。26日，伊军最后的退路底格里斯—幼发拉底河谷也被封锁。失去统一指挥和补给的伊军在强大的多国部队的猛攻下，节节败退，溃不成军，最终被分割成多个孤立阵地。多国部队集中优势兵力，进行各个围歼。

27日，萨达姆宣布无条件接受安理会关于伊拉克的决议，28日零时，多国部队停止进攻，旨在迫使伊军撤出科威特的海湾战争基本结束。

重要意义

海湾战争是一场现代高科技战争，是当代最新武器的试验场。中东国家大部分卷入战争，阿拉伯世界再次陷入分裂。大国的插手，使海湾、中东地区形势更为复杂。海湾战争深刻反映出世界新格局形成时期各种矛盾的新变化。

科索沃战争
——典型的高技术非接触式局部战争

交战双方：南联盟军队 VS 北约盟军
交战时间：1999年3月24日～6月9日
双方将帅：南联盟军队为米洛舍维奇总统；北约盟军为韦斯利·克拉克
北约盟军投入兵力：飞机1000多架、舰艇400多艘，其中美国约730架飞机、24艘舰艇
南军使用武器：大炮、高射炮、导弹、飞机等
北约使用武器：大炮、飞机、导弹等
交战结果：以南联盟同意从科索沃撤军而告终

历史背景

科索沃是南斯拉夫联盟塞尔维亚共和国的一个自治省，其居民90%以上是阿尔巴尼亚人，其余是塞尔维亚和黑山人。历史上，阿族和塞族长期不和。20世纪80年代末，阿族人要求建立"科索沃共和国"，从塞尔维亚共和国脱离出来。一直视科索沃为家园和宗教圣地的塞族人不愿放弃，两族矛盾激化，阿族极端分子组建了"科索沃解放军"，暴力冲突愈演愈烈。1998年2月，南联盟总统米洛舍维奇派军队对阿武装进行镇压，科索沃局势急剧恶化。

主要过程

科索沃危机伊始，以美国为首的北约就积极卷入，使其国际化，以便利用科索沃民族矛盾来扩大北约的影响，实现在科索沃驻军，控制巴尔干地区，完成东扩目标，并从该地区排挤出俄罗斯的传统势力。1999

塞尔维亚人焚烧带有纳粹标记的英国国旗，抗议北约的轰炸。

年1月，在美国的操纵下，冲突双方进行谈判，但最终破裂。3月24日，北约以保护人权为名，对南联盟开始了代号为"盟军"的大规模空袭行动。

3月24日19时，以美国为首，拥有19个成员国的北约盟军，在其最高司令兼美军驻欧洲部队总司令韦斯利·克拉克上将的指挥下，一批接一批的北约战斗机、轰炸机和导弹向南联盟军营、防空设施、电厂和通信设施实施猛烈轰炸，科索沃战争由此开始。

27日前，北约空军先后进行了4轮空袭，旨在摧毁南联盟的防空体系、指挥控制中心、军工厂和在科索沃的塞族部队。但南联盟军民并没有屈服，纷纷拿起武器，对北约的入侵进行顽强的抵抗。美国最先进的、拥有不可战胜神话的F—117隐形飞机在贝尔格莱德以西60公里的上空被击中，坠落在布贾诺夫齐村附近。在海湾战争中显赫一时的"战斧"巡航导弹命中率仅为20%，多次被南军防空武器截击。

3月28日，美军对南联盟开始了新一阶段的空袭。对南部的南联盟地面军队和军用物资进行疯狂轰炸，试图摧毁南军的军事装备，迫使南联盟屈服。南联盟军队充分利用山多、地形复杂的有利条件和当时多雨多雾的有利天气，分散队形，隐藏弹药等军需物品，不失时机创造局部优势，采用藏、打、运动和迂回相结合的战术，不断使北约的飞机与导弹部队受到突袭。

南联盟军民的反抗，给北约军造成了严重损失。4月13日，美总统克林顿宣布对南联盟扩大空袭范围、增加空袭强度，实施24小时不间断轰炸。轰炸开始变得惨无人道、丧心病狂，民用设施的桥梁、铁路、公路、工厂、电视台、通信系统、电力系统、供水系统、医院、商店，甚至居民楼都遭到狂轰滥炸。灭绝人性的空中绞杀，使南联盟1800多名平民丧生，6000多人受伤，近百万人沦为难民；20多家医院被毁，300多所

◆ 双方策略战术 ◆

以美国为首的北约采用高强度的空袭策略摧毁南联盟战争机器，迫使南屈服。南军则不畏强暴，充分利用地形及天气优势，灵活运用藏、打、运动相结合的战术，给北约军以重创。

学校遭到破坏，交通干线、民用机场以及广播电视基本瘫痪。

北约的野蛮行径遭到国际社会的强烈反对，5月7日，中国驻南联盟大使馆遭到北约B—2战略轰炸机的袭击，3名记者死亡，20多名外交人员受伤，馆舍严重毁坏，引起中国及世界人民的极大愤怒，北约在国际社会中越来越孤立。

6月5日，在中、俄及联合国秘书长安南的斡旋下，北约和南联盟在马其顿举行谈判。9日，双方签署了南军撤退协议书，北约结束了对南联盟的轰炸。

北约对科索沃的空袭，造成6000平民伤亡，50多座桥梁被毁，公路、铁路、机场和电站损失殆尽，损失达2000亿美元，百万人颠沛流离。

重要意义

科索沃战争，使南斯拉夫人民遭受巨大灾难，联合国宪章和国际法准则遭到践踏，世界和平与发展受到严重威胁。这场战争充分暴露了美国独霸全球的战略野心。

北约依靠其强大的空中军事力量，对南联盟境内的军用、民用目标进行了野蛮轰炸。在长达78天的空袭行动中，北约战机在科索沃击中了南联盟军队约1/3的武器和车辆，其中包括93辆坦克、153辆装甲车、339辆军用车辆、389门大炮和迫击炮。

伊拉克战争
——以反恐的名义

交战双方：美英联军 VS 伊拉克军队
交战时间：2003年3月20日~4月11日
双方将帅：伊军统帅为萨达姆总统；美英联军总统帅为小布什总统
美英投入兵力：24万余人、航母4艘、战舰50余艘、飞机520余架，其中美军20万人、3艘航母、40余艘战舰、500余架飞机
双方使用武器：飞机、坦克、电子炸弹、导弹等
交战结果：以美英联军的胜利而告终

历史背景

海湾战争后，联合国第687号决议规定，派遣武器核查小组进驻巴格达。美国企图利用核查小组牵制伊拉克，但核查小组一再受挫，美对伊的政策开始转变。"9·11"恐怖事件爆发后，美国对世界恐怖主义保持高度警惕，并把伊拉克看作是继阿富汗塔利班和基地组织后全球反恐怖战争的打击对象。在联合国核查小组再次对伊进行调查而未发现其拥有核武器和化学武器的情况下，美军以清除伊大规模杀伤性武器为名，发动了旨在推翻萨达姆政权的战争。

主要过程

2003年2月20日，美国在海湾地区集结海、陆、空军队近20万人，英军也有4万余人调向这里。美英联军将部队部署在伊拉克周边的沙特、巴林、阿曼、埃及和土耳其等国，并控制住各战略通道。沙特是对伊作战的一线基地。

一直与美国对抗的萨达姆也做好了战争准备，除部署在边疆地区的部队外，他还以巴格达为中心构建了严密的防御体系，准备多层次阻击和抵抗敌人。

3月20日，美军制订的代号为"斩首行动"的计划开始实施，美F-117隐形轰炸机和导弹对巴格达进行轰炸，拉开了伊拉克战争的序幕。在这次空袭中，

执行夜间跳伞任务的伞兵

◆ 双方策略战术 ◆

美英联军凭借精确的先进武器，采用"擒贼先擒王"的战术，摧毁伊军指挥体系，运用夜视器材，发动闪电夜袭战。伊军采用防御策略，多层设防，层层阻击，分散兵力的战术，超额实现了战略层面上的防御目标。

美军使用"电子炸弹"攻击伊拉克，这种新式武器产生的高能电磁波使伊军及萨达姆卫队拥有的各类电话、无线电通信和电子计算机等电子设备立刻失灵。同时，美军用精确的制导导弹准确地打击伊指挥和控制中心。

为避开美英联军的优势空军和导弹袭击，萨达姆分散兵力，将实力最强的9万共和国卫队、4个特别旅、2个特种部队部署在巴格达周围。并在巴格达周围筑建野战工事，开挖战壕、沟堑，在飞机跑道上放置水泥等障碍物，借以阻击美英空降部队的着陆。

美英联军对伊拉克首都巴格达和其高层领导人的住所等要害部门进行连续三轮的狂轰滥炸。晚21时05分，美英地面部队在战斗机和直升机的掩护下，凭借配备的尖端夜视作战设备，兵分几路对巴格达进行合围，欲以迅雷不及掩耳之势深入巴格达，俘虏或击毙萨达姆。顽强的伊军凭借坚固的防御工事，给美英造成了一定的损失，虽然发射的导弹部分被美国的"爱国者"导弹截击，但仍有效地阻滞了敌人的攻势。

次日，联军以惊人的速度突进，

一名美国士兵坐在缴获的伊拉克坦克的塔楼里

美国总统布什于美东部时间5月1日晚9点在从海湾返航的"林肯"号航母上发表讲话，称伊拉克战争的"主要战斗行动"已经结束，联军在战斗中取得了胜利。

战斗中的伊拉克军队

准备以闪电式进攻,在短时间内赢得战争,但萨达姆的精心布防和顽强的共和国卫队粉碎了美英的"斩首行动"。

4月4日,战争形势发生急剧变化,美英联军经过一番调整,大批的后续援兵到位,又开始重新发动大规模进攻,对巴格达西南的萨达姆机场实施争夺。5日,巴格达周围的守兵与敌人进行激烈的短兵相接。6日,联军在巴格达上空进行24小时不间断的空中巡逻,对市内目标继续轰炸,加强对巴格达外围的控制,力图合围。8日,联军连连突破伊军防线,开始从南北两方向巴格达市区推进。次日,美军进入市中心。11日,美军宣布萨达姆政权垮台,大规模的伊军抵抗行动结束。14日,萨达姆的故乡提克里特市也被联军所控制。

美英联军控制的伊拉克,局势一直动荡不安,虽然美军使用了精确的制导武器,但也造成大量平民伤亡,伊拉克依靠"石油换食品"的计划也因战争而中断,伊拉克平民受到饥饿的严重威胁。

重要意义

伊拉克战争,彻底摧毁了萨达姆的专制统治,也给伊拉克人民造成重大生命与财产损失。战争结束后,伊拉克局势一直动荡不安,国内混乱不堪,严重影响了伊拉克的社会经济发展。伊拉克战争是人类历史上第一次全程媒体直播的战争,让全世界人民了解了现代化战争的基本形态。

中国卷

涿鹿之战
——华夏民族入主中原

交战双方：黄帝、炎帝联军 VS 蚩尤军队
交战时间：距今大约 5000 年
双方将帅档案：黄帝：轩辕氏，华夏部落联盟领袖，后被汉族人民尊为"始祖"。炎帝：其部族以崇尚农耕著称。蚩尤：生性残暴，刚愎自用，东夷集团九黎族领袖。
投入兵力：蚩尤兵力人数稍占优势
使用兵器：尖锐锋利的铜制武器；石斧、木制标枪、弓箭等
交战结果：黄帝、炎帝军获胜

历史背景

距今 5000 年前后，中华大地上形成了华夏、东夷和苗蛮三大部落。生活在黄河中游的华夏部落以黄帝、炎帝两大部族为核心。炎帝部族东进到太行山以东拓展耕地，与同时西进华北大平原的东夷九黎部落蚩尤族在土地争夺上矛盾尖锐，华夏族与九黎族间的武装冲突已在所难免。

主要过程

距今约 5000 年前，华夏部落的黄帝部族和炎帝部族结成部落联盟。炎帝为拓展农业耕地，率本部族东进，到太行山以东定居了下来；而这块地盘正是进入华北平原的东夷九黎人首领蚩尤想得到的。蚩尤倚仗自制的精良兵器——铜刀和铜锥，加之部众擅长角抵，作风剽悍勇猛，便向炎帝发起攻击。

炎帝部族使用的兵器还主要是木、石制的弓箭、枪矛，而对蚩尤的突袭又准备不足，因此尽管炎帝军毫无惧色，极力抵挡，但最终还是招架不住而被迫撤退，所居"九隅"全部落入蚩尤手中。

炎帝不甘失败，遂向同部落的盟友黄帝求助。为维护华夏联盟的整体利益，也为尽部落联盟兄弟间互相援助的义务，黄帝答应帮助炎帝，亲率部族军队进入华北大平原，在涿鹿地区陈列"方阵"与蚩尤对峙。

蚩尤也称得上一代枭雄，自不甘示弱。他集结所属 81 个支族，又联合巨人夸父部族和三苗一部，在兵力人数上已占据优势，又挟战胜炎帝之余威，并倚仗精良的武器装备，气势汹汹地向黄帝扑来。黄帝临危不乱，率领以熊、罴、狼、豹、貙、龙、鹗等为图腾的氏族部众迎击蚩尤。黄帝还利用位居河上游的条件，令大将应龙在河上筑土坝蓄水，以抵御蚩尤的攻势。

炎帝像

炎帝即神农氏，曾遍尝百草为人治病，晚年在南巡途中因误尝毒草而身亡，死后葬于长沙茶乡之尾。

黄帝战蚩尤图

当时正值浓雾弥漫,大雨倾盆,这很适合来自东方多雨环境的蚩尤族开展军事行动。蚩尤适时利用天气变化不断偷袭黄帝军得手,于是得意忘形,趾高气扬,认为不多时黄帝就不得不束手就擒了。

黄帝毕竟不是等闲之辈,他知道恶劣气候下不是己方进攻的好时机,就主动避敌锋芒,井然有序地组织后撤,因而保存了实力。不多久,雨过天晴,黄炎联军反败为胜的契机来了。黄帝当机立断,一声令下,大将常先、大鸿从正面开始了反攻。

黄帝又利用狂风大作、飞沙走石的天时,命风后、王亥把经过训练的300匹火畜组成一支骑兵,朝蚩尤军长驱直入。

黄帝还准备了80面夔牛大鼓,趁风沙弥漫之时擂鼓吹号以震慑敌人。

突如其来的反攻让蚩尤猝不及防,其军队开始慌不择路、自相践踏,终于陷入崩溃。蚩尤无心恋战,向南逃跑。而粗犷骄横的夸父不承认失败,率本部奔大鸿军杀来。忽然一阵狂风,夸父眼里进了沙子,大鸿自不肯放过制敌机会,拦腰砍落夸父,夸父军四散奔逃。

黄帝身边众多谋臣一再进言不可放走蚩尤,黄帝采纳群臣意见,联合炎帝族和玄女族紧追蚩尤,在冀州之野将之包围。黄帝命令擂鼓击钟,蚩尤军被钟鼓声震得耳聋眼花、溃不成军。蚩尤拼死突围屡告失败,最后终被擒杀。涿鹿之战以黄帝军的大获全胜而告终。

> **◀ 策略战术 ▶**
>
> 充分利用天时地利;善于寻求同盟;避实就虚,保存实力;从"狩猎"战术推出"方阵";善于判断和掌握战机。

重要意义

涿鹿之战奠定了华夏民族拥有中原的基础,促进了民族间的融合交流,推动了生产力的发展。炎黄从此被尊为中华民族的祖先。

鸣条之战
——商灭夏之战

历史背景

夏朝末年，以夏王桀为首的奴隶主贵族集团骄奢淫逸，横征暴敛，激起了民众及周边隶属方国的强烈不满和反抗，社会矛盾不断激化。生活在黄河中游的商部落在领袖汤的领导下，日益强大并对夏朝构成威胁，夏朝统治岌岌可危。

策略战术

"间谍信息"战的创造性运用；"迂回"战术的充分使用；剪除羽翼，各个击破；正确选择战机；心理战的应用；争取"人和"。

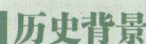

征射手甲骨文

商代征战的形式是每乘战车上有一名弓箭手。征集三百名弓箭手出征，说明出征战车已达三百乘。

主要过程

约在前1766年，商汤正式兴师伐夏。战前商汤誓师，列举了夏桀荒废朝政、破坏生产、不体恤人民、滥施淫威的一系列罪行，表明自己欲救民于水火，替天行道的远大志向。

商汤精选良车70乘、"敢死"队员6000名整装待发，并召集不堪忍受夏桀奴役的诸侯会盟于有仍，讨论并部署灭夏战略。

夏桀急调九夷部落军队汇编入夏朝军队以迎战商汤。汤见夏桀仍有一定的号召力，威势尚存，便采纳伊尹谋略修书假意臣服，以为缓兵之计。后来汤再次宣讨暴桀，而此时，原本听命于桀的九夷军哗变，有缗氏阵前倒戈，桀只得纠集起王室直属军队抵御商军。

当时，夏桀夜梦"两日相斗，西方日胜，东方日不胜"，这被居夏从事间谍活动的伊尹得悉并反馈给汤。汤命令大军进行战略转移，从"东方"行军，迂回到夏都以西，由西向东攻击。这一战术一方面能出其不意，攻其不备；另一方面则是利用了夏桀对"西方日胜"的心理恐惧，弱化

商汤像

商汤（约公元前1670年～前1587年），姓子，名履，又称武汤、成汤，商部落的杰出首领，在位13年，建立了中国历史上第二个奴隶制王朝——商朝，定都亳。他吸取夏桀亡国的教训，鼓励生产，减轻征赋，使商朝成为当时世界上强大的奴隶制王朝。

夏军的心理防线。

商汤命军队由西向夏都突袭夏军，夏桀仓皇应战，出城拒汤。商王和夏主就在鸣条展开了一场势均力敌的厮杀。夏桀指责商汤目无君王，罪不可赦；商汤反责夏桀荼毒生灵，已没有权威再号令四方。深受夏桀压榨的夏朝民众也坚定地站在了商汤一边，商军助威声、民众斥责声令曾"唯我独尊，无视天下"的夏桀心有余悸，再加上脑海中不断浮现的"西方日胜"，于是胆战心惊，拨马败走。但见商王大手一挥，商军以排山倒海之势冲向夏军，夏王室主力军队一溃千里，向东南方向败退。商相伊尹早已料到其会败逃，战前他已安排商军盟友在夏都东南严阵以待，及时伏击败逃的夏军。夏桀再遭重创，逃奔到南巢（今安徽寿县南），不久病死，夏朝灭亡。

鸣条之战以夏桀军队彻底失败、商汤军队大胜而宣告结束。

重要意义

鸣条之战奠定了商取代夏入主中原的基础；是我国古代"伐谋、伐交、伐兵、用间"的第一次全面运用，丰富了军事指挥艺术；对后世战争的发展、军事理论的构筑也有深远的影响。

军事知识

迂回

这是一种旨在避实就虚、攻其不备、出其不意的战略战术，目的是攻击敌人的薄弱部位，或断敌退路，阻敌增援，协同正面部队和包围部队围歼敌军某一集团。按性质和范围分战略迂回、战役迂回和战术迂回。

武丁的征服
——使商朝疆域达到最大

交战双方： 商王武丁军队 VS 吉方、羌戎等四方部落方国军队

交战时间： 公元前12世纪

将帅档案： 武丁：商朝第二十三代王，子姓，名昭，少时曾生活在民间，了解百姓疾苦，即位后励精图治，任用傅说、甘盘为相，在位59年，使商朝政治、军事、经济实力大增，也是征服战争的统帅。

使用兵器： 青铜铸造的刀、镞、戚、戈、矛、钺、盔、甲等

交战结果： 商朝疆域空前扩大，周边部落全部臣服于商，武丁夺得大批奴隶

历史背景

商汤灭夏后，商王被周围方国尊为共主。商代中期，统治阶级内部相互倾轧，权力纷争，削弱了商王朝的统治，周围方国开始动乱，欲摆脱臣属地位。雄才大略的武丁即位后，立志征服四方以巩固统治，维护商王君威。吉方、鬼方、西羌、东夷等经常抢掠商边境的四周方国部落就成了武丁征服的对象。

主要过程

吉方是商朝西北的一支游牧民族，原曾臣服于商，后利用商王室"九世之乱"的机会脱离商朝控制并迅速扩张，成为河套地区的割据势力。其首领多次带领绎方并联合土方南下犯商边境，抢掠商边境牲畜、农作物甚至人口。

武丁看在眼里，恨在心上，他决定征讨这一野蛮部落。他命傅说辅太子监国，亲提大军，率大将禽和甘盘北上伐吉方。

先锋沚戛部队先进入吉方地盘向吉方挑战。吉方首领畏惧王师锐气，并不正面应战沚戛，而是坚守不出。

记有庙号的戈

兽面纹铜钺

龙纹戈

不久，武丁大军来到吉方，扎寨安营。是夜，吉方头领率军突袭商军营寨，沚戛军防范不及，遭受了些损失；而吉方自知王师强悍，故不敢冒进，得了些小便宜便退回城中去了。武丁根据吉方这一作战特点，命西境守将密切关注吉方动向，又调集数千士兵轮值守望以察敌情。几天后武丁掌握了敌人行踪，遂与禽、甘盘部署好了防御工事。吉方见武丁防范措施严密，无懈可击，再行突袭之举遂罢。

防患做好，就要准备进攻了。武丁令禽、羽、戍兵分几路直捣吉方巢穴，自己和甘盘坐镇后方指挥。正面交锋，吉方军哪里是精锐王师的对手。禽、沚戛、羽等将军均身手不凡，武艺高超，吉方头目们只有招架之功而无还手之力。吉方首领知道敌不过，弃营西逃。武丁见吉方军溃退，即命乘胜追击。由于吉方是游牧民族，习惯打"游击"，形势一不利就化整为零，所以武丁欲歼其兵力却不得。武丁打跑了吉方，占领了河套就凯旋了。伐吉取得了成就，但战争并未结束，直到多年后吉方首领被禽擒获，吉方对西北边境的威胁才宣告解除。

武丁像

武丁是商代的中兴之主，创立了一代盛世。

征伐吉方的同时，商王也派大军攻伐吉方的得力盟友土方，并把土方领地划入商的版图。攻灭吉方、土方后，西羌就成为武丁最大的征伐重点。羌有羌龙、北羌、马羌等支，他们的侵扰掠夺让商西境的居民不得安宁。武丁命妻妇好和当时久经沙场战功累累的名将禽、羽等征伐西羌。一仗打下来羌人势力大大被削弱。武丁还将所获战俘用作祭祀鬼神的"人牲"，商之西境得以安定。

北羌、西羌威胁扫除，商王武丁的征伐矛头便指向了南面的荆楚和巴方。荆楚与虎方、雩方是长江流域的

妇好墓

古代兵员主要出自男性，女性极少。妇好是商代第二十三王武丁的配偶，为中国历史上第一位有记载的女将军。殷墟出土的甲骨文中就记述了她出征与得胜归来受商王赏赐之事。图为在河南安阳妇好墓原址上修建的仿商代木结构屋亭。

三联铜甗（妇好墓） 商

后母戊铜鼎 商

反商方国。武丁率军深入荆楚险阻之地，侦察掌握敌情并认真制订作战方案，构筑战略工事，还联合了汉水流域的我、曾、举三个方国与商军协作战斗，历时2年荡平荆楚之地，俘获大量军众，汉水流域也被纳入商的版图。之后武丁征伐巴方，他命沚戛为先锋在前面披荆斩棘，开通道路，自己和夫人妇好策划计谋。武丁让妇好在敌人西面埋伏军队，自己在东面对巴方军队发起攻击。巴方退却时正好陷入妇好的埋伏阵内，武丁军进击，妇好军在敌后攻击。巴方军队在武丁军与妇好军的包围圈中顾此失彼，阵形大乱，终于被围歼，南境遂平定。

> **◆ 策略战术 ◆**
>
> "知己知彼"，掌握敌情；"游击"战术；各个击破战术；合围歼敌战术；埋伏战术。

此后武丁还伐鬼方，历时3年；之后又令子商粉碎缶方和基方的反抗，擒杀其首领，用时4个多月。武丁在位时还征灭了夷方、宙方和龙方，吞并了拒绝向商称臣纳贡的大彭和豕韦的土地。武丁的征服战争使商王朝势力在西、北、南、东多方位扩张，达到商代顶峰，史称"武丁中兴"。

重要意义

武丁的征服战争解除了商朝的边境忧患，扩大了商朝版图；其整体防御战术对后世军事理论的产生有指导作用。

军事知识

整体防御
这是指在强敌面前采取防御战术以保护阵地、争取时间创造条件调集兵力转入进攻的战术。

商妇好大铜钺
1976年河南安阳殷墟妇好墓出土了4件青铜钺。其中一件大钺长39.5厘米，刃宽37.5厘米，重达9000克。钺上饰双虎扑噬人头纹，还有"妇好"二字铭文。该钺并非实战兵器，而是妇好统帅权威的象征物。

牧野之战
——车战的开端

交战双方： 周武王军队 VS 商纣王军队
交战时间： 公元前 1027 年
将帅档案： 周武王：姬姓，文王子；继父志将周部落发展壮大；周朝的建立者；牧野之战周军统帅。吕望：即姜尚，字子牙；在渭水垂钓时为文王发现其将才并任为周相，辅佐文王、武王使周部落强盛；牧野之战周军实际决策者。商纣：商朝最后一位王，荒淫残暴；牧野之战商军统帅；失败后自焚于鹿台。
投入兵力： 周武王军队兵车 300 乘、虎贲 3000 人及甲士 4.5 万人；商纣王军队约 17 万人
使用兵器： 戈、矛、刀、弓箭、戟和剑；轻车、广车、戎车、冲车等兵车
交战结果： 商纣军战败，商亡，周朝建立

历史背景

商朝末年，政治腐败，刑罚酷虐，统治分崩离析，民众灾难深重；与此同时，周部族崛起于商的西方，其首领文王姬昌在姜尚等人的辅佐下仁政爱民，广纳贤才，使周部落强盛起来；外交上周争取方国，孤立商朝。武王姬发即位后承父大志，富国强民，于是伐纣灭商逐渐被提上日程。

主要过程

公元前 1027 年（一说公元前 1057 年）1 月，周武王统率兵车 300 乘、虎贲 3000 人及甲士 4.5 万人，声势浩大地东进伐纣。1 月下旬，周军抵孟津关隘，

牧野之战示意图

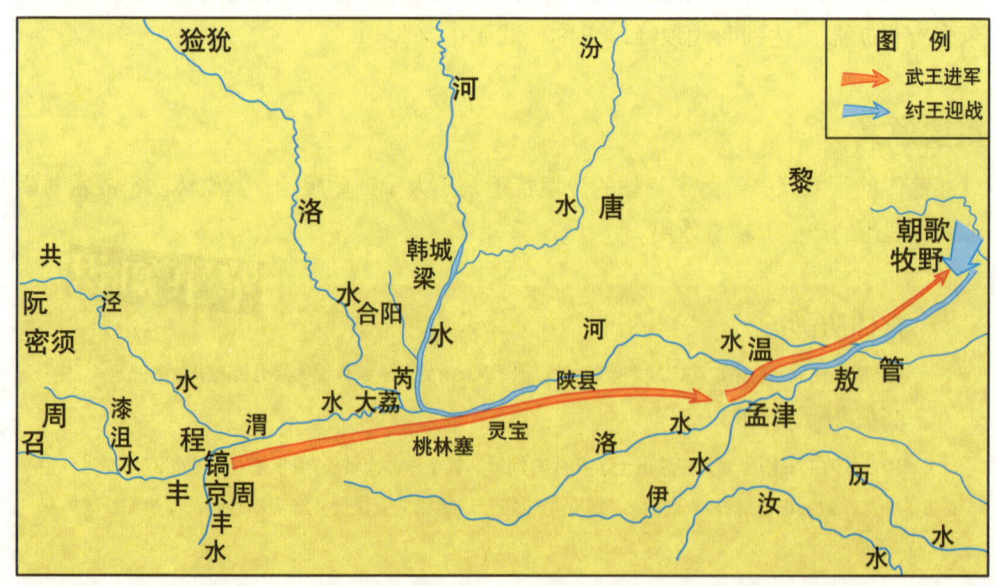

周武王像

会合了庸、卢、彭、濮、羌、蜀、髳、微等反商方国部落，短暂休整后于1月28日继续挥戈东进，从汜地渡过黄河后进入中原，随即北上百泉，折而东行，直抵朝歌近郊牧野。

2月4日拂晓，周军在牧野安营扎寨，周武王召集群臣进行战略部署。

周军到达牧野的消息传入朝歌，商廷上下惊恐万分。商纣王大骂群臣尸位素餐，办事不力。无奈之下纣王只得征兵组织抵御，但东夷人的叛乱牵制了商朝主力军队，远在山东平叛的闻仲军这时已无时间调回朝歌应战周军。纣王就把大批奴隶临时武装起来，与国都守军整编成一支17万人的军队，自己亲自统率，开赴牧野的周军屯地。

2月5日，周军庄严誓师。阵前武王义正词严地声讨商纣王听信谗言诛杀肱股重臣、宠信妲己不理朝政等累累罪行，周军深受激励，斗志昂扬，皆愿在伐纣战争中赴汤蹈火，誓死效命。武王又郑重宣读了纪律条文并部署了作战阵形，以求整忌乱来提高战斗力。

战前充分动员后，武王命令周军对纣王军发起总攻。武王决定先发制人，他让尚父吕望率两万精锐突击部队以迅雷不及掩耳之势趋入商军，纣王还未部署周密就被周军冲击，阵脚顿时大乱。而商军中的奴隶和战俘之前从未受过严格的军事训练，战斗意志和纪律性都很差，再加上内心憎恨纣王从前对他们的虐待，并不乐意为之拼命；现在遭治军严谨、训兵有素的吕望的精兵疾攻，根本就难以抵挡，

军事知识

先发制人

先发制人被视为"军之善谋"，指战场上争取主动、打扰敌人以求速战速决的战术思想。

战车

中国古代用于战斗的马车。一般为独辀（辕）、两轮、方形车舆（车厢），驾四匹马或两匹马。车上有甲士三人，中间一人为驱车手，左右两人负责搏杀。战车的种类很多，有轻车、冲车和戎车等。战车最早在夏王启指挥的甘之战中使用。以后战争规模越来越大，战车于是成为战争的主力和衡量一个国家实力的标准，到春秋时出现了"千乘之国""万乘之国"。到汉代，随着骑兵的兴起，战车逐渐退出了战争舞台。

◆ 策略战术 ◆

周文王、周武王长期"伐谋""伐交"以争人心；正确把握战机；战前誓师振奋士气，列数纣罪瓦解敌心；先发制人，出奇制胜。

商代战车（模型）
先秦时期，战车一般为独辕两轮，初为两马牵拉，后来演进为一车四马。

遂纷纷掉转戈矛攻向商正规军。商纣尽管体魄健硕，能以一当十，无奈己军起义反戈，又收不住阵脚，只能尽力招架。

周军军师吕望深通谋略，运筹帷幄，即调骁将南宫适、洪锦各统5000人马从左右两面夹击商军。商军哪能经得住这两支生力军的猛攻，终于开始溃退。纣王深知大势已去，拼命向东杀开一条血路逃回朝歌，商军17万人瞬时土崩瓦解。

姜子牙下令乘胜攻打商都，武王又亲领1.5万精锐加入总攻，其中有兵车300乘。周军将士个个奋不顾身，猛冲商军，长趋朝歌。商纣王走投无路，在鹿台自焚而死。周军战车驶入朝歌，商朝灭亡。

重要意义

牧野之战揭开了我国战争"车战"的序幕；推翻了商朝统治，确立了周对中原的控制；为西周奴隶制礼乐文明开辟了道路；吕望因开启战争谋略艺术而成为兵家始祖。

烽火戏诸侯
——西周军制与传警系统

历史背景

周幽王姓姬名宫涅，宣王子，公元前795年～前771年。他即位后只知道吃喝玩乐，从不过问朝政。有一个叫褒珦的大臣劝说周幽王不该如此，应以国家大事为重，结果被周幽王下了狱。褒家的人为了把褒珦救出来，只好投周幽王所好，在乡下买了一个非常漂亮的姑娘，教会她唱歌跳舞后，献给了周幽王。这个姑娘因为是褒家献上的，所以也随褒姓，并取名为姒。褒姒以其美貌得到周幽王的宠爱，褒珦便被放了出来。

褒姒自从进宫以后，就没有笑过一次，整天闷闷不乐。周幽王想尽各种方法逗她笑，都没有成功。于是周幽王在宫中告示："有谁能让娘娘笑一下，就赏他1000两黄金。"

有个叫虢石父的，给周幽王出了一个歪点子：让周幽王带褒姒上骊山去玩，等到晚上，把烽火点起来，附近的诸侯见了就会赶来。褒姒见到许多兵马上当，就会笑起来。

周幽王认为主意甚好，就同意了。

果然如虢石父所说，临近的诸侯见到点燃的烽火，真的都带领兵马赶到骊山。可是当他们赶到后未见军情，却听到山上传来奏乐声和歌声，才知道上当了，便憋着气又都回去了。

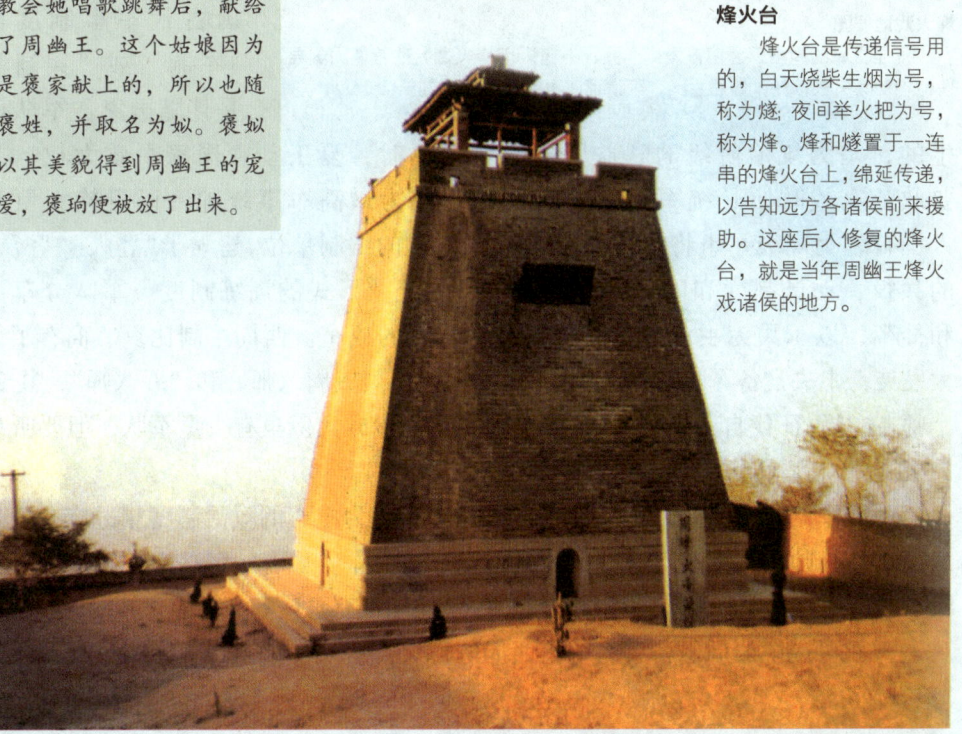

烽火台

烽火台是传递信号用的，白天烧柴生烟为号，称为燧；夜间举火把为号，称为烽。烽和燧置于一连串的烽火台上，绵延传递，以告知远方各诸侯前来援助。这座后人修复的烽火台，就是当年周幽王烽火戏诸侯的地方。

烽火戏诸侯图

荒淫昏庸的周幽王为博得爱妃一笑，不惜假借烽火之名欺骗属国国君，使他们对其失去信任，最后亡国，可谓荒唐可笑又教训深刻。

褒姒见此情景真的笑了。

这就是周幽王烽火戏诸侯的故事。这个故事的发生在很大程度上导致了西周被犬戎灭亡的灾难性后果，而褒姒也因此成了红颜祸水的代名词。

之所以把这个事件强调得这么严重，还得从西周的军制和传警系统说起。

说到西周军制，有必要交代一下夏、商的军制，因为西周军制的形成和夏、商军制是分不开的。中国古代军事制度称"军制"或"兵制"，是伴随国家、军队而生的，是为统治阶级的利益服务的。夏朝时，夏王掌管国家军政大权，主要政务官战时便是统军将领。商朝以商王为最高军事统帅，以贵族大臣和方国首领为高级军事将领。商军出现了"师"的编制单位，建立了"登人""登众"的兵役、动员制度和以射、御、田猎为内容及形式的训练制度。军队分车兵和徒卒，以车兵为主，主要装备是畜力驾挽的战车。西周军制比夏、商有了很大发展，中央常备军力量扩大，拥有"西六师""成周八师"和"殷八师"，共22个师。"礼乐征伐自天子出"，各诸侯国和一些贵族大臣虽有少量军队，但要听从周王统一调遣。

西周军制具有一个最明显的特点——与王权为中心的政治制度相适应，王是最高军事统帅，常常亲自统军出征，方国诸侯的军队虽有一定独立性，但战时要听王的调用。所以，当周幽王有难时，各诸侯国都有责任和义务前来救援。

下面再说说西周的传警系统，西周的传警系统实际就是烽火台。烽火台亦有"狼烟台"或"烟墩"之称，为一座座独立据守的碉堡，一般每距五至十里筑一台，每个台上设有五个烽火墩,为燃放烟火报警、传递军情的专用设施。如遇敌情,白天燃烟称"燧",夜间点火叫"烽"。只要一台燃放烟火,便逐台相传点燃,设于远处的指挥机构就可以迅速得知敌情。周王朝是最早采用这种传警系统的。

当时,周王朝为了防备西部一个叫犬戎的少数民族部落的进攻,在骊山一带造了20多座烽火台,每隔几里就是一座。如果犬戎打过来,把守第一道关的士兵就把烽火烧起来;第二道关的士兵见到烟火,也把烽火烧起来。这样一个接一个地点着烽火,附近的诸侯见到了,就会发兵来救。

车马坑

车马的多寡是决定战争胜负的重要因素,车兵挽战马驾战车是西周时主要的作战方式。

周幽王因为上演过"烽火戏诸侯"这一出戏,导致犬戎真的进攻周朝的都城镐京时,周幽王再点燃骊山的烽火,虽然火光通明,但诸侯们谁也没理会,没有一个救兵到来。周幽王因为严重地损害了烽火传警系统的信用,最终导致了西周王朝的覆灭。

军事知识

奴隶社会军制的特点

1. 王是最高军事统帅,方国诸侯的军队虽有一定独立性,但战时要听王的调用。
2. 由王卫队发展演变而来的常备军,在征战中起主要作用,战时军队主要靠临时征发。
3. 实行奴隶主贵族血缘种族兵役制和军政一体、文武不分的民军制。
4. 军政官吏实行世卿世禄制,与宗法制度相适应。

春秋战国时期军制的变化

1. 周王室失去了对诸侯国的控制能力,"礼乐征伐自诸侯出","自大夫出"。
2. 扩大了兵源与军赋,产生了以征发农民为主的郡县征兵制,军赋也由农民承担。
3. 军事与行政编制相结合以利战争动员,军队建制由"师"发展到"军"。
4. 战争区域由平原发展到山地和江河水乡地带。
5. 步战代替车战成为主要作战形式,车兵之外又有步兵、骑兵和水兵。
6. 文武分职,并产生了凭兵符发兵和奖励军功等制度。
7. 军政一体化的国家体制转变为以国君为中心的高度集权化军事体制。

军情传递——军事领域的信息化

"烽火狼烟"是古代战争中用来传递警情的一种方式,它的预警作用不言自明,有备才能无患,很多时候,它是战争能够取胜的重要保证。古代的军情通报、军令传递有很多种,除了警情之外,还有军事情报函文、将帅职事任免书和军事行动沟通等,它们也都有自己独特的传递形式。人们用以传递军情的方式,往往因为目的的不同而千奇百怪,有时,一根头发、一件衣服、一片草叶,或者一个口形、一个眼神、一句暗语等,都能传达出各自需要的军事信息。

秦 错金术铜虎符 战国(上) 战国 秦 金虎符(下)
这是调动军队、出入关驿及征收赋税的凭证,用时双方各持一节,合符验证无误才能生效。公元前257年,秦军围攻赵都邯郸,信陵君就是窃取了魏王的虎符,方得以调动魏军救赵。

雁门关
古时,流水也成为军情传递的辅介,用水传递军情,就是借助河水自上而下日夜不息的流动,从上游向下游传递紧急军事情报。隋大业十一年(公元615年),隋炀帝被突厥围于雁门关(今山西代县西),遂"以木系诏书,投汾水而下,募兵赴援"(《新唐书·本纪第二》)。

风筝

用风筝传递军情，前代已有之，至魏晋南北朝时期用得更为普遍。侯景叛乱，兵围建康，梁武帝于城内乃"缚鸢飞空，告急于外"（《独异志》卷中）。

郭子仪像

蜡书（又名蜡丸）作为重要的秘密通信方式，在唐时已普遍使用，就是将秘密书信搓紧为小团，外面以蜡封裹，信使可以将其藏在衣服的夹层、发髻中，必要时可以塞入肛门，甚至埋入皮下，以确保不致泄密。唐代宗大历元年（公元776年），华州节度使周智光叛乱，形势危急，唐代宗就是通过递送蜡书征召驻于河中（今山西永济蒲州镇）的郭子仪大军前来保卫京师、平息叛乱的。

骑马信使图　三国

三国时期战事频繁，来往交通以马匹为主，图中的骑马者，即为庄园中的信使，专为庄园主传递消息和信物。

横塘驿站　元

元代疆域广阔，自成吉思汗始，蒙元就建立起一个十分发达的交通系统，这个系统的基本单位就是站。横塘驿站位于江南胜地苏州，始建于元，处在水陆交通要冲，为苏州驿传中枢。

满文木牌

现存辽宁省档案馆的一批清朝入关前的满文木牌，是传递军事情报的信件。

信鸽

人们利用鸽子的归巢习性及其善飞耐翔能力，开始对之进行定向的饲养与管理，并逐渐开始用来作为通信的便捷工具，军情传递的很大一部分便由信鸽分担了下来。此后历朝历代均仿效此法，直至现代。

长勺之战
——后发制人的典型战例

交战双方： 齐国军队 VS 鲁国军队

交战时间： 鲁庄公十年（公元前684年）春

将帅档案： 曹刿：鲁国人，后被庄公任为大夫；其"后发制人"的军事思想对后世战争有深远影响；曾胁迫齐桓公与鲁订立和约；长勺之战鲁军决策者。齐桓公：齐国国君，春秋第一霸；姜姓，名小白；在位时任管仲为相，使齐国成为东方强国，后成霸业；长勺之战齐军统帅。

投入兵力： 齐军多鲁军少

使用兵器： 铜制戈、矛、戟、弓箭、战车

交战结果： 齐师败逃，鲁军卫国胜利

历史背景

公元前770年周平王东迁洛邑后，我国历史进入春秋时期。齐、鲁是东方两个重要的诸侯国，两国毗邻但齐强鲁弱，经常发生摩擦。

公元前686年冬，齐国内乱，襄公被杀，流亡在外的齐公子小白和纠争先回国继位，结果小白先入国，是为桓公。鲁国力推的公子纠则被杀。桓公对鲁支持公子纠一直耿耿于怀，齐鲁矛盾激化。

主要过程

公元前684年春，齐桓公不顾管仲劝阻，亲率一族之师兴师伐鲁，以报复鲁国以前支持公子纠当齐国君主的行为。

时为鲁庄公十年，庄公决心卫国拒敌，于是动员了全国兵力准备抵御强齐。鲁国有一个叫曹刿的，认为当政者平庸，不足以承担卫国战争的重任，于是觐见庄公请求随从作战。

齐鲁两军在长勺对峙。双方排兵布阵完毕，庄公要下令擂鼓出击，曹刿急忙劝止。他建议让鲁军坚守城池，伺机破敌，庄公接受了。而齐军则击鼓向鲁军阵地发起冲锋，但在曹刿严密的战略防御工事下宣告失败。

齐桓公求胜心切，命令齐军击鼓发动第二次攻击。庄公又准备让鲁军倾巢出动迎击齐军，曹刿认为齐军士气仍然旺盛，就劝庄公不要传令进攻，再等一等。鲁军的坚守再一次让骄横的齐军无功而返。齐军士气开始下降，没有了刚来时的锋芒。齐桓公遭受重大挫折却未取得一丝战果，岂肯善罢甘休。短暂休整后他下令第三次击鼓，齐军再度扑向鲁军营盘，但已两次

★ 策略战术 ★

后发制人，以逸待劳；避敌锋芒，一鼓作气；积极防御，伺机反击；取信于民，提高意志。

长勺之战鲁军一鼓作气图

击退齐师进攻的鲁军继续以逸待劳，防守更加熟练而全面，齐军第三次攻鲁高潮也被打了下去。桓公的军队情绪低落，将领们一个个神情沮丧，对战胜鲁军丧失了信心。

这一切都被敏锐的曹刿看在眼里，他对早已按捺不住的庄公说："主公，下令出击吧！"在齐军丧失斗志的同时鲁军的斗志却非常饱满，庄公一声令下，鲁军个个如猛虎下山，潮水般杀入齐阵。齐军大乱，开始退却。庄公欲下令紧追，曹刿说："且慢！"他登上一辆战车远眺齐军，只见齐军战车乱行，战旗东倒西歪，知道齐桓公这次是真败了，而不是诈诱鲁军深入齐军营地，于是跳下车对庄公说："可以追击了。"庄公号令实施追击，鲁军争先恐后，一鼓作气把齐军赶出了鲁国。

齐桓公遭到重创，狼狈退回齐国。长勺之战中鲁军在曹刿的指挥下以少胜多，以弱胜强，取得了一场齐鲁交锋史上罕见的大胜利。

重要意义

长勺之战是我国军事史上后发制人的典型战例，对后世战争框架的建构具有里程碑式的意义。

军事知识

后发制人

这是指开始时积极防守、消耗敌人实力并酝酿战机，而后利用对方心理松懈而发动反攻的军事战术。

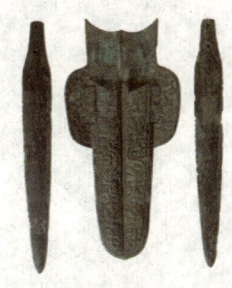

泓水之战
——"诡诈奇谋"的崛起

交战双方： 宋国军队 VS 楚国军队
交战时间： 公元前 638 年冬
将帅档案： 宋襄公（？~前637）：春秋时宋国国君，名兹父，公元前650~前637年在位，齐桓公死后，他与楚争霸，一度为楚所拘，信奉"仁义"取胜。楚成王：熊恽，在位时积极扩展疆域，迫使荆南众小国臣服楚国，还屡屡北进中原与诸侯特别是与晋国争霸，泓水之战楚军统帅。
使用兵器： 青铜铸造的刀、镞、戚、戈、矛、钺、盔、甲等
交战结果： 宋军大败，楚在中原的势力得到发展

历史背景

春秋第一个霸主齐桓公去世后，中原诸侯失去了攘夷安邦的领导人，开始互相攻伐不已，长期受齐桓公遏制的南方强国楚国趁机北上中原，欲攫取霸权。楚国的向北渗透引起华夏诸侯的不安，于是一向标榜仁义的宋襄公欲效仿齐桓公，领导诸侯抗衡楚国以实现霸业。但宋是小国，楚并不畏惧，决心教训一下宋襄公。

竹弓
春秋时期，打仗时战车上载乘三名军士，其中甲首为持弓主射者。

主要过程

公元前 643 年齐桓公死后，楚国又肆无忌惮起来。中原宋国国君宋襄公希望领导华夏诸侯压制楚国以实现霸业，他约楚成王在盂地会盟，代表中原诸侯与楚谈判。事前他的庶兄公子目夷建议他多带兵车以防不测，但襄公自认为楚成王不会不守信义，并不听此忠言，还是轻车简从前往盂地。

由于宋国没有齐国强大，所以楚国并不害怕私押宋襄公会有多么严重的后果，还挟持他攻打宋都商丘，幸亏宋太宰子鱼率全城军民顽强抵抗，才抑制住了楚军攻势，使楚军围商丘数月而不克。后来，在鲁僖公的调停下，襄公才得以被释放回国。宋襄公受此奇耻大辱，愤恨难平。他大骂楚成王不讲信义，但自知军力非楚国对手，为了挽回自己为楚俘虏而失去的尊严，他决定兴师征伐楚国的盟国郑国以显君威。大司马公

楚故都纪南城东南角鸟瞰图

孙固和公子目夷认为攻郑会引起楚国干涉，劝其罢兵，但襄公一意孤行，率军伐郑。

郑文公闻知宋师入侵，忙求救于楚。楚成王立即起兵攻宋以救郑。襄公得到消息，也知事态严重，不得不从郑国撤军，并于公元前638年10月底返抵宋境。这时楚军尚在陈国境内向宋挺进的途中，襄公为阻击楚于边境，就令宋军在泓水以北屯扎列阵，等待楚军。

公元前638年11月1日，楚军进至泓水南岸并开始渡河。宋大司马公孙固建议襄公："敌众我寡，如今我军阵势已布置好，而楚军尚未涉岸，此乃先机！乘楚军半渡，未扎阵脚，我军发动进攻，它必然不及防御而败退。"但如此妙计却为襄

◆ 策略战术 ◆

在泓水之战中，尽管就兵力对比来看，宋军处于相对的劣势，但如果宋军能凭恃占有泓水之险这一先机之利，采用"半渡而击"灵活巧妙的战法，先发制人，是有可能以少击众，打败楚军的。当然在宋国臣僚中，也不是人人都像宋襄公这般迂腐的。公孙固等人的头脑就比较清醒，他们关于乘楚军"半渡泓水而击"的方略和乘楚军"济而未成列而击"的建议，体现了"兵者，诡道"和"攻其无备"的进步作战思想，从而为后世兵家所借鉴运用。

公断然拒绝："我军乃仁义之师，怎么可以乘人之危呢？那样胜之不武啊！"于是楚军得以全部渡过泓水并开始布置阵形。

公孙固又进策："楚军阵势尚未排好，我军乘机攻击也能大胜！"但襄公再次否决了他："你又错了！"古人云："不鼓不成列。人家没摆好阵，你就攻打人家，太没有战争道德了！传出去别人会耻笑我们的，所以万万不可！再说了，如果上天不嫌弃我，殷商故业是可以得到复兴的，不存在什么先机后机。"于是一直等

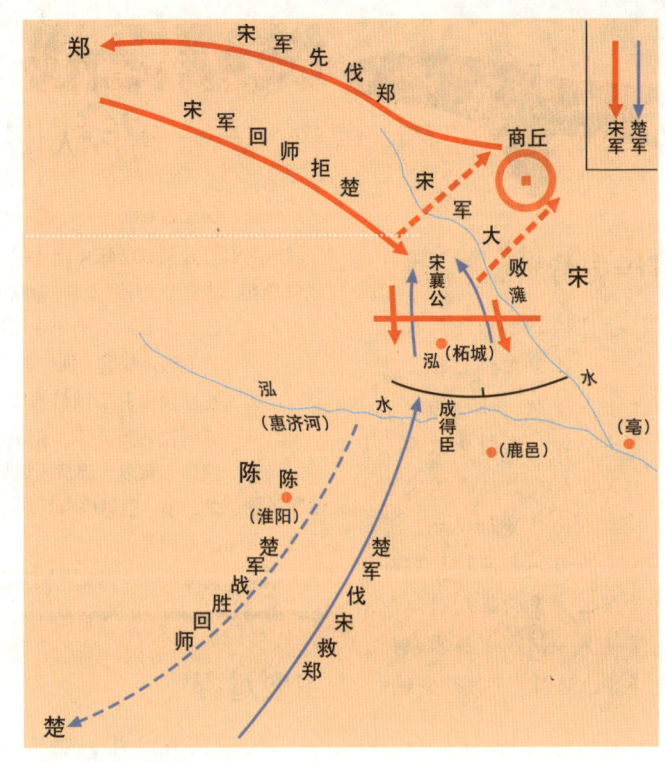

宋楚之战示意图

到楚军布阵完毕，一切准备就绪后，宋襄公才下令击鼓进攻楚军。但弱小的宋军怎能敌得住身经百战的楚军？一阵格斗后，宋军受到重创，襄公本人大腿也受了重伤，精锐卫队（门官）全部被歼。在公孙固等人的拼死掩护下，宋襄公才得以突出重围，狼狈逃回商丘。

泓水之战以楚胜宋败而落下帷幕。满口"仁义"教条的宋襄公在第二年因腿伤过重难以治愈，带着破灭的称霸梦黯然辞世了。

重要意义

泓水之战规模虽不很大，但是在中国古代战争发展史上却具有重要的意义。它标志着商周以来以"成列而鼓"为主要特色的"礼义之兵"行将寿终正寝，新型的以"诡诈奇谋"为主导的作战方式正在兴起。所谓的"礼义之兵"，就是作战方式上"重偏战而贱诈战"，"结日定地，各居一面，鸣鼓而战，不相诈"，是陈旧的密集大方阵作战的必然要求，但在这时，由于武器装备的日趋精良，车阵战法的不断发展，它已开始不适应战争实践的需要，逐渐走向没落。宋襄公无视这一情况的变化，拘泥于"不鼓不成列""不以阻隘"等旧兵法教条，招致悲惨的失败，实在是不可避免。这正如《淮南子》所说的那样："古之伐国，不杀黄口，不获二毛，于古为义，于今为笑，古之所以为荣者，今之所以为辱也。"

城濮之战
——春秋时期的经典战例

交战双方：晋国及其盟友军队 VS 楚国及其盟友陈、蔡军队
交战时间：公元前632年4月4日
将帅档案：晋文公：晋国国君，春秋五霸之一，姬姓，名重耳，献公之子，公元前636－前628年在位，在外曾流亡19年，积累了丰富的政治经验，即位后任狐偃、赵衰、先轸等才俊为重臣，使晋富强并最终称霸中原；城濮之战晋军统帅。子玉：即成得臣，楚大夫，胆识过人，作战勇猛，但刚愎自用，较自负，城濮之战楚国统帅。
使用兵器：戈、矛、戟等格斗兵器；晋国制木殳；弓、箭等抛射兵器；战车增多
交战结果：晋军胜利，晋文公确立霸主地位

历史背景

齐桓公死后，无人能制楚，楚国东侵北扩，势力渗入中原，咄咄逼人。晋文公即位后勤于政事，积极发展生产，晋国实力一跃成为华夏诸侯之首，是中原唯一能抗衡楚国的诸侯国。晋的崛起引起了楚的不安，在中原霸权的争夺上两国矛盾日趋尖锐。

晋文公复国图卷（局部）
南宋　李唐

主要过程

公元前633年，楚成王率楚军及陈、蔡、许诸国部队攻宋，围宋都商丘。宋成公派大司马公孙固到晋国求救。晋大夫先轸认为这正是"报施救患，取威定霸"的大好机会，力主晋文公出兵救宋，晋文公的舅舅狐偃也积极赞成。文公采纳了他们的建议，并制订出战略方案。

晋文公将部队编为上、中、下三军，于公元前632年1月渡过黄河。根据战略方案，晋军进攻卫国并将其占领，又于3月攻克曹都陶丘，俘虏曹共公。

军事知识

三阵

这是指中军和左翼、右翼三部分相配置的宽正面横向阵形,一般以中军为主力,以两翼相配合。

因为曹、卫是楚的依附国,文公以为楚军必然弃宋而北上救曹、卫。然而楚不为所动,仍全力围攻宋都,宋再次向晋告急。

晋文公感到进退两难:若不救宋,则对不住宋襄公当年的礼遇,而且宋敌不过楚而降之会使晋失去一个盟友,对晋称霸中原计划不利;但若移兵救宋,则使原定诱楚决战曹、卫之地的战略意图泡汤;且南下主动攻楚一来违背了自己在楚国对成王的承诺,二来使晋军远离本土,劳师耗财,对手又是强大的楚国,取胜很难。晋文公一筹莫展。

这时先轸有了良策,他主张让宋国贿赂齐、秦两国,由齐、秦出面劝楚罢兵;并把曹、卫的一部分土地赠给宋,使宋坚定抗楚决心;楚与曹、卫是盟友,看到自己盟国的土地为宋所拥有,更不会放过宋国,齐、秦再善意劝解楚也不会听的;齐、秦这样一定怨恨楚不给面子,就会放弃中立而站到晋国一边,晋国实力就将压倒楚国。文公大赞"妙谋",立即实行。楚国果然不听齐、秦劝解,继续围宋。齐、秦恼楚眼空一切,于是宣布与晋国结盟抗楚。

楚成王见晋军降曹灭卫,深知其实力非比寻常,而又结盟齐、秦,形势已开始对楚不利,就命令楚军退到申地,并撤回戍守齐国穀邑的申叔军,令尹子玉也被要求撤去宋围,避免与晋军交锋。他训诫子玉,晋文公德高望重,并非等闲之辈,晋军不好对付,凡事量力而行,适可而止。但骄傲自负的子玉对成王之言不以为然,坚持要与晋军决一死战,并派伯芬向楚王请战,要求增兵。楚成王此时优柔寡断,最后抱着楚军侥幸取胜的心理同意了子玉的请求,但他又畏晋强大,怕失败了元气大伤,只派西广、东宫、若敖之六卒等少量兵力北上增援。

◆ 策略战术 ◆

诱敌深入,后发制人;剪掉两翼,各个击破;诈败战术;争取同盟,扭转劣势。

子玉得到支援,更坚定了与晋作战的决心。他派大夫宛春出使晋,提出"休战"条件:晋让曹、卫复国,楚则撤离宋国。晋大夫子犯(即狐偃)认为子玉太无礼,晋应主动南下击楚;晋中军主帅先轸轻轻摇头以示不妥,他再次献策晋文公,说这回只管教楚

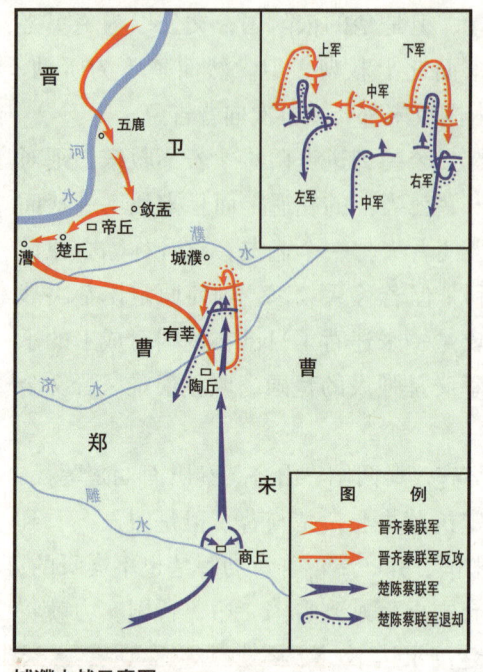

城濮之战示意图

师铩羽而归。

晋文公私下答应曹、卫复国,但前提是曹、卫必须与楚绝交;并扣留宛春以激怒子玉北上挑战。子玉见曹、卫已附晋,而楚使被扣,认为受到巨大侮辱,勃然大怒,下令撤去宋围,移师北上伐晋。文公见子玉中计,暗暗高兴。子玉率军逼近曹都陶丘,文公传令晋军"退避三舍",众将不解,文公说:楚军锋芒正盛,应暂先避开,这样还可以诱敌深入,后发制人;同时也算履行我当日对楚王"礼兵报恩"的诺言,没有人会说我身为一国之君,言而无信。众将暗自钦佩文公的眼光和气度。

子玉见晋军不战而退,以为文公胆怯,不过徒有虚名,于是催军追逐。楚军中有人感到事有蹊跷,建议持重收军,伺机再追;子玉斥责他们当断不断,贻误战机,认为聚歼晋军,夺回曹、卫指日可待。楚军追晋军至城濮。

晋军在城濮屯兵,齐、秦两军和刚被解围的宋成公军队赶来会合。而楚军此时军分三阵,严阵以待。公元前632年4月4日,晋军向楚军发起攻击,晋下军佐将胥臣把驾车马匹蒙上虎皮,突然攻向楚右翼——战斗力最差的陈、蔡军,陈、蔡军遭此突袭,加之又被虎皮迷惑,顿时溃散。

接着晋军又"示形惑敌"。晋上军主将狐毛在战车上竖两面大旗,引车后撤假装退却;晋下军主将栾枝也用战车拖曳,树枝使尘土飞扬,造成晋后军也退却的假象以诱楚军出击。子玉不知是计,命楚左翼子西进击。晋中军主帅先轸见楚军上当,便与佐将郤臻率最精锐的中军迎击楚左军,而狐毛、栾枝也乘机回军侧击楚左翼。楚左军陷入重围,后退又无路,只能接受被歼的命运。子玉见两翼均被消灭,情知无力挽回败局,无奈之下令中军脱离战场,才没有全军覆灭。晋文公见楚军败退,下令晋军战车乘胜追击,楚军残众拼命南逃退到连谷。

子玉羞愧难当,拔剑刎颈而谢战败之罪。城濮之战以晋军全胜而告终。

重要意义

此战遏制了楚国向中原的扩张,实现了晋国"取威定霸"的政治军事目标;战阵的成功运用对后世军事战术的发展有积极的指导作用。

崤之战
——一次彻底的歼灭战

交战双方： 秦国军队 VS 晋国军队

交战时间： 公元前 627 年

将帅档案： 先轸（？～前 627 年）：因采邑在原，又称原轸，春秋中期晋大夫，著名军事将领；曾在城濮之战中献策晋文公击败强楚，使晋国称霸中原；初为下军佐，后累战功升中军元帅，掌握国政，崤之战晋军统帅。百里孟明视：百里奚之子，秦将，崤之战秦军帅。

交战结果： 秦军被全歼

历史背景

城濮之战后晋国称霸中原。公元前 628 年晋文公病死，晋襄公继位。秦穆公早有争霸中原的野心，此时在郑国戍守的秦大夫杞子已掌管郑都北门钥匙，派人报告穆公请发兵袭郑。秦穆公认为晋值国丧无暇顾及中原，于是不听大夫蹇叔的劝告，派孟明视等率军经晋崤山远攻郑国。

秦军劳师袭远伐郑图

主要过程

公元前 628 年冬，孟明视、西乞术、白乙丙奉秦穆公之命率秦军偷越晋境的崤山伐郑。晋国卿大夫先轸得到消息后对晋襄公说："秦国违背蹇叔的忠谏，因为贪图中原的土地而劳民伤财，攻打偏远的国家，这是上天给予我们的机会，不能错过！我们应攻灭它，否则会留下祸患。诚请主公率军进攻秦军。"下军主帅栾枝提出异议："在秦国的帮助下先君（即晋文公）才

甲片漆皮
春秋时期征战的珍贵历史物证,湖南长沙出土。

> ◆ **策略战术** ◆
>
> 把握时机,果断出击;设埋伏阵;利用地形合力围歼;出其不意。

得以归国即位,我们若进攻秦国,岂不是违背先君的遗命吗?"先轸答道:"秦不为我们国丧而悲痛,反而趁机攻打我们的同姓国家,他们如此无礼,我们还同他们讲什么恩施?我听说,'一日纵敌,数世之患也',为我们的后代着想,不能算违背先君遗命。天意如此,不遵循天意是不吉利的!"襄公于是同意出兵。

公元前627年春,襄公下令把丧服染成黑色,以先轸为中军元帅率晋军南渡黄河,控制了崤山北麓的险要路段,又联合了姜戎军队,晋军埋伏在平原上,姜戎军多伏于沟谷,布好袋形阵以待秦军。

这时秦军已抵滑国境内,值郑国商人弦高在滑国贩牛,他判定秦师将袭郑,决定做出点牺牲以求挽救郑国。于是他牵十二头牛假托奉郑君之命,犒劳秦军。孟明视等三帅不知是假,还以为郑国已知道秦军来袭的消息并做好了防范准备,他们怕攻郑攻不下来,围困郑国又没有长期的补充军需,遂放弃伐郑计划,灭了滑国后便撤军回秦。

孟明视对晋军埋伏于崤山毫无所知,秦军很自然地进入了晋军包围圈。当秦军全部进入崤山北麓峡谷隘道时,先轸令旗一挥,埋伏于两侧的晋军和姜戎军蜂拥而出,杀向秦军。秦军哪里来得及布阵防御抵抗,顿时被冲得七零八落,而兵车又无法回旋御敌,终于全军覆没,无一人得脱,孟明视等三帅全成俘虏。

崤之战以秦军的彻底被歼而告终。

重要意义

崤之战是春秋史上的一次重要战役。它的爆发不是偶然的,而是秦、晋两国根本战略利益矛盾冲突的结果。秦在崤之战中轻启兵端,孤军深入,千里远袭,遭到前所未有的失败。从此秦国东进中原之路被晋国扼制,秦穆公不得不向西用兵,"益国十二,开地千里,逐霸西戎",此战标志着晋、秦关系由友好转为世仇。此后秦采取联楚制晋之策,成为晋在西方的心腹大患。而晋国为保持霸主地位,也不得不在西、南两方对付秦、楚两大国的挑战。所以,楚虽未参加崤之战,但却是崤之战的最大受益者。

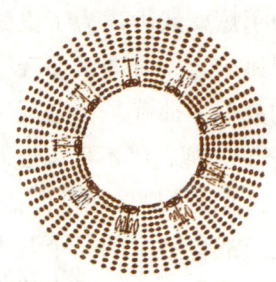

《孙子兵法》问世
——春秋军事的全面总结

创作时间： 春秋末年

作者简介： 孙武（约公元前545~约公元前470年），春秋时期吴国名将和伟大的军事理论家，字长卿，齐国乐安（今山东惠民）人，经伍子胥推荐，受到吴王重用。孙武成功指挥柏举之战，入郢破楚，使楚国受到了极大的打击和削弱。孙武著有《孙子兵法》，被后人尊崇为"兵圣"、"兵家之祖"和"兵家之师"。

历史背景

春秋时期，各诸侯国之间的兼并战争十分频繁，战争规模越来越大。在不断战争的过程中，军事学开始萌芽，不少人不仅在实践中，而且在理论上探索战争的内在规律，考察战争与其他社会生活的内在联系。

孙武生活的齐国，内部矛盾重重，内乱日甚一日。孙武于是来到了吴国。在吴都（今苏州市）郊外结识了从楚国来的伍子胥。吴王礼贤下士，任用伍子胥等一批贤臣，立志要使吴国强盛起来。孙武在隐居之地总结了前人丰富的作战经验，著成《孙子兵法》。

内容介绍

《孙子兵法》全书13篇，6000字左右，它的出现标志着中国古代较系统的军事思想体系的基本形成。

《孙子兵法》开始写道："兵者，国之大事，死生之地，存亡之道，不可不察也。"在这里，孙武把战争同国家的命运、民族的存亡及人民的生死密切地联系在一起，体现了他对战争问题的高度重视。他主张"慎战"，认为只有在迫不得已的情况下，双方矛盾不可调和，再也没有妥协余地时，战争才可以作为解决问题的手段。

孙武把战争同"利"的观念相联系，他明确提出："非利不动，非得不用，非危不战。"以此为出发点，孙武认为国家间是否进行战争的标准是"合于利"还是"不合于利"。这里的利，即物质利益，是实实在在

这是清代著名经济学家孙星衍在苏州留下的有关孙子情况的石碑。

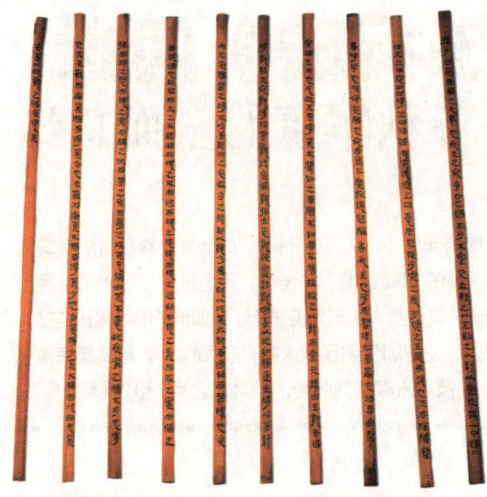

《孙子兵法》汉简（模型）　银雀山汉墓出土

的东西。至于为了炫耀武力，为了虚荣摆排场，凭主观愿望，一时冲动而轻率发动劳民伤财的战争，孙武是十分反感的。"主不可以怒而兴师，将不可以愠而致战"，即是对孙武慎战原则的精准概括。

孙武认为决定战争胜负的五个基本因素是道、天、地、将、法，后人称为"五事"。孙武说："道者，令民与上同意也，故可与之死，可以与之生，而不畏危；天者，阴阳、寒暑、时制也；地者，远近、险易、广狭、死生也；将者，智、信、仁、勇、严也；法者，曲制、官道、主用也。"这实际包含了政治、军事、经济、民生、自然条件等因素。孙武认为经济因素在决定战争胜负的条件中最重要，他指出，"用兵之害"最主要体现为对社会物质财富的大量耗费。他强调，无一定的经济实力作为战争的物质基础，战争是很难打赢的，经济是支持战争的后盾。

孙武说："令之以文，齐之以武，是谓必取。"所谓"文"，指运用政治教化手段来增强军队的凝聚力、向心力和精神意志；所谓"武"，指用军纪、法令来约束军队以增强战斗力、协调性，此二者结合，军队一定精壮强干。"文"上还

孙五（武）子演阵教美人战术　版画
图中孙武作道士装束，举旗于城上教宫女演习战术，吴王坐于对面的台上，俯视两队演武的阵容。

包括"爱卒"和"善俘";"武"上孙武提倡"赏信罚明";孙武也十分注重军队的精神文明教育。

"知己知彼""知天知地"是《孙子兵法》战术指导的总纲。孙武主张,开战之前应对敌我双方具体情况进行周密考察以制定正确战术;而"知彼"则是要"五间并起",以"反间"为主;"知天知地"同样重要,天时地利,不可不察也。

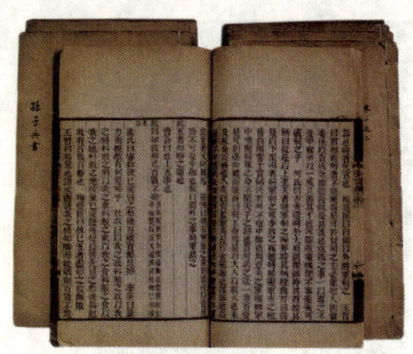

清版《孙子兵法》书影

正式称《孙子兵法》为武经,定《孙子兵法》为武学教本,应当始于宋代。明代因之,亦列《孙子兵法》于武经七书之首。清时,言兵者亦莫不奉其为圭臬。民国初年,蒋方震首以现代兵学为《孙子兵法》作新释,从而为孙子研究开辟一条崭新的途径。

"致人而不致于人"是《孙子兵法》战术指导的立足点。孙武认为只有创造条件,牢牢掌握战术主动权,才能使自己在战斗中立于不败之地。可采取两个措施:一、"以镒称铢",兵力上对敌形成绝对优势;二、善于造势,"善战者,其势险,其节短,势如扩弩,节如发机"。

"兵者诡道""示形于敌"是《孙子兵法》制胜的主要手段。孙武认为,要克敌制胜,必须"兵不厌诈","能而示之不能,用而示之不用,近而示之远,远而示之近。"只有这样,方可"攻其不备,出其不意"。

"兵贵胜,不贵久"是《孙子兵法》战术的基本要求。孙武主张速战速决,以最短的时间、最小的代价取得最大的战果。行动上要迅速,反应比敌快,"后如脱兔,敌不及拒";野战中运动歼敌,"以迂为直,以患为利",变不利为有利。

将才思想也是《孙子》治军思想的一个主要内容。孙子主张,为将者,应知识面广,视野开阔,体恤士卒,赏罚有信,作战勇猛,做好表率,严于治军,树立权威。总之做将领的应德才兼备。

战略上孙武推崇"伐谋""伐交",最好做到"不战而屈人之兵"。孙子提倡攻有攻招,防有防术;防中有攻,以攻为守。关于进攻,孙武主张"避实就虚",即选择敌人兵力薄弱的环节进攻;强调攻击的突然性;集中兵力;统一指挥,配合协调以增强军队的战斗力和对敌人的打击力度。

影响及意义

《孙子兵法》是世界上最早的、最重要的军事学著作之一,是中国古典军事文化遗产中的瑰宝;它的产生标志着中国古代军事思想体系的形成,在世界军事史上也具有重要的地位,影响深远。

《孙子兵法》被誉为"世界古代第一兵书",并被尊奉为"兵学圣典""百世兵家之师""万古不易之名著"。

兵书——战争思想和实践的结晶

"三代"（夏、商、西周）时，文字的普遍使用和战争经验的积累，是军事思想产生最初的客观条件。甲骨金文及早期典籍（如《尚书》《易经》《诗经》）对军事问题均有不同程度的探讨，专门性的军事典籍如《军政》等更是为传统兵学的形成奠定了基础。及至秦汉，兵学的发展开始重视军队建设和国防建设，并趋向于理论的整合，也出现了兵书整理和兵学流派分类。《汉书·艺文志·兵书略》更是以汉成帝时期的整理成果为基础，对中国兵书进行了大规模的著录和分类，它共分为兵权谋家、兵形势家、兵阴阳家和兵技巧家四大类，这基本上构架了兵学的理论范畴与层次，规范了兵学发展的方向。除了名垂千古的《孙子兵法》之外，还有一些兵书，如彗星划过，在久远的时空有过耀目的划痕。它们是中华军事文化的结晶，整个中华文明史也自有它们的地位。

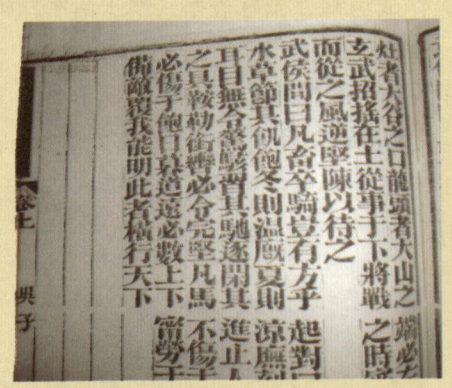

《吴子》内页书影

《吴子》是一部与《孙子兵法》齐名的军事著作，相传为战国时著名兵学家吴起所作。该书在长期流传过程中为后人所整理和删补，有些篇目和内容有所亡佚，现仅存《图国》《料敌》《治兵》《论将》《励士》六篇，远非全璧。

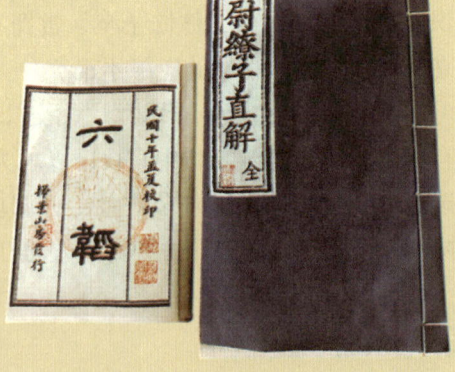

《六韬》书影 1921年孟夏校印扫叶山房发行

《六韬》是一部战国晚期至秦汉之间的兵书，现存60篇。《六韬》吸收了先秦诸子的思想而又自成体系，是一部综合性的兵书。《六韬》对军队的编制、装备、训练、通信、将领等问题进行了广泛的论述，对中国古代军事科学的发展具有一定的意义。

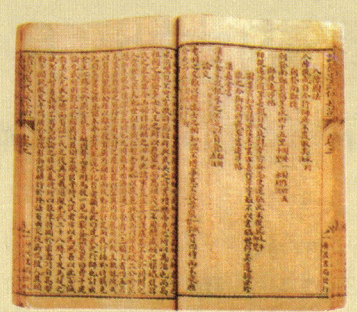

《诸葛忠武侯兵法》

诸葛亮早先隐居邓县隆中（今湖北襄阳西），以擅长谋略著称，被视为智慧的化身，他善于推演阵法，"八阵图"为后世传扬，曾制"木牛流马"，其革新的连弩能同时发射10支箭。

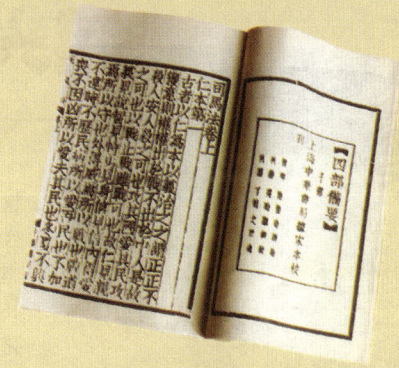

古代兵书《司马法》

共150篇，今本仅存《仁本》《天子之义》《定爵》《严位》和《用众》等5篇。

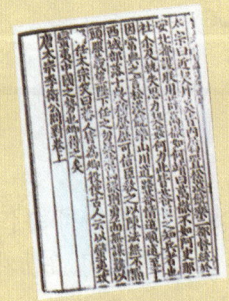

《唐太宗李卫公问对》浮雕及书影

《唐太宗李卫公问对》是唐太宗李世民与李靖多次议论军事问题的言论辑录，集中反映了唐太宗与李靖的军事思想，全书万余言，分上、中、下三卷，《武经七书》有其名目。它在中国古代军事学术史上占有重要地位。

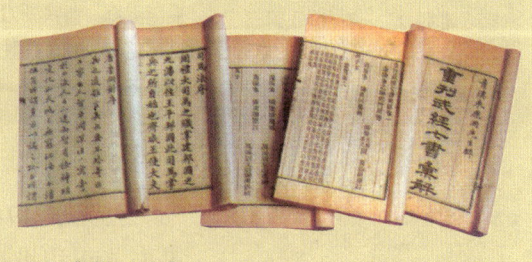

《武经七书》

北宋神宗时，健全了武学制度，每年招收武生，练习兵法，演练武艺，三年后考试，按等第授官。1078～1085年，朝廷颁布《武经七书》作为武学和武举的统一教材，这在军事学术史上是一个创举。作为第一套军事教科书，它包括《孙子》《吴子》《司马法》《六韬》《尉缭子》《三略》和《唐太宗李卫公问对》。

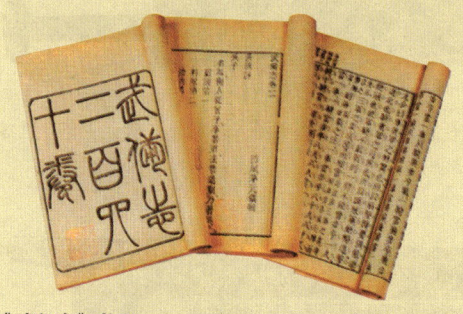

《武备志》书影

《武备志》系明代茅元仪汇编。全书共240卷，200多万字，700多幅图，分五部分："兵诀评"18卷、"战略卷"31卷、"阵练制"41卷、"军资乘"55卷、"占度载"96卷。各部分均绘图评说，史料丰富。《武备志》是一部大型军事百科类的兵书，为后世所推崇。

《海国图志》 魏源著

清末出现"国人皆谈兵"的景象，涌现了一批高层次、高质量的军事著作和译著。《海国图志》初刊刻50卷本，1852年扩编为100卷，该书论述清朝海防理论，介绍各国地理分布和历史政治，主张西方科学技术，"师夷长技以制夷"。

越兴吴灭
——春秋最后一次争霸战

交战双方： 越王勾践军队 VS 吴王夫差军队
交战时间： 公元前 494～前 478 年
将帅档案： 勾践：越王允常之子，春秋五霸之一，公元前 497～前 465 年在位，即位不久就打败吴军，使吴王阖闾重伤而死；两年后，吴王夫差破越，勾践被迫屈膝求生，后十几年"卧薪尝胆"，终灭吴。夫差：吴王阖闾之子，公元前 495～前 473 年在位，夫椒一战使越降服，艾陵一战大败齐军，黄池会盟中原诸侯，后吴为越灭而自杀。
投入兵力： 吴军 1 万人；越军 4.9 万人
使用兵器： 铜铁制刀、剑等；战船
交战结果： 越军获胜，吴国灭亡

历史背景

吴王阖闾任孙武、伍子胥治国安邦，吴国崛起，柏举之战曾大败楚国，攻入楚都郢，威震华夏；地处浙北的越国在楚的扶植下迅速强大，吴越两国开始长期争战。

公元前 496 年勾践继位为越王，吴国率军攻越。槜李一战越军用计大败吴军，吴王阖闾身死。

主要过程

公元前 494 年春，越王勾践得知继位两年的吴王夫差正积极扩军准备攻越的消息后勃然大怒，决定先发制人，教训一下夫差。大臣范蠡以为不可："槜李一战我军之所以能打败吴军是因为我们是正义之师，进行的是卫国战争；现在您征吴师出无名，而吴人则是为君仇国难而战，势必斗志昂扬，我们取

越王勾践剑 春秋
古代兵器中的奇宝，出土时仍然寒光四射，锋利无比，可断发丝。此剑剑身饰黑色暗纹，剑格正面镶蓝色琉璃，背面镶绿松石花纹。反映了中国古代高超的铸剑技术。

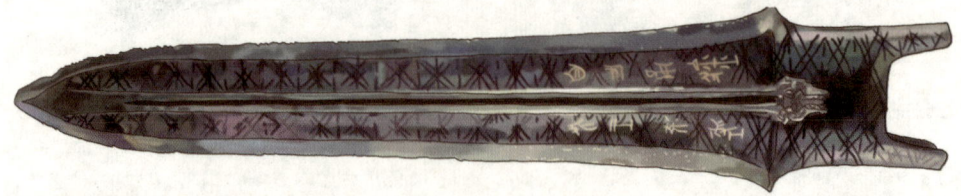

吴王夫差矛 春秋
吴王夫差的专用兵器，矛中间起脊，有血槽，内中空，器身两面有黑色暗花。此矛不仅做工精美，且锋利无比，是吴国兵器中的珍品。

胜很难！"勾践听不进范蠡这番忠告，在准备不充分的情况下发兵攻吴。夫差闻得越军来侵，急忙把精心苦练的精兵集结起来并庄严誓师，两军在夫椒相遇，发生激战。吴军身肩救国报君仇之重任，同仇敌忾，杀声震天。远道而来的越军当然不是吴兵的对手，损失惨重，被迫退却。夫差挥剑一指，吴军乘胜追击，一举攻陷越都会稽，并包围了勾践退守的会稽山。

范蠡像

越国危在旦夕。大夫范蠡建议屈辱求和。为免遭灭国，勾践派文种面见夫差请和，同时派人用金银财宝贿赂吴太宰伯嚭，让他在吴王面前从中斡旋。文种对夫差说："请大王您不要灭越，我国愿为吴附庸国，年年进贡；若您不许，我国军民将众志成城与吴血战到底！"伯嚭也趁机进言，说越已臣服，不必斩尽杀绝，北上与齐争雄以称霸中原才是首要目标。夫差点头以示有理，但伍子胥直言进谏，恳请灭越，并指出越君臣卑辞厚礼背后隐藏的是灭吴野心，万不可答应勾践求和。夫差认为伍子胥危言耸听，说："卿勿复多言！太宰之言正合我意。"伍子胥再次苦谏并诫言："今不灭越，后必悔之！"夫差腻烦，伯嚭趁机进谗言说伍子胥目无君王，不成体统，夫差即命伍子胥自裁，并答应文种，撤兵回国。

此战使越国元气大伤，勾践下诏罪己，而后委国政于诸大夫，带着范蠡、文种等人去吴国给吴王夫差做奴仆。勾践忍辱负重，对夫差极是恭敬，终于骗得夫差的信任，五年后勾践被释放回国。归国后，勾践立誓灭吴，即令文种治政，范蠡整军，而自己食不肉，衣不重彩，还"卧薪尝胆"警诫自己勿忘雪耻；又选美女西施、郑旦送与夫差享受，实施"十年生聚，十年教训"计划。而此时的夫差却声色犬马，荒废政事又穷兵黩武，搞得民不聊生，国家疲惫。夫差曾大兴土木建姑苏台，与西施、郑旦昼夜狂欢。

公元前484年，夫差闻知齐景公死，便倾全国兵力北上伐齐，艾陵一战大败齐师，夫差威名远扬而更骄横无度。他认为称霸中

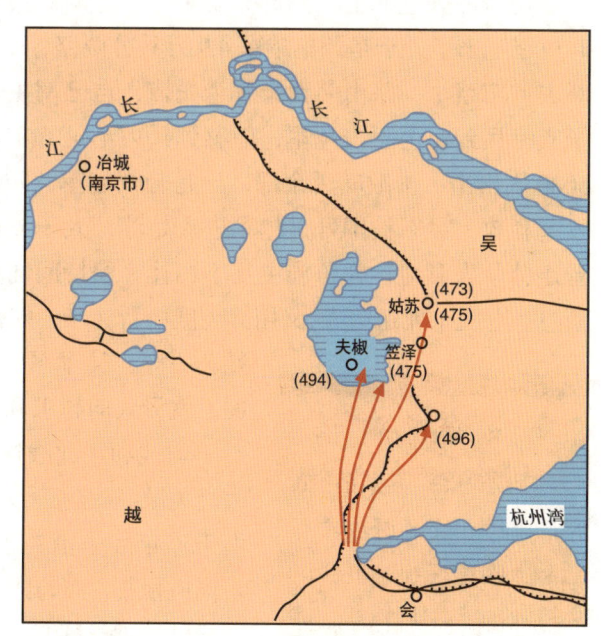

吴越战争图

卧薪尝胆图

原时机已到，就于公元前482年约诸侯会盟黄池。吴太子支提醒他当心勾践趁机乘虚而入，夫差置若罔闻，率精兵3万北进中原。

勾践闻夫差北上，姑苏只有1万名老弱病残兵守城，大喜，认为灭吴雪耻的时机终于来了，于是调集越军4.9万兵分两路，一路由范蠡率领由海道入淮河，切断夫差归路；一路由畴无余等为先锋，自己率主力继后，从陆路直趋姑苏。吴太子支率兵到泓上阻击越军，他感到兵力不足，主张坚守待援。但吴将弥庸擅自率5000人出击，击败畴无余部，于是轻视越军，防范松弛。勾践主力抵达，对吴军发起猛攻，吴军被围歼，越军进入姑苏，太子支被俘。当时吴王夫差正在黄池与晋定公争先歃血，为争霸主互不相让。僵持间闻得吴都沦陷的消息，夫差为封锁消息，七次杀死送信人；又用武士威胁晋让步，勉强做了霸主，而后日夜兼程回国。

姑苏失守，吴军军心动摇，夫差感到反击越军没有把握，就派人向越求和。

勾践利用此战摆脱了对吴的臣属地位，但灭吴实力尚欠缺，于是接受和议，撤军回国。夫差向越求和后，由于连年战争消耗很大，就"息民散兵"，欲恢复力量伺机报复。而勾践利用缴获的吴国资财充实了越国，国势已强过吴国。

◆ **策略战术** ◆

韬光养晦，养精蓄锐；乘虚捣隙；连续进攻，不给敌人喘息反扑的机会；充分准备后进攻。

公元前478年，吴国发生空前饥荒，饥民多就食于海滨。勾践认为灭吴时机成熟，遂举兵伐吴。3月，进至笠泽，夫差忙率姑苏全部军队迎战，两军隔水对阵。勾践命左、右军卒隐蔽江中，半夜时鸣鼓呐喊，假装要攻击。夫差误认为越军兵分两路渡江进攻，于是即令大军一分为二，左右分军迎敌。勾践乘机率主力偃旗息鼓，潜行渡江，向吴军因调兵往左右而变得空虚薄弱的中间部位发起突袭。夫差军抵挡不住，溃退下来，勾践乘势挥师紧逼，夫差一败再败，退回姑苏城，越军把姑苏围了个水泄不通。

春秋战船模型

中国最早的水战出现在春秋时期，这是春秋时期的大翼战船模型。

　　勾践准备长期围城，困毙吴军。夫差部队就这样一困三年，终于箭尽粮绝，"士卒分散，城门不守"。越军攻进姑苏。夫差拼死率残部逃到姑苏台上，旋即又被包围。夫差见大势已去，向勾践卑辞求和，但此时的勾践岂是当年的夫差？他断然拒绝夫差求和。夫差绝望至极，用白帕掩面哀叹："我无颜在九泉下见子胥哉！"于是自杀。吴国灭亡，勾践挟灭吴余威渡淮北上会盟诸侯，成为霸主。

重要意义

　　吴越争霸战对水陆协同作战理念的完美诠释，其纵虎归山后患无穷的教训对后世影响深远。

军事知识

随时而行

　　此举为越国范蠡首创，是指依据时机是否有利决定作战行动：条件不成熟，不能勉强出兵；条件成熟后要果断出兵。

越王勾践剑和吴王夫差矛

　　1965年12月和1983年11月，在湖北省江陵县的楚墓分别出土了一把越王勾践使用过的青铜剑和一支吴王夫差使用过的青铜矛。越王勾践剑长55.6厘米，宽5厘米。剑身有黑色花纹，材料为铜和锡，正面有"越王鸠浅自乍用剑"铭文。该剑出土时置于黑色漆木剑鞘内，剑身光亮，无锈蚀，刃薄锋利。吴王夫差矛现仅存矛头，藏于湖北省博物馆。矛头为青铜铸造，长29.5厘米，宽5.5厘米。矛身有黑色花纹，材料为铜和锡，正面有"吴王夫差自乍用鈼"铭文。矛刃锋利。这两件兵器的铸造工艺都达到了相当高的水平。

围魏救赵与马陵之战
——孙膑谋略的杰出体现

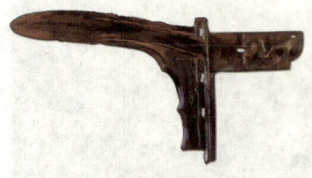

交战双方： 齐国军队 VS 魏国军队
交战时间： 公元前 353 年；公元前 342 年
将帅档案： 孙膑：齐国人，孙武的后世子孙；战国时卓越的军事家，桂陵、马陵之战齐军的实际决策者。庞涓：魏国人，与孙膑曾同师鬼谷子门下一起学习兵法；桂陵、马陵之战魏军统帅。
投入兵力： 魏军桂陵、马陵各 10 万人；齐军 10 万余人
使用兵器： 铍、戟、剑、矛、弓、弩等
交战结果： 齐军获胜，魏国霸权开始走衰

历史背景

春秋末年，韩、赵、魏三家分晋后中国历史进入战国时代。魏国在文侯、武侯几代贤王的精心治理下成为战国初期最强的国家，并在逢泽之会上首先称王，称霸中原。

公元前 356 年齐威王即位，他任邹忌为相改革吏治，国势大盛；当时魏国东扩严重威胁着齐国，齐就利用三晋间的矛盾展开了与魏的斗争。

主要过程

公元前 353 年，赵国攻卫，迫使卫国臣服，这引起了魏的不安。魏惠王要夺回自己的盟国，便和宋组成联军包围了赵都邯郸并大举攻城。鉴于局势危急，赵向盟友齐国求援。

齐威王采纳段干朋的建议积极筹划救赵。由于魏军主力攻赵，后方空虚，以前吃过魏国大亏的楚国趁机派大将景舍攻魏；秦国也发兵攻打魏东少梁、安邑；魏三面受敌，处境困难。但围赵魏军主将庞涓一心破赵，不为他局所动，继续强攻邯郸，赵国再次向齐告急。齐威王见魏、赵两国相持一年，已呈疲态，认为出兵与魏师决战的时机已经成熟，遂任田忌为主将，孙膑做军师，率齐军主力救赵。

田忌血气方刚，欲直奔邯郸与魏军主力厮杀以解赵围；孙膑深谋远虑，认为不妥，他提出"批亢捣虚"和"疾走大梁"的策略，并解析这样可以避实击虚，不必付出惨重代价即可解邯郸之围。田忌认为此策妙极，于是统率齐军主力向魏都大梁挺进。魏国此时已四面受敌，更可怕的是齐国人击向了魏的心脏，庞涓无奈，只好以少数兵力控制千辛万苦

孙膑像

田忌采用孙膑围魏救赵之计，一举两得，取得大胜。

刚刚攻克的邯郸，自己率魏军主力撤出赵国，回救大梁。这时，孙膑已安排齐军在桂陵潜伏，庞涓率军行至这里即遭到已等待多时的齐军突然截击。魏军在攻邯郸时已消耗很大兵力，再加上日夜兼程的行军，疲惫不堪，于是大败而溃；与此同时，邯郸也被赵军夺回。

魏国毕竟实力雄厚。桂陵遭重创10年后，元气又基本恢复，这时他把矛头指向韩国。韩国招架不住，遣使向齐国求助。齐威王召集群臣商议，齐相邹忌认为救韩劳民伤财，还是不救为好，而一向好与邹忌唱反调的大将田忌则主张救韩。威王问孙膑意下如何，孙膑主张"深结韩亲而承魏弊"，即向韩承诺必定相救，使韩竭力抗魏。待韩、魏格斗多时均人困马乏之际再出兵助韩。威王欣然采纳。

尽管韩国得到齐援承诺，拼命对魏作战，

> ◆ 策略战术 ◆
>
> 避实就虚，示假隐真，欺敌误敌，设伏聚歼；"以利动之，以卒待之"；将帅统一指挥

长杆三戈戟头部　战国早期

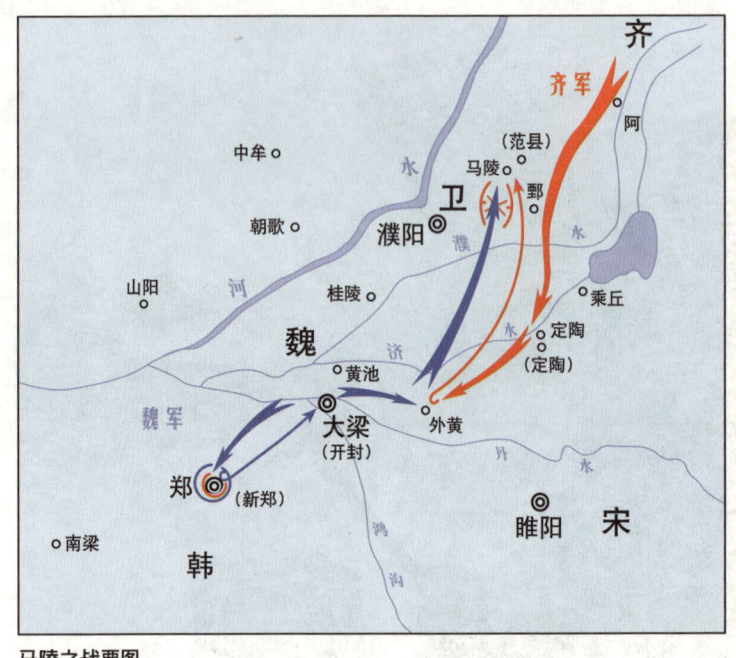

马陵之战要图

但李悝变法后得到改革的魏军相当有战斗力，韩军五战五败，再次向齐告急。齐威王认为时机已到，即任田忌、田婴为正副将，孙膑仍做军师，发兵救韩。魏国眼见胜利在望，又是齐国趁机来作梗，于是把矛头由韩转向齐。魏惠王待攻韩魏军撤回后，即命太子申为上将军，庞涓为将，率10万魏军扑向齐军，准备教训齐国。

面对气势汹汹的魏军，齐军师孙膑镇定自若，成竹在胸。他对田忌说：魏军精悍善战，一向蔑视我军，这次一定求战心切而轻骑冒进；我们可以"示形惑敌"，诱敌深入，伺机反攻，一举将其歼灭。田忌赞成并制订了作战方案。

一切都在孙膑的算计之中。两军一接触，齐军就佯败后撤。为了诱敌追击，孙膑施展"减灶"招数。第一天挖了10万人的灶，第二天减为5万人的灶，第三天又减为3万人的,造成齐军不堪魏军紧追而大量逃亡的假象。庞涓追击齐军3天，发现灶一天天减少，便认为齐军心涣散，已逃亡过半，于是率轻装精锐急进，日夜兼程赶到了马陵。马陵地险路窄，孙膑早看中此地形而命齐军埋伏于此，见魏军到，田忌一声令下，齐军万箭齐发，魏军不及防范，死伤无数，溃不成军。庞涓羞愧自杀，魏军前后被歼10余万人。

重要意义

桂陵、马陵之战打击了魏国的军事实力，齐国威震诸侯，成为东方强国；围魏救赵指导了后世战争的发展；避敌锐气、以劣胜优的宝贵军事思想成为后世军事理论的重要组成部分。

军事知识

示假隐真

这就是造兵弱假象迷惑敌军，诱敌深入，变不利为有利，积蓄力量伺机伏击的战术。

合纵连横
——外交与军事的相互作用

交战双方： 秦国 VS 东方六国
交战时间： 战国中后期
档　　案： 张仪：战国时魏国贵族后裔，传曾学于鬼谷子，先游说于楚，后入秦，封武信君；采用连横策略，迫魏献上郡，游说各国服从秦国；后相于魏，又相于秦。苏秦：字季子，东周洛邑人氏，曾去东周请求出仕，未被录用；回乡勤学苦读，头悬梁锥刺股，充分研究了当时七雄形势；其合纵战略促成东方六国结盟共同对付秦国。
交战结果： 秦扩张势头被遏制；齐国遭重创

历史背景

战国中后期，经过商鞅变法后的秦国日益强大，不断蚕食六国土地；六国受到威胁，惠施、公孙衍、苏秦便游说六国采用合纵策略，联合起来对付秦国；而张仪则游说六国与秦连横，瓦解六国同盟。

士的崛起

战国时期，养士之风盛行，著名的"战国四公子"都养士千人。士与主人之间建立起一种新型的隶属关系。张仪、苏秦便出自于这样的阶层。

主要过程

公元前 323 年，秦相张仪与齐、楚大臣在大啮桑相会，目的是要挟魏国。次年，魏以张仪代惠施为相，将联齐、楚的策略改为联秦、韩。张仪的动机是想让魏国先事秦，而后让其他诸侯纷纷效仿，但张仪处处为秦谋利益的行为激起东方六国的强烈不满。公元前319 年，魏逐张仪回秦，这是张仪连横政策的一次挫折。

张仪像
战国时期魏国人，和苏秦同拜鬼谷子为师，学习纵横之术。

公孙衍任魏相后，采用合纵策略，并组织了一次五国攻秦的军事行动。魏、赵、韩、楚、燕联军一直攻进函谷关。但联军内部矛盾重重，互相倾轧而达不成一致，在秦军反击时，联军不战而退，在修鱼，秦军还斩杀三晋军8万人。这次合纵军事活动没有达到预想的效果。

秦国自恃强大，觉得与六国同时为王显不出自己的尊贵。秦昭王于是派穰侯魏冉入齐，相约称西、东帝，齐湣王不假思索，欣然同意。于是秦、齐称帝，但不久秦、齐的如意算盘就化为泡影了。苏秦从燕使齐，游说齐王去帝号，齐王为苏秦的如簧巧舌所说服，于公元前288年宣布去帝号，使秦战略上陷入被动，充分暴露了其野心而成众矢之的。六国于是联合起来，再合纵攻秦。

公元前287年，苏秦率齐、赵、韩、魏、燕五国联军攻打秦国。五国各心怀鬼胎，齐国想灭宋，而秦相魏冉想得到宋的陶邑作为封地，所以就成了齐灭宋的最大障碍，齐国处心积虑要削弱秦国。而韩、赵、魏参加合纵军事行动是出于怕秦攻打他们，与其如此不如先发制人。孟尝君在促成五国合纵攻秦上起了重要作用。至于燕国，则是为了顺应趋势而参加的。

五国联军进抵荥阳、成皋时便停住了，没有大举进攻秦国，原因是苏秦利用攻秦助齐王灭宋的阴谋败露了。联军刚集结，齐就进攻宋地平陵，齐国这一自私做法损害了这次军事行动的大局，引起其他国家的强烈指责。于是韩、赵、魏、燕四国相继与秦讲和，退回关东。这次合纵军事行动尽管没能沉重打击秦国，但也收到一定成效：秦王取消帝号，并把前所攻占的赵、魏部分土地归还给赵、魏。

公元前286年，齐国趁宋国君无德、民不聊生之际灭掉了宋国，使自己的领土空前扩展。齐还南侵楚淮北地，西侵三晋，胁迫邹、鲁之君向齐称臣。这一系列举动引起其他六国的不安，于是齐国又成为诸侯的斗争对象。

秦国于是积极策划合纵攻齐行动。在此后一年多的时间里秦王先后与楚王、魏王、韩王相会，燕王与赵王相会，六国落实合纵攻齐事宜。为先声夺人，秦王派兵借道韩、魏攻打齐国，占领了齐国9座城池。

而最痛恨齐国的是燕国。当年齐曾乘燕国内乱攻入燕并占领燕都蓟，杀了燕王哙和相国子之，并在燕逗留三年，为非作歹，让燕人饱受欺凌。燕昭王即位

◀ 策略战术 ▶

合纵连横战略；争取友国，孤立敌国；争取民心。

后励精图治，准备向齐复仇。经过 28 年的努力，燕国势增强，于是任乐毅为亚卿，乐毅结合现实状况，主张联赵、魏、楚伐齐，燕昭王大力支持。

公元前 284 年，乐毅率燕、秦、赵、魏、韩五国联军合纵攻齐。齐忙任触子为将迎战。在济西，五国联军和齐军展开激烈厮杀，结果在乐毅的出色指挥下联军大胜。齐又以达子为将，企图止住联军前进的势头，但仍无起色，达子阵亡，齐师再退。在齐大势已去的情况下乐毅遣返了秦、韩军队，

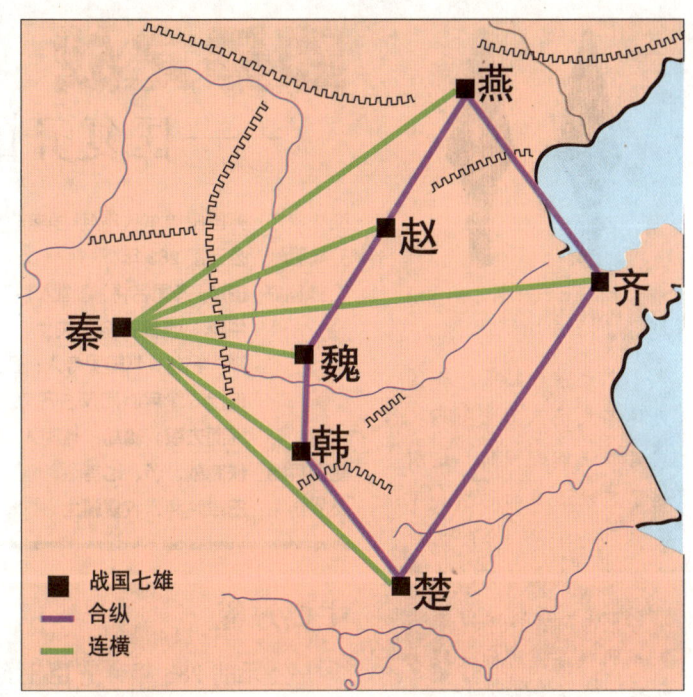

合纵连横示意图

战国末年，各国都展开积极外交，以争取盟友、削弱敌国。"合纵"即合众弱攻一强，攻击对象或秦或齐，以秦为主。"连横"指事一强而攻众弱，主要以秦国为中心。"合纵""连横"为秦强众弱格局下所出现的政治局面。

并遣魏军攻占宋国故地，赵军攻占河间之地，而自己亲统燕军主力直插齐都临淄，并兵分五路追击败逃齐军。

齐国由于长期穷兵黩武，人民不堪重负，军队厌恶战争，士气低落，故燕军得以长驱直下，半年时间就攻占了齐 70 余城，只剩下莒和即墨还负隅顽抗。在五国合纵攻齐的战争中，齐国受到重创，不再是东方强国了。这客观上为秦国东进兼并六国提供了方便。虽然田单后来欲复齐国，但东方六国的内耗却使其更衰弱了。

重要意义

合纵连横策略在一定程度上制约了七雄间的兼并战争，使七雄权力均衡，互受牵制。最终，由于六国集团各自心怀鬼胎，时刻把自家利益摆在首位，导致连横的一方取得了胜利。尽管如此，强大的秦国，也在相当长的时间内，不敢小视六国的合纵，从一定程度上对抗了强秦吞并六国的野心。

即墨之战
——匡复齐国的关键一战

交战双方： 齐国田单军队 VS 燕国骑劫军队
交战时间： 公元前 283 年
将帅档案： 田单：齐国名将，临淄人，初为小吏，后被拥立为大将；用"火牛阵"收复齐全部失土，以功封安平君，任国相。乐毅：燕国名将，赵国灵寿人；公元前 284 年统率六国军队攻齐，仅用 6 个月时间攻占齐 70 余城，因功封昌国君，后被齐离间而去职。骑劫：燕国人，代乐毅为燕军统帅。
使用兵器： 铁制戟、矛、匕首
交战结果： 田单胜利，收复疆土

历史背景

公元前 286 年，齐国灭掉了宋国，国土大增；同时齐还四处侵犯，这引起了其他诸侯的恐惧和不安。于是各国联合起来把斗争矛头指向齐国。公元前 284 年，燕将乐毅率六国军队伐齐，济西一战大败齐军，乐毅所向披靡，齐国几近亡国，只剩下莒和即墨两城没有被攻下。

主要过程

公元前 283 年，齐臣王孙贾等拥立齐湣王之子法章为君，是为齐襄王，并号召民众与齐国军队一起守莒抗燕。乐毅调整战略部署，令右军和前军攻莒，左军和后军攻即墨。

自伐齐以来势如破竹的乐毅这时才遇到了真正的

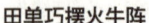
田单巧摆火牛阵

田单像

策略战术
出奇制胜；反间计；出其不意；乘胜追击，不给敌人喘息的机会。

对手。齐即墨守将战死，大家钦佩田单"以铁笼得全，习兵"，推举他为即墨守将。乐毅与田单在即墨相持一年，燕军仍无法攻破即墨。燕军撤至距两城四五公里的地方筑垒屯军，乐毅下令凡城中居民出来的不要拘捕，有难者予以赈济，希望用攻心战争取齐民，弱化他们的意志。但三年过去，两城仍未攻克。

公元前279年，燕昭王死，惠王继位，惠王在做太子时就与乐毅不和，且对三年未攻下齐二城心存怀疑。两人的矛盾被田单得知，田单计上心来，他派人去燕国施行反间计，诳称乐毅是有意不攻下齐的两座孤城，是想争取民心而在齐称王；若换了别的将领，即墨早攻克了。燕惠王果然听信谣言，派骑劫去代替乐毅。用兵如神的乐毅被一个毫无战术头脑的人替换，燕军将士为此愤愤不平。乐毅遂投奔赵国。

燕军换帅，田单闻知大喜。为进一步激励士气，田单命人散布谣言说齐人最怕割鼻子、挖祖坟了，骑劫果然中计，命人割去被俘齐军的鼻子，掘齐人祖坟，焚毁齐人祖先尸骨。燕军的暴行使齐国人个个恨之入骨，纷纷请命要与燕军决一死战。田单积极部署反攻，他派使者去见骑劫，说即墨准备投降了；还以老弱、妇女登城守望，让燕军误认为齐军精壮已伤亡殆尽，缺乏继续作战能力了。燕军于是放松了警惕，一心坐等受降即墨。

田单认为反攻时机成熟，便征集了1000多头牛，在牛角上绑上锋利尖刀，在牛身上涂上五彩龙纹，在牛尾上绑上浸满油脂的芦苇，在城脚挖好几十个洞直通城外；又挑选5000名精壮士兵跟随牛后。是夜，田单命人点燃牛尾上的芦苇，驱赶"火牛"猛冲燕军，5000精兵随之杀出。全城军民擂鼓击器以助威，一时间火光通明，杀声震天。燕军猝不及防，四处逃命，齐军乘势直追，燕三军阵势被冲得七零八落，逃命途中又自相践踏，死伤无数。燕军主力彻底溃败，主将骑劫死于乱军之中。田单命令大举反攻，各地齐民纷纷响应，截击燕军，很快燕军全部被逐出齐国，沦陷的70余座城全被收复。

重要意义

此战使齐得以复国；在战术上积极创新，推动了战争的更高层次发展。

军事知识

反间计

这是指捕捉敌军内部矛盾加以利用，派人散谣使敌人君帅间互不信任，使敌军人心涣散的智谋。

坚甲、利兵、强弩
——铁兵器时代的来临

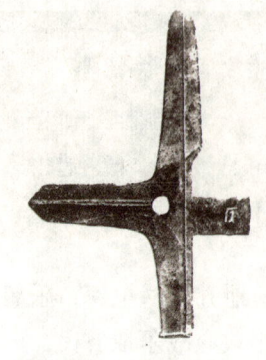

1965年,在河北易县燕下都44号墓的考古过程中,发现大量铁兵器,有矛19件、戟12件、剑15件以及刀、匕首、胄等;河北易县燕下都还出土了战国铁铠甲片和铁兜鍪,都是迄今为止所发现的时代最早的铁制甲胄。1976年,在湖南长沙杨家山65号春秋晚期墓出土了一把钢剑,据考古学家考证,它是年代最早的钢剑。在河南省西平县,考古学家们发现了大量古人炼铁的遗迹,2000多年前,这一带是韩国的冶铁中心,铁器生产在当时已有一定规模。目前已出土的上千件先秦铁器中,绝大部分是战国中晚期的,其中铁兵器占有相当的比重。因此,我们不难得出这样的结论:战国中晚期应该是我国军事发展史大规模地进入铁兵器的时代。

自古以来,兵器对于历代兵家来说是至关重要的,因此历朝历代都很重视对兵器的改进及习练。原始社会向奴隶社会过渡时期,部落成员的石制劳动工具,常常又是随身携带的武器;夏代开始时沿用石制兵器,

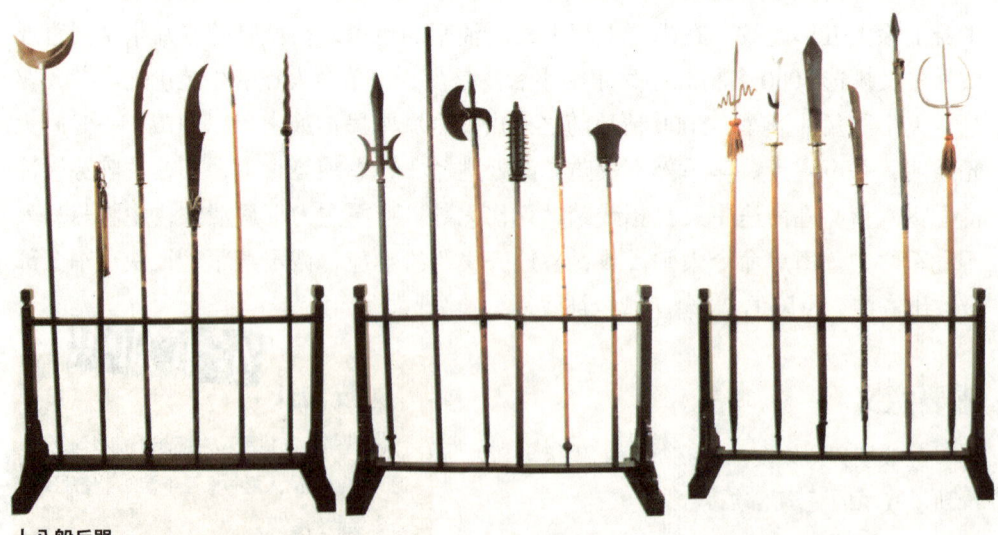

十八般兵器

后来有所改进，有了少量青铜兵器；商周时期的军队已经开始使用青铜兵器，并且较为普遍，而且兵器种类增多，质量也大有提高；到了战国时期，由于铁的藏量较为丰富，铁器的坚硬度比铜制品强，又易于铸造，因此，铁兵器逐渐代替了铜兵器，品种也更为齐全。

据古籍记载以及大量的出土文物表明，战国时期的兵器有戈、戟、矛、殳、斧、钺、锤、锥、刀、剑和匕首等，都被极为广泛地应用于战争中。两军交锋时，士兵身披铁甲，手拿铁杖、铁斧、铁刀、铁钺和铁矛等兵器。

战国时期最有代表性的兵器应首推改用铁制的戟和铁铠甲、铁弩等。

戟由戟头和戟柄组成，是中国古代将矛和戈功能合为一体的格斗用冷兵器。戟头用金属材料制作，戟柄为木质或竹质。戟最长可达3米多，既能直刺、扎挑，又能勾、啄，是步兵与骑兵使用的利器。战国以前戟是青铜制的，到了战国时期出现了铁戟，其中最有名的是战国三戈戟。

皮甲胄复原模型 春秋

春秋战国时期征战频繁，甲胄的作用非常重要。

铠甲是中国古代将士穿在身上的防护装具。战国后期，随着钢铁兵器的大量使用，兵器日渐锋利，防护装具也不得不随之发生了变革，铁铠甲开始出现。战国时期铁甲的前身为青铜甲，是一种比较简单的兽面状胸甲，通常以铁片制成鱼鳞或柳叶形状的甲片，经过穿组连缀而成。和铠甲配套使用的是铁兜鍪，也叫"胄"，后来叫"盔"。河北易县燕下都出土的铁兜鍪是用89片铁片编成的，从顶部一层压一层编缀，共7层，全高27厘米，无论从做工还是从结实程度上看，都表明当时铁制品的工艺已经非常精湛了。

战国时期，还出现了弩机。弩机是一种利用机械力量射箭的装置，可以提高射程和杀伤力。弩由弩弓、弩臂、弩机三部分组成，弩机由青铜或铁制成，包括牙、牛、悬刀三部分。当时的弩种类很多，有用手臂发射的"臂张弩"，

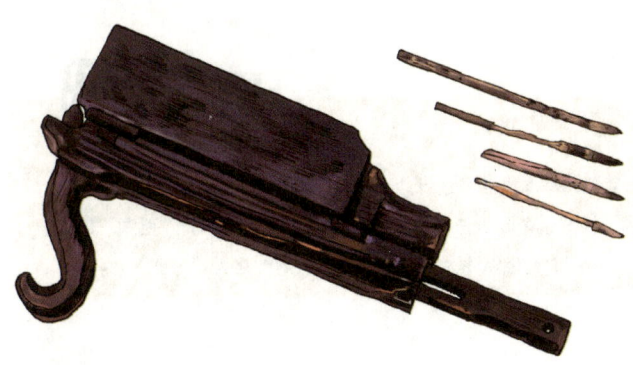

连发弩机

足蹬弩施放图　山东武梁祠出土

钩内戟 战国中期
　　此戟造型别致，铸造精良，是研究我国兵器史的重要资料。

也有用脚踏发射的"蹶张弩"等。马陵之战"万弩齐发"，就显示了弩的强大威力。战国时代各国军队都普遍装备有弩机，并在弩的改进上下了很大的功夫，魏军有"十二石之弩"，是指这类弩弓弦拉开的力量相当于12石的重量，韩国的劲弩射程能达600步开外。

　　战国时期的著名军事家吴起规定，"要能身穿三层铠甲，头戴铁盔，腰佩利剑，操二十石强弩，带箭五十支，肩扛长矛一杆，背三天的干粮，每天能行走一百里"者，方可被提升为军官。可见，在战国时期，坚甲、利兵、强弩已经是很常见的兵器。同时，通过吴起所言也不难想象得出"坚甲、利兵、强弩"对军士来说具有相当的分量。

军事知识

冷兵器与火器

这是一般武器的分类方法，是以武器的基本性能来进行分类的，在有了以火药为能源的武器之后，便有了以是否使用火药来分类的方式。根据这个分类法，就把不使用火药、以人体为"能源"的刀、枪等古代就有的武器叫作"冷兵器"，而把火药燃烧作为能源的步枪、火炮称之为"火器"。

胡服骑射
——骑兵崛起的开始

改革国家： 赵国

改革者： 赵武灵王（约公元前340~前295年），名雍，赵国第六代国君，我国封建社会初期杰出的政治家和军事家；公元前299年他传王位于次子赵何，即赵惠文王，自称主父，后饿死沙丘宫。

改革结果： 增强了赵国的军事实力，加强了民族融合，推动了中华民族文化的进步。

历史背景

三家分晋后，赵国拥有北方大片土地。东北与东胡、燕国接壤，东与中山国、齐国接壤；西北与林胡、楼烦接壤，西南与秦接壤，南与韩、魏接壤。赵国边患一直不断。

主要过程

赵雍即位后，是为赵武灵王。由于赵国所处地理环境恶劣，他决定推行"胡服骑射"的军事改革以富国强兵，来抵御外患的侵扰。他对大臣肥义说："我国处于众多外患的包围之中，如果没有强大的军队，很容易灭亡。为了避免悲剧发生，今吾将胡服骑射以教百姓。"肥义是个开明的臣子，他表示支持赵王的改革。

改革措施甫定，赵武灵王第一个穿上胡服，并派人告知公子成请其穿胡服。公子成是赵武灵王的叔父，在赵国影响力很大。他先是以不能"变古之教，易古之道"为由拒绝穿胡服。赵武灵王于是亲至公子成家，反复说明事与礼可以随时代而变，并讲述胡服的优越性，赵要想永远立于不败之地，就得改革以加强军事实力。赵武灵王表示要继承赵简子、赵襄子的事业，振兴赵国。赵武灵王的慷慨陈词，令公子成备受感动，于是第二天他便穿胡服上朝。公子成对胡服骑射改革

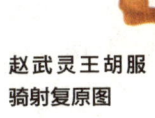

赵武灵王胡服骑射复原图

身穿胡服、头戴胡帽的匈奴骑士

的支持,使得赵武灵王有信心将这项军事改革坚决贯彻下去。

赵武灵王向全国发布胡服命令。这时有王族赵文、赵造和王子傅周绍等臣向赵武灵王进谏以质疑胡服骑射,不断陈述习俗、礼教的不可变更性,希望他收回成命。赵武灵王批驳说:"三代不同礼而王,五伯不同法而霸","法度制令,各顺其宜,衣服器械,各便其用。"批评他们不知时变,不谙治国。他们最后不得不接受了胡服。王族赵燕迟迟不穿胡服,赵武灵王就警告他:"若再违命,我将对你施刑戮以明法度!"赵燕认错,立即改穿胡服。

赵武灵王的下一步就是骑射。他把攻下的原阳(今山西大同北)改为"骑邑",用来培训骑兵。大臣牛赞进谏:"使不得!国家和军队的常规是不能改变的。"赵武灵王立即驳斥他:"依你说,经济发展,社会进步了,国家和军队还应该是一成不变吗?今重甲循兵,不可以逾险;仁义道德,不可以来朝。"牛赞被斥责得无言以对。从这里可以看出,赵国胡服骑射改革的过程是艰难而又曲折的。这不只是单纯的易服,还是一场尖锐的思想政治斗争。

赵国原来的服装是宽袍大袖,里三层外三层,十分烦琐;改为胡人服饰后变成紧身短装,束皮带,穿皮靴,轻巧利索,很适合马上训练与作战。赵武灵王组织培养出一支强大的骑兵,使之成为赵国军队中一个重要的组成部分,为赵国发展成为东方六国最强国起到了重要作用。春秋以来,骑兵虽已出现,但数量很少,在军队中地位无足轻重。赵武灵王通过骑射改革,建立起强大的骑兵队伍,这为中原国家军队的发展提供了范例。在此影响下,各国逐渐建立起步骑兵代替车兵成为主力兵种的新式兵制。

胡服骑射改革后,赵国军事实力得到很大程度的加强。赵武灵王率领他的骑兵攻占了林胡、楼烦大片土地,建立云中郡、雁门郡。公元前305年,赵国大举进攻中山,夺得许多土地;公元前296年,赵灭中山。赵武灵王还在北方东起无

跑马道
遥想古人在这条道上驰马的勃发英姿,依然让人心潮澎湃。

穷之门,向西沿阴山直到高阙塞修筑长城,置兵戍守,并实行进步的民族和睦政策,保护了边地人民的生产和生活,加强了局部统一,解放了内地依附于吏大夫的奴隶,让他们充实九原等地,这样就开发了广大边地,加速了封建化进程。

战国后期,赵国是东方六国中唯一能与秦国抗衡的国家,这与赵武灵王的"胡服骑射"改革是分不开的。

重要意义

加强了赵国的军事实力,使赵国成为战国后期唯一能与秦国抗衡的国家;巩固了北方边疆,为后来秦汉统一北方边疆奠定了基础;加速了中原汉族和北方游牧民族的交流融合;骑射的发展加强了各地区间的交往和联系。

军事知识

战国服饰

战国时期,由于连年战争,各种礼仪逐渐废除,齐、楚、燕、韩、赵、魏、秦各诸侯国的服饰也相应地产生了一些变化。从近年湖南长沙出土的战国楚墓中所见彩绘木俑,可以看到当时很有代表性的服饰特点。所谓"绕襟谓裙",就是指沿宽边的下身缠绕而成的肥大衣服。其缠绕是将前襟向后身围裹,反映了古人设计思想的灵活巧妙,即采取横线与斜线的空间互补,获得静中有动和动中有静的装饰效果。制衣用料轻薄,为防止薄衣缠身,采用平挺的锦类织物镶边,边上再饰云纹图案,这即是"衣作绣,锦为沿",将实用与审美巧妙地结合,充分体现了古人设计的智慧与聪敏。

长平之战
——最彻底最惨烈的围歼战

交战双方： 秦国军队 VS 赵国军队
交战时间： 公元前 260 年
将帅档案： 白起（？~前 257 年）：战国后期秦国名将，又称公孙起，郿县（今陕西眉县东）人，屡败韩、赵、魏、楚军队，因功封武安君，长平之战秦军统帅。赵括：赵国名将赵奢之子，纸上谈兵，不懂实际运用，代廉颇为赵军统帅。
投入兵力： 赵军 45 万人；秦军约 40 万人
使用兵器： 铁剑、铁戟、铁甲、弩等
交战结果： 秦军大胜，赵军 40 万人被坑杀

历史背景

秦孝公用商鞅变法，使秦国成为七雄中的最强国；张仪远交近攻的外交战略让秦国不断蚕食六国土地；秦昭襄王时秦对六国已构成战略攻势，白起为秦国夺得大片韩、魏、楚土地。

赵自武灵王"胡服骑射"军事改革以来国势重振，军力较强，是六国中唯一能与秦抗衡的国家。秦欲一统中国，赵国成了最大障碍。

秦将白起

秦昭王十四年，白起官拜左更，率兵在伊阙击败韩、魏等联军，升任国尉。秦昭王十五年，官拜大良造，攻克楚都郢，被封武安君。

主要过程

公元前 261 年，秦军攻占韩国野王（今河南沁阳），韩国被拦腰截为两段，韩廷惶恐，遣使求和，愿献上党郡于秦。然而，韩上党太守冯亭为了转移秦军矛头使韩赵联合抗秦，就向赵王表示，愿把上党献给赵国。

赵王和平原君赵胜目光短浅，遂宣布将上党郡并入赵国版图。秦王大怒说："我战士浴血打败韩国，你赵国却坐享其成！"秦王即命左庶长王龁率军攻赵，直逼上党。赵军不敌，退守长平，秦军长驱直入，进抵长平城下。赵王见秦军扑向自己，占领上党之喜顿无，急派大将廉颇率 45 万赵军开赴长平拒敌。

廉颇到达后即命赵军出击秦师，但秦防守稳如泰山，赵军劳而无功。廉颇毕竟久经沙场，经验丰富，他迅速改变了战略，转攻为守，令赵军筑垒严防，坚守长平以疲秦师。秦军攻城一浪高过一浪，但均告失败。远道而来的秦军不宜持久战，但进攻无果，退又不甘，秦王一筹莫展。秦国毕竟人才辈出，秦王采纳良谋善计，派人携珍宝入赵贿赂赵王左右宠臣，让他们离间赵王和廉颇的关系，并散布谣言：廉颇只守

不攻是懦弱的表现，他已有降秦之心了；秦军不久即可拿下长平，但最怕赵王用马服君赵奢之子赵括为将，那样秦军就只有退兵了。

赵王果然中计，认为赵括精通兵法，年轻有为，于是不顾赵母和贤臣蔺相如的苦劝，命赵括连夜赶往长平替代廉颇。秦王见离间得手，即派武安君白起接替王龁统领攻赵秦军，又增加兵力，欲一举攻下长平。

> **◆ 策略战术 ◆**
>
> 诱敌深入围歼战术；离间计；孤立敌国，分化瓦解敌国同盟；君将统一，协调配合；把握时机准确出击。

白起其人非同一般，伊阙一战斩韩魏军 24 万人，南破楚都郢，焚楚夷陵、华阳斩魏、赵军 15 万人，可谓战功显赫，威震东方，纸上谈兵的赵括又怎是他的对手？赵括上任，一反廉颇所为，更换将吏，改变固守防御战略，让大小将领大为不满。接着他制订了进攻方案，传令准备出击。

公元前 260 年 8 月，赵括率赵军主力出城进攻秦军。两军稍事交锋后，白起命秦军佯败后撤，诱敌深入。赵括误认为秦军抵挡不住，便挥师紧追。当赵军前进到长壁后，预伏在这里的秦军主力精锐迎面扑来，赵军攻势受阻；白起又组织了一支轻装突击队直插过来。正面的秦军主力已让赵军疲于应付了，又怎经得起这一股新生力量的冲击？赵军抵挡不住，赵括欲退兵，但为时已晚——白起埋伏于两翼的 2.5 万秦兵在赵军与秦军主力格斗时已迂回到赵军侧后，抢占了西壁垒高地，截断了赵军的退路，赵军被全面包围。白起见袋形阵已形成，为防止这"庞大猎物"逃脱，"口袋"还得系上口，他即派 5000 精骑迅速插入赵军营垒间，牵制、监视守营的那部分赵军，并切断赵军所有粮道。秦王闻赵军被围，便亲往河内把当地 15 岁以上的男丁全编入军开赴长平增援白起，进一步断绝了赵国的援救。

9 月，赵军已被困 46 天，粮尽援绝，内部自残以人肉充饥；他们还不时受到秦军突击队的冲击，死亡的阴影笼罩着全军。突围四次失败后，赵括孤注一掷，亲领赵军精锐强行突围，结果再遭惨败，赵括本人也中箭身亡。赵军失去主帅，又身心疲惫，便放弃抵抗，40 万人全部投降秦军。白起怕赵军俘虏人多作乱，难以控制，便放生 240 名幼小士兵，其余全部坑杀。长平之战结束。

重要意义

长平之战扫除了秦统一大业路上最大的障碍；极大地震慑了东方六国；纸上谈兵、不知灵活用兵给后世以深刻的教训；围歼战术丰富了战争艺术。

长平之战不仅是决定秦能否统一的关键，而且在战略决策、用间出奇和战术调整等军事行动方面都具有典型的意义。

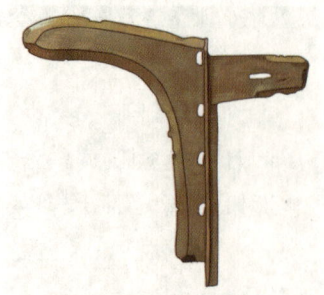

远交近攻
——群雄并起时的最佳外交策略

"远交近攻"是中国古代的一种外交策略，是分化瓦解敌方联盟、各个击破并结交远离自己的国家而先攻打邻国的战略性谋略。

春秋初期，群雄并起，逐鹿中原。郑庄公在此混乱局势下，巧妙地运用"远交近攻"的策略，取得了小霸主地位。

郑国与近邻宋国、卫国结下了很大的仇怨，矛盾十分尖锐。为了避免被两国夹击的危险，郑国只好主动与邾、鲁以及实力强大的齐国等国结盟。可是，公元前719年，宋、卫真的联合陈、蔡两国共同攻打郑国时，鲁国却派兵协助攻郑，将郑国东门围困了五天五夜。

郑国意识到与鲁国的关系出现了问题，就想方设法与鲁国重新修好，以便共同对付宋、卫。于是，郑国就向鲁国积极发动外交攻势，主动派使臣到鲁国，商议把郑国在鲁国境内的访问交归鲁国。鲁国与郑国重归于好。

公元前717年，郑国借口帮邾国雪耻，攻打宋国。齐国出面调解郑、宋的关系，郑庄公表示尊重齐国的意见，暂时与宋国修好。齐国也因此加深了对郑国的感情，齐、郑的关系也更牢固了。

公元前714年，郑庄公见与齐、鲁的关系都已牢固，就以宋国不朝拜周天子为由，代周天子发令攻打宋国，齐、鲁两国也积极助战。

郑、齐、鲁三国大军很快攻占了宋国的大片土地。宋、卫军队也不甘示弱，避开联军锋芒，趁郑国后防虚弱，攻入郑国。郑庄公索性把所占领的宋国土地全部送与齐、鲁两国，自己则迅速回兵，大败宋、卫联军，使其被迫求和。

郑庄公势力因此强大起来，成为春秋时期的小霸主之一。

从郑庄公采取的策略可以看出，当实现军事目标的企图因地理条件限制而不能实施时，应先攻取就近的敌人，

郑国故城遗址

而不能越过近敌去攻打远离自己的敌人。为了防止敌方结盟，还要千方百计去分化敌人，各个击破。"远交"的目的，实际上是为了避免树敌过多而采用的外交诱骗。

"远交近攻"语出《战国策·秦策》，是范雎说服秦王的一句名言。

战国末期，七雄争霸。秦国经商鞅变法之后，势力发展最快，成为七雄中的强国。野心勃勃的秦昭王开始图谋吞并六国，以期独霸中原。

秦昭王把最先攻击的目标定为齐，因为齐国相对其他五国来说是最强大的国家。秦昭王认为如果先灭亡了齐国，那么灭亡其他五国就太容易了。因此，在公元前270年，秦昭王决定派穰侯越过韩、魏而攻齐。

范雎对秦昭王说：王不如远交而近攻，得寸，则王之寸，得尺，亦王之尺也。

这时，范雎对秦昭王说："大王的方案并不可行，齐国势力强大，离秦国又很远，攻打齐国，部队要经过韩、魏两国。军队派少了，难以取胜；多派军队，打胜了也无法占有齐国土地。而齐国的削弱对韩、魏两国有利，这岂不是在给韩、魏帮忙吗？王不如远交而近攻，得寸，则王之寸，得尺，亦王之尺也。"

范雎接着说："大王可以先攻打邻国韩、魏，再逐步推进。大王在攻打韩、魏的同时，可对楚、赵两国进行威胁。如果楚、赵都归附大王了，齐国必然会害怕，就会来事秦。只要齐国归顺了秦国，则韩、魏就可以攻破了。"

秦昭襄王采纳了范雎的建议，拜他为客卿，谋划军事。后来范雎取代穰侯成为相国，开始逐步实施"远交近攻"的策略。

秦果然先出兵攻打韩、魏，同时，为了防止齐国与韩、魏结盟，秦昭王派使者主动与齐国结盟。开始时，齐虽不愿意秦抢先兼并中原而图谋合纵伐秦，但它同时也怕其他小国强大难制。秦正是利用这一点开展"远交近攻"的。

到秦王嬴政时，依然坚持"远交近攻"之策，远交齐、楚，首先攻下韩、魏，然后又从两翼进兵，攻破赵、燕，统一北方；攻破楚国，平定南方；最后把齐国也攻破了，从而实现了四海归一、统一中国的愿望。

秦统一六国是"远交近攻"的成功案例，从这个案例来看，"远交近攻"的"远交"并不是要长久地和好，其用意是为了孤立近邻；一旦"近攻"成功，"远交"之国也就变成了新的攻击对象了。

秦统一六国
——最早的一场封建统一战争

交战双方： 秦国军队 VS 东方六国军队
交战时间： 公元前230～前221年
将帅档案： 嬴政：秦王，公元前246～前210年在位，13岁即位，22岁亲政后铲除相国吕不韦和长信侯嫪毐叛乱集团，公元前221年统一中国，建立中国第一个统一的专制主义中央集权封建国家，号"始皇帝"。王翦：秦国名将，统一战争统帅。王贲：王翦之子，秦国名将，统一战争统帅。尉缭：军事谋略家，与李斯制定统一战略。
使用兵器： 铁制戟、剑、刀、矛及云梯、冲车等攻城器械
交战结果： 六国灭亡，中国归于一统

历史背景

战国末期，韩、魏、齐、楚等国日趋衰落，只有"胡服骑射"后的赵国能与秦国抗衡；但长平一战使赵元气大伤，六国已无力阻挡秦东进的势头。秦在商鞅变法后国力一天比一天强盛，统一中国的战略优势掌握在秦国手中。秦远交近攻，不断蚕食六国土地；嬴政即位后施展雄才大略，任用李斯、尉缭积极部署战略，统一之势不可逆转。

《荆轲刺秦王》石像图拓片
荆轲一击而不中，虽身败而名扬。刺杀未能成功，这是荆轲的不幸，但，却是历史的选择。秦王六合一扫，天下遂归于一统。

主要过程

公元前238年，秦王嬴政扫平吕不韦、嫪毐势力，开始亲政。他任李斯、尉缭分别为丞相和军师，周密制定出了统一中国的战略步骤，继续远交近攻，分化瓦解六国合纵的同时要攻灭韩、赵、魏、楚、燕、齐，以统一全国。

韩、魏是六国合纵之脊，秦王要拔掉这两颗妨碍吞食的暴牙，但牙龈是赵国，因此要先削弱赵这三晋最强国。公元前236年，秦王趁赵东攻燕、国内空虚之际发兵大举攻赵。赵国多出名将，继赵奢、廉颇之后，

> **◆ 策略战术 ◆**
>
> 以连横破坏合纵；远交近攻；先弱后强，各个击破；反间计，软硬兼施；以中原腹地为突破口，展开两翼攻势；以逸待劳，以静制动，酝酿战机，伺机出击；集中优势兵力；避实就虚，出奇制胜。

李牧在危难关头脱颖而出。尽管秦军凭借顽强的战斗力和先进的战法给了赵军沉重打击，但李牧几乎凭一己之力阻挡住了秦军的迅猛攻势，使其不得前进。秦王灭赵未遑转而攻韩，公元前231年，韩国重镇南阳陷落，朝廷震动，韩向赵求救，但赵勉强能自保，哪有能力救韩，只能眼睁睁地看着韩地逐一失守。

公元前230年，秦王派内史滕率军东进，攻占韩国都城阳翟，俘虏韩王安，在韩设置颍川郡，韩国灭亡。

唇亡齿寒，秦王下一个要除掉的对手就是赵国了。灭韩这一年，赵发生地震和旱灾，经济损失巨大。公元前229年，秦王派名将王翦、杨端和兵分两路大举攻赵。主力王翦由上党出井陉，杨端和由河内进攻赵都邯郸。赵派大将李牧迎敌，王翦与李牧无愧为当时最优秀的两位军事将领，双方互有胜负，相持不下。秦王施反间计，收买赵王宠臣郭开诬告李牧谋反，赵王听信谗言，要撤换李牧。李牧以国家危在旦夕、不宜临阵换将为由拒命，结果惨遭杀害，副将司马尚也被换下，赵军士气顿挫，军心涣散，失去了与秦军僵持的能力，终致溃退。公元前228年，王翦向赵国发起总攻，不久攻克邯郸，赵王迁被俘，公子嘉率亲族逃入代郡，赵国基本灭亡。

灭赵同时，秦已兵临燕境。燕国自知无力抵抗，太子丹于是孤注一掷，重金雇勇士荆轲，于公元前227年遣其入秦刺杀秦王，结果刺杀未遂。秦王大怒，并以此为借口，派王翦、辛胜攻打燕国，在易水以西大败燕军，歼灭其主力。公元前226年10月，王翦攻陷燕都蓟（今北京市），燕王喜率残部逃往辽东，燕国灭亡。

伐燕同时，秦王命王翦之子王贲率军南下攻楚，攻下十余座城。公元前225年王贲以胜楚之师回军攻魏，迅速包围魏都大梁（今河南开封）。此时中原诸侯只剩一魏，孤立无援，困守大梁，魏王眼见形势一天比一天危急，却一筹莫展。王贲引黄河、鸿沟水灌城，魏人不堪承受，守

秦始皇像

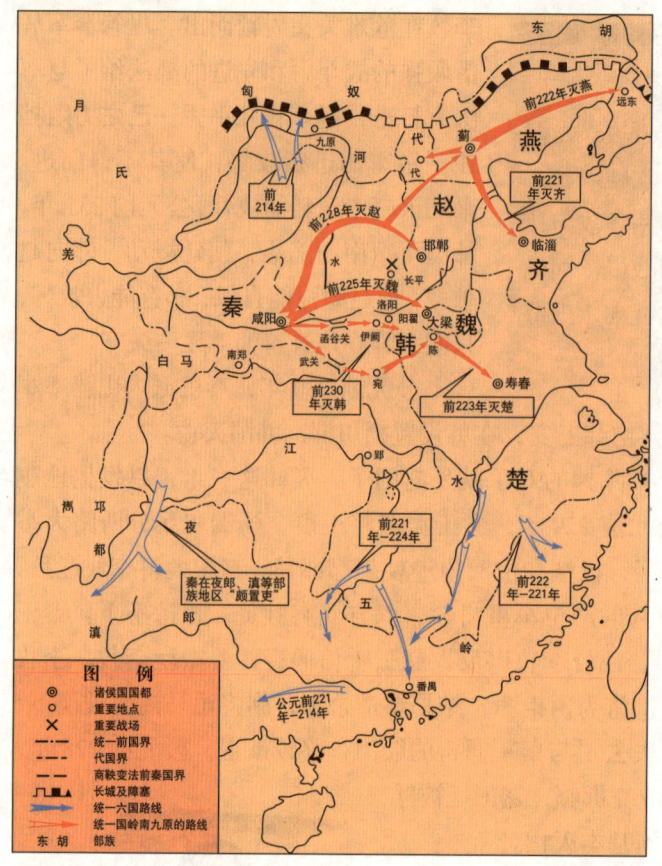

秦统一形势图

城力乏，秦军随即攻破大梁，魏王假遭擒杀，魏国灭亡。中原北方大部分地区已为秦有。

灭魏同时秦已策划伐楚。秦王问诸将灭楚需多少兵力，青年将领李信说需20万人，而老将王翦则认为非60万人不可。秦王以为王翦年老怯战，否定了他的意见，而派李信、蒙恬领兵20万人攻楚。公元前225年秦军南下伐楚，楚将项燕率军抵抗，初时秦军进展顺利，在平舆和寝击败楚军，进抵城父。但楚国毕竟地大兵多，项燕在城父集结数十万楚军发起反击，大败秦军，李信败逃回国。秦王方知王翦估兵不虚，屈尊亲自登门向王翦赔礼，命他征楚。

公元前224年，王翦率60万秦军攻楚，楚集中全部兵力迎战。秦军在陈遭遇楚军，王翦即令秦军坚守不战，违令者斩。项燕见王翦按兵不动，即遣将到秦军阵前挑战，但无论楚军怎样百般叫骂，王翦就是不出来与之交战。项燕于是引军东归，但正当楚军撤退时，王翦一声令下，挥师追击。60万秦兵排山倒海般杀向楚军，在蕲大破楚军，楚帅项燕被杀。公元前223年，楚都郢沦陷，楚王负刍被俘，秦在楚地设置郢郡，楚国灭亡。

公元前222年，王贲率军歼灭辽东燕军，俘燕王喜；回师途中攻打代郡，俘赵代王嘉，燕、赵彻底灭亡。王贲乘势由燕地南下，直逼齐国，齐王忙在河西集结军队，驻守防御。公元前221年，王贲率秦军避开西线齐军主力，迂回到齐北，从北面南下直插齐国都城临淄。齐因长期"事秦谨""不修攻战之备"，在秦军大兵压境、虎视眈眈的形势下，未做任何有效抵抗，齐王建便出城投降，齐国灭亡。

从公元前230年灭韩至此，秦用10年时间兼并了东方六国，结束了春秋、战国长达550年之久的割据局面，建立起统一的多民族的专制主义中央集权的封建国家——秦朝。

重要意义

结束了五百多年的分裂局面；建立了统一的中央集权的封建国家；推动了先进生产力的发展普及；加强了民族间的交流和融合；"远交近攻、各个击破"战略对后世军事理论影响深远。

陈胜、吴广起义
——中国历史上第一次大规模农民起义

历史背景

秦统一六国后，大兴徭役，滥施刑罚，阶级矛盾日益尖锐。公元前210年，秦始皇巡游东方，在沙丘病死。赵高胁迫丞相李斯伪造秦始皇遗诏，立始皇小儿子胡亥为帝，为秦二世。秦二世昏庸而残暴，终日声色犬马，还继续修建阿房宫，而此时的秦朝刑法愈加残酷。广大劳动人民挣扎在死亡线上，社会矛盾终于激化。

交战双方： 秦军 VS 农民军
交战时间： 公元前209年7月～12月
将帅档案： 陈胜（？～前208年）：字涉，阳城（今河南商水西南）人，早年为人佣耕；公元前209年7月在蕲县大泽乡揭竿起义，被拥戴为王，后在陈县建立了我国历史上第一个农民政权，号为"张楚"，后在城父（今安徽省涡阳县境）被叛徒庄贾杀害。吴广（？～前208年）：字叔，阳夏（今河南太康）人，农民起义将领。章邯（？～前205年）：字少荣，秦二世时任少府；公元前209年，镇压了陈胜、吴广农民起义军，使秦廷得以苟延残喘，后又攻杀反秦武装首领项梁；巨鹿之战失败，投降项羽，后被封雍王；公元前206年9月，被刘邦击败，在废丘（今陕西兴平东南）自杀。
交战结果： 农民起义军被血腥镇压

陈胜像

主要过程

公元前209年（秦二世元年）7月，陈胜、吴广等900名贫苦农民被征前往渔阳（今北京密云西南）戍边。当他们走到蕲县大泽乡（安徽宿县西南）时，连绵的阴雨把他们阻隔在这里，不能如期赶到渔阳戍地，按秦法失期当斩。面临死刑的威胁，陈胜、吴广于是杀掉押送他们的两个县尉，陈胜自立为将军，吴广为都尉，以"伐无道，诛暴秦"为斗争口号，率众起义。中国历史上第一次农民大起义爆发了。

陈胜、吴广起义图

农民起义军用木棍、锄头等做武器,削竹子为旗杆,很快攻占大泽乡,接着又攻下蕲县,占领了五六个县城。各地农民纷纷响应,六国贵族也趁机反秦。在攻占陈县(今河南淮阳)后,建立了"张楚"政权,陈胜自立为王。陈县成为全国农民起义的中心。

为推翻秦朝统治,陈胜于8月封吴广为"假王",令其率主力西击荥阳(在今河南中部),进而入函谷关(今河南灵宝东北)夺占秦朝腹地;宋留率部入武关(今陕西商南东南),迂回咸阳;武臣、陈余率部攻取六国故地。吴广久攻荥阳不下,陈胜又以周文为将军,领兵绕过荥阳,进攻关中。周文攻破函谷关,屯军于戏(今陕西临潼东北)。这时起义军已有兵车千辆,战士几十万人。

秦二世见起义军打到了都城附近,即令少府章邯把修建骊山陵墓的数十万刑徒和奴产子编成军队迎击农民军。同时,又从边塞调回王离的30万军队以保卫都城。周文率领的农民军,虽然英勇作战,但缺乏训练,没有作战经验,又孤军深入,在秦军的突然袭击下,接连受挫,被迫退出函谷关,在曹阳驻守待援。

这时,武臣的东路农民军在河北旗开得胜,对秦朝官吏恩威并施,连破30余座城,在攻占旧赵都城邯郸后,武臣在张耳、陈余的怂恿下自立为赵王。陈胜为了顾全大局,勉强予以承认,并命他率军西上,支援周文。武臣置若罔闻,以陈余为大将军,张耳为丞相,公然割据自立。六国旧贵族纷纷割据称王,韩广称燕王,魏咎为魏王,田儋为齐王。陈胜所遣各部义军互不接应,六国旧贵族又变身割据者,严重削弱了反秦力量,起义军遂陷入孤立无援又腹背受敌的境地。曹阳的农民军

陈胜、吴广大泽乡起义旧址

写有"张楚"二字的帛

陈胜、吴广起义示意图

与兵力庞大的秦军苦战两月，损失惨重，又无援助，终告失败，周文自杀。章邯乘胜猛扑，占领渑池。

随着反秦斗争的深入进行，起义军自身的矛盾和弱点也逐步暴露。围攻荥阳的起义军发生内讧，将领田臧因与吴广意见不合，竟假借陈胜之命杀死吴广，自立为将军，致使军心涣散。章邯乘机率秦军直扑荥阳，田臧率军迎战章邯，兵败身死，余部溃散。陈胜依旧坐守陈县，章邯率军直扑陈县，在城西与张贺所率农民军展开激战，陈胜亲自督战。由于众寡悬殊，而秦军又挟战胜周文、田臧之余威，士气高昂，农民军终败，张贺战死，陈县失陷。12月，退至下城父的陈胜为车夫庄贾杀害，余部则投奔其他反秦武装。宋留闻讯，在南阳降秦。轰轰烈烈的陈胜、吴广起义在秦王朝的残酷镇压下历经半年就失败了。

> **◆ 策略战术 ◆**
>
> 秦军：集中兵力，各个击破。农民军：分散作战，互不协调，不知机动作战。

重要意义

作为中国历史上第一次大规模的农民起义，沉重打击了秦王朝的统治，加速了其灭亡，为之后项羽、刘邦农民军灭秦创造了有利条件，有助于推动社会的变革发展，开辟了中国农民反抗封建统治的革命先河。在斗争中建立了农民政权，为后世农民起义树立了榜样。

巨鹿之战
——推翻秦王朝的决定性战役

交战双方： 秦军 VS 农民军

交战时间： 公元前 207 年 12 月开始，历经 9 个月

将帅档案： 章邯：秦国名将，曾以骊山刑徒为兵镇压了陈胜、吴广起义；巨鹿之战秦军统帅。项羽（公元前 232～前 202 年）：名籍，字羽，秦下相（今江苏宿迁）人，楚名将项燕之后；从叔父项梁起兵反秦，农民军灭秦后自称"西楚霸王"，大封王侯；后被刘邦与汉将韩信、彭越等围攻于垓下自刎而死；巨鹿之战农民军统帅。

投入兵力： 秦 20 万人；项羽军 5 万人

使用兵器： 铁制兵器已取代青铜兵器；刀具发展

交战结果： 项羽军获胜

历史背景

秦末暴政，农民纷纷起义；陈胜、吴广被秦将章邯血腥镇压后，项羽、刘邦率领的农民军仍不断冲击着秦王朝的统治。章邯在定陶袭杀项梁后，北上攻占邯郸，率秦军 40 万人围巨鹿，楚怀王派项羽、宋义率楚军 5 万救巨鹿。

主要过程

公元前 207 年 9 月，章邯派大将王离、涉间率秦军主力，兵围巨鹿。赵王歇多次向楚怀王求救。这时，楚怀王已经转移到了彭城，而且项梁虽然战死，但项羽和刘邦率领的部队却并未遭受损失，楚军实力还很雄厚。怀王任命宋义为上将军，项羽为次将，范增为末将，率领大军救援赵国。同时派刘邦西击关中，直

项羽像

戏马台

在今江苏徐州，始建于公元前 206 年，据传西楚霸王项羽定都彭城后，在此建高台，作为指挥士兵操练、观赏士卒赛马的场所。

捣秦朝都城咸阳。当时，秦军还很强大，诸位将领都不愿先入关，唯独项羽因为急于替叔父项梁复仇，主动请缨，要和刘邦一起进军关中。可是项羽初次领兵作战攻克襄城时，因为怨恨襄城军民誓死抵抗，曾经下令屠城，蒙上了"慓悍祸贼"的恶名，所以怀王和一些老将拒绝了他的要求，派素有仁厚之名的刘邦进军关中。怀王与诸位将领约定，先入定关中的人就封为关中王。这一约定，为日后刘、项的争端埋下了隐患。

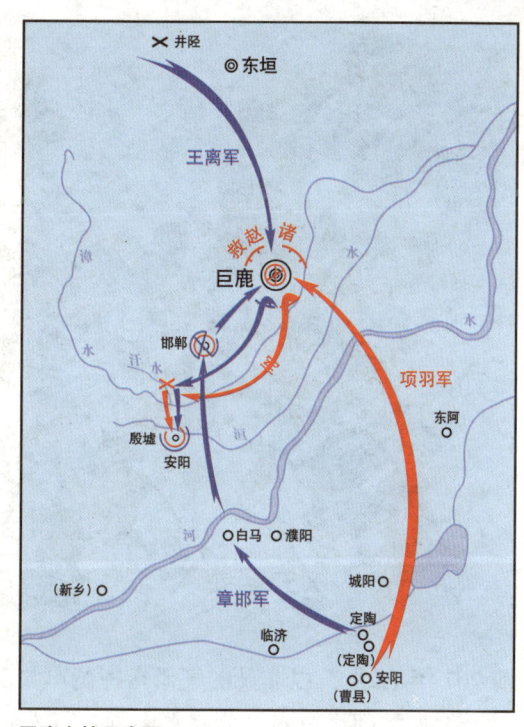
巨鹿之战示意图

公元前207年10月，宋义率领楚军开到安阳。当时，巨鹿的赵军已经危在旦夕，可是宋义却畏惧秦军的声势，在安阳一直停留了46天，迟迟不肯进军。项羽见宋义按兵不动，就对他说："如今赵军形势危急，我们应该急速渡河，和赵军前后夹击，一定能够击破秦军。"可是宋义只想坐山观虎斗，等秦、赵双方两败俱伤，自己坐收渔翁之利，而断然拒绝了项羽的建议。为了压制项羽，宋义还下令，谁敢不听指挥，就以军法治罪。

当时，连日阴雨，天气寒冷，楚军又是远路而来，军粮不足，士兵们衣服单薄，饥寒交迫。这时的战争形势十分危急，秦军一旦攻破赵国，就会更加骄横，到那时，楚军势单力孤，更难以对抗秦军。国家安危，系于巨鹿一战，而宋义却停兵不前，终日歌酒宴会，丝毫不知体恤士卒，更不忧心国事，还送儿子出使齐国，和齐相田荣勾结。

项羽看到这种情况，又是气愤，又是焦虑。11月的一天清晨，按捺不住的项羽终于趁参见宋义的时候，拔剑杀掉了宋义，然后公告全军，说宋义意图谋反，自己已经按楚王的密令将他处死。众将领推举他代理上将之职，楚怀王知道以后，也只得正式任命他为上将军。

当时，前来救援赵军的各路人马，都已经在巨鹿城下安营扎寨，但是因为畏惧秦军，都逡巡不前，不敢与秦军交战。只有项羽一马当先，在公元

◆ 策略战术 ◆

破釜沉舟，振奋士气；当机立断，突然出击；集中主力，各个击破；速战速决，不给敌人喘息的机会。

背水一战图

前207年12月,以非凡的气概指挥楚军北上,向巨鹿进发。

他先派部将英布、蒲将军率领2万人做先锋,渡过漳水,切断秦军运粮通道,把章邯和王离的军队分割开来,然后自己率领数万楚军渡过滔滔漳水,向北岸的秦军营地进发。大军过河之后,项羽断然下令,将船只一律凿沉,将做饭的炊具全部砸碎,将军营放火烧毁,每人只带三天吃的粮食,立即出发。这时的楚军,前面是几十万秦军主力,后面是波涛汹涌的漳水。一旦战败,就会被秦军残杀,或者葬身漳水,几乎已经陷入绝境。楚军将士都明白得很,只有全力以赴,击败秦军,才能绝处求生。于是,楚军人人奋勇,个个争先,以迅雷不及掩耳之势冲向秦军阵地。一时间,巨鹿城下杀声震天,经过一连9次激烈的战斗,楚军终于击溃了秦军,脱离了险境。

项羽率军进攻秦军的时候,前来援赵的各路将领都慑于秦军淫威,远远地作壁上观。项羽击溃秦军之后,立即召见他们。这些人个个胆战心惊,进入项羽的大营之后,都膝行而前,头都不敢抬。这一战,项羽显示出坚决果敢的战斗精神和无所畏惧的英雄气概,各路诸侯都对他佩服得五体投地,项羽成了楚军和各路义军的最高军事统帅,威震四方。这一年,项羽刚刚25岁。

军事知识

分而治之,各个击破

这是指针对敌人兵力强大的情况,以少量兵力牵制敌军一部,而以主力攻敌另一部,逐一消灭敌人有生力量的战术。

巨鹿之战后,项羽立即引兵南下,进驻漳水南面,进攻章邯率领的秦军主力,两军对峙了数月之久。秦二世在奸臣赵高的挑拨之下,不断派人责备章邯战斗不力,章邯日夜担心自己会被权奸暗算,赵将陈余又劝他倒戈反秦。正当他犹豫不决之时,项羽派蒲将军领兵渡过三户津,一举战败秦军,项羽自己也在汉水大破秦军。经过两次打击之后,章邯终于决定投降,秦军主力部队被瓦解了。

从项羽引兵渡河到章邯投降,巨鹿之战历时9个月,义军在项羽的统帅下,终于取得了最后的胜利。

重要意义

巨鹿之战击溃了秦军主力,是推翻秦朝统治的重要战役,这次战役的胜利为义军西进关中、推翻秦朝开辟了道路,敲响了秦王朝的丧钟。

历史背景

秦亡后,项羽部成为最大的军事势力,他自号"西楚霸王",并大封王侯。刘邦因对项羽有威胁,被封于汉中,关中还有"三秦"监督刘邦。

暗度陈仓
——兵贵出其不意

交战双方: 汉军 VS 章邯军
交战时间: 公元前206年8月
双方将帅档案: 汉军为张良、韩信;楚军为章邯
交战结果: 刘邦取得关中

张良像

主要过程

公元前206年8月,韩信率汉军东征,当时,由汉中入关中的栈道已被烧毁,不能行军。刘邦问张良怎么办。张良说出八个字:"明修栈道,暗度陈仓"。刘邦听后大喜,于是他把欲东进关中的刚拜为大将的韩信叫来,问他准备如何进关中。韩信不慌不忙,说出八个字的计策,居然与张良不谋而合,刘邦更认为此计可行,失声叫道:"果然是英雄所见略同啊!"

刘邦听从韩信之计,派了几百名兵士去修建栈道,造成一种汉军要打此经过的假象;暗中却同韩信率领三军,悄悄由南郑出发,直趋关中。刘邦留丞相

韩信像

栈道遗址

萧何守川蜀，征税收粮，接济军饷。时值仲秋，秋高气爽，将士们一个个英姿飒爽，气势高昂，日夜兼程，从古道小径直奔陈仓。

雍王章邯被项羽封在关中，作为堵汉王刘邦入中原的屏障。章邯经常派兵巡察，防备刘邦出蜀；他认为刘邦出汉中必经栈道，这时闻得有汉兵数百人正在抢修栈道，不由笑着说："栈道那么长，烧毁的时候容易，再修复则难啊！凭区区几百汉兵，猴年马月才能修起呀！刘邦想入关，当初又何必烧断栈道呢？刘邦居然还拜曾钻人胯下的韩信为大将，这哪像当年第一个入咸阳的农民军首领？简直糊涂透顶，这种人能在汉中称王已经很不错了。"

章邯根本不把刘邦放在眼里。8月中旬，有急报传到，刘邦和韩信已率汉军到了陈仓。章邯认为情报不实，回顾左右说："栈道尚未修好，汉军从哪里过来？难道是长了翅膀飞过来的吗？"他下令探子再探究竟。

不多久，从陈仓来的逃兵入帐报告：刘邦已打下陈仓。章邯大惊失色：汉军没经栈道，怎么过来的？难道有小径通向陈仓？章邯不敢再想，亲提数万军队，赶往陈仓截击汉军。两军相遇，展开激战，汉军养精蓄锐多时，个个身手不凡，而章邯军多为秦降军，对章邯恨之入骨，岂肯为他卖命？没战多久，章邯军队就四散溃逃。

> **◆ 策略战术 ◆**
> 惑敌误敌，转移敌人视线，出其不意。

章邯率残兵败将西逃，韩信挥兵紧追，章邯走投无路，拔剑自刎。刘邦军乘胜进击，驻守关中的另两个王司马欣和董翳相继投降，号称三秦的关中地区，尽为刘邦所有。

重要意义

此战为"兵不厌诈，示形惑敌"的典型战例，它指导了后世战争，也为刘邦打败项羽、统一中国奠定了基础。

四面楚歌
——张良的心理战

交战双方： 汉军 VS 楚军
交战时间： 公元前202年
交战结果： 楚军军心动摇而自溃

历史背景

刘邦明修栈道，暗度陈仓，占领了关中，拉开了楚汉相争的序幕；他采纳张良计策，派韩信向北攻取赵、魏、燕、齐等地，彭越南取楚旧地，韩信迂回项羽侧后，刘邦军正面进击，终于取得成皋之战的胜利，占据了战略优势，把项羽围困于垓下。

主要过程

公元前202年10月，刘邦采纳张良的建议，乘项羽引兵东撤之际，实施战略追击。12月，刘邦、韩信和彭越三大军团在垓下大败楚军，项羽被汉军围困起来。楚军困兽犹斗，不甘坐以待毙，刘邦欲围歼之，则自己也将付出惨重代价，如何啃掉这块硬骨头，刘邦陷入苦恼中。

张良，人称"运筹于帷幄之中，决胜于千里之外"，自不是虚言，他向刘邦进谏：在楚军周围命人奏唱楚地歌乐，以瓦解楚军军心，到时其战斗力自然减弱，攻即可破之。

刘邦大喜，依计而行。一日深夜，在极度的静寂中，楚军营地突然传来楚国家乡的民间小曲。楚军士兵那本已冰冷的心，顿时犹如春回大地，他们好像回到了

楚汉相争示意图

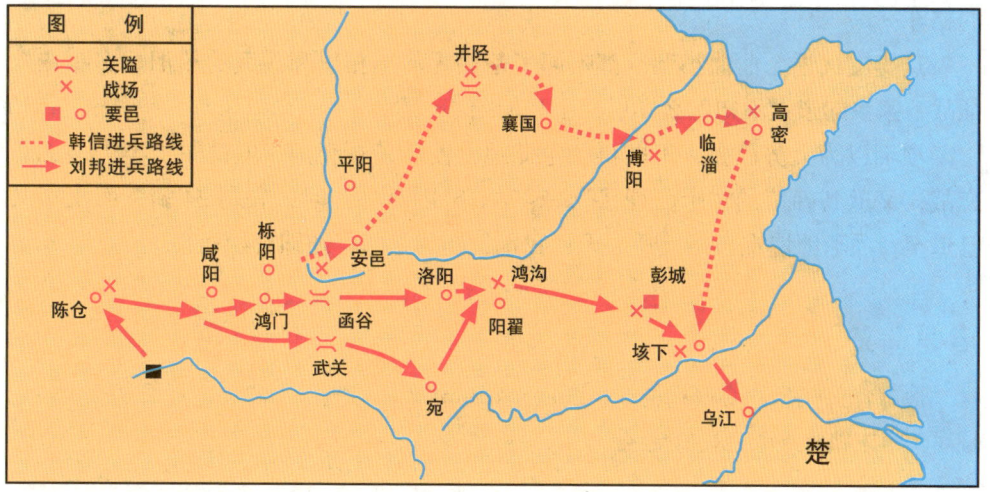

《霸王别姬》版画

故乡的村庄，看见了那熟悉的山水、田野和牛羊，看见了家乡父老的一张张笑颜与企盼的目光……楚军士卒不觉地坐起身来，不顾严寒，走出营帐，向汉军营寨远眺，因为正是那篝火兴旺的地方传来了楚地的民歌乐曲……于是一群又一群的楚兵情不自禁地向那令他们向往的一堆堆温暖的篝火走去，那里正把自己声声呼唤……

项羽也醒了：怎么回事？为什么四面楚歌？难道楚地已尽被汉军占领了吗？项羽情绪糟糕到了极点，他不明白自己用兵、武功及资质皆在刘邦之上，为什么现在竟被他逼迫到这般田地？自己打了无数次胜仗，为何最终的胜利却不属于他？这些问题这几天来如梦魇般缠绕着项羽，使他夜不安寐，百思不得其解。

那么，张良是怎么找到会唱楚地歌曲的人的呢？俗话说：人上一百，形形色色。张良在每座军营里寻找出生在楚地、会唱楚曲、奏楚乐的士兵，把他们集中起来，经过几天训练后，夜间派遣他们到包围楚军营地的最前沿，环绕在楚军四周，高唱楚歌，歌声此起彼伏，婉转悠扬，一时间让人感到这里不是硝烟弥漫的战场，而是一片曲声袅袅、歌声悠扬的和平之乡，从此不再有残酷的屠杀和血腥的格斗……

这支支民谣、曲曲小调，都唤起了楚兵无尽的相思和滚滚的热泪。多年在外征战，家乡的亲人不知怎么样了，士兵们归心似箭。

项羽以为大势已去，不敢再久屯此地，便率楚军突围，但楚军士卒大多无心恋战，又遭到韩信的"十面埋伏"，等项羽突围至乌江时，只剩24骑，而汉军又已追至。项羽愤愧难当，长呼：天亡我也，非战之罪！随即自刎而亡。

重要意义

此战作为较早的心理精神战，对后世军事战术有积极的影响，"四面楚歌"从此成了英雄末路、人心涣散的代名词。

河西之战
——进击匈奴的首次辉煌胜利

交战双方： 汉军 VS 匈奴军
交战时间： 公元前121年
将帅档案： 霍去病（前140～前117年）：河东郡平阴县人（今山西临汾），西汉名将，官至大司马、骠骑将军，封冠军侯。18岁领兵作战，多次击败匈奴，打通了河西走廊。河西之战汉军主帅。李广（？～前119年）：陇西成纪人，西汉名将，曾在西北做太守，抗击匈奴，屡立奇功，号为飞将军；公元前119年漠北之战中因迷路遭斥，愤而自杀。

历史背景

秦始皇曾挫败匈奴族的南下，但楚汉战争时，匈奴乘机进入河套以南，冒顿单于时势力更盛，刘邦建汉后曾攻伐之，被围困于白登山。之后汉朝对匈奴采取"和亲"政策并积极防御，武帝时国力鼎盛，为巩固边防开始反击匈奴。

主要过程

公元前121年，匈奴骑兵万余攻入上谷。同年3月，汉武帝派骠骑将军霍去病率精骑万人出陇西，越乌鞘岭，进击河西地区的匈奴。霍去病采用先突然袭击而后连续进击的战术，长驱直入，驰进匈奴脩濮部落；又渡过狐奴河，转战六天，连破匈奴五小王国，降服者赦之，反抗者杀之。匈奴军猝不及防，向北退走。

霍去病知道大军长途跋涉而来，宜速战速决。于是不敢逗留，即刻率军翻越焉支山，向西北急驰千余里以寻匈奴主力决战。在皋兰山下相遇匈奴浑邪王、休屠王军队，两军展开一场恶战，汉军挟战胜余威，猛烈冲杀，而浑邪王、休屠王却是仓促应战，部署并未完善，就遭到霍去病军暴风雨般的打击，自然难以招架。二王自知不敌，便下令匈奴军后撤，但汉朝军队的紧逼使匈奴军队无法有秩序地退走。匈奴士兵前面跑得慢的被后赶上来的撞倒后就再也爬不起来，后面跑得慢的被汉军赶上，做了刀下之鬼。这一战匈奴大败，被霍去病军斩首8900余级，浑邪王子、相国和都尉等多人被俘，休屠王的祭天金人也被汉军缴获。霍去病至敦煌班师凯旋。回到长安，汉武帝亲自出城迎接，加封霍去病2200户。是年，霍去病仅20岁。

汉武帝像

汉匈交战图

汉武帝此次派霍去病征匈奴的初衷本是试探霍去病的军事潜能,不曾想霍去病竟是如此骁勇善战,一举击溃河西匈奴。武帝感谢上苍又赐给他一个比卫青还优秀的大将,抗匈雄心备受鼓舞。同年夏天,武帝再命令霍去病统军北击匈奴,为了防止东北方向的匈奴左贤王乘机进攻,他又派李广、张骞率偏师出右北平,攻打左贤王以策应霍去病主力军的行动。

匈奴伊稚斜单于闻知亦不甘示弱,他亲率大军侵入代郡、雁门。霍去病自宁武渡河,翻越贺兰山后至居延海,然后转兵南下至小月氏(今酒泉)陈兵张掖,挺进2000里至祁连山一带,迂回到河西走廊北面敌人后方,而后以秋风扫落叶之势率部对匈奴发起迅猛攻势,大破匈奴主力军。同时西逐诺羌,打通了河西走廊之路。

是役,霍去病军共杀敌3万余人,俘匈奴王5名及王母、王子和将相百余人,收降浑邪王部众4万人,全部占领河西走廊。

东线右北平方面,李广率4000骑先行,不料被左贤王4万骑兵包围。危难时刻,李广尽显"飞将军"本色:他令部下结为圆阵,士兵持弩向外。匈奴连续发起冲击,汉军箭如雨下,战阵始终未破;战罢多时,弓箭将尽,李广令军士持弩不发,自己以大黄连弩射匈奴裨将数人,匈奴军惊恐,于是攻势稍缓。战至日暮,汉军兵士都面无人色,独李广依然意气风发,众将无不叹服。第二天双方又展开激战,李广军危急,幸好博望侯张骞及时赶到,匈奴军见不能取胜,撤兵而去。

◆ 策略战术 ◆

迂回包抄,连续出击;集中兵力歼击弱敌。

重要意义

此役夺回了河西走廊,打开了通往西域的大门,使匈奴的生存空间大大压缩。

历史背景

经漠南、河西两大战役打击，匈奴势力遭受重创，但仍未停止南下骚扰汉边。公元前120年（元狩三年）匈奴又从右北平、定襄攻汉，杀掠千余人；还用汉降将赵信计谋，欲把汉军引至漠北而歼之。

漠北之战
——汉匈草原大决战

交战双方： 汉军 VS 匈奴军
交战时间： 前119年
将帅档案： 卫青（？~前106年）：字仲卿，平阳人，西汉杰出的军事家、统帅；汉武帝卫皇后的弟弟；抗匈战争中屡立战功，因功封长平侯、大将军。霍去病（公元前140~前117年）：平阳人，西汉名将，卫青外甥
投入兵力： 汉骑兵5万，4万随军私人马匹，几十万步兵

主要过程

公元前119年，汉武帝震怒于匈奴两次战败仍贼心不改，遂决定来一次更大规模的军事行动。经过充分准备后，武帝命大将军卫青、骠骑将军霍去病各统骑兵5万人、随军私人马匹4万人、步兵几十万人及转运者，分别从定襄（今内蒙和林格尔）、代郡（今河北蔚县）出发，深入漠北，寻歼匈奴主力，予以打击。

卫青像

匈奴单于听说汉兵远来扫荡，不敢怠慢，"远其辎重，以精兵待于漠北"。卫青率精兵出塞，寻歼单于本部，同时令李广、赵食其从东面迂回策应。抵达漠北后，"见单于兵陈而待"，卫青当机立断，创造性地运用车骑协同的新战术，命令部队以武刚车"自环为营"，以防匈奴骑兵突袭，而令5000名骑兵进击匈奴。伊稚斜单于乃以万骑迎战。两军从黎明激战至黄昏，杀得难分难解，临近日落时，突然刮起大风，飞沙走石，两军不辨敌我，卫青乘势分轻骑从左右两翼迂回包抄匈奴。伊稚斜单于见汉军人马尚强，情知再打下去会吃亏，遂趁夜幕降临时，

西汉军士服饰复原图

跨上一匹千里马，率数百壮骑杀出重围向西北方逃走；匈奴军溃散，卫青乘势追击，斩杀和俘虏敌人1.9万余名。

与此同时，"飞将军"李广和赵食其肩负着迂回截击匈奴单于的任务，日夜兼程行军，然而大漠深处一眼望去全是茫无涯际的荒沙，找不到一个当地人。李广军因没有向导，走迷了路，焦急却无可奈何，怕再往前走与卫青主力军队更会不上面，只得下令回军南还。

司马迁曾用"桃李不言，下自成蹊"来评价"飞将军"李广，认为他战功卓著，但有些生不逢时，但他为人光明磊落，最终慨然自刎而死，令人叹息。

卫青经过殊死血战，击溃匈奴单于主力，本期望李广能在单于后方截断伊稚斜的退路，然后与汉军前后夹击，围歼单于，但北追200余里却不见李广军，伊稚斜单于最终逃脱。卫青继续挥师挺进，兵至寘颜山赵信城，缴获了匈奴屯集的大批粮食和军用物资，并在其地休整一天，然后放火烧毁赵信城后班师回国。到达漠南后与李广、赵食其会合，卫青差人往李广军营询问迷路经过，并说要上报天子。卫青派去的人劝李广把走失单于的责任推给赵食其，以避惩罚，但李广为人正直，并不答应。卫青闻讯恼怒，又遣人催逼李广的幕僚去中军受审，李广说："他们无罪，迷路责任在我，我自己去受审。"来人走后，李广慨然叹道："我自年少从军，与匈奴大小70余战，想不到今天却被大将军如此催逼，我已年过花甲，怎能再受这样的侮辱？"说罢拔剑自刎而死。左右无不泪如雨下。

率兵从东路出代郡的霍去病却取得了辉煌的战绩，足以使他彪炳史册。他深入2000余里，凭借兵精马壮的优势，对匈奴左贤王发起猛烈攻击。霍去病少年英雄，

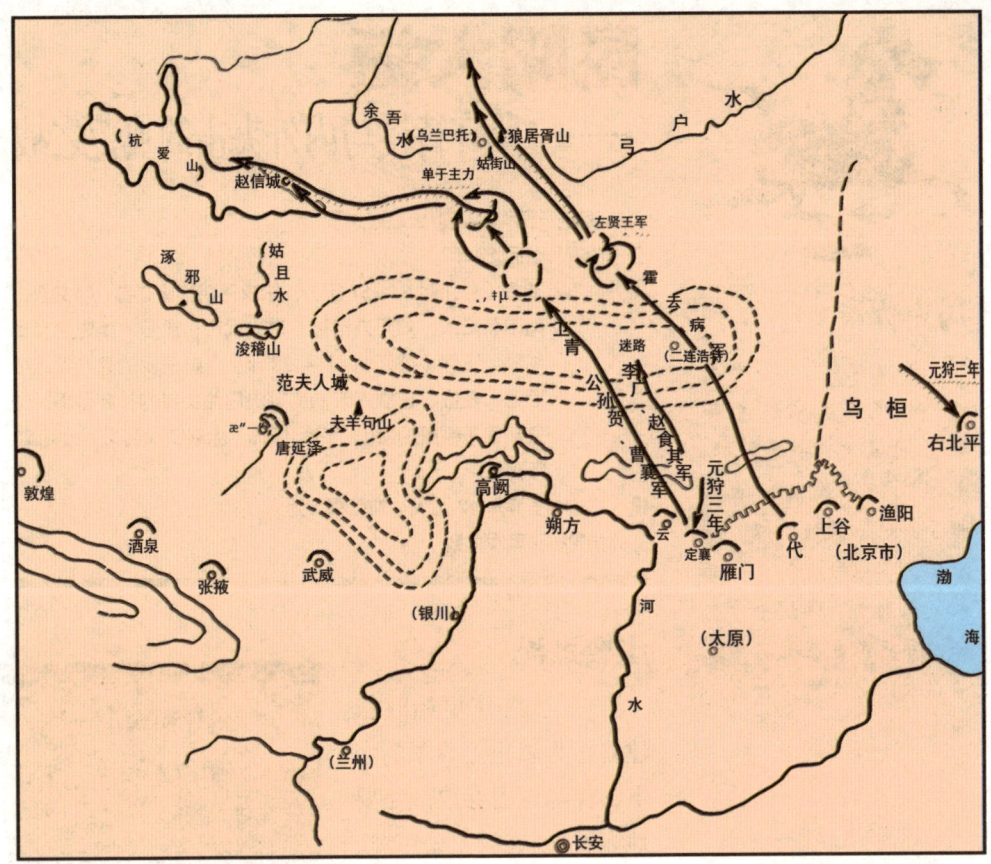

汉军漠北之战示意图

身先士卒,左贤王垂垂老矣,怎是他的对手?战不多时,左贤王就率亲信弃军而逃,匈奴兵大溃。霍去病即率众追击,一直追到狼居胥山,歼其精锐,斩杀北车旨王,俘屯头王、韩王等3王以及将军、相国、当户和都尉等83人,俘虏士兵70443人;并封狼居胥,登临瀚海,祭告天地后班师凯旋。

> ◆ **策略战术** ◆
>
> 远程奔袭,寻歼主力;迂回包抄;车守骑攻,协同作战;勇敢深入,出其不意。

重要意义

此战重创了匈奴势力,从此"匈奴远遁,而漠南无王庭",危害汉朝百余年的边患基本得到解决。

汉匈之战,标志着骑战成为战略手段,而且创造了农业民族打败游牧民族的奇迹。

昆阳大捷
——坚守待援与内外夹击的典范之战

交战双方：王莽军队 VS 更始起义军
交战时间：公元 23 年
将帅档案：刘秀（公元前 6～57 年）：东汉王朝的建立者，字文叔，南阳蔡阳人，刘邦九世孙，谥光武帝；昆阳大捷更始义军将领。王莽（公元前 45～23 年）：新王朝的建立者，字巨君，在位时曾复古改制欲解决日益尖锐的社会矛盾，结果却使矛盾更加激化，激起绿林、赤眉农民起义；公元 23 年被杀。
投入兵力：王莽军 42 万人；刘秀军 2 万人
交战结果：王莽军大败

历史背景

西汉末年，政治腐败，外戚王莽乘机篡夺汉室，于公元 8 年建新朝。王莽改制欲改良政治但归于失败，致使阶级矛盾激化，各地纷纷起义。绿林军立刘玄为帝，年号更始，并兵围宛城。王莽统治在农民起义军的打击下濒临崩溃。

主要过程

公元 23 年更始政权建立，为阻止王莽军的南下，保障主力夺取战略要地宛城，刘玄派上公王凤、大将王常和偏将刘秀统率部分兵力趁莽军严尤、陈茂部滞留颍川郡一带之际，迅速攻占昆阳（今河南叶县）、定陵及郾县，与围攻宛城的绿林军主力形成掎角之势。

策略战术

利用敌人轻敌心理进行突袭；制造攻心战术；一方牵制敌人，一方调兵侧击，形成内外夹攻之势；擒贼先擒王，以敌中坚为主攻。

更始军的动向引起了王莽的不安。23 年 3 月，王莽遣大司空王邑、司徒王寻赴洛阳调集各州郡兵 42 万人，号称百万大军，经颍川会合了严尤、陈茂军后直逼昆阳。此时，昆阳城中更始军只有八九千人，敌军兵力庞大又来势汹汹，不少将领提议与其寡不敌众，遭受重创，不如化整为零，退回根据地以图后举。但青年将领刘秀反对这一消极做法，他主张坚守昆阳牵制、消耗王邑军兵力，掩护主力攻取宛城。还未定议，敌人已兵临城下，诸将于是同意坚守。王凤、王常率众守城，刘秀、李轶率 13 骑到定陵、郾城调集援兵。

王莽像

莽军不久将昆阳围得水泄不通。大将严尤向王邑进言:"昆阳虽小,但易守难攻。敌人主力在宛城,我们不如绕过昆阳赶往宛城寻歼其主力,到那时昆阳敌人受震动,城可不战而下。"但王邑拒绝说:"非也非也!我军百万之师,所过当灭,今屠此城,喋血而进,前歌后舞,不亦快哉?"于是陈营百余座,挖地道,造云车,猛攻昆阳不已。王凤、王常率全城军民顽强抵挡,多次挫败敌人的进攻,敌军消耗很大。

汉光武帝刘秀像

严尤见昆阳久攻不下,再次向王邑进言:"围城应该网开一面,使城中一部分守军逃出至宛城,散布兵危消息,以使敌人情绪消沉,军心动摇,其士气低落下来后,城必可破!"但又为刚愎自用的王邑拒绝,他认为不久昆阳就会告破。

正当王邑将取胜战机丧失的时候,精明强干的刘秀已从定陵和偃县征集了1万步骑兵精锐,日夜兼程赶到了昆阳。他见昆阳仍未失守,而莽军队形不整,显得士气低落,疲惫不堪,心中大喜。他立即投入战斗,亲率1000轻骑为前锋,冲到王邑军阵前挑战;王邑以其人少不足畏惧,就派了3000人迎战。刘秀急忙挥军疾冲猛杀,转眼间莽军百余人被砍死,剩下的败退回去了。初战告捷,城内城外的更始军士气都为之一振,斗志立时高涨了许多。

刘秀为了更进一步振奋士气,同时动摇敌人军心,便假造宛城已为更始军攻克的战报,用箭射入昆阳城中;又故意遗失战报,让莽军拾去传播。这一消息顿时一传十,十传百,城内军民守城意志更加昂扬,而城外莽军情绪则更加沮丧。胜利的天平已开始向起义军这边倾斜了。刘秀见效果已经达到,便精选勇士3000人迂回到敌军侧后偷渡昆水,而后猛攻王邑大本营。

此时,王邑仍不把刘秀放在眼里,他担心州郡兵主动出击会失去控制,就令他们守营勿动,自己和王寻率万人迎战刘秀的3000义勇军。然而王邑的轻敌应战怎奈得住刘秀严密部署的进

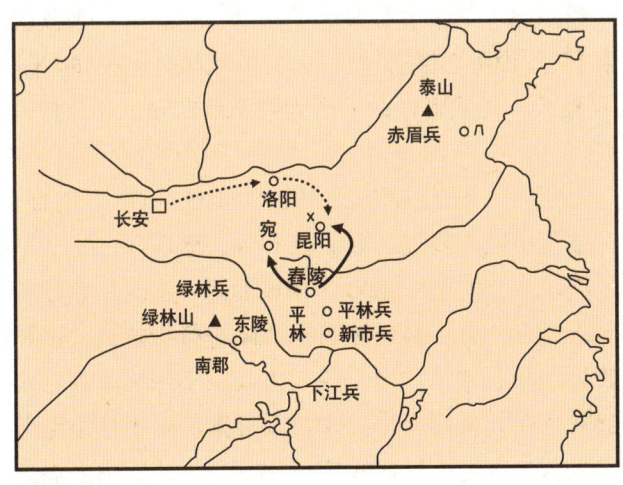
昆阳之战形势图

攻？万余兵马很快被冲得阵势大乱，而州郡兵诸将却因王邑有令不得擅自出兵，谁也不敢去救援。于是王邑所部大溃，王寻也被杀死。莽军余部见主帅都溃退了，也纷纷逃命。刘秀乘势掩杀，城中王凤、王常见莽军崩溃，即从城内杀出，与刘秀部内外夹攻王邑。王邑军互相践踏，死伤无数，狼狈地向洛阳方向逃去。昆阳之围遂解。

重要意义

此战加速了王莽统治的崩溃，而使刘秀脱颖而出，为他以后积蓄实力建立东汉王朝奠定了基础。

马革裹尸
——马援的情怀和业绩

交战双方：汉马援军队 VS 羌族及其他少数民族军队
交战时间：35～49年
将帅档案：马援（公元前14～49年）：字文渊，扶风茂陵人，东汉著名的军事家，因功官至伏波将军，封新息侯。

历史背景

公元25年，刘秀建立东汉王朝，经过一系列战争统一了中国，外族的扰边就成了东汉朝廷的主要威胁。陇西羌人的不断犯边使光武帝决定派将征讨，马援担当了这一重任，既安定了边疆，又实现了马革裹尸的宏愿。

主要过程

从王莽时开始，塞外羌族不断骚扰边境，不少羌族人更趁中原混乱之际入居塞内，金城（治所在今甘肃兰州西北）一带属县多为羌人所占据。汉将来欲就此事上书，说陇西屡有侵扰祸害，除马援外，无人能平。35年夏天，光武帝任命马援为陇西郡郡守，征讨扰边羌人。

马援一上任便整顿兵马，派步骑3000人出征。先在临洮击败先零羌，斩首数百人，缴获马、牛、羊100多头，守塞羌人8000多望风而降。当时，羌族各个部落还有几万人在浩亹占据要隘进行抵抗，马援和扬武将军马成率军进击。羌人将其家小和粮草辎重聚集起来，在允吾各阻挡汉军。马援率部暗中抄小路袭击羌人营地。羌人见汉军突然出现，大惊，逃入唐翼

马援像

茂椒林

这是四川阿坝州茂县（古羌地）一片生机盎然的茂椒（烹饪川菜的重要调味品）林。马援平定羌边的目的，也无非是为此——发展生产，让人民安居乐业。

谷中，马援挥师追击，羌人布精兵于北山坚守。马援对山摆开阵势佯攻以吸引敌人，暗中却遣数百骑兵绕到羌人背后，乘夜放火，并击鼓呐喊。羌人不知有多少汉军袭来，纷纷溃逃。马援大获全胜，斩首千余级。

因为汉军兵少，马援不敢穷追，在缴获了羌人大量粮食、牲畜及财物后，马上收军回营。此战，马援身先士卒，腿部被飞箭射穿，光武帝派人前去慰问，并赐给他牛羊数千头。马援像往常一样，把这些赏赐都分给了部下，将士们都十分感激他。

东汉铜车马和持戟骑士俑

当时，金城破羌以西地区离汉廷遥远，又常有动乱，不好治理。朝中多数大臣主张舍弃这一地区，独马援持异议，他有三条理由：一、破羌以西城堡都还完整牢固,适合防守;二、那里土地肥沃,灌溉便利;三、若放弃不管而让羌人占据湟中,将后患无穷。光武帝认为马援言之有理,便令武威太守把从金城迁来的客民全部放还,3000多客民返回了原籍。马援又建议朝廷为他们安排官吏,修建城郭,营造工事,开凿水利,并鼓励发展农牧业生产,郡中百姓从此安居乐业。马援又派羌族豪强杨封说服塞外羌人,让他们结好塞内羌人,共同开发边疆。对武都地方背叛公孙述前来归附的氐人,马援以礼相待,奏明朝廷恢复他们的侯王君长之位,赐给他们印绶。

> **策略战术**
> 迂回侧击,前后包抄。

37年,武都参狼羌与塞外各部联合,杀死官吏,发动叛乱,马援率4000人前去征剿。大军行至氐道县境,发现羌人占据了山头,马援率军驻扎在适宜的地方,断绝了羌人的水源,控制了草地,以逸待劳,坚守不出。羌军水源乏绝,陷入困境,逃的逃,降的降,陇右遂平。

马援在陇西做了6年太守,恩威并施,使得陇西战事渐稀,百姓能安心从事农业生产。

马援对孟冀说:"男儿当死边野,以马革裹尸还葬耳!"

41年,一个名叫李广的人聚会徒党,攻陷皖城,自称"南岳大师"。朝廷派张宗率军征讨,被李广击败,朝廷即以马援率诸郡兵马共万人出征。马援打败叛军,诛杀了李广。不久,岭南交趾女子征侧姐妹因与太守孙定不和,起兵反汉并占据交趾、九真等岭外60余城,朝廷任马援为伏波将军南征交趾。42年,马援在浪泊大破敌军,降服万余人,又乘胜追击,在禁溪击败征侧,43年正月诛杀征侧,传首洛阳。马援因功封新息侯,食邑三千户。不久后,马援还平定了岭南。

从交趾凯旋回京,老朋友们都出城迎接慰问马援,马援对平陵人孟冀说:"方今匈奴、乌桓尚扰北边,欲自请击之。男儿要当死边野,以马革裹尸还葬耳!"48年,南方武溪蛮暴动,马援请命南征,光武帝因其年事已高,不让他去,但在马援的一再请求下,刘秀答应了他。次年,马援在壶头山病死军中。

重要意义

马援为东汉边疆的稳定做出了不可磨灭的贡献。

黄巾起义
——第一次有组织、有准备的农民战争

交战双方： 东汉军队 VS 黄巾起义军
交战时间： 184 ~ 192 年
将帅档案： 张角：巨鹿（今河北宁晋西南）人，东汉末年黄巾起义军领袖。

历史背景

东汉末年，豪强地主大量兼并土地，土地高度集中，大批农民流离失所，阶级矛盾空前激化。统治阶级内部相互倾轧，外戚与宦官专权，官场腐败，社会黑暗，百姓苦不堪言，不断起来反抗。奸佞当朝，有识之士不能施展其抱负，两次"党锢之祸"，更使东汉王朝失去了希望。东汉统治处在风雨飘摇之中，此时，"太平道"兴起，深得农民拥护。

主要过程

184 年，张角以"苍天已死，黄天当立，岁在甲子，天下大吉"为宣传口号，聚众起义。起义军以头裹黄巾为标志，称为黄巾军，36 方数十万众同时举事，声势浩大。起义之初，义军进展顺利：河北黄巾军生擒皇族安平王刘续、甘陵王刘忠；南阳黄巾军斩杀太守褚贡，围攻宛城；汝南黄巾军在召陵（今河南漯河市东北）打败太守赵谦军；广阳（今北京

"苍天乃死"字砖 东汉

持戟青铜骑士俑出行仪仗 东汉

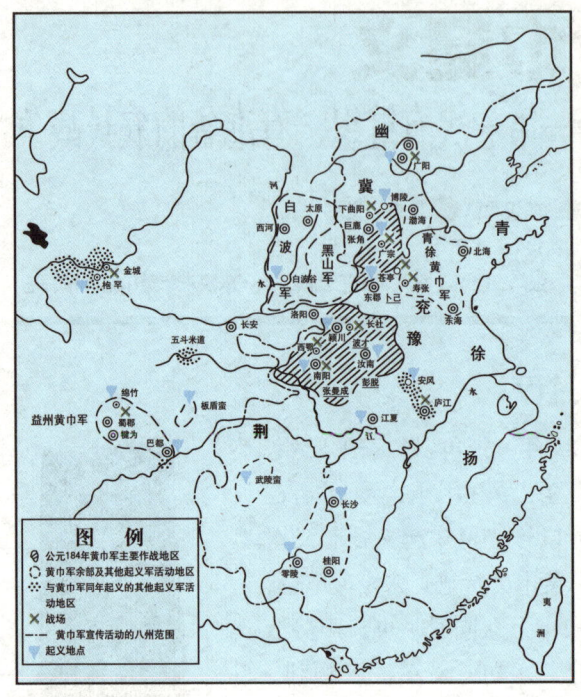

黄巾起义形势图

市西南）黄巾军攻破蓟县，杀幽州刺史郭勋。

起义军发展壮大后，张角自称天公将军，其弟张宝称地公将军，张梁称人公将军。张角、张梁驻广宗，张宝驻下曲阳，作为农民军中央基地，率部在冀州一带攻城略地，同时节制各路义军；南阳黄巾军由张曼成率领，在南方扩张势力；汝南黄巾军由波才、彭脱率领，活动于颍川（在今河南禹县）、陈国（在今河南淮阳市）一线，成为黄巾军第三大主力。这样，黄巾军从北、东、南三个方向对京师洛阳形成包围之势。

黄巾军的"遍地开花"引起了东汉朝廷的恐慌。汉灵帝从温柔乡中醒来，匆忙组织武装镇压。他下令大赦党人，以缓和统治阶级内部矛盾；又下诏令各地严防义军势力渗透，并积极集兵进剿。灵帝命国舅兼大将军何进统率左、右羽林军，加强洛阳防御，拱卫京师；左中郎将皇甫嵩、右中郎将朱儁率4万步骑进攻颍川黄巾军；北中郎将卢植率北军和地方军队进攻河北黄巾军。

官军重点进攻直接威胁京师的颍川黄巾军波才部。185年4月，波才率部击败朱儁，进围皇甫嵩于长社（今河南长葛东北）。但因缺乏作战经验，依草结营，时值大风，皇甫嵩乘夜顺风纵火，义军大溃。皇甫嵩随即联合朱儁、曹操三军合击黄巾军，斩杀义军数万人。官军乘胜进击汝南、陈国黄巾军，阳翟一战，波才战死；彭脱的黄巾军也在西华被击溃。8月，东郡（今河南濮阳市西南）黄巾军与官军大战于苍亭，7000余人被屠杀，主将卜已身死。颍川、汝南、东郡三郡黄巾军主力悉数被歼。

张曼成率南阳黄巾军进攻中原战略要地宛城，遭南阳太守秦颉顽抗，张曼成战死。赵弘继为指挥，攻克宛城，部众发展至10

❖ 策略战术 ❖

官军：善于利用天时、地利等有利条件（如火攻、夜袭）；集中兵力，各个击破；乘胜追击，不给对手喘息的时间。

黄巾军：准备充分，利用宗教形式进行宣传和组织工作，麻痹官府；各自为战，缺乏统一指挥和协调配合；只知凭勇硬拼，不会避实就虚；以运动战、游击战等机动形式消耗敌人。

皇甫嵩率军突袭黄巾军

余万人。6月,刚刚剿灭颍川义军的朱儁,把屠刀挥向南阳黄巾军,与荆州刺史徐璆、南阳太守秦颉合兵两万余人围攻宛城。黄巾军拼死抵御,坚守两个多月。

　　朱儁见城坚难攻,遂退兵以诱敌,暗中设伏。赵弘不明虚实,出城追击,遭朱儁伏兵重创,被迫退回城中。但元气大伤的黄巾军已无力守城,余部于11月向精山(今河南南阳市西北)转移,被官军追上,大部战死。

　　河南黄巾军被镇压后,东汉朝廷将重点转向河北。因卢植久攻广宗不下,何进改派东中郎将董卓接替卢植,但董卓恃勇轻敌,被张角大败于下曲阳。10月,朝廷再调皇甫嵩进攻广宗,适值张角病死,黄巾军失其主帅,士气受挫。皇甫嵩趁机在夜间发动突袭,义军仓促应战,张梁等3万余人战死。11月,皇甫嵩移师转攻下曲阳,张宝等10万多人被杀。至此,黄河南北的黄巾军主力先后被官军及地方豪强武装消灭。但黄巾军余部仍坚持斗争数年之久,最终在朝廷和地方地主势力的联合绞杀下失败了。

重要意义

　　黄巾起义是我国历史上第一次有组织、有准备的农民战争,为后来的历次农民起义提供了宝贵的经验,在中国农民战争史上占有重要地位。

官渡之战
——曹操军事艺术的全面体现

交战双方： 曹操军队 VS 袁绍军队
交战时间： 200年2~10月
将帅档案： 曹操：字孟德（155~220年），小字阿瞒，三国时魏国创立者；沛国谯县人，在镇压黄巾起义和董卓之乱中崛起，挟汉献帝至许昌以令诸侯，不久统一北方；三国时著名的政治家、军事家、诗人。袁绍：字本初，汝南人，出身世家望族；先官任司隶校尉，后为渤海太守，不久控制了整个河北。
投入兵力： 袁绍10多万；曹操2万
交战结果： 曹操军胜利

历史背景

东汉末年吏治腐败，黄巾大起义则严重动摇了刘汉王朝的统治。在镇压农民起义过程中壮大起来的各路军阀趁机割据一方，并为夺地盘而争战不息。经过多年兼并，北方形成了袁绍和曹操两大割据集团。据有冀、青、幽、并四州的袁绍实力雄厚，远强于占据中原兖、雍、梁州的曹操。为争北方统治权，袁绍与曹操的矛盾激化。

主要过程

199年（建安四年）夏，袁绍消灭了盘踞幽州的公孙瓒，统一了河北后，自恃地广兵多，便想进军许昌，消灭曹操，统一北方后图取全国。在战略决策上，袁绍集团内部发生分歧：沮授认为，刚破公孙瓒，将士连年征战，身心疲惫，加之仓廪空虚，百姓困苦，不宜劳师远征，应务农息民，待机再取中原。田丰也持同议。但一心争天下的袁绍根本听不进去这一稳妥方略，而溜须拍马的审配、郭图趁机进言：以明公之神武，跨河北之强众，灭掉曹氏易如反掌。于是袁绍决心南渡黄河，一口吞掉曹操。

曹操闻言，不敢不防。199年9月，曹操派军2万至官渡（在今河南中牟境内），筑垒备战。次年2月，袁绍派步兵和骑兵十多万人攻占黎阳，派大将颜良率一拨人马渡过黄河围刘延于白马。刘延军伤亡惨重，白马岌岌可危。曹操召众卿，商议对策，荀攸献计，曹操派军至延津渡口佯渡，袁绍忙派兵阻截，曹操却趁袁军一心集中于黄河岸时亲领轻骑，以骁将关羽为先锋急驰白马。颜良仓促应战，怎奈关羽马疾手快，没等颜良拉开架势，就用青龙偃月刀把颜良斩于马下。袁军失去主将，四散奔逃，

曹操像

白马之围遂解。

曹操又率部向延津回撤，曹操在延津南故意丢弃财物辎重然后离开，袁军追至，纷纷下马抢夺财物。曹操见袁军贪婪不知防备，便回军攻击，袁军顿时大乱，接着，袁绍又一大将文丑被杀。这两战曹操挫了袁绍的锐气，但敌众我寡的劣势并未扭转。于是曹操决定避免硬扛，而是诱敌深入，伺机后发制人。他命令军队后撤，退守官渡。8月，袁军也进抵官渡。

沮授又献计袁绍：我军兵多，但战斗力不如敌军，加上敌军粮食不足，不利久战，我军可围而不攻，消耗敌军实力，定可取胜。但袁绍不以为然，他下令猛攻官渡。曹操深沟固垒，严守阵地；袁绍在城下

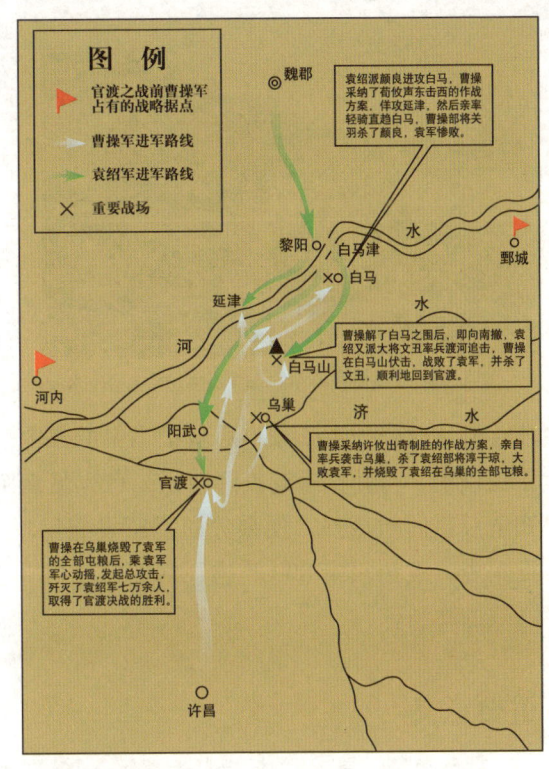

官渡之战示意图

堆土山，筑高楼，用强弩射曹营，曹军造霹雳车发石摧毁高楼；袁军又挖地道攻曹营，曹军则挖壕沟相拒，战斗异常惨烈。两军在官渡相持一月有余。在这期间，袁绍部将张撖和谋士许攸建议袁绍应趁曹操大军集于官渡，派奇兵迂回到曹操右侧，再南向袭击许昌。但袁绍刚愎自用，仍一味地正面强攻官渡，并扬言："我要先弄死曹阿瞒！"

曹操方面部队本来就少，粮食又不足，让袁绍狂攻已有一月，士卒疲劳，军心开始动摇。对此，曹操万分焦急，他知道长此以往，部队会因抵挡不住袁军攻势，再加上军粮不济而崩溃，于是致书留守许昌的荀彧，表示想放弃官渡，退保许昌。但荀彧坚决反对，认为此一退就会给敌人以可乘之机；现在已扼袁绍咽喉数日，正是出奇制胜的好机会，一退将功亏一篑。曹操认为荀彧言之有理，于是继续坚守官渡伺机破敌。

袁绍谋士许攸再进言袁绍绕过曹操袭许昌，袁绍腻烦，指责许攸与曹操暗通一气。许攸寒心失望至极，愤而投曹操。曹操一听许攸来投，高兴得鞋也顾不上穿就赶出帐外迎接。许攸问曹操军中粮食还有多少，曹操连说三次都未讲出真话，最后许攸直接指出："军

◆ 策略战术 ◆

以人才优势取胜，虚心听取谋臣良策；声东击西；后发制人；坚守阵地，以待时机；断敌粮草。

曹军5000精骑乘夜抄小路奔乌巢去焚烧袁绍屯粮。

中粮已尽了吧！"曹操大惊，忙求许攸献一策以解危急。许攸让他派兵往乌巢偷袭袁绍的粮草，曹操大喜，依计而行。

曹操亲率5000名精骑，乘夜抄小路奔乌巢，放火焚烧了袁绍屯粮；天明又集中兵力攻破袁军淳于琼部，击退袁绍援军回师官渡。袁绍生命线一断，军心大为动摇，而当初力主强攻官渡反对张郃主张派重兵救护乌巢的郭图怕承担责任，又在袁绍面前诬陷张郃，张郃愤惧，与高览一起投降曹操。曹操见袁绍军心不稳，又有高级将领严重叛降，知道反击时机成熟，便乘势向袁绍发起反攻，大败袁军，歼敌7万余人，缴获大批军资，袁绍只带800骑逃回河北，从此一蹶不振。曹操以少胜多，取得了官渡之战的胜利。

重要意义

此战重创了袁绍，为统一北方奠定了基础。灵活机动的用兵正确性再次得到了验证。

历史背景

官渡之战后，曹操成为北方最大的军阀势力；此后他消灭了袁绍残部，夺取了幽、冀、青、并四州；207年又亲率大军出卢龙塞，最终打败乌桓，统一了北方。

208年7月曹操挥师南下，荆州牧刘表之子刘琮不战而降曹操，曹操占领荆州，欲沿江东下灭吴，统一中国。孙权与刘备于是联合以抗曹操。

赤壁之战
——确立三国鼎立局面

交战双方： 曹操军队 VS 孙权、刘备联军
交战时间： 208年
将帅档案： 孙权（182～252年）：字仲谋，三国吴的建立者，孙坚之子，吴郡富春人，三国时杰出的政治家。周瑜（175～210年）：字公瑾，庐江舒县人，吴国名将；出身江南士族家庭，早年从孙策，策死佐孙权；赤壁之战吴军主帅。
投入兵力： 曹军23万人；孙刘联军5万人
交战结果： 孙刘联军大胜，曹操退回北方

主要过程

曹操东征西讨，统一北方后更加雄心勃勃，想与秦始皇、汉高祖一样一统天下，建不世伟业。208年7月，

他率雄师南下征伐割据荆州的刘表和据有富庶的扬州、会稽六郡的孙权。时刘表新丧,次子刘琮被外戚蔡瑁拥立为荆州之主,蔡瑁畏曹操势大,就胁迫刘琮投降了曹操,曹操控制了荆州。这时刘备正驻樊城,闻讯忙率部向江陵退却。曹操不容物资补给基地江陵落入刘备之手,便亲提5000名轻骑星夜驰来,在当阳长坂坡击败刘备占据了江陵。刘备无奈与张飞、赵云退走并会合了关羽、诸葛亮,退居樊口一线。

唇亡齿寒,曹操下一目标将指向孙权。孙权自感力量单薄,便遣鲁肃去见刘备,说明联合抗曹的意向。处于困境的刘备欣然接受,并派诸葛亮和鲁肃一同去见孙权。诸葛亮为使孙权坚定抗曹决心,便使出激将法。一见孙权便劝孙权投降曹操。孙权问:"你家主公为什么不降?"诸葛亮说:"我家主公乃当世英雄,怎么能投降?"孙权认为诸葛亮藐视自己,便拂袖而去。鲁肃忙追至内室说:"诸葛亮有妙策破曹操,才故意拿话激主公,主公您不可小气量而误大事!"孙权恍然大悟,忙又出来给诸葛亮赔礼并请其讲良策。诸葛亮亦给吴侯赔礼以谢刚才言语冒犯之罪,然后给孙权分析时况:"刘备虽新败,但尚有水陆2万余众;曹操虽兵多,但连续作战又长途跋涉,已是强弩之末;再则曹军多为北方人,不善水战,而新占荆州,人心未安,因此不足为惧。只要孙刘齐心协力,定可破曹,进而三分天下。"孙权对诸葛亮之言很是赞同。

可是东吴士族官僚张昭等人怕吴军一旦战败,自己的富贵安逸生活就不复存在了,而以3万军兵抵挡23万曹军无异于以卵击石,因此主张趁早投降曹操,还有讨价还价的资本。孙权受他们影响又有点动摇。鲁肃密劝孙权召回军事统帅周瑜商量对策。周瑜奉命从鄱阳赶回柴桑见吴侯。周瑜年轻有魄力,他蔑视投降派,力主与曹操一决雌雄,还陈言手下黄盖、韩当和甘宁等将皆骁勇善战,并不怕曹操。周瑜还就兵力、天时、地利与人和等几个影响战争的重要因素做了精辟的分析,说胜敌不是没有可能。孙权听罢不再犹豫,他令周瑜和程普为左右都督,鲁肃为

赤壁之战场景绘画
火烧赤壁是中国战争史上火战中最著名的战例。

诸葛亮与周瑜商定火攻之计。

赞军校尉,统率精兵3万人沿长江西下与樊口刘备军会师,联手防御曹操。

208年10月,周瑜会合刘备,尔后继续挺进,前锋部队在赤壁遭遇曹军,两军一交战,曹军前锋军即被联军打败。曹操见初战不利,便引军退至江北的乌林屯驻,两军隔江对峙。

不久,曹军中疾病蔓延,北方人又不适水上颠簸,船左右摇晃,让他们食无味口,睡无安意。曹操便令人把数百条战船以铁环首尾相接以求平稳。周瑜部将黄盖便向周瑜建议用火攻奇袭曹军战船,这一意见与周瑜不谋而合,周瑜便决定"以火佐攻,因乱击之"。

周瑜需用一人去诈降曹操,黄盖表示愿意前往。为了让曹操相信,周瑜施用"苦肉计",将黄盖打得皮开肉绽,然后让他写信致操请降。曹操不知是计,大喜,与黄盖约定降期。是日,黄盖率艨艟斗舰数十艘,载满浸灌油脂的干柴,上蒙布料,插上投降旗号,又预备快船系挂在这些船只后以便放火后换乘,然后向江北进发。当时江上正猛刮东南风,战船航速很快。曹军望见江上来船,以为这是黄盖如约来降,皆"延颈观望",不做丝毫防备。黄盖在船距曹军战船一公里处时,下令各船同时点火。曹操一看黄盖船全部着火,才知敌船来意,急令己船退却散开,但连环的战船退速极慢,一时又弄不开铁环。黄盖船转眼即到,一时间"火烈风猛,船往如箭",曹军战船巨群顷刻变成一片火海。火借风势,风助火威,火开始向岸上蔓延,烧到了江北岸的曹营。曹军让这突如其来的大火烧得乱成一片,溃不成军,烧死的、溺亡的、被自己人踩死的不计其数。孙刘联军主力舰队乘机渡江北进,猛攻曹军,曹军大败,曹操率残部由陆路经华容道,狼狈退回江陵。他自感纵横沙场二十年来未有如此惨败,沮丧至极,只好回北方去了。

> **◀ 策略战术 ▶**
>
> 曹魏输在战技战法上。孙刘联军:以火佐攻,趁乱击之;苦肉计诈降欺敌,出其不意;争取同盟,创造优势。

重要意义

赤壁之战是以少胜多的著名战例,奠定了魏、蜀、吴三国鼎立的局面,对中国后来的政权格局有着重要影响。

名成八阵图
——诸葛亮改革阵法

诸葛亮档案： 诸葛亮（181～234年）：字孔明，徐州琅琊（今山东临沂沂南县）人，三国时蜀汉杰出的政治家、军事家、战略家。曾隐居南阳，人称"卧龙"，自比管仲、乐毅，后刘备三顾茅庐，请其出山。辅佐刘备联吴拒曹，在赤壁大败曹操，趁机占领荆州，后取两川，与魏、吴形成三足鼎立。刘备死后，南平孟获，五伐中原，一度占据优势，终因积劳成疾，病故于五丈原。诸葛亮生性灵巧，精通天文、地理、兵法、政治，发明了许多作战、运输工具，如诸葛亮灯、连弩、木牛流马等；善于处理民族关系，为我国西南边疆的开发、民族的融合、川滇经济的发展做出了不可磨灭的贡献；其著作极有价值，传世约有10万字。

历史背景

"八阵"最早为孙武所创，郑玄《周礼注》中记载：孙子八阵有"革车之阵"，是利用"对敌自隐蔽之车"构成的防御方式。其后《孙膑兵法》中有《八阵篇》。东汉时，八阵已在作战或军事训练中普遍使用，如窦宪曾"勒以八阵"，大破北匈奴单于。东汉末年，八阵更为流行，成为"士民素习"的项目。

八阵图介绍

诸葛亮的八阵图，是在古代八阵基础上突破创新后编成的图阵。诸葛亮从实际出发，针对蜀军作战对象魏军的骑兵优势和作战地形多山地的特点，以当时最先进的速射武器"元戎"为支撑，改革原有八阵，

成都武侯祠

推演出能发挥蜀军步、弩兵特长,更加适合山地作战的八阵图。八阵法在唐代失传,现有三处八阵图遗迹,为诸葛亮当年垒石以作:第一处在鱼腹江边沙石滩上,第二处在汉中定军山以东的高平旧垒,第三处在新都弥牟镇(今属成都),其中第一处保存最好,显示为八八六十四堆垒石。经后人研究,八阵图解析如下所述。

八阵编程及原则

八阵为集团方阵。从阵式编程看,每个八阵都具有八个方向。每一方向编有一中阵,分别为天、地、风、云、龙、虎、鸟、蛇。所谓"散而成八,复而为一",就是说单看为八个中阵,合起来看则是一个大阵。阵中央,是大将及余奇兵(中央大将直属之兵),"中心零者,大将握之"。《唐李问对》中有"数阵有九"之说法,因此八阵中央也可视为一个中阵,故宋朝又把八阵称为九军阵。

每一中阵,平时编为6个小阵,中央编为16个小阵,整个八阵共64个小阵。大方阵之后,可能还有游骑24小阵,则共为88小阵。为了防御时停滞敌人的进攻,在八阵的外围还设置了冲车和鹿角等障碍物。

编程阵内兵力部署遵循以下三个原则

一、包容和对称。八阵的大、中、小阵之间,是包含容纳的关系。大阵由中阵编成,中阵由小阵编成。从全阵看,"阵间容阵""大阵包小阵"。在阵式结构上,则保持两两平衡,形成"隅落钩连,曲折相对"(阵的角落互相牵连呼应,一曲一折,彼此相对)之状。

二、中外和离合。在兵力配置上,八阵区有中外(中央和外围)之分。其大部兵力部署在外围;少而精的兵力部署在中央,形成厚外薄中、外重内轻、外实

诸葛亮神机妙算,具有卓越的军事才能。图中展现的草船借箭就是其智谋的绝佳体现。

内虚的特点。在配置阵地时，讲究离合。由于阵地上多为丘埠、沟堑和茂林等崎岖障碍，因此讲究离，对其兵力进行必要的分散配置，以避开障碍；又要求合，在分散配置以后，能在统一指挥下迅速合成作战。

三、奇正。在编程时，把部队区分为正兵（常规作战部队）和奇兵（非常规作战部队）。在区分奇正时，八个中阵区"四为正，四为奇"。在部署奇正时，"各以一正而间一奇"。在八个中阵之外，还区分出"余奇"之兵。

八阵的机动方法

编成后的八阵，可根据敌方作战方向的调整而及时变换方向。由于阵式对称，只要前部改为后部，后部改为前部，或左部改为右部，右部改为左部，即实现掉头，灵活方便。但是阵形毕竟庞大复杂，为了保持协调对称，前进时不能速奔，后退时不得猛跑，使机动速度受到一定限制，即《唐李问对》中所说"以前为后，以后为前，进无速度，退无遽走"。

八阵的战斗方法

八阵具有全方位的作战功能，有四正可充当四头（侧翼），有四奇、四冲可充当八尾（增援部队），某一方向受到攻击，该方向不必做出根本改变，即可完成主要作战方向的部署，形成阵首、侧翼和殿后的兵力部署。一处受攻击，相邻左右中阵可自动作为两翼，上前夹击来敌，即《续武经总要》所说"四头八尾，触处为首，敌冲其中，两头皆救"。

兵种之运用

骑兵是阵内最活跃、机动性最强的因素（"首尾相救，变用不穷，皆出于冲骑"），其运用方法是：赋予其侧击、佯击、伏击、阻击、断敌粮道、尾击、夜袭和行军、布阵、宿营时的警戒等众多任务。平时，骑兵横列成两排，置于大方阵之后，即《武备志》所讲"行则居前，止则居后，战则进退无常位"。

阵内弩兵在其他兵力的配合保护下，弥补了短

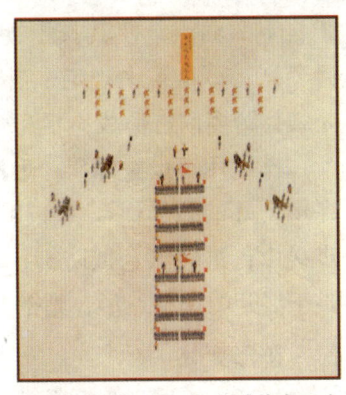

伏虎冲敌式　清　选自《伏虎开山阵式图册》

抄手环攻式　清　选自《伏虎开山阵式图册》

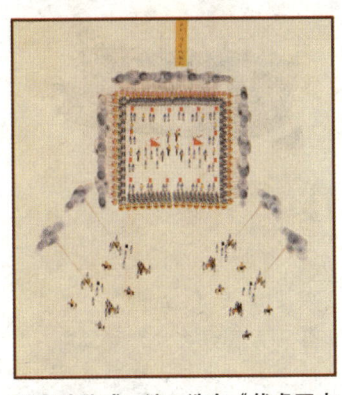

固守破敌式　清　选自《伏虎开山阵式图册》

诸葛亮的八阵法影响甚为深远，自三国至清末，其阵法精髓一直影响着历代兵家们的排兵布阵。以上三阵为曾国藩克太平军时所创，是八阵的变通。

于自卫的弱点，使其长于远射的优势得以发挥。运用弩兵的方法，是强调协同。诸葛亮《军令》中规定：当来犯之敌在鹿角前受阻时，阵内弩兵立姿发射，同时矛戟兵蹲姿前进作战，相互协调，矛戟兵不得站立和停步，否则影响弩兵射程。

车兵用车设置障碍，迟滞、割裂敌军的冲击，掩蔽和保护阵内步、弩、骑兵，提供良好的防御保证。在山地遭遇战中，如果敌军骑兵左、右翼前来夹攻，我军步兵由行进转入仓促防御，又不便登上山岭时，则用车布于阵外，阻敌冲击；在难于展开的狭窄地形，则把布于阵外的车排成锯齿形，以御敌冲击。

阵形变化

为适应不同地形和敌情，八阵须视实情将阵形调整为方、圆、曲、直、锐等形状，又须根据作战不同阶段的需要，调整其阵中兵力部署，组成不同的阵势。如在行军时组成发兵结阵之势，备战时组成敛兵待敌之势，防御时组成先锋应敌之势，追击时组成战胜追逐或收阵整兵之势，等等。

重要意义

八阵图综合发挥了步、弩、骑、车协同作战的威力，其快速反应和灵活机动的作战特点为后世借鉴运用，发展完善了攻守兼备的阵法，丰富了军事战术。

晋灭吴之战
——恢弘壮观的水陆联合作战

交战双方：晋军 VS 吴军
交战时间：280年
将帅档案：王濬（206～286年）：字士治，弘农郡湖县人，西晋军事家，灭吴战争晋军将领，率军入建业灭吴。杜预（222～285年）：字元凯，京北杜陵人，西晋政治家、军事家、学者，博学多才，善谋略，有"杜武库"之称。
交战结果：吴亡，西晋统一全国

历史背景

263年，蜀汉为魏将邓艾消灭之后，265年，司马炎篡魏自立，建立晋朝，三国只剩孙吴偏安东南一隅，苟延残喘。264年，孙皓继为吴君，他荒淫无道，吴国日益腐败衰落。而司马炎此时苦练水师，积极准备灭吴。

主要过程

279年，晋益州刺史王濬、荆州刺史杜预上书晋武帝司马炎，以吴主孙皓凶残无道，政治腐朽，建议举兵伐吴。同年11月，司马炎依羊祜生前方略，兵分

策略战术

战前充分准备；瓦解敌军士气；六路齐发，水陆并进，东线牵制，西线主攻。

六路，大举征吴。

镇军将军、琅琊王司马伷自下邳向徐中，安东将军王浑自寿春向江西，建成将军王戎自豫州向武昌，平南将军胡奋自荆州（今河南新野）向夏口，镇南将军杜预自襄阳向江陵，龙骧将军王濬、广武将军唐彬自益州浮江东下向建业，六路大军共20余万人。晋武帝又以太尉贾充为大都督，率中军屯襄阳，节制诸路大军。以张华为度支尚书，负责军饷筹拨。因伐吴大军分水陆二师，为了协调作战，武帝命王濬水师下建平时受杜预节度，至建业时受王浑节度。

280年1月，晋军向孙吴发起全面进攻。正如羊祜所料，晋军进展非常顺利，没有遇到什么抵抗。杜预军兵不血刃，攻取了江陵；胡奋军也没费多大劲，攻克江安；王濬军2月克丹杨，进逼西陵峡。吴军在此设铁索横江，又做铁锥暗置江中，妄图以此阻击晋军。王濬做大筏数十个，缚草为人，立于筏上，使水性好的士兵支筏先行，筏遇铁锥，锥即着筏而起；王濬又用大火烧融铁索，终于排除了障碍，长风破浪，旋克西陵，乘势攻克夷道。此时，吴西线统帅孙歆自乐乡出兵迎击，杜预为协助王濬，派周旨率800精兵，乘夜突袭孙歆乐乡的大本营。孙歆遭王濬、周旨前后夹击，大败被俘，乐乡告破。王濬乘胜进击，击杀吴水军都督陆景。

与此同时，王戎军也连克江夏郡的江北诸地，进逼江岸。几路晋军皆势如破竹，所向披靡，齐头并进，遥相呼应，吴属荆州各郡闻风纷纷降服。鉴于荆州已定，武帝调整战略部署，着手策划东线战争：王濬、唐彬军继续顺江东下，与胡

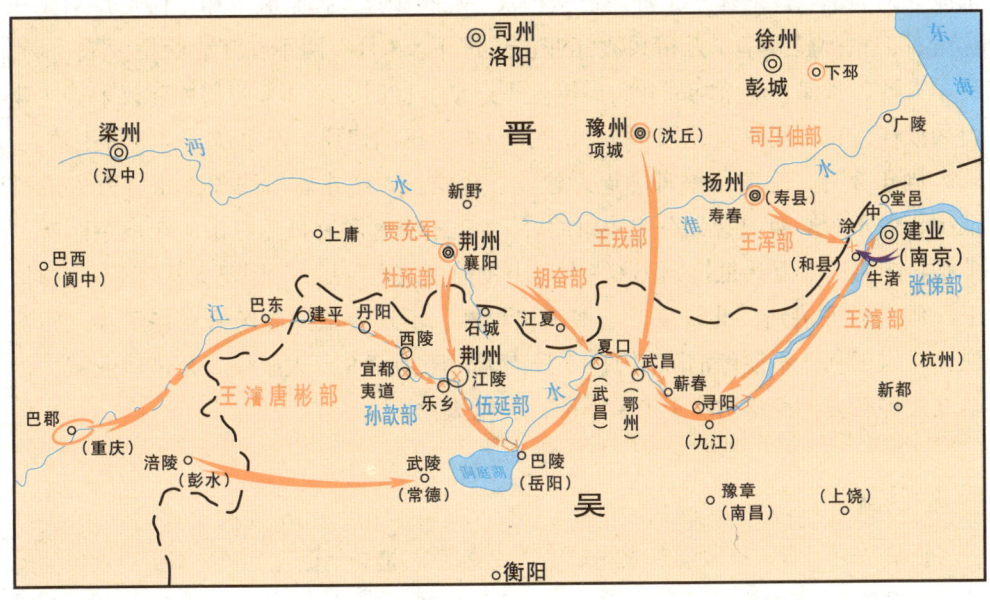

晋灭吴之战示意图

王濬率大军攻吴,所向披靡,吴军望旗而降。

奋、王戎共平夏口、武昌,然后直捣建业;杜预去安抚零陵、桂阳等新收复的州郡,并分兵增援王濬。王濬、王戎联军攻占夏口,继而夺取武昌,"泛舟东下,所在皆平"。这样,长江上游地区已完全并入晋的版图。

这时,晋太尉贾充上表司马炎,要求收兵,以后再战,司马炎驳回了他的奏章,于是王濬率水陆大军8万人直趋建业。

早在王濬、杜预的西线战事进行时,东线战事也进展顺利。1月间,司马伷进抵涂中,逼临长江北岸;王浑军已抵横江一带。2月,孙皓派丞相张悌督丹阳太守沈莹、护军孙震等率1万精兵渡江迎击王浑军。3月,两军在江北版桥大战一场,吴军大败,张悌、沈莹均战死,吴国上下震动。此时,王浑部将何恽建议乘势"速引兵渡江,直指建业"。但王浑只知奉诏行事,拒纳建议,停军江北,等待王濬。

同年3月,王濬所率舟师逼近建业。孙皓忙派游击将军张象率水师万人进行抵抗,由于军心涣散,吴军"望旗而降",王濬舟师顺利抵达三山(今南京西南)。孙皓企图再凑2万兵抵抗,但这些士卒出发前夜逃亡殆尽,吴国已无兵可守。这时,王浑派人邀王濬到江北议事,王濬临机果断,不理会王浑而扬帆直趋建业,回报说"江风正利,不便停泊"。3月15日当天,王濬率8万人鼓噪着开进建业城,孙皓见大势已去,自缚出降于王濬军前,吴国灭亡。

重要意义

此战结束了我国汉末以来90多年的分裂局面,迎合了民愿,顺应了历史发展的趋势,加强了中华民族的交流和融合,加强了南北交通。

淝水之战
——东晋统治得以巩固的重大契机

交战双方：前秦军队 VS 东晋军队

交战时间：383 年 9 ~ 12 月

将帅档案：苻坚（338 ~ 385 年）：十六国时期前秦皇帝，杰出的政治家，字永固，氐族，略阳临渭人；在名臣王猛辅佐下曾统一了北方。谢玄：谢安之侄，淝水之战东晋军统帅。谢安（320 ~ 385 年）：字安石，阳夏（今河南太康）人，出身士族，东晋丞相，著名的政治家。

投入兵力：前秦 90 万余人；晋 8 万人

交战结果：前秦军大败，晋军获胜

历史背景

苻坚即位后，励精图治，重用汉人王猛辅政，经过 20 余年的努力，终于统一北方。但北方民族纷杂，矛盾潜伏，前秦并不稳定；而连年用兵，前秦人力物力消耗很大。

主要过程

383 年 7 月，前秦王苻坚下诏伐晋。8 月，他命丞相兼征南大将军苻融督张蚝、梁成等统步骑 25 万人为前锋，直趋寿阳；命幽、冀二州兵向彭城集中而后南下；命姚苌督梁、益之师顺江而下；自己亲率主力出长安，经项城向寿阳。几路军步兵 60 万人，骑兵 27 万人，羽林郎 3 万人，共 90 万人，在东西几千千米长的战线上水陆并进攻晋。

淝水之战图

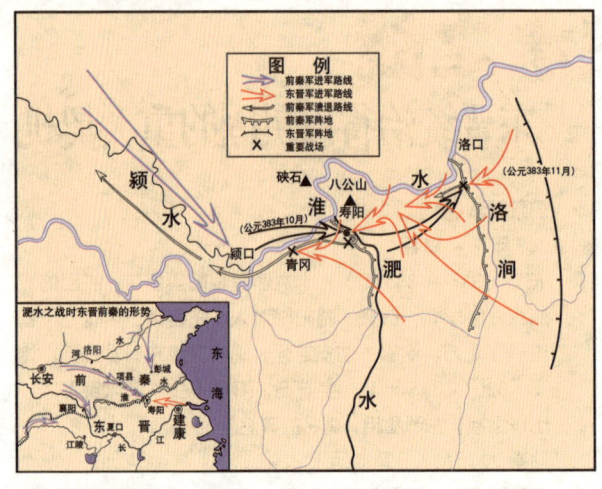

淝水之战示意图

面对秦军大兵压境，原先为统治阶级内部权力分配而互相倾轧拆台的东晋士族阶层于是团结起来，携手共抗外侮。谢安就是晋王朝风雨飘摇终不倒的股肱重臣，他命其弟谢石为征讨大都督，谢玄为前锋都督，率8万北府兵，赴淮南迎击秦军主力；又遣胡彬率5000水军增援战略要地寿阳。383年9月18日，秦帅苻融率秦军前锋攻占寿阳，擒晋平虏将军徐元喜；增援而来的胡彬闻讯退守硖石；苻融军不久即到，猛攻硖石。秦将梁成率兵5万进抵洛涧，并在洛口设置木栅，封住淮水，遏制晋军增援。

胡彬被围硖石，粮草乏绝，便遣使去向谢石求援，信使为秦军截获，东晋军情泄露。苻融便把晋军兵力不多、粮草不继的情况告知苻坚，并建议秦军迅速挺进，以防晋军逃遁。苻坚大喜，便甩下项城的主力大军，自带8000轻骑驰援寿阳，并遣已降秦的原晋襄阳守将朱序去晋军中劝降。朱序到晋营后非但没有劝降，反而建议谢石不要坐失良机，趁秦军尚未全部抵达，迅速出击，攻其不备，挫伤他的锐气，这样才可能最终战胜秦军。谢石与谢玄、谢琰等北府兵将领商量后，接受了朱序的建议，决定改变作战方略，转被动防守为主动攻击，先取洛涧，再向西与秦决战。

谢玄命骁将刘牢之率5000精兵夜袭洛涧，秦将梁成在洛涧边上列阵迎战。刘牢之分兵一部迂回到秦军阵后，断其归路；自己率兵强渡洛水，向梁成军猛烈攻击。秦军后背遭袭，前方敌军冲击又劲，抵挡不住，溃败，梁成战死，5万秦兵在5000晋兵的冲击下土崩瓦解。秦扬州刺史王显被俘，大批辎重和粮草为晋军获得。此战极大地鼓舞了晋军的士气，谢石乘机挥师水陆并进，直逼秦军。苻坚站在寿阳城上，看见晋军阵容严整，又望见淝水东面八公山上的草木，以为也是晋兵，心生惧意，当下斥责苻融："这明明是强敌，你怎么说他们不堪一击呢？"

秦军逼淝水而列阵，晋军不得渡河。谢玄知本方兵微粮少，宜速战速决，不宜久战。他遣人至秦军营要求苻融后撤军阵以利晋过河后决战，前秦不少将领都认为这是晋军的诡计，劝苻坚不要理会。但苻坚却说："从之！只引兵微退，待他们一半渡河、一半未渡时用精骑冲杀之，

谢安像

即可取胜。"于是苻融下令秦军后撤。秦军本无战心，经洛涧一战又士气受挫，而人数又庞大，这一撤退造成阵脚大乱；此时朱序又乘机在秦军阵后大喊："秦军败了！秦军败了！"让不少秦兵信以为真，于是阵形更乱了，秦兵开始争相奔逃。苻融见形势不妙，飞马冲到前方，想阻止士卒的后退，但坐骑为敌军冲倒，未待爬起来，晋军已冲到他面前，一刀将他砍死了。

> ◆ 策略战术 ◆
>
> 东晋抓住时机主动出击；诱敌自乱，乘隙掩杀；民心所向，将士尽力；掌握敌情，知己知彼。

秦兵主帅被杀，更溃不可止，而东晋北府兵又勇猛善战，秦军大败。路上听到风声鹤唳，也以为是晋军追来了呢！苻坚也中箭，仓皇北逃。秦军冻饿死的、互相践踏踩死的十有八九，晋军一直追至青冈才收兵，淝水之战遂以秦军大败而告终。

重要意义

淝水之战是以少胜多的战例，对中国后来的政权格局有着重要的影响。

淝水之战使东晋王朝的统治得到了稳定，有效地扼制了北方少数民族的南下，保证了江南地区经济的恢复和发展，而北方则重新陷入分裂。

拓跋珪的战法

——北魏统一北方的制胜法宝

交战双方： 北魏军队 VS 宋军

交战时间： 386～439年

将帅档案： 拓跋珪（371～409年）：北魏开国皇帝，鲜卑族杰出的政治家、军事家，386年复代国，同年改称"魏"，定都平城（今大同），39岁死。崔浩（？～450年）：北魏大臣，字伯渊，山东武城人，南北朝时期著名的政治家，对促成北魏统一北方做出了杰出贡献；善书法，通阴阳术数。

历史背景

前秦淝水之战被东晋打败后，刚统一不久的北方又陷入分裂局面，拓跋珪趁机复国，他创造出"越过坚城，纵深攻击"的战法，以较小代价换取最大收获；在其子拓跋嗣、孙拓跋焘在位时更得到完善，使北魏逐渐发展壮大。

主要过程

拓跋珪死后，拓跋嗣取得皇位，当时南朝的刘宋和西疆的大夏赫连氏是北魏的两大威胁，特别是刘宋

重装甲马作战图 西晋
此图表现了北方战争的场面，再现了重装甲马和步兵作战的特征。

在刘裕时曾攻占长安和洛阳，灭后秦，势力扩展到中原心脏，引起了北方诸政权的不安。拓跋嗣政权巩固后，便决心对抗和防御刘宋了。

拓跋嗣调集军队欲攻打宋的洛阳、虎牢与滑台三处要塞。他命奚斤带2万军队渡过黄河，在滑台东面屯营，准备强攻滑台。名臣崔浩谏道："南人擅长守城，从前秦主苻坚攻襄阳，一年都没打下来，损失惨重。如今大军团受阻于小城市，一旦敌人增援保卫，我军处境就危险了，不如遣铁骑四面分兵出击，直至淮河以北，掠夺粮食钱帛，把洛阳、滑台及虎牢三地分割在后方，成为孤城，隔断它们与宋都建康的联系，那么守军久无支援，必然会沿黄河撤退，三城即唾手可得。"

拓跋嗣认为很有理，于是命奚斤依计而行。刚开始，奚斤军占领了滑台周围的仓桓等小城，使滑台成为孤城，但这时奚斤没有纵深攻击，而是存侥幸心理，率魏军围攻滑台，结果强攻数日未克，只好向平城求援。拓跋嗣见奚斤未按计划作战，以致损兵折将，收效甚微，怒不可遏，即命太子拓跋焘留守平城，自率5万大军去增援奚斤。崔浩又谏言："滑台已被围困多日，既已强攻开了，不如继续攻打，指日可下。"于是拓跋嗣令奚斤五日内攻下滑台，将功抵罪；再拿不下，二罪归一，决不宽恕。

奚斤率军冒着飞石流矢猛攻滑台，攻势一浪高过一浪，东晋滑台太守久守孤城，早已力不从心，为了活命，欲举城投降，但手下将士不从，太守只好只身逃跑。城中剩余士兵拒不降魏，奋死抵抗，魏军攻入城内，宋军和敌人展开激烈的巷战，力竭城陷。奚斤乘胜追击，前锋直抵虎牢关。拥有绝对优势的北魏军队相继攻占了虎牢、金墉城和洛阳，当年刘裕打下的河南诸地再次被占去。

拓跋嗣之后，太武帝拓跋焘用此战法攻占大片土地，并于439年统一北方。

策略战术

越过坚城，纵深攻击，减耗实力。

重要意义

此战略促成北魏由小国发展到独霸北方，对后世军事战争也有深远的影响。

刘裕灭后秦
——气吞万里如虎

交战双方： 晋刘裕军队 VS 后秦军队

交战时间： 416年8月~417年8月

将帅档案： 刘裕（363～422年）：字德舆，小名寄奴，先祖是彭城人，后迁居京口；南朝宋的建立者，史称宋武帝，是中国历史上杰出的政治家、军事家，北府兵著名将领。

交战结果： 刘裕军胜利，后秦灭亡

历史背景

刘裕在攻灭南燕，镇压了国内卢循、徐道覆起义，剪除了刘毅、诸葛长民等反对派势力后威望日高，朝廷地位愈发稳固。为了为代晋积累足够资本，又值后秦动乱，刘裕决定攻伐之。

主要过程

416年8月，东晋太尉刘裕亲率大军大举伐后秦。冀州刺史王仲德督前锋诸军自彭城经泗水北进，自巨野泽入黄河；建武将军沈林子率水军出石门，自汴水入黄河；龙骧将军王镇恶、冠军将军檀道济率步骑自淮泗向许洛；新野太守朱超石率陆军由襄阳直趋阳城。四路军均从正面进攻，目标是会师洛阳。另派振武将军沈田子、建威将军傅弘之领一支偏师由襄阳直趋武

骑马武士俑 南北朝

宋武帝刘裕像

关,以牵制后秦军;刘裕自率水军主力屯驻彭城。待水路通后北上会诸军攻取关中。

9月,前锋诸军进展神速,所向披靡:秦将王苟生于漆丘降于王镇恶,徐州刺史姚掌于项城降于檀道济;其他要点屯守兵力亦望风降附。檀道济又破新蔡,杀太守董遵,进克中原重镇许昌,擒获秦颍川太守姚垣;10月,王镇恶与檀道济会师成皋,进而克荥阳,朱超石军也进抵阳城。后秦镇守洛阳的征南将军姚洸向长安求援,但秦主姚泓因背后受赫连勃勃大夏牵制,只派出少量援军前往。王镇恶、沈林子长驱直入,秦将赵玄战死,石无讳退保洛阳,刘裕军进逼洛阳,姚洸苦等援军不至,只好出城投降。晋军俘秦兵4000余人,为争民心,檀道济命尽行释放,羌人感悦,归者甚众。秦援军阎生等得知洛阳失陷,遂止军不前。

417年1月,刘裕从彭城出发,率水师北上,3月,进入黄河。此时黄河为北魏所辖,北魏因与后秦有联姻关系,又怕刘裕以假道之名渡河进攻自己,于是以10万重兵屯驻在黄河北岸,并以数千轻骑沿河岸跟随着晋军舰船进行监视,不时杀戮漂流到北岸的晋军将士。刘裕在黄河北岸设奇阵"劫月阵"对付魏军的骚扰,强行通过魏境,艰险地向秦境进发。此时,沈、檀二军已围攻蒲坂多日,守将尹昭死守不降。沈林子对檀道济说:"蒲坂城坚兵多,不可猝拔,攻之伤众,守之引日。王镇恶在潼关,势孤力弱,不如与镇合势并力以争潼关;若得之,尹昭不攻自溃矣。"檀道济遂挥师南下与王镇恶会师,合力攻打潼关。3月攻占潼关,大败秦军,斩获以千计,迫使秦守将秦鲁公、姚绍退至定城据险拒守。此后,晋军与秦军在定城相持达5个月之久。

姚绍为逼退晋军,先后两次派兵截断晋军粮道,封锁水路,晋军一度陷入恐慌,沈林子一面用铿锵话语激励军士以安军心,一面向刘裕求援。但刘裕受魏军牵制,无力分兵援助。危急之下,北方人民挺身而出,他们感激刘裕来解放他们,自发地竞送义租,终于使潼关晋军转危为安。姚绍不肯罢休,再一次遣长史姚洽、予朔将军安鸾、护军姚墨蠡、河东太守唐小方率众2000人进趋黄河北岸九原,设立河防以断绝王、檀的粮援,但被沈林子击破,将士被杀殆尽。姚绍受此打击,病发身亡;东平公姚瓒代之行使兵权,引兵攻袭沈林子,被击退。7月,刘裕率军抵陕县,部署第二阶段战略。

> ◀ **策略战术** ▶
>
> 置之死地而后生;以偏师、奇兵突袭;"以正合,以奇胜";因势利导;"劫月阵"。

沈田子和傅弘之率轻骑向青泥，出秦军南翼，是为疑军以迷惑牵制敌人。朱超石军渡河北上攻蒲坂，以掩护刘裕主力大军从潼关攻长安。晋军南北成犄角攻势，潼关主力待发，使后秦有三面受敌的危险。秦主姚泓想先消灭南面的沈田子与傅弘之军以解后顾之忧，再迎击正面的刘裕军，于是率步骑数万直趋青泥。沈、傅军本属疑兵，只有千余人，但沈田子认为兵贵用奇，不在多寡，于是趁秦军阵未布好，先发制人，亲引部下主动出击秦军。这时秦军已合围数重，沈田子激励部下说：不击败秦军只有死路一条。于是千余晋军无不一以当十，如猛虎下山，大败秦军于青泥和峣柳之间，斩首万余，姚泓逃还灞上。

檀道济具有卓越的军事才能，在宋武帝、文帝两代都立过大功。图中表现的唱筹量沙就是其智谋的最好体现。

晋军南翼大胜，而北翼朱超石却出师不利，被坚守蒲坂的秦将姚璞击败，退至潼关。大好的形势又变得复杂起来，此时王镇恶向刘裕提出建议：愿自率水军由黄河入渭，逆水而上，直捣长安，刘裕赞同。王镇恶率军乘艨艟斗舰溯渭而上，一路势如破竹，使潼关守敌纷纷后撤去保卫京都。刚从灞上撤回的姚泓急忙调军分守渭桥、石积及灞东等长安四周军事据点，自己率军据守长安城西的逍遥园。

8月23日，王镇恶军抵渭桥后弃舟上岸，因水流湍急，所乘大小船只都被水冲走，晋军已无退路。王镇恶激励士卒："只有拼力死战才可死里逃生！"王镇恶首当其冲，麾下将士皆奋不顾身，大破姚丕军。姚泓与姚瓒引兵来救，遇姚丕部败退，自相践踏，不战而溃。姚泓单骑还宫，王镇恶自平朔门攻入长安。24日，姚泓出降，后秦灭亡。

宇文泰战高欢
——北方军事大检阅

交战双方：东魏军队 VS 西魏军队
交战时间：536～546年
将帅档案：宇文泰（507～556年）：字黑獭，代郡武川人，鲜卑族，西魏王朝的实际统治者，北周建立后被尊为文王，庙号太祖；杰出的军事家，统帅。高欢（496～547年）：又名贺六浑，出身于怀朔镇兵户之家，鲜卑化的汉人，东魏王朝实际统治者，北齐建立后被尊为神武帝；杰出的军事家。
交战结果：高欢胜少负多，两军势均力敌

历史背景

北魏末年，皇室奢靡腐化，人民不堪残酷剥削，反抗此起彼伏；阶级矛盾最尖锐的地区爆发农民大起义，契胡首长尔朱荣在镇压六镇起义后控制了北魏朝政，后被杀，高欢尽除尔朱氏，掌握了魏政权。不堪其摆布的孝武帝西投宇文泰并为其拥立，高欢另立元宝矩，北魏分为东、西魏。

主要过程

536年，关中大荒。12月，东魏丞相高欢乘机发兵10万进攻西魏。537年1月，西魏丞相宇文泰出兵广阳，准备对敌。高欢以高敖曹领军攻上洛，窦泰率步骑万余直趋潼关，自己率兵进屯蒲坂。高欢于黄河上架设三座浮桥，做出欲渡河攻击渭北的架势，旨在迷惑宇文泰，以掩护窦泰军夺取潼关。

宇文泰认真分析敌情后，决定对高欢采取守势，而潜袭窦泰军。窦泰乃东魏猛将，常为前锋，其部下亦多精良，身经百战，少有败绩。宇文泰利用窦泰"屡胜而骄"的心理，欲击败他，逼高欢军自退。他用宇

《骑兵和步兵战斗图》 南北朝

文深之计，扬言要退往长安以保陇右，而实际却亲率精锐潜出小关，对窦泰军发起突袭。窦泰本以为西魏军已退走，想不到在关外突然出现，只得仓促应战，但阵势尚未摆开，宇文泰已挥军冲杀进来。在西魏军的猛烈冲击下，东魏军大败。窦泰戎马数十年，从未经受如此大败，自刎而死。高欢求援不及，忙令拆浮桥撤军；时高敖曹军已攻下上洛，正欲挺进蓝田关，但因窦泰败，再进已无意义，高欢命其也退军。宇文泰乘胜攻下弘农，西魏军大胜。

骑马武士俑　南北朝
北方鲜卑人原为游牧民族，对骑兵的建制极为重视。宇文泰于542年实行府兵制，将练兵权与领兵权分离，平时生产，战时出征。府兵制大大提高了鲜卑族的战斗力。

537年9月，高欢重新积蓄了力量，率军20万人再次进攻西魏，以为窦泰报仇，一雪潼关之耻。时关中连年饥荒，宇文泰率军万人在弘农"就谷"已50余日，尚未撤军。闻东魏军至，遂引兵退入关中，征诸州兵准备迎战。诸州兵一时未至，宇文泰决定不等州兵，而乘高欢"远来新至"而进击。高欢率大军从蒲津渡过黄河，又过洛水屯于许原。10月，宇文泰率轻骑架设浮桥，北渡渭水，进至沙苑。大将李弼针对敌众己寡的形势，建议伏击以破敌军，宇文泰从之。他将军队分为左右两个方阵，分由赵贵、李弼率领，在沙苑以东10里的渭曲背水列阵，东西绵延20里，令战士"偃戈"伏于芦苇之中，严阵以待。次日，高欢军至渭曲，高欢见苇深地泞，问部下："火攻如何？"大将侯景说："我们应该生擒宇文泰，让百姓看看；如果他被烧死，谁相信呢？"大将彭乐也认为己军人多，可获大胜，高欢同意。两军遭遇，东魏军见西魏军人少，争相前进，行列大乱。行至纵深，西魏伏军杀出，左右两方阵将高欢主力一截为二；高欢军没想到有这么多伏兵，大败。高欢骑骆驼逃往黄河岸边，又乘船渡河才得保全。是役，东魏损失甲士8万余人，军资数以万计。

宇文泰沙苑大胜后乘胜东攻，攻下蒲坂、金墉，进入东魏河南之地。538年，高欢大举反攻，2月，命大都督贺拔仁攻西魏南汾州，刺史韦子粲降；命侯景驻屯虎牢，策应反攻诸军，不久，东魏河南失地又陆续收回。宇文泰不服气，3月返回长安，准备倾关中之军决战高欢。7月，东魏侯景、高敖曹会师洛阳，围攻金墉。宇文泰亲率关中兵东救洛阳，侯景与战不利，退至黄河北据河桥，南依邙山布阵。宇文泰赶到后亦展开布阵，分左右中后四军迎击东魏军，两军激战，西魏左右军败，与后军一同退兵，但中军大破东魏军，杀高敖曹。当时高欢自领7000精骑从晋阳驰援侯景，宇文泰料战下去无益，于是撤兵西归。

543年，东魏高仲密于虎牢降西魏，宇文泰亲率大军至洛阳接应，同时派大将于谨攻河桥南城。高欢听说后亲领10万大军赶至黄河北岸，双方又起战事。宇文泰退军瀍上，以火船从上流而下，欲烧河桥。东魏张亮用水船百余只，各带长锁，于河中将火船截住，牵至岸边，高欢大军遂于河桥渡河，据邙山为阵。3月18日，宇文泰向高欢发起进攻。其时，东魏右翼军彭乐率数千骑冲击宇文泰军一侧，西魏军崩溃，彭乐攻入宇文泰营。宇文泰败走，彭乐乘胜攻击，西魏军大败，48名将佐被俘，3万余士兵被杀。19日，宇文泰整军再战，自领中军，以赵贵、若于惠分为左、右军，高欢以相应阵势应战。

激战中宇文泰右军攻破东魏军左翼，然后与中军合攻高欢中军，高欢马失前蹄，幸部将死命相救才得以幸免。后宇文泰左军赵贵被打败，东魏军兵势复振，西魏军攻战不利，战至日暮，宇文泰下令撤兵。高欢派兵追击，西魏大将独孤信、于谨收集散卒伏击追兵，西魏才得以全军而退。高欢也无心再战，遂引兵东还。

546年10月，高欢又率军攻宇文泰，遇西魏名将韦孝宽顽强阻击，损失惨重而撤兵。回兵不久，高欢因病死去，延续10年的东、西魏战争暂告结束。

隋统一之战
——结束了三百年的分裂局面

历史背景

577年北周武帝灭掉北齐，统一北方；578年武帝死，静帝年幼，大权落入外戚杨坚手中；581年杨坚代周称帝，建立隋朝。杨坚经过八年与突厥的争战，消除了北方威胁；同时他还发展经济，使隋朝政治军事实力大增。而此时的陈朝政治腐败，阶级矛盾尖锐，给隋统一以可乘之机。

交战双方： 隋朝军队 VS 陈朝军队
交战时间： 588年10月~589年2月
将帅档案： 杨素（544~606年）：字处道，隋朝名将，在周灭北齐之战、杨坚伐尉迟迥之战中屡立战功，因功封越国公；伐陈战中任隋军行军元帅。杨广（569~618年）：又名杨英，即隋炀帝，文帝次子，581年封晋王；604年杀兄弑父当上皇帝，在位荒淫暴虐，618年在江都巡游时为部将所杀。
交战结果： 隋军胜利，全国归于统一。

主要过程

588年10月，隋文帝杨坚设置淮南行省于寿春，以晋王杨广为尚书令。任命杨广、秦王杨俊和清河公杨素为行军元帅，指挥水陆军51.8万人，同时从长江上、中、下游分八路攻陈。

隋五牙战船（模型）
在隋的统一战争中，水师功不可没。

为了达成出其不意、攻其不备的渡江作战，进军之前，隋文帝扣留陈使，断绝往来，以保军事进攻机密不致泄露；同时派出大批间谍潜入陈境，进行破坏兼盗取情报的活动。

588年12月，杨俊率10万隋军进抵汉口，并以一部兵力攻占了湖北樊口（今鄂城西），以控制长江上游。陈后主闻知隋朝大举来攻，忙派大将周罗睺到长江上游荆州一带组织抵御；周罗睺见隋军来势凶猛，遂收缩兵力，防守江夏（今武昌），与杨俊军隔岸相持。杨素率水军沿三峡东下，抵达流头滩（今湖北宜昌西），陈将戚欣利用狼尾滩险峻地势，率水军固守。杨素趁月黑风高之夜，率舰船数千艘顺流东下，遣步骑兵沿长江南北两岸夹江而进。隋将刘仁恩亦自北岸西进，随即袭占狼尾滩，俘获陈全部守军。陈将吕忠肃据守歧亭，以三条铁锁横江，截遏上游隋军战船。杨素和刘仁恩率一部登陆，与水军一道进攻北岸陈军，经40余战，于589年击破陈军，毁掉铁锁，使战船得以顺利通过。此时陈公安守将陈慧纪见势不妙，焚毁物资，领3万军及楼船千艘东撤，欲援救建康，但遇到汉口杨俊军的阻击。周罗睺也被牵制于江夏，无法东援建康。

长江下游方面，隋军进攻，陈各地守将多次向陈廷告急，但权臣施文庆、沈客卿扣压告急文书。护军将军樊毅建议加强京口和采石的守备，但未被采纳。及至隋军抵临江边，陈后主犹昏聩地对侍臣说："王气在此。齐兵三来，周师再来，

隋代虎符　甘肃庄浪出土

无不摧败。彼何为者邪！"杨广进至桃叶山，趁建康周围陈军正在欢度春节之机，挥师分路渡江。陈军醉生梦死，一片歌舞升平，韩擒虎轻而易举袭占采石。陈后主这才派萧摩诃等督军迎敌，施文庆为监军。施文庆不谙军事，将大军集结于都城，在白下仅布一舟师以御隋军，另以一部兵力阻击采石的韩擒虎。隋军突破长江防线后迅速推进，贺若弼占领京口后，以一部进至曲阿牵制和阻击吴州的陈军，而以主力直趋建康。

韩擒虎军开拔至当涂后沿江直下，沿江陈军望风而降，贺若弼率精锐 8000 占领钟山。接着韩擒虎军进占新林（今南京西南），行军总管宇文述军 3 万进占白下（今南京西北）。至此，隋军先头部队已形成对建康的合围。

当时建康尚有 10 万兵力可调，但陈后主优柔寡断，坐失战机，最后不得不孤注一掷，命鲁广达、任忠、樊毅、孔范和萧摩诃五军在钟山南 10 公里正面排成一字长蛇阵。但陈诸军号令不一，行动互不协调，首尾进退不能相顾。隋将贺若弼急于拔头功，未待后续大军抵达，即率 8000 人攻陈军，被鲁广达击退。贺若弼不甘失败，又引物纵火，攻孔范军，孔范不敌溃退，引起全阵动摇。贺乘胜深入，陈将萧摩诃被俘。同一天，韩擒虎进军石子岗，陈将任忠迎降，并引隋军直入朱雀门，建康被隋军占领，藏匿于枯井中的陈后主被俘。杨广入建康后，令陈后主以手书招降了长江上游的周罗侯等军。杨广又遣军南下岭南迫降了冼氏，至此，陈朝灭亡。

> ◀ **策略战术** ▶
>
> 集中优势兵力，分割歼灭敌军主力；间谍破坏战；几路协调作战；速战速决。

重要意义

隋统一之战结束了晋末以来 300 余年的分裂局面，顺应历史潮流，迎合了人民的意愿，加快了南北经济的发展，增进了民众间的交流。

洛阳虎牢之战
——围城打援，一举两克

交战双方： 唐军 VS 夏军
交战时间： 621年
将帅档案： 李世民：即唐太宗，李渊次子，陇西成纪人，唐王朝的实际建立者，我国古代杰出的政治家，卓越的军事家；在位时善于纳谏，勤于治国，平突厥，安四海，号"贞观之治"。
窦建德：清河漳南（今河北故城）人，隋末河北农民起义军领袖；后称夏王，建都乐寿，619年攻破聊城，杀宇文化及；后失败被杀于长安。
双方兵力： 窦军10余万，唐军3500人
交战结果： 唐军大胜，窦建德被生擒。

历史背景

隋朝末年，炀帝荒淫奢侈，劳民伤财，阶级矛盾激化，各地纷纷起义反抗隋暴政，河南李密瓦岗军、河北窦建德、江淮杜伏威这三支农民起义军沉重地打击了隋统治。618年隋太原留守李渊在长安称帝，建立唐朝。瓦岗军失败后，窦建德和洛阳王世充就成了唐的主要对手。

主要过程

唐朝建立后，李世民东出攻伐盘踞洛阳的王世充，唐军与王世充军在洛阳城下激战半年，王世充遭重创，不久洛阳被唐军重重包围。王世充困守孤城，粮食殆尽，危急之中连连遣使向河北的夏王窦建德求救。窦建德明白唇亡齿寒的道理，意识到王世充被消灭后，李唐政权下一个要打击的就是自己，遂决定出兵救援。

莫高窟中的唐代战争壁画

抬蹄战马俑　唐
唐时骑兵盛行。实行募兵制后,职业兵种与骑兵相结合,故唐朝兵力强大。

621年春,夏王窦建德率10余万兵马西援洛阳,连下管州、荥阳和阳翟等地,很快进抵虎牢以东的东原一带。唐王李世民在洛阳坚城未下、窦军骤至的形势下召部下商量对策,大多数将领怕遭敌人内外夹攻而主张退兵以避敌锋,只有宋州刺史郭孝恪、记室薛收反对退兵。郭、薛认为若让窦、王联合,其势更强,统一无期;主张留部分兵继续围攻洛阳,唐军主力去虎牢扼守以拒窦军,窦军一破,洛阳受震慑,可不战而下。李世民采纳此议,留齐王李元吉、大将屈突通继续围洛阳,自己率精兵3500人赴虎牢拒敌。

李世民一面令唐军坚守城防,一面率小拨人马骚扰试探窦军,尽数掌握了河北军的虚实。由于李世民拒守不出,窦军在虎牢城外屯扎数周却不得西进,心情郁闷,士气下降。4月,李世民又派军抄袭了窦军的粮道,窦军处境更加不利,将士思归河北。谋士凌敬献策,让窦建德转攻怀州和河阳,再越过太行山,向汾晋发展,从北面威胁唐都长安,则洛阳围可解。窦建德开始动心,但部将多不愿,王世充又频频告急,窦建德遂搁置其议,而决定趁唐军饲料用尽不得到汜水北岸牧马之机袭击虎牢。李世民得到情报,遂将计就计,他派军一部过河,故意留马千余匹于河渚以诱窦军进攻。窦军果然上当,全军出动,在汜水东岸布阵,依河背山,准备进攻唐军。

李世民正确分析形势后,认为窦军犯险而进,逼城而阵,有轻视唐军之意,于是令军士严阵以待,待窦军疲惫后再行出击。窦建德等得不耐烦,遣将向唐军挑战。李世民命王君廓率200长矛兵出战,双方格斗数次,未分胜负。自辰时直至午时,窦军渐饥渴困乏,浑身酸软,很多人倒在地上;有的争着抢水喝,阵形开始混乱。李世民细心观察了这些迹象后,即遣宇文化及率300精骑经敌人阵西先行试阵,并指示说:如窦军严整不动,即回军返阵;若敌阵有动,则继续东进。

宇文军至窦军阵前,窦军阵势开始动摇,李世民见状,当机立断,下令唐军倾巢而出,自己率骑兵先出,主力步兵随后跟进,过汜水后直扑敌人大本营。窦军被突如其来的精骑疾冲,顿时大乱,预

> **◀ 策略战术 ▶**
>
> 围城打援,以逸待劳;
> 当机立断,迂回包抄;抛砖引玉,实施奇袭。

备抵抗唐军的战骑通道被向大本营逃避的众臣将阻塞。窦建德下令群臣闪开，为骑兵让路，但为时已晚，李世民骑兵已经冲入。窦建德忙领军向东撤退，唐将窦抗紧追不舍。突入窦军大本营的唐军与敌人展开激战，杀得河北军丢盔弃甲。李世民又遣骁将秦琼、程咬金率军迂回抄窦军的后路，分割窦军。窦建德见失败已不可避免，便令全军撤退，唐军乘胜追击15千米，斩杀并俘虏窦军5万余人。窦建德本人也中槊，行走不便而被唐军俘获，其部属纷纷溃散，仅其妻领数百骑逃回河北。唐军大胜。

重要意义

洛阳虎牢之战创造了"围城打援"的典型范例；一箭双雕，击灭了两大割据势力，为统一奠定了基础。

击灭东突厥
——反击突厥的典范之作

交战双方： 唐军 VS 东突厥军
交战时间： 630年
将帅档案： 李靖（571～649年）：唐初名将，卓越的军事家；原名药师，雍州三原人；其舅韩擒虎为隋朝名将；为唐定江淮，败吐谷浑，攻灭东突厥，因功封卫国公，悬像凌烟阁。李勣（594~669年）：唐初名将，本姓徐名世绩，字懋功，曹州离狐（今山东东明东南）人；因功授光禄大夫，封英国公；多谋善断，以功悬像凌烟阁。
交战结果： 唐军大胜，东突厥灭亡

历史背景

隋朝初年，突厥分为东西两部。隋末社会动荡，中原各割据势力争战不休，突厥人趁机南侵，不断骚扰、掠夺汉人边境。东突厥颉利可汗在位时，兵强马壮，多次南下。唐朝刚建立时，中原未平定，对突厥采取妥协措施，一直处于被动防御状态；唐太宗即位后国力渐强，决定主动讨伐突厥。

主要过程

627年，李世民即位，是为唐太宗，改元贞观。唐太宗依靠雄才大略，在国内整顿吏治，济世安民；于外勤练军马，积极准备反击突厥以解除北方边境的威胁。

629年，唐代州都督张公瑾上疏朝廷，声言东突厥屡次南下扰边，破坏边境百姓的安定生活，请出兵攻伐之。唐太宗看罢奏疏，也认为征伐突厥时机成熟，

于是命李靖为定襄道行军总管，李勣为通漠道行军总管，柴绍为金河道行军总管，薛乃彻为畅武道行军总管，兵力共计10万人，由兵部尚书李靖统一指挥，分道出击东突厥。唐军各路并进，气势恢宏。

630年1月，李靖率3000名骑兵从马邑趁黑夜攻下定襄（今山西平鲁西北），东突厥颉利可汗以为唐军全军出动，便徙牙帐于碛口（今内蒙古善丁呼拉尔）。不久，其心腹康苏密中李靖反间计，挟隋萧后及炀帝孙政道降唐；颉利可汗闻讯后大惊，怕再有身边人背叛自己甚至绑缚自己送给唐军，忙继续北逃，直至阴山北的铁山（今内蒙古白云鄂博）。而此时，唐并州都督李勣已率军越过云中（今山西大同），在白道（今内蒙古呼和浩特北）大破突厥军，并与总指挥李靖会师。

唐代铠甲式样

颉利可汗让唐军打得节节败退，很是郁闷，他遣使至长安谢罪，并表示愿亲自入朝，从此内附唐廷。唐太宗遣鸿胪卿唐俭前往突厥慰抚，并诏李靖与李勣迎颉利可汗入唐。李靖看出了颉利可汗的险恶用心，上疏太宗说，颉利是想以请降作为缓兵之计，待唐军停止进攻后好收集残众，北逃漠北；一旦让他窜入漠北，联络突厥诸部，重振军威，到那时唐的祸患可就大了。唐太宗认为其言有理，遂令他继续追击。李靖趁夜出兵，李勣引军跟进，唐军在阴山俘获突厥1000多个营帐。

李靖为赶时间，不作停留，派苏定方率200骑为前锋，乘雾而行。当时唐朝

唐军大败东突厥。

的慰抚使唐俭正在突厥营中,因此颉利可汗根本没想到李靖会在这个时候攻击他,毫无战争准备。李靖军抵至距颉利牙帐三四千米处时,突厥兵才发现,颉利大惊,已来不及布置防御工事,颉利可汗只好跨上一匹千里马逃走。突厥兵见可汗跑了,亦溃散奔逃,唐军乘势掩杀,砍死1万余人,俘虏10余万人,缴获牲畜10万多头。

此时李勣军已抵碛口,颉利逃向碛北的路被阻断,突厥诸酋长纷纷率众降唐,李勣俘5万人南还。颉利可汗逃至灵州(今宁夏灵武),依附小可汗苏尼失,但苏尼失把他押送给了唐军,并率部众降唐。东突厥余部或北附薛延陀,或西向投奔西突厥,漠南之地遂空。至此,东突厥灭亡。

重要意义

此战是唐朝反击突厥长途奔袭的典范。

除了北方一大边患,维护了北疆的安居乐业,加强了民族间的融合和交流。

唐平定安史之乱
——唐王朝由盛转衰

交战双方: 唐军 VS 叛军
交战时间: 755年11月~763年
将帅档案: 郭子仪(697~781年):华州郑县人,中唐名将,卓越的军事统帅;精于谋略,用兵持重,"收复两京,再造康朝",因功封汾阳郡王。李光弼(708~764年):柳城(今辽宁朝阳)人,中唐名将,卓越的军事家,汉化契丹人,在河阳、太原曾大破叛军,号"中兴第一名将",谥"武穆"。安禄山(703~757年):营州柳城人,安史之乱的祸首,初为边境互市牙郎,后得玄宗宠信而任三镇节度使。史思明(703~761年):营州柳城人,安史之乱的祸首,初为边境互市牙郎,后得玄宗赏识而官至平卢兵马使。
投入兵力: 安史之乱被平定

历史背景

唐玄宗执政后期宠爱杨贵妃,加之奸相李林甫、杨国忠当政,搞得社会黑暗,民不聊生。当时唐王朝募兵制取代府兵制,驻边节度使大量募兵,势力渐强,形成割据,而中央禁军兵少,战斗力又弱,外重内轻的格局使地方节度使势力严重威胁着朝廷的安危。

主要过程

755年11月,范阳、平卢、河东三镇节度使安禄山诈称玄宗让其带兵入朝讨杨国忠,在范阳起兵15万叛唐。安禄山蓄谋已久,而玄宗又受其蒙骗,未加防范,所以叛军进展顺利,河北州县纷纷瓦解,叛军很快进入中原攻陷藁城、陈留（今开封）、荥阳，直逼东都洛阳。

消息传至长安，玄宗慌了手脚，他以大将封常清驻守虎牢抵御叛军，又以荣王李琬为元帅、右金吾大将军高仙芝为副帅，在长安一带募11万兵讨伐安禄山。叛将田承嗣、安守忠进攻洛阳，封常清率军迎敌，在叛军骑兵的冲杀下大败而逃，叛军入占洛阳。高仙芝出关中援封，也被叛军击败，人马践踏，死伤无数，无奈退守潼关。叛军来势凶猛，临汝、弘农、济阴、濮阳和云中等郡投降，关中危急。在河北，平原太守颜真卿、常山太守颜杲卿兄弟相约阻击叛军。史思明领兵攻常山，颜杲卿昼夜拒战，终因粮尽无援，常山失守，颜杲卿一家30余人不幸遇害。

安禄山像

常山之战虽败，但却有效牵制了叛军攻打潼关的兵力。而安禄山这时又滞留洛阳，图谋称帝，唐王朝遂得以喘息，诸郡兵先后抵长安，加强了防御。

在潼关监督高仙芝军的宦官边令诚因屡屡干涉军务被拒绝，恼羞成怒，便在玄宗面前诬陷高仙芝盗减军粮，封常清贪生怕死。昏聩的玄宗听信谗言，不做详细调查，就斩杀了二将，令陇右节度使哥舒翰出任兵马副元帅，领兵8万到潼关御敌。756年1月，安禄山在洛阳称大燕皇帝，其次子安庆绪领军攻潼关，被哥舒

明皇幸蜀图　唐　李昭道
此图描绘唐玄宗为避安史之乱而行于蜀中的情景，画中山石峻立，着唐装的人物艰难地行于途中。

翰击退。此时唐朔方节度使郭子仪击败进攻振武军的叛将高秀岩，收复了静边军，破叛将薛忠义，进围云中，又袭占马邑，打开东陉关。唐真源令张巡与贾贲率 2000 余人，在雍丘大败叛将令狐潮的 4 万大军；唐将李光弼也收复常山，又与郭子仪在九门和嘉山一带大败史思明，歼敌数万。唐军进围博陵，河北十余郡纷纷归附，叛军后路断绝，军心动摇。安禄山四面受敌，欲弃攻潼关，退出洛阳，还保老巢。

唐玄宗见形势一片大

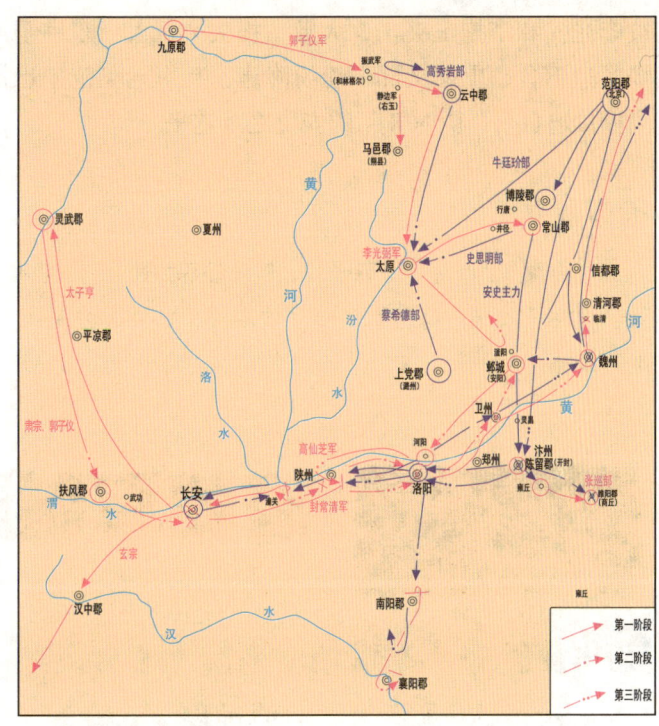

唐军平定安史之乱示意图

好，便督促坚守潼关的哥舒翰向叛军发起反攻以一举歼之。哥舒翰分析战局后进言："叛军远来，后继不足，想以优势兵力速战速决，因此唐军宜以逸待劳，据险坚守，待时机成熟后再出击。"但急于收复洛阳的玄宗根本听不进去，他屡促出击，哥舒翰只好率 20 万军出关进攻叛军。唐军在灵宝与叛将崔乾佑军相遇。崔事先设伏，诱唐军进入袋形包围圈后，居高临下投掷滚木礌石；又遣骑兵从南面绕至阵后猛击唐军。唐军大溃，有的逃匿于山谷，有的相挤坠入黄河，最后逃回关中的仅 8000 余人。叛军乘势夺取潼关，哥舒翰被俘，长安已暴露无遗。玄宗听从杨国忠建议于 6 月 13 日率长安禁军西出"幸蜀"，行至马嵬驿，将士饥疲，怒杀了祸国殃民的杨国忠，并逼迫玄宗缢死了杨贵妃。是时，叛军已占领长安。

7 月，太子李亨在灵武即位，是为肃宗。他重用郭子仪、李光弼、张巡等忠良将领，继续平叛。不久安禄山为其子安庆绪所杀，安庆绪命史思明、蔡希德围攻太原，李光弼率数千军民顽强抵抗，并屡用奇谋袭敌，终于取得了太原保卫战的胜利，歼敌 7 万余人。睢阳的张巡更值得称赞，他率几千人与占尽优势的叛军前后进行 400 余次战斗，杀死敌将 300 人，士兵 12 万人，最后虽因兵穷粮尽城破，张巡等 36 人英勇就义，但有力地阻止了叛军南下，保证了江淮粮赋输入关中的道路畅通。

唐军于 757 年 9 月收复长安，又借回纥兵收复洛阳。759 年史思明杀了安庆绪，又占洛阳，叛军势力复振。761 年，史思明为其子史朝义所杀，史朝义在洛阳北郊被李光弼和李抱玉夹击，大败，损失8万人，东逃至河北。唐将仆固怀恩、仆固玚紧追不舍，史朝义部下纷纷降唐，叛军老巢范阳也被唐军占领，史朝义逃至温泉栅被迫自杀，历时8年的安史之乱遂平。

重要意义

　　唐将颜杲卿、张巡、郭子仪、李光弼等力阻叛军，不但消灭了敌军大量的有生力量，而且稳住了战局，为唐军战略反攻准备了条件。颜杲卿与张巡抗击叛军的事迹，惊天地泣鬼神，为后人千古传颂。安史之乱使唐王朝由盛转衰，藩镇割据形成。

唐朝军制改革
——由府兵到募兵

历史背景

　　府兵始创于北周宇文泰，北周经此兵制改革，577年灭北齐，统一北方；后隋代北周，灭陈，统一中国，府兵发挥了积极作用。唐中期土地兼并严重，均田制被破坏，府兵制也遭到破坏，募兵制取而代之。

唐西州营名籍
从新疆吐鲁番出土的这份名籍中，可以窥见唐王朝设西州都督府屯戍边疆的规模，也间接地反映了唐代军制改革的成果。

主要过程

　　唐朝初期的府兵制比隋朝更加完备。府兵是基本的常备军，平时隶属于皇帝12卫和皇太子东宫6率。每卫设大将军，平时负责管理府兵轮番宿卫诸事，战时经皇帝任命，率领从各府调集的府兵出征。尚书省的兵部主要负责武官的考核、任免和军队的编制、检点和轮换，以及图籍甲仗管理。

　　太宗时整顿府兵制，12卫各领40～60府，鹰扬府恢复骠骑府、车骑府，不久改为折冲府。府分三部：上府1200人，中府1000人，下府800人。全国府兵最多时约60万人，主要分布于关中、河东南诸道，旨在"居重驭轻"，"举关中之众以临四方"。

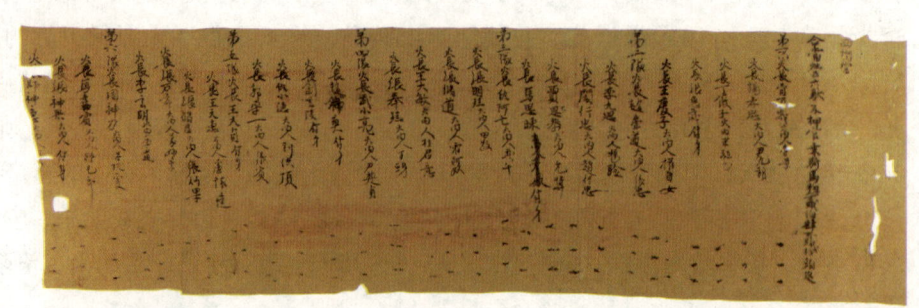

折冲府为府兵的基本组织单位。每府置折冲都尉1人，左右果毅都尉各1人，长史、兵曹、别将各1人，下辖4~6个团，团设校尉，辖2旅，旅辖2队，队设五火，队、火装备如马、马具和锸、斧、锯等，均有定数。府兵自用的武器、装具及粮食自备。平时在冬季训练。

朝廷握有府兵调遣指挥权。凡发兵10人以上，除紧急情况外，都要有尚书或门下省颁发的皇帝"敕书"和"铜鱼符"，折冲都尉勘契乃发。府兵每年需轮流到京师宿卫，称上番。府兵的来源主要从自耕农和地主中挑选，后来渐以贫苦农民充役。三年一征兵，一般21岁入役，61岁出军，实为终身服役。后来，征战益多，勋赏不

陕西昭陵出土的两件唐代武士俑

兑现，社会地位下降，地主也渐恶当兵。特别是土地兼并严重，均田制破坏致军资无靠，府兵乃纷纷"亡散"。唐玄宗时下令将服役期改为25~40岁，六年一征兵，但未落实，以致折冲府无兵上番。749年被迫停止上番，折冲府名存实亡。

此时，募兵制逐渐兴盛。722年起，募兵充宿卫，后改为"骑"。724年，骑达12万，分隶12卫，每卫分6番，轮流上番服役。平时转调弓弩，免除赋税，一切资粮由官府供给。

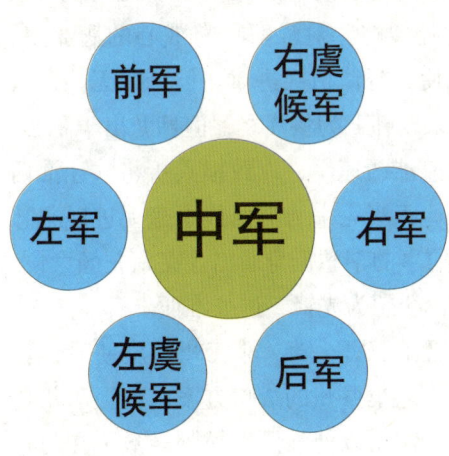

七军圆阵图
中军在中央，其他六军像六朵花在周围形成护卫，又名六花阵，此为唐朝常用军阵阵势。

骑多是被强迫入募或逃亡而来的折冲府卫士，其重要变化是由尽义务变为受雇佣。骑自始就很衰弱，招募亦无定制，前后维持20余年。唐后期禁军一般是招募来的，历来骄惰怯弱，还受宦官控制，后期唐廷就靠禁军维持残局。募兵主要是唐政府为弥补兵源不足而采用的兵制，至开元年间，无论是京师宿卫、边境戍兵乃至地方武装，已基本为募兵所代替。戍守边防的士兵称健儿，因为长期服兵役，又称为"长从宿卫""长征健儿"，资粮均由官给，称为"官健"，成为由国家供养的职业军人。

地方上的军队主要有团结兵，亦称团

练,官府给予身粮,免其征赋,主要任务是配合军队保卫边疆,团练由州刺史或节度使统辖。节度使始设于711年,各地节度使利用募兵制,成为割据一方的军阀势力,与中央分庭抗礼。

重要意义

募兵制壮大了节度使(藩镇)的军事力量,逐渐使唐代朝廷失去对地方的控制权,从而促成藩镇割据与争斗,加速了唐王朝的崩溃。

李愬夜袭蔡州
——成功的奇袭战

交战双方: 唐军 VS 淮西叛军
交战时间: 817年11月
将帅档案: 李愬:字符直,中唐名将李晟之子,初为太子詹事,34岁为平淮西主将。
交战结果: 淮西平定,吴元济投降

历史背景

安史之乱使唐王朝由盛转衰,朝廷权威下降,地方藩镇势力强大;父死子继,不服从中央委派,控制财、政、军权,形成割据。代宗和德宗朝都实行削藩以加强中央集权,但成效甚微;宪宗即位时,长安毗邻的淮西镇已割据50余年,严重威胁朝廷,于是,宪宗决定征讨。

主要过程

814年,淮西节度使吴少阳死,其子吴元济自领军务,并发兵四处侵略。对淮西早有戒心的唐宪宗,遂以严绶为招抚使,督诸道兵进讨。但严绶无能,被吴元济打败。宪宗以韩弘为将代之,但韩弘出于私心,想以贼自重,不愿淮西速平,以致损兵折将,让淮西军气焰更加嚣张。正当宪宗为淮西战事毫无进展犯愁之际,身为太子詹事的李愬挺身而出。宪宗龙颜大悦,让宰相裴度领军,李愬为先锋,进征淮西。

817年,李愬在任唐、随、邓三州节度使后,着手制定奇袭吴元济老巢蔡州的战略方案。他至唐州抚恤伤卒,假装自己懦弱以使淮西军松懈轻敌;在与叛军的几次交锋中,他对俘捉的敌方兵将,皆以礼相待,不加侮辱,让他们感恩而愿死心塌地归顺,并详尽地

夜袭蔡州图

把淮西的战备情况告之，做到了知己知彼。有一次，唐军俘获了吴元济手下骁将丁士良，士兵们请求把他的心挖出以解众恨，但李愬见丁面无惧色，暗自叹服，令为其松绑，免其死罪。丁士良本以为必死，没想到李愬放了他，于是给李愬跪下感谢并愿以死报李之厚爱。李愬扶起他，任他为"捉生将"，又用其计擒住淮西又一骁将吴秀琳，并以礼相待，吴秀琳也感激不尽，愿报效朝廷。李愬发现吴秀琳部下有个叫李宪的，智勇双全，很是喜欢，便为其改名"忠义"，帐下留用。

不久李愬设计生擒了吴元济军中骨干李祐，此人精于谋略又勇武善战，之前屡败官军，令唐军损失惨重。唐营部将纷纷请求杀掉他，李愬为保护他，在派人押他入京时，密奏宪宗，请求赦免李祐以为己用，并强调若杀之则淮西难平。宪宗在李愬的苦求下赦免了李祐。李愬当即任他为"六院兵马使"，让他配刀出入大本营。李祐为李愬对己信赖有加而感激涕零，随即献计"雪夜袭蔡州"。李愬大喜。

817年冬，大雪纷飞，寒风凛冽，李愬突然号令三军紧急集合，以李祐、李忠义为先锋率3000人马东进，自己率主力跟进，唐州刺史田进诚引3000人殿后。部队向东急行30公里，袭占沿途要点，抵汝南张柴村后，李愬令丁士良领500人留守以断诸道桥梁；又遣兵500警戒朗山，然后向全军宣布此行目的是去蔡州捉拿吴元济。全军将士大惊失色，监军大哭："果落李祐奸计！"李愬不作理会，令三军继续前进。士兵们以为此行有去无还，但将令不敢违抗，只得前进。时"大风雪，旌旗裂，人马冻死者相望"，夜半，风雪更加肆虐，唐军在凌晨抵达了蔡州城下。蔡州自李希烈反唐以来，经吴少诚、吴少阳到吴元济，官军不至此地已30多年了，因此，吴元济毫无防备。李祐、李忠义首当其冲，

李愬像

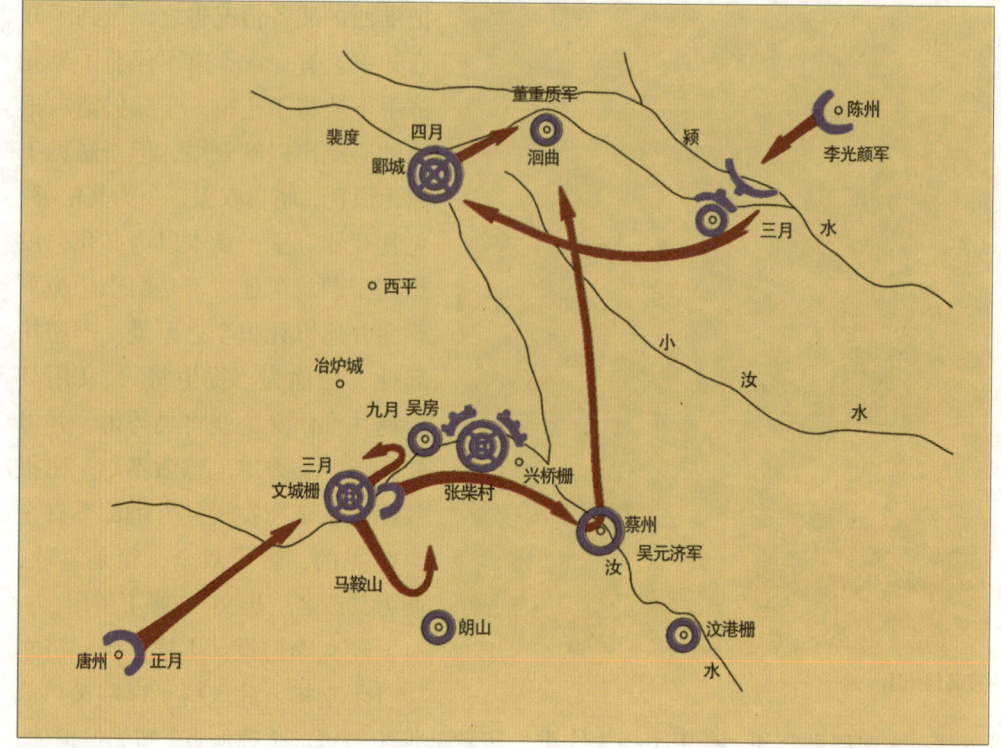

夜袭蔡州图

率兵在城墙上掘坎而上，杀掉熟睡的门卒，只留更夫继续打更，城中像什么事也没发生一样平静，官兵神不知鬼不觉地已进至内城。

鸡鸣时分，风雪稍停，李愬军已占据吴元济的外衙，这时敌人才发现情况异常，忙报告吴元济。吴元济此时还未睡醒，听到报告，不以为然，说："慌什么？这是俘虏抢东西罢了，等天亮时把他们全杀了就是了。"稍后又有士兵报城已失守，吴元济仍不在意，说这一定是驻洄曲的士兵索取寒衣来了。及至听到李愬军中号令之声，这才大惊，忙组织军队登牙城抵抗，但此时唐兵已蜂拥入城，他哪能挡得住？无奈之下吴元济出城投降，李愬命把他解送长安，淮西遂平。

> ◆ **策略战术** ◆
>
> 出其不意，攻其不备；知己知彼；攻城为下，攻心为上，用贤不疑。

重要意义

此役沉重打击了安史之乱以来的藩镇势力，使唐削藩取得空前的胜利，国家又暂时统一。

王仙芝、黄巢起义
——灵活的流动作战

交战双方：唐朝军队 VS 农民起义军
交战时间：875～884年
将帅档案：黄巢（820～884年）：唐末农民战争领袖，曹州冤句（今山东曹县）人；稍通书记，屡举进士不第，以贩私盐为业；善骑射击剑；曾攻破唐都长安，建立农民政权"齐"，后战败自杀。
交战结果：起义军被唐朝藩镇军队镇压。

历史背景

唐朝后期，朝政腐败，地方上藩镇割据，为夺地盘连年争战，社会动乱，百姓苦不堪言。859年裘甫的浙东农民起义和868年庞勋的桂州戍卒起义重创了唐王朝统治。唐僖宗即位后声色犬马，政治更加黑暗，阶级矛盾不断激化。

主要过程

875年6月，濮州人王仙芝聚众数千在长垣起义，自称"天补平均大将军"。7月王仙芝击败唐天平军节度使薛崇的征剿，攻占濮州、曹州。曹州冤句人黄巢集数千农民响应。不到数月，义军威震山东，有数万人之众。

黄巢起义示意图

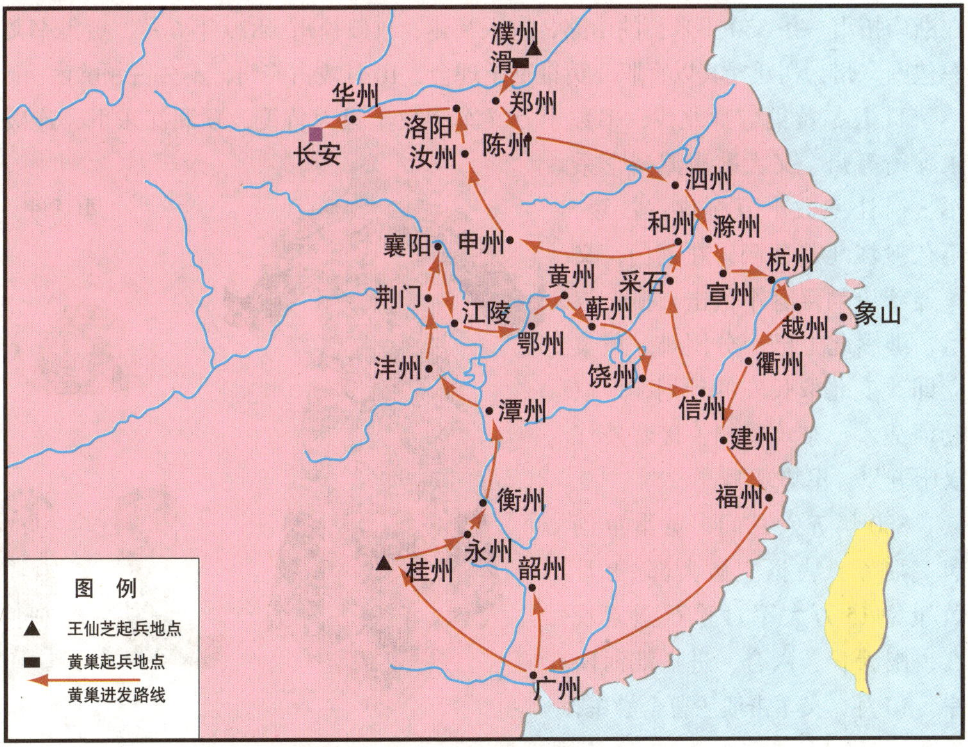

图例
▲ 王仙芝起兵地点
■ 黄巢起兵地点
→ 黄巢进发路线

黄巢像

唐僖宗这时才从逍遥乡中清醒，他以平卢节度使宋威为招讨使，指挥河南诸道官军入山东平乱。8月，义军在沂州（今临沂）城下败于宋威，为保存实力，义军化整为零。宋威以为祸乱已平，便遣散诸军，自己撤回本镇；王仙芝乘机迅速集结起队伍，继续攻城拔寨。唐军闻讯又向沂州行进，王仙芝避实就虚，转攻下阳翟、郏城，进逼汝州。10月王仙芝攻占汝州，洛阳震动，唐廷企图封官加爵以降之，但在黄巢等部将的强烈抵制下王仙芝不敢与唐军妥协，义军占领中原数州。在攻蕲州时，义军为战略需要决定兵分两路，王仙芝率3000人入湖北，黄巢引2000人北上山东。

唐廷不得不集中兵力对付王仙芝，878年2月，唐曾元裕军在申州大败王仙芝，不久在黄梅（今属湖北）又斩俘义军5万余人，王仙芝力战身死。余部由尚让率领北上亳州，与黄巢军会师，黄巢被推为共主，建立政权，号冲天大将军。3月义军北上袭占沂、濮二州，攻宋、汴二州，兵逼东都。唐廷下诏令曾元裕回师护卫，又发河阳、宣武、昭义、义成诸道兵驰援。

鉴于洛阳重兵设防，而江南自建唐以来驻兵很少，又是唐王朝财赋供应地，黄巢于是放弃攻打洛阳，突然转锋南下，会合了王仙芝余部，攻占江浙一带州县，义军在江南蓬勃发展。唐廷派高骈任镇海节度使，围剿黄巢军。黄巢继续避实就虚，在浙南拓出一条350千米长的山路，进入福建，攻破福州。879年6月，黄巢率义军包围广州，朝廷授其以官职，黄巢不予理会，10月攻占广州，不久占领岭南。

11月，黄巢誓师北伐，率数十万义军乘数千只大竹筏，顺湘江东下，连破永、衡等州，又大败唐潭州李系军；尚让率数十万军攻占江陵，不久渡江北趋襄阳，在荆门，义军遭到唐刘巨容军伏击，损失惨重，继续北上已十分困难。黄巢立即改变北取长安的计划，采取迂回战术，东攻鄂州，接着破江汉十五州，军势复振。

880年五六月间，黄巢重创唐高骈军，占据安徽大部；8月黄巢率15万大军自采石强渡长江，围天长、六合，进抵淮河南岸。10月，义军击溃唐曹全晟军，

唐代铠甲

黄巢军队入长安

控制河南大部；12月攻打东都，唐洛阳留守刘允章让城出降。义军入城后秋毫无犯，人民十分拥护。黄巢亲率大军西攻长安门户潼关，双方激战，义军一部正面进攻，一部迂回自禁坑侧击唐军，唐军溃败，潼关制置使张承范只身逃亡。义军入关，又下华州，宦官田令孜带500神策兵护卫僖宗出长安逃往四川；黄巢进入长安，即皇帝位，国号大齐，改元金统。

　　黄巢入长安后，以为天下唾手可得，只顾大封百官，开庆功宴，这给了唐王朝喘息的机会。唐僖宗在蜀地诏令各地藩镇勤王平乱，凤翔节度使郑畋秘密联络周围各道共讨大齐政权。881年3月，郑畋在龙尾陂击败义军，唐军乘胜在西北方向包围长安；882年10月朱温叛变降唐，义军东面屏障丧失，处境更加艰难；883年1月，沙陀贵族李克用率4万"鸦片军"至同州，在沙苑等地几败义军并攻入长安。黄巢被迫撤出长安向东转移，6月在陈州又牺牲孟楷，884年，黄巢军在唐军紧追下在泰山狼虎谷全部阵亡。

> **◆ 策略战术 ◆**
>
> 避强就弱，保存实力；争取民心。

重要意义

　　王仙芝黄巢起义加速了唐朝的覆亡，是中国古代首次高举"平均"旗号的农民起义，标志着农民战争进入新阶段，但其没有稳固根据地而招致失败，给后世农民战争以深刻教训。

北宋统一战
——各个击破的宏大战略

交战双方：宋朝军队 VS 各割据势力

交战时间：963～979年

将帅档案：赵匡胤（927～976年）：宋朝开国君主，涿州人；后周时授殿前都点检，领宋州归德军节度使；960年他发动陈桥兵变称帝；卓越的军事统帅。赵匡义（939～997年）：赵匡胤之弟，即宋太宗；976年太祖赵匡胤死，他继位后继续推行统战，降服吴越、闽，979年灭北汉，基本统一中国。

交战结果：北宋统一中国主要地区。

历史背景

唐末五代十国，各军阀为地盘而长年混战不休，人民饱受灾祸之苦，生产经济遭到严重破坏，外族如契丹、夏和吐蕃趁机蚕食中原土地。周世宗柴荣雄才大略，励精图治，使后周具备了统一条件，而赵匡胤建宋后更致力于统一大业。

主要过程

960年，北宋王朝建立，英武有为的宋太祖开始了消灭藩镇割据、统一中国的步伐。他先择良将，屯重兵于北边要塞以防患党项、契丹和北汉，而后才挥军南下，进击南方各割据势力。

962年9月，武平统治者周行逢病死，11岁的幼子周保权继位，衡州刺史张文表趁机发动兵变，进逼朗州。周保权一面派兵征讨，一面向宋朝求救。赵匡胤早就对武平垂涎三尺，遂一口应允。11月南平国主高保勖也病死，侄高继冲继位。赵匡胤想出一个一箭双雕的计谋，他向高继冲提议借道以救武平。南平很多臣将主张拒绝宋朝，指出赵匡胤欲重演假道伐虢，但高继冲畏惧宋势，遂答应了。963年，宋军进屯襄阳，派人告知南平为宋军准备给养。这时，高继冲遣使以犒师为名来探察虚实，宋将慕容延钊明白，他亲自迎接南平使者，并盛情设宴款待之，暗地里却派部将李存耀率军乘夜向江陵急行。高继冲因延钊厚待他的使者，正欲回请延钊以尽地主之谊，不防李存耀军已入城并占领各处要地，无奈，只得向宋军投降。

慕容延钊又征调南平万余人，与宋军合兵一处进击武平。这时，周保权已平定张文表叛乱，闻宋军至，忙组织军队部署抵抗。慕容延钊挟灭南平之余威，水

宋太祖赵匡胤像

宋代武士复原图

陆两路并进：水师向岳州，陆路则出澧州，直趋朗州。宋水路军在三江口（岳阳北）大破武平军，陆路军则败武平军于澧州南，进而攻占朗州，生俘周保权，南平、武平皆亡，湖南平定。

宋朝控制荆、湖后，切断了后蜀与南唐两大割据势力的联系，并使后蜀东北两面暴露在宋面前。于是太祖下诏伐蜀，并勘察了两川地形，加练水军，准备水陆双管齐下。蜀主孟昶采纳了王昭远之策，遣大将赵崇韬率3万兵自成都北上，扼守广元、剑门等险隘，韩保贞、李进率部数万驻兴元以为配合。964年，宋将王全斌、崔彦进等率步骑3万出凤州，自嘉陵江南下；曹彬、刘兴义率步骑2万出归州，溯江西上直逼成都。王全斌军连克蜀兴州、兴元，势如破竹，在勉县又击败韩保贞，乘胜追击，俘韩保贞、李进，接着越过三泉直抵嘉川，蜀军烧绝栈道，退保葭萌（今四川昭化）。此时，屯驻利州的赵崇韬重兵镇守小漫天寨，而栈道又为蜀军烧断，宋军遭遇瓶颈。王全斌遂率主力迂回向罗川小路，由崔彦进率军一部赶修栈道。宋军前后包抄，终于攻克小漫天寨，蜀军退保大漫天寨。王全斌分兵三路夹攻大漫天寨，连战连捷，很快占领利州，蜀军退保剑门。宋北路军自利州进占葭萌，直趋剑门。王全斌以一部军抄剑门东南来苏的小路，绕至剑门之南断敌后路，自率精锐从正面进攻。宋军两面夹击，很快攻克剑门，蜀军闻风而溃，宋军乘胜进击，攻占剑阁。

东路曹彬、刘兴义也进展顺利，攻入巫峡并夺取夔州浮梁，又击破夔州守军，占领夔州，打开了由长江入蜀的大门。宋军自夔州沿江西上，所向披靡。965年，北路宋军直抵成都城下，几天后，东路曹彬、刘兴义军也抵达。蜀主孟昶见大势已去，无奈出降。

970年，赵匡胤派潘美率10州兵绕开五岭主要险道直逼南汉贺州，旨在从南汉中部突入，诱歼敌军，稳定翼侧，直捣汉都兴王府（今广州）。9月15日，宋军包围贺州，汉王刘铱派伍彦柔率舟师溯贺水西援，宋军设伏大破南汉援军，乘胜攻

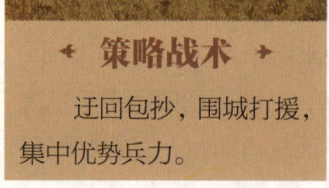

策略战术

迂回包抄，围城打援，集中优势兵力。

克贺州。此时，宋军东西两面皆有南汉军，潘美怕孤军南下兴王府会受到左右汉军夹击，但仍扬言要直取兴王府。刘𬬮派老将潘崇彻率军5万人到贺江口封堵，潘崇彻抵贺江口后，畏宋军势大，只观望不出击。潘美见南汉军逗留不进，遂挥师西上，连克昭、桂、富州，接着又向东攻取了连州，后顾之忧得以解除，两翼得以稳定。潘美乘胜进击李承渥驻守的韶州，大破汉军10万余人，占领韶州。此时，贺江口的潘崇彻见汉亡已成定局，遂举5万人降宋。

汉军在北域的非败即降，令南汉举国震恐。刘𬬮令加固兴天府城池，并遣郭崇岳领6万兵马屯于马迳（广州北），列栅守卫都城。宋军兵抵达马迳，刘𬬮遣使求和，但不久又反悔，于971年，遣其弟刘保兴率军增援郭崇岳。潘美用火攻大破南汉军，郭崇岳战死，刘保兴逃归兴王府。宋军乘胜追击至兴王府城下。刘𬬮只好投降，宋军进入兴王府，南汉亡。至此，南唐处于宋三面包围之中。

南唐后主李煜见宋攻势如潮，为求苟安，他上表赵匡胤表示臣服，并主动削去国号；同时加强练兵，实施防御。太祖阅表后说："卧榻之侧，岂容他人酣睡？"即遣使令李煜入朝，李煜推病固辞。太祖大恼，积极备战。974年，太祖以曹彬为统帅，发兵进攻南唐，并联络吴越王钱俶，让其协助攻唐。

11月，曹彬率大军沿长江顺流东下，南岸唐军以为宋军是例行巡河，未加阻止，于是宋军顺利通过唐10万兵屯守的湖口。宋军突然渡过长江，水陆并进，直趋池州；在石碑口（今安徽安庆西）把巨舰大船连接起来，依采石矶一带江面宽度试搭浮

宋灭南唐之战要图

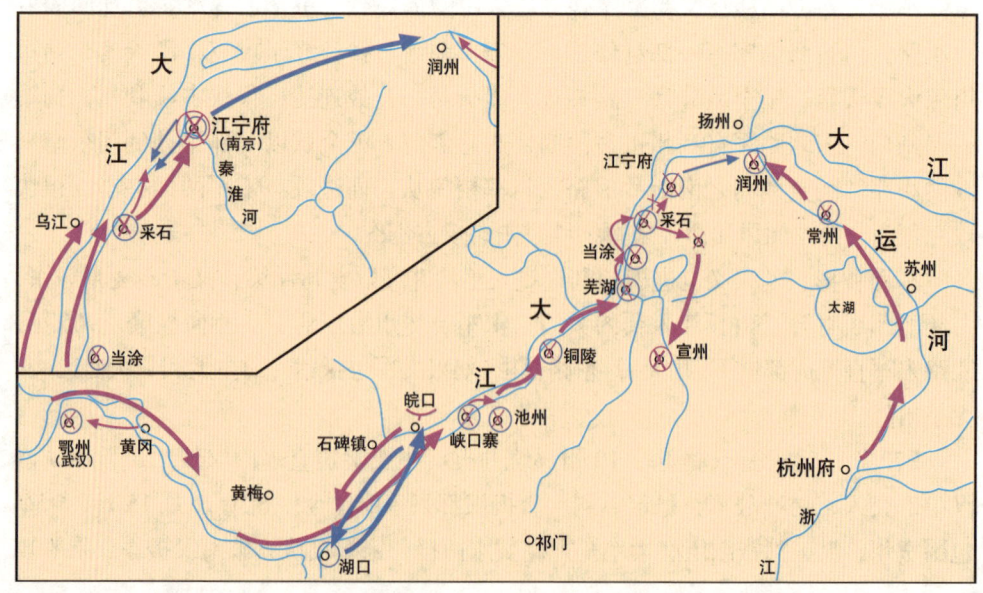

桥成功，于是东进并攻占采石。接着，宋军将预制浮桥移至采石，潘美率宋军主力借此过江，连下金陵外围据点，并在秦淮河大破唐水陆军10万人，形成对金陵的包围。李煜又派朱令赟率军10万人救急，但在皖口遭宋将王明阻击；朱令赟采用火攻，但因风向改变，反烧己军，宋军乘势猛攻，全歼这股援军。此时金陵已被围九个多月，曹彬再三致书李煜，均为这位词人国主拒绝。宋军于是发起总攻，金陵城终破，李煜深知败局不可挽回，只好投降，南唐遂亡。

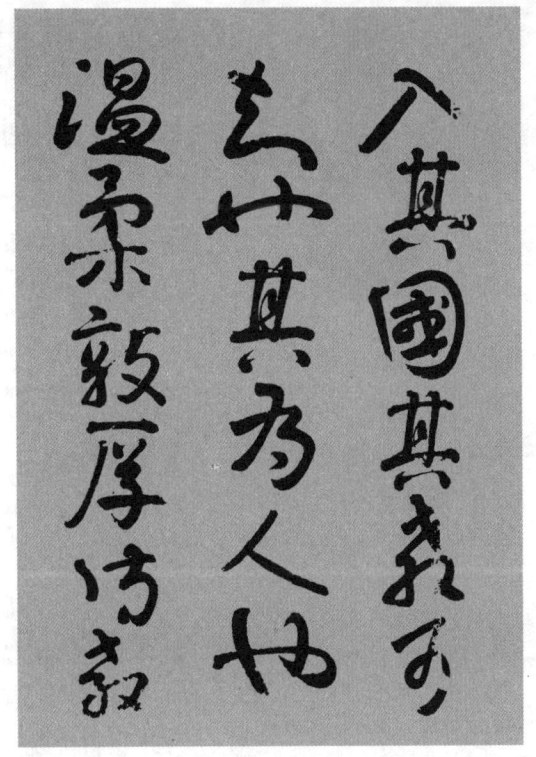

李煜书法

割据漳州和泉州的陈洪进见宋把南唐都灭了，十分惶恐，他深知唇亡齿寒的道理，遂于977年到汴梁入朝，此时，太祖赵匡胤已死，太宗继位，太宗留下了他，但并不遣还。978年，陈洪进主动上表献出漳、泉二州。

陈洪进将所辖二州献宋，曾协助宋攻灭南唐的吴越王钱俶也知道自己的王位保不住了，无奈只好于同年上表献出所辖13州1郡的土地，吴、越得以和平解决。至此，南方全部统一。

太祖曾于968年、969年、976年三次进攻割据太原的北汉，均因辽军支援北汉而不得成功。979年初，太宗大举攻伐北汉，他派郭进率军在太原北石岭关屯驻阻击辽军，自领大军进攻太原。宋军连克孟沁、汾岚后包围太原，南下援汉的辽军被郭进军骑兵击溃北逃，太宗亲临太原城下督战。北汉刘继元在外无援兵、内无斗志的情况下无奈出降。

重要意义

北宋统一之战结束了唐中叶安史之乱以来的藩镇割据和五代十国的分裂局面，客观上加强了南北经济、文化的交流。

杯酒释兵权
——加强中央集权的一系列措施

时　间:	961年
档　案:	赵匡胤（927～976年）：北宋开国皇帝，宋太祖，曾任后周宋州节度使、殿前都点检；960年发动陈桥兵变当上皇帝，进行统一战争
结　果:	加强了皇帝专制和朝廷对地方的控制

历史背景

唐末五代，政权频繁更替，握有重兵的节度使经常推翻朝廷，建立新朝，地方对抗朝廷，致使天下争战不息，民不聊生。宋太祖被部下黄袍加身建立宋朝后，如何加强中央集权，使国家长期安定，便成为太祖首要解决的问题。

太祖鉴于当时已控制局势，就把殿前都点检镇宁军节度使慕容延钊罢为山南东道节度使，侍卫亲军都指挥使韩令坤罢为成德节度使，由石守信接替韩令坤任侍卫马步军都指挥使。起初太祖以石守信等人都是自己的故友，并不介意，赵普就向他数次进言，要他记住陈桥兵变的事件，避免类似的事件重演。果然宋太祖采取措施要解除禁军高级将领的兵权。

更戍图　北宋

北宋为防止军事将领专权，实行兵无常帅、帅无常师的更戍法。更戍法在加强皇权的同时也大大削弱了军队的战斗力。

主要过程

961年8月的一天晚朝后，太祖赵匡胤把石守信、王审琦等禁军高级将领留下来喝酒。酒兴正浓时，太祖屏退左右侍从，长叹一口气，对在座诸将说："我如果不是靠诸位出力和拥护，是不可能坐上皇帝位子的；但当皇帝有当皇帝的苦衷，远没有当节度使快乐，为此我整个晚上都不能安枕而卧呀！"石守信等人忙问其故，太祖说："我这皇帝宝座谁不想要啊？"诸将听得这话中有话，连忙离席下跪说："陛下何出此言？现天命已定，谁还敢有异心呢？"太祖说："我知道，你们都是和我出生入死的好兄弟，不会有异心；但如果有一天，你们的部下贪图富贵荣耀，硬把黄袍披在你的身上，到那时，即使你不想当皇帝，也由不得你

自己了。"

太祖的话软中带硬，石守信等知道已受到猜忌，可能招致杀身之祸，于是跪请皇上指条"生路"。太祖见有了效果，便说道："人生在世，如白驹过隙，想要的无非是荣华富贵，并使子孙后代免于贫穷而已。你们现在都已功成名就，不如放弃兵权，到地方上去，多置良田美宅，泽被后世；再买些歌伎舞女，朝夕欢娱，以终天年；朕再同你们结为婚姻亲家，君臣从此两不猜疑，这不是很好吗？"石守信等人见太祖话已说得很明白，而当时朝廷禁军已牢牢掌控在太祖手中，他们不同意也没有办法，为了保全身家性命，诸将叩头齐呼皇上恩德，表示愿意听从劝告。

第二天，石守信、王审琦、高怀德、赵彦徽、张令铎等禁军重要将领统统上表，声称自己有疾，要求解除兵权。太祖恩准，罢去他们的职务，派到地方上当已无实权的节度使，并废除了殿前都点检，禁军分别由三衙统领。石守信等人走后，太祖选一些声望不高但听话的人当禁军将领。这就是历史上有名的"杯酒释兵权"。

雪夜访赵普图　明　刘俊
此画描绘的是宋太祖雪夜私访宰相赵普商议统一大计的故事。

皇帝对军权的控制加强后，宋太祖又进行了一系列军事改革以巩固皇权。

第一，建立不同于前朝的枢密院制度，长官为枢密使和枢密副使，主管调动全国军队。枢密院和三衙各有所司：三衙虽掌握禁军，但没有调兵权；枢密院有调兵权，但不直掌禁军。

第二，内外相维政策。太祖把军队一分为二，一半屯驻京城，一半戍守各地，内外军队势均力敌，能互相制约，避免变乱发生。

宋军官铜印
宋太宗时"神卫左第四军第二指挥第五都记"铜印。这是朝廷加强军队控制后武官的身阶标志的一种。

第三，兵将分离制度。无论中央还是地方军队，都必须定期调动，轮流驻防；借经常换防使兵无常帅，帅无常军，兵不识将，将不知兵，将没时间在兵中树立声望，也就不能率兵对抗中央了。

而对地方藩镇则采取了"强干

弱枝"的方法。

第一，削夺节度使职权。节度使驻地以外兼领的州郡直属京师，同时由朝廷派文官出任知州、知县，3年一换，直接对中央负责，不受节度使节制，又设立通判以分知州之权。

第二，制其钱谷。设置转运使，州县财赋除少量应付日常经费外，其余全部由转运使上交中央。

第三，收其精兵。太祖把各州藩镇军队中骁勇的人，都选到朝廷补入禁军；又选壮士作为"兵样"，送到各路，招募符合"兵样"标准的人加以训练，然后送到京师当禁军。这样，精兵集于朝廷，地方军力根本不足以对朝廷构成威胁。

重要意义

宋太祖的一系列军事改革措施加强了专制中央集权，使统一的局面长期得以维持，为经济发展创造了便利条件，但也造成"冗兵"和"冗费"的危机；兵不知将，将不识兵，使北宋军队战斗力不强，在与辽、夏、金的对抗中胜少负多，长期受压制，也使宋王朝长期处于积贫积弱的局势之中。

会战幽州
——兵将互制的第一杯苦酒

交战双方：宋军 VS 辽军
交战时间：979年，986年
将帅档案：杨业（？~986年）：北宋将领，太原人，又名继业；初为北汉大将，以骁勇著称，北汉亡后归宋，任右领军卫大将军；在宋辽战争中，屡立战功；986年因主帅潘美失约，战败，不屈而死。
投入兵力：宋军15万人；辽军约10万人
交战结果：宋军战败，收复十六州的计划宣告破产。

历史背景

后晋高祖石敬瑭为感谢契丹助其灭后唐而入主中原，把幽云十六州割给契丹并自称"儿皇帝"。979年宋灭北汉后，以幽云十六州为基地屡扰宋边的辽国成了宋王朝北面最大的边患。宋太宗积极部署，欲收回幽云十六州。

主要过程

979年，灭掉北汉的宋太宗踌躇满志，欲北上一举收复幽云十六州。宋太宗亲率大军10万人出镇州（今河北正定）北进，突破了辽军在拒马河的阻截，进围

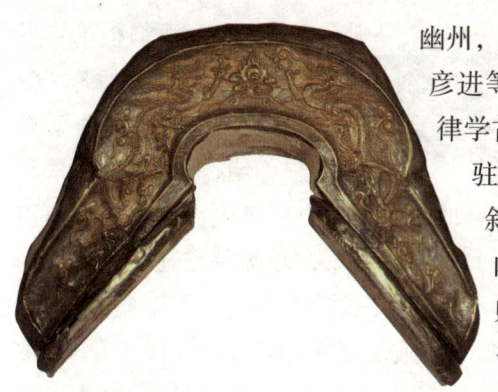

辽鎏金马具饰件

从这精美的饰件,能想见契丹(辽)人骑马征战、游牧的情景。

幽州,击败城北辽军1万余人。太宗命宋偓、崔彦进等四将率军分四面攻城。辽军韩德让和耶律学古一面安抚军民,一面据城固守待援。屯驻清沙河(今北京昌平境内)北的辽将耶律斜轸因宋军势大而不敢冒进,只能声援城内辽军。很快,以耶律沙和耶律休哥为统帅的辽援军赶到,尽管宋军一度登上城垣,但终未能攻入城内,被迫撤退。

8月,宋辽两军在高梁河大战。辽军初战不利,稍却。耶律斜轸和耶律休哥及时赶到,分左右横击宋军,城内辽军也杀出参战,宋军大败,太宗中箭受伤。辽军乘胜反攻,追至涿州,宋军大量军械资粮落入辽军之手,宋朝第一次幽州会战宣告失败。

高梁河落败后,宋辽平静了几年,但宋太宗积极筹划二度北伐,以雪前耻。982年辽景宗去世,耶律隆绪继位,是为圣宗,因年幼,其母萧太后摄政。宋雄州守将贺令图认为辽帝年幼、内部不稳,建议太宗再攻幽州,太宗心动。参知政事李至以粮草、军械缺乏,准备不充分为由反对,但太宗不听,于986年发兵三路攻辽。东路曹彬10万人出雄州,中路田重进出飞狐(今河北涞源),西路潘美、杨业出雁门,三路合围幽州。

宋西路军很快攻下寰、朔、云、应等州,中路攻占灵丘、蔚州等战略要地,东路夺占固安、涿州。辽国获悉宋军北伐,即派耶律抹只率军为先锋,驰援幽州,萧太后偕辽圣宗随后亲往督战。辽军意图是以南京留守耶律休哥抵御宋东路军,耶律斜轸抵制宋西路和中路军,而圣宗、太后率大军进驻幽州,以重兵击溃宋东路军,再击退西、中路军。由于辽军主攻点不在西、中路,故宋中、西两路捷报频传,东路宋军将士纷纷主动请战,促主帅曹彬北上。曹彬难抑众愿,遂率军北进,一路不断遭到辽军袭扰。时值夏季,天气酷热,宋军体力消耗很大,抵达涿州时,东路军上下均已疲惫不堪。

此时辽圣宗和萧太后所部辽军已从幽州北郊进至涿州东25千米的驼罗口,攻占固安,而与曹彬对峙的是辽悍将耶律休哥,他正虎视眈眈,欲伺机攻击宋军。曹彬鉴于敌主力当前,难以固守拒战,而己军又

北宋神卫左第四军第二指挥第五都记铜印

北宋冑甲穿戴复原图

面临粮草将尽的形势，令军队向西南撤退。辽耶律抹只和耶律休哥见时机已到，即令辽军追击宋军。宋军在歧沟关被辽军赶上，困乏的宋军抵挡不住士气正盛的辽军，大败。辽军追至拒马河，宋军四散奔逃，溃不成军，死伤数万人，所遗弃的兵甲不计其数。

宋太宗得知东路军惨败，遂令中路军回驻定州，西路军退回代州，并以田重进和张永德等沉稳持重的将领知任各州，以抵御辽可能发起的进攻。东路宋军已遭重创，而西路战事仍在进行。9月，宋西路主帅潘美、监军王侁拒绝副帅杨业的合理建议，迫令其往朔州接应南撤的居民，杨业要求在陈家谷设伏以防御辽军的追击。杨业与辽西路军主帅耶律斜轸在朔州南激战，因遭辽萧挞览军伏击而败退。杨业按预定计划退到陈家谷，本以为此地有宋军埋伏将截击辽军，哪料潘美、王侁违约，早已率军逃走。杨业愤慨自己被出卖，但仍率孤军力战，终因势单力薄而全军覆没。杨业身负重伤后被俘，绝食而死。

北宋朝廷发起的旨在收回幽云十六州的幽州之战，因自身的种种原因以惨败结束。

重要意义

此次会战体现了北宋军制"兵不知将，将不知兵"的弊病及战斗力不强、效率不高的弱点，也预示了宋王朝长期被北方外族（辽、夏、金、元）压制下的国家处境。

◆ 策略战术 ◆

宋：攻坚战术，双管齐下，分散敌人兵力。

辽：集中兵力，各个击破；以逸待劳，伺机反击。

激战和尚原
——吴玠的阵地战

交战双方：宋军 VS 金军
交战时间：1131 年
将帅档案：兀术（？~ 1148 年）：即完颜宗弼，阿骨打第四子，金朝名将，有胆略，善射；因功封沈王、梁王、越国王，拜太师、太傅、都元帅。吴玠（1093 ~ 1139 年）：字晋卿，南宋抗金名将，官至四川宣抚使；沉毅知兵，勇谋兼备；德顺军（今宁夏隆德）人，宋川陕战区抗金统帅。

历史背景

1127 年，金军攻入北宋都城汴梁（今开封），俘徽、钦二帝，宣告了北宋的灭亡。康王赵构在南京应天府（河南商丘）即位，南宋王朝建立。此时北方大部沦陷，宋朝军民纷纷起来抗击金人的南掠。

种种迹象表明，单纯用军事力量，短期内不能灭亡南宋，金统治者遂由全面进攻改为重点进攻，把主要的军事力量集中在陕西一线，准备从秦陇攻入四川，控制长江上游，然后顺江东下，形成一个大迂回的战略包围圈，置南宋政府于死地。这一战略就是要在东南取守势，在西北取攻势。金军在这一战略决策的指导下，在陕西方面先后进行了数次大规模的进攻。和尚原之战就是其中较重要的一次。

大散关

在今陕西宝鸡西南。吴玠曾在此抗金兵以保卫四川。陆游诗句"楼船夜雪瓜州渡，铁马秋风大散关"，更是让人顿生万丈豪情。

主要过程

宋军在富平之战失败后，秦凤路经略使吴玠与其弟吴璘奉张浚之命，收集几千散兵退保大散关东面的和尚原，以御金军。

和尚原是从渭水流域越秦岭进入汉中地区的重要关隘之一，当属川陕首要门户，位于宝鸡西南 20 千米，其地势之险要与大散关不相上下，是由陕入川的第一条天堑，与仙人关分扼蜀之险要。吴玠在此固守，使金军入川而后顺江东下攻宋遇到极大阻碍。

金将完颜宗弼（兀术）一心想打开通往汉中的门户，以建不世奇功，于是决定攻打和尚原，消灭吴玠的宋军。1131 年 6 月，完颜没立率部自凤翔（辖境相当今陕西宝鸡、岐山、凤翔、麟游、扶风等地）攻和

尚原正面，又遣部将乌鲁、折合自阶州（今甘肃武都东南）、成州（今甘肃成县）迂回到和尚原背面，企图前后夹击以夺取和尚原。乌鲁与折合二将先期到达原北；三日后，完颜没立军也抵达原前的箭筈关，开始攻关。宋军处境十分危急。

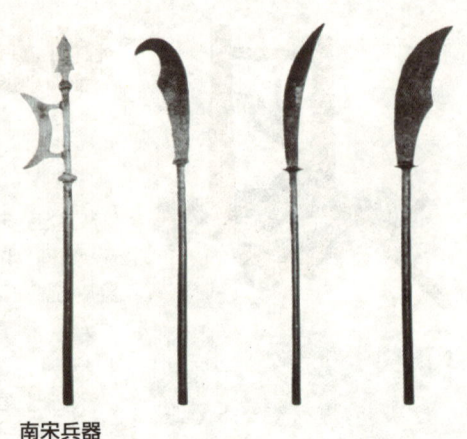

南宋兵器

吴玠的军事才能与"中兴四大名将"不相上下，他审时度势，沉着冷静，命诸将列成阵势，利用和尚原的有利地势，据险固守。他遣兵以"车轮战"轮番出击金军，消耗敌人有生力量。乌鲁、折合历尽艰险，绕到原后，还未休整，就遭到吴玠军的迎头冲击。他俩集中兵力把宋军逼退，正追赶间却不防从退军阵后杀出一拨生力军，对他们猛冲猛砍；当他们再集结兵力追赶时，宋军又退回去了。如此来回几次，金军进不敢进，追不敢追，生怕陷入重围。退又劳而无功，无法向主帅兀术交代，两路金军始终不能会合。

原前的金军主力也是一筹莫展，宋军坚守不出，金军攻城却因城池险峻，宋军又同仇敌忾，士气高昂，久攻而不下，金军损失惨重。完颜没立想用灭辽灭北宋战争中赖以为重的骑兵，但和尚原如此凶险，道路狭窄，怪石壁立，骑兵威力施展不开。金军开始士气低落，无心恋战。吴玠看到金军悲观厌战的情绪表露在脸上，便亲引精锐士卒从营中杀出，直扑金军。疲惫又战备松弛的金兵怎经受得住这番冲击？一溃不可收。退到黄牛一带的金军，立足未稳，又遭遇大风雨，战意全无，只思北返。兀术还希望攻下箭筈关以作为与和尚原宋军对峙交战的基地，但吴玠部将杨政击碎了他的这一美梦，金军无奈只得退兵。

金军初战和尚原的惨败令金国朝野震动，金朝诸军事将领商议定要擒获吴玠，金元帅兀术决定亲攻川蜀。11月，兀术率军10万人，架设浮桥，跨过渭水，从宝鸡结起连珠营，垒石为城，与坚守秦岭要隘的吴玠军夹涧对峙。宋军有人慑于兀术10万精兵的浩大声势，主张弃城逃走，认为以几千人抵10万军队无异于

武官俑 宋

以卵击石。但吴玠说，兵不在多，而在出奇制胜，我军一撤，四川屏障丧失，金人势必长驱入川，我朝就更危险了。

> **策略战术**
> 彼竭我盈进击之，迂回包抄；据险而守，待机反攻。

吴玠以精兵强弩阻击金军，兀术军冲锋时，宋军立马箭如雨下；金军被击退，攻势刚缓下来，吴玠又与秦岭义军相配合，派杨政、郭浩率一部军迂回到金军侧后并截断其粮道。一切就绪后吴玠下令对金军发起总攻，金军粮道被切，军心动摇，再遭宋军前后夹击，苦战三日后大败。吴玠乘胜追击，在神垄一地再次设伏，大破金军，金军终于一溃千里，被俘万余，兀术中箭逃走。

重要意义

宋金和尚原之战，体现了守御战中奇兵出击的配合作用，使金军遭遇侵宋以来第一次惨败，振奋了南宋军民抗金的热情。

郾城、颍昌大捷
——抗金战场上取得的最大胜利

交战双方： 宋军 VS 金军
交战时间： 1140年
将帅档案： 岳飞（1103～1142年）：字鹏举，相州汤阴人，南宋抗金名将；卓越的军事家、战略家；初从王彦、宗泽，后累建战功，任维神武副军统制，所部后改神武后军；又在与伪齐及金的战争中屡建奇功，升镇节度使、都统、宣抚副使；镇压杨么起义后加任少保、开国公、招讨使、太尉；屡败金兀术军，后因主战被投降派秦桧以"莫须有"之罪迫害致死；孝宗时沉冤得以昭雪，追谥武穆。
投入兵力： 金军前后10多万人；宋军7万余人
使用兵器： 金军有铁骑兵、拐子马；宋军使用麻扎刀、提刀、大斧、骑兵
交战结果： 宋军大胜

历史背景

1140年5月，金国发生政变，兀术掌控朝政，撕毁了上一年金宋签订的和约，兵分三路攻宋，在陕西、汴洛及山东得手后又染指淮西。顺昌一战金军为刘锜打败，攻势受挫，岳飞趁这有利之势挥军北上，反攻中原，并联合北方各地义军收复了不少疆土。

主要过程

1140年夏，宋岳飞、韩世忠和张浚诸军齐头北上，遥相呼应，直插金军腹地。北方太行山等地义军也积

极袭扰金军后方,接应宋军北进,中原故土有望一举收复。但一向避战求苟安且对收复中原消极冷漠的宋高宗赵构却横加阻挠,命令"兵不可轻动,宜班师"。岳飞不愿良机失去,遂继续北进。7月,张宪部克复颖昌,接着再下东州,杨成部攻夺郑州;张应和韩清攻占洛阳。河南大部尽为岳飞收复,

郾城大捷(彩画)

为了诱金军南下决战,岳飞把主力集结在颖昌,而自率轻骑在郾城驻守。

兀术见岳飞孤军深入,觉得有机可乘,遂抢先对其发起攻击。8月,在顺昌受创的金军经过一个多月的休整后,倾巢出动。兀术以为岳家军主力在颖昌,总部必然空虚,遂率军直扑郾城,这正合岳飞引金人决战的意图。在兀术1.5万余骑兵气势汹汹压向自己的时候,岳飞即命岳云出战,"必胜而后返"。岳家军每人持麻扎刀、提刀和大斧三样兵器,入阵后"上砍敌人,下砍马足"。岳云、杨再兴等率兵猛杀疾砍,金军死伤惨重。杨再兴身先士卒,单骑直入敌阵,欲生擒兀术,但兀术早已逃之夭夭了;杨再兴虽身受多处刀伤,仍奋勇杀回本营。金军在岳家军的凶猛攻势下,抵挡不住,逃往临颍。此战使兀术引以为傲的铁骑兵和拐子马遭到毁灭性的打击,他喟叹道:"自海上起兵,皆以此胜,今已矣!"经过半天激战,宋军大获全胜。

岳飞像

兀术仍不死心,增兵郾城北五里店,准备再战。岳飞也率军马出城,他派背鬼军将官王刚带领50骑,前去侦察敌情。王刚突入敌阵,轻取敌军裨将,岳飞见状,乘势令骑兵进击,宋军左右驰射,挡住了金军骑兵,打乱了敌人的步兵阵形,兀术军再遭败绩,被迫再度后撤。

兀术岂能咽下二次战败这口气?又集结了号称12万人的兵力,进至颖昌和郾城之间的临颍,妄图切断王贵与岳飞两军的联系。张宪奉岳飞命率由亲卫军、游奕军、前军和其他军组成的雄武兵力,进抵临颍,决战金军。杨再兴率300骑兵为先锋,当抵达临颍南的小商桥时,突遇兀术大军。兀术趁宋军主力未抵达,指挥军队包抄围攻杨再兴。杨再兴在众寡悬殊的劣势下毫无惧色,率部英勇

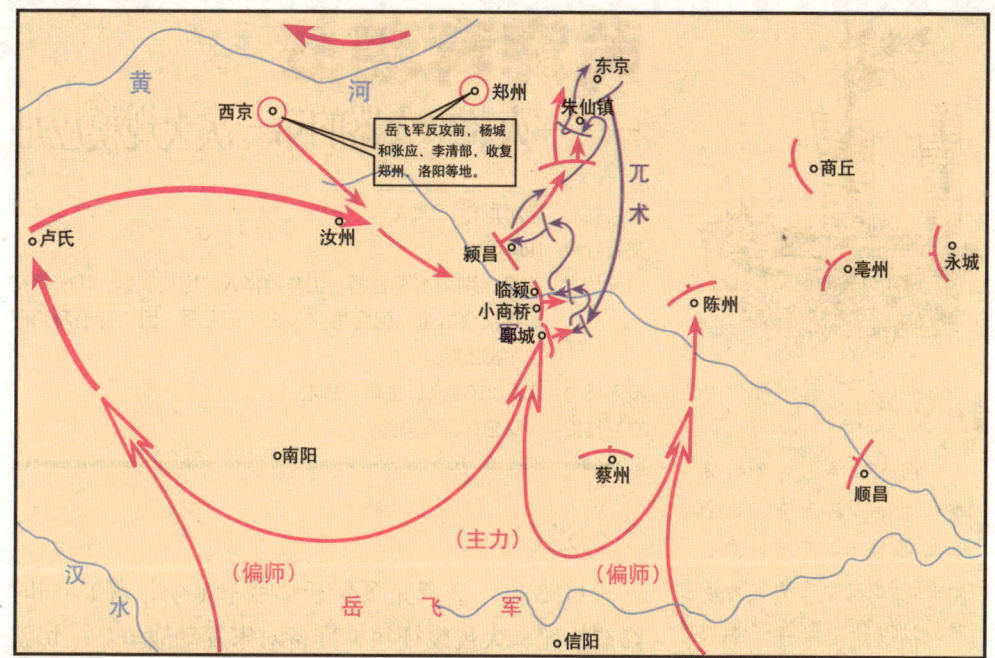

岳飞反攻中原之战要图

作战，300骑兵和他本人全部战死；而金军损失更重，光被杀的就有2000多人。张宪率军赶到，兀术因军士疲劳，不能再战，遂留下部分兵力，自己引主力退走。短暂休整后，金军转攻颍昌。

岳飞令岳云火速驰援颍昌王贵。兀术率3万骑兵、10万步兵进攻颍昌，王贵以少量兵力守城，自己与姚政、岳云等率中军、游奕军和亲卫军出城决战。岳云引800名亲卫军骑士首当其冲，宋军步兵也列阵跟进，掩护骑兵，搏战金军拐子马。双方格斗异常激烈，战过多时，依然未见胜负，王贵有些气馁，年轻而有胆略的岳云制止了他的动摇。岳云在敌阵中浴血驰骋，身受百余处创伤；双方人马也杀成血人血马。这时，城中董先、胡清见宋金僵持不下，遂率守城宋军杀出城增援，终于扭转战局。金军溃退，5000人被杀，2000人被俘，3000余马也落入宋军手中。岳飞乘胜追击，在距开封20多千米的朱仙镇再败金军，宋军取得重大胜利。

重要意义

郾城、颍昌大捷使宋军重创金军，巩固了刚收复的失土，将战略主动权掌握在了自己手中，开创了抗金以来收复中原的最好形势。

❖ 策略战术 ❖

岳家军：诱敌主动进攻，伺隙破敌；集中岳力，趁敌布好阵前突施掩杀，不让敌骑有发挥空间；审时度势，果断出击；根据敌兵装备特点制造克敌工具、创造破敌战术。

金军：分割敌人，以各个击破。

黄海奔袭战
——火药、火器的第一次大规模应用

交战双方： 宋海军 VS 金海军
交战时间： 1161 年
将帅档案： 李宝：南宋水军名将，山东菏泽人，出身农家；1139 年在濮州聚众抗金，配合岳飞多次袭击金军，因功封沿海御前水军都统制。
投入兵力： 宋军 3000 人；金军 7 万人
交战结果： 一举全歼金军舟师

历史背景

南宋投降派对金一味委曲求全，甚至杀害抗金名将岳飞以投金所好，但金并不以宋称臣纳贡为满足。1149 年，金海陵王完颜亮杀金熙宗自立，为转移国内不满情绪，也为强烈占有欲所驱使，他再次挑起了时隔不到十年的宋金战争。

主要过程

1153 年，金帝完颜亮迁都燕京（今北京），同时修造战船，大规模征兵，准备对宋发动战争。一切就绪后，完颜亮派人向南宋强行索取土地，不断挑衅。金国的贪婪和无理制造事端激起了南宋朝野极大的愤慨，在广大军民一致要求抗金的压力下，宋高宗只好对金说"不"。完颜亮见一向顺从的赵构居然拒绝出让土地，大怒，他命拉出已被囚 26 年之久的宋钦宗，令将士当作箭靶引弓施射，然后又纵骑兵践踏其尸体以泄恨。9 月，完颜亮发动 60 万水陆大军南下侵宋。西路金军自凤翔攻大散关谋取四川以牵制宋军；中路攻荆襄，从侧翼掩护主力作战；东路为主力，由完颜亮亲率，出寿春，企图强渡淮河，再驰奔长江，进逼临安。

铁蒺藜 金

火炮
此为应用杠杆原理推动的抛石机,爆炸性火器发明之后,军队中设置火炮手向敌军发射火器。

金军海路由苏保衡率领一支拥有600艘战船、7万水勇的舰队沿海南下,直捣临安。金军四路齐下,以钳形攻势直扑江南。完颜亮扬言:多则百日,少则一月,定可亡宋。

宋朝立即做出反应:以吴璘为四川宣抚使,负责川陕防务;成闵率师3万人防守荆襄;老将刘锜再被起用,负责在江淮抵御金军主力。海路金军由谁抵挡,一时无合适人选,李宝在此国难当头之际挺身而出,主动请缨,率一支只有120艘战船、3000名水兵的水军迎海北上,迎击金军。宋金交战数年,金没有讨到多少便宜,反而让宋将魏胜趁金军后方空虚,于1161年出兵收复了海州(今连云港西南)。完颜亮大惊,忙遣兵数万围攻海州以解后顾之忧。这时,正锚泊东海的李宝得到消息,即率舰队登陆支援魏胜,解了海州之围。然后,李宝率舰队继续北上,11月,抵石臼(今山东日照),恰遇几百名来投诚的金汉族士兵,从他们口中得到情报:金舰队此时正停泊在距石臼15千米的唐岛。李宝决定趁敌不备,先发制人,即率船队直趋唐岛,准备突袭金海军。

等北风转南风,李宝根据风向,决定采取火攻破敌。此时的金军由于不习惯海上风浪,都在船舱里熟睡,而充当水手的多是被迫服役的汉族人,他们看见宋朝水师驶来,并未叫醒金兵,反而把未睡的金兵骗入舱中,因此当李宝水师迫近金舰时,金兵竟未察觉。李宝乘此良机,当机立断,下令将士全面出击,霎时间"鼓声震耳欲聋",金兵从梦中醒来,赶紧起锚张帆,仓促应战。因对突袭不备,再加上不识水性,金军舰只挤成一堆,乱成一团。当时南

霹雳火球(模型)
爆炸性火器。以薄瓷片和火药填塞至椭球内,引燃后投至敌军,杀伤力极大。其声如霹雳,故名。

◀ 策略战术 ▶
李宝军:利用风向火攻奇袭;利用情报,当机立断;先发制人。

风正紧,而金军船舰又集中到一块,李宝认为正是火攻的好机会,立即下令向金舰投射火器。

由于金军船帆皆用油布做成,见火就燃,一时间金军数百艘舰船全陷入一片火海之中。加上此时风大,风助火势,火借风威,烈焰滔天,船上的金兵一个个被烧得哭爹喊娘,慌不择路。侥幸逃脱火灾的金军舰只仍想负隅顽抗,但他们尚未摆好阵势,李宝舰队已逼了上来,与金兵展开激烈的白刃战。金军舰只上的汉族水兵纷纷倒戈起义。金兵多不会水,不善水战,伤亡不计其数。除苏保衡只身逃脱外,金军舰队全军覆没,宋水军大获全胜。

与此同时,陆上金军各路也皆被宋军挫败。金军的惨败加深了金统治阶级内部的矛盾,金帝完颜亮不久也死于内乱。

重要意义

此战使金灭亡南宋的计划破产,南宋的局势转危为安,使宋金南北对峙的局面得以长期维持。此战也是火药、火器在海战中的第一次大规模应用。

蒙古灭金之战
——蒙古统一天下的开始

交战双方: 金军 VS 蒙古军
交战时间: 从1211年蒙古成吉思汗侵金开始,到1233年窝阔台灭金结束
将帅档案: 蒙古:成吉思汗、木华黎、窝阔台。金军:承裕、完颜天骥、奥屯襄、完颜合达、侯小叔、赤盏合喜、完颜仲元等。
交战结果: 以金朝灭亡而告宣告结束。

历史背景

1206年,铁木真称成吉思汗,在斡难河源建立了蒙古汗国,成为北方草原地区新兴的强大势力。蒙古汗国一直受女真贵族建立的金朝统治,金朝统治者经常向蒙古部族勒索各种贡物,激起了蒙古族人民的不满和反抗。蒙古汗国确立奴隶制以后,奴隶主贵族掠夺财富的欲望不断膨胀,后来便开始发动南侵金朝的战争。

主要过程

1211年,成吉思汗率众南下,开始了对金的侵略战争。

蒙古军首先突袭金军要隘,金军士气低落,无力抵抗,金军守将仓皇撤兵。蒙古军顺利占领抚州(今内蒙古集宁区东)后,成吉思汗率众继续追击,经过3天鏖战,金军损失惨重。接着蒙古军过紫荆关、居庸关,前锋部队直逼中都(今北京市)。1212年春,

元代灰陶马及牵马俑

蒙古军攻打中都时，遭到金守将完颜天骥的埋伏和夜袭，蒙军被迫撤军。

1212年秋，成吉思汗再次南侵，攻打金的西京府（今山西大同市）。蒙古军队与金援兵元帅左都监奥屯襄部发生激战，金军全军覆没。蒙军在围攻西京时，遇到金左副元帅兼西京留守赛里的顽强抵抗。成吉思汗在作战中身中流矢，再加上一时也攻不下西京，只好撤回阴山。

1213年秋，成吉思汗又从阴山南下，一直打到怀来，与金尚书左丞完颜纲10万军队展开激战，金兵精锐全部溃散，损失极其惨重。成吉思汗率军乘胜进攻，相继占领河北、河东广大地区，直抵黄河北岸。然后又向东攻占山东诸地，直到海滨，对中都形成包围之势。金朝无奈，只好提出议和的要求，蒙古大军携带掠夺来的人口和财富得胜而归。

1214年初夏，金宣宗不愿再受蒙古军队的骚扰，迁都南京（今河南开封市）。成吉思汗又立即派兵南下，进占中都。同时，蒙古木华黎部攻占金东京（今辽宁辽阳市）和北京（今内蒙古宁城县西），金朝实力大减。

1217年夏，被封为太师兼国王的木华黎，率兵出征，接连攻克太原、汾州（今山西汾阳市）、绛州（今山西新绛县）、潞州（今山西长治市）和平阳。1221年，木华黎大军直指陕西，进攻延安，金延安知府固守城池，蒙军只好撤退。1222年，木华黎转攻被金朝收复的太原府，太

蒙金战争形势图

成吉思汗统一漠北图
骑兵的作用从成吉思汗率领的蒙古铁骑身上最能体现出来。

原再次失守。不久，蒙古军攻占河中府（今山西永济市）。

1223年春，木华黎决定亲率大兵10万，先攻打凤翔府（今陕西凤翔县），再取京兆（今陕西西安市），但是在进攻的过程中，却遭到沉重打击，只好撤兵。

1227年夏，成吉思汗病死。1229年，成吉思汗第三子窝阔台继承汗位。窝阔台继位后，大举侵金。此次用兵，窝阔台旨在消灭金朝。

经庆阳之战、卫州之战、潼关凤翔之战后，1231年夏，窝阔台兵分三路合围汴京（今河南开封市），窝阔台率中路兵攻陷河中府，左路斡陈那颜进兵济南，右路拖雷出凤翔，攻破宝鸡，直指汴京。经过钧州三峰山之战，金朝军队主力损失殆尽，主要将领大多战死，元气大伤，危在旦夕。

1232年初，蒙古军队围攻汴京，虽然金朝军民奋力保卫，但金哀宗却逃到了蔡州，汴京、中京（今河南洛阳市）相继陷落。

1233年，蒙古与南宋达成协定，协力围困蔡州。蔡州被困三个月后城破，金哀宗自杀，金朝灭亡。

> ◆ 策略战术 ◆
>
> 除发挥骑兵强大的优势外，蒙古的攻城战术也相当强。
>
> 金朝失败于缺乏全局战略，指挥不当。

重要意义

蒙金战争因蒙古在武器装备上善于吸取中原先进技术，使擅长于野战的蒙古军增强了攻坚能力。蒙古灭亡金朝，为尔后建立元朝、统一全国奠定了基础。

钓鱼城之战
——成吉思汗的精妙野战

历史背景

南宋末期，强大的蒙古帝国开始了征服南宋的战争，在蒙古军队攻占四川的过程中，围绕钓鱼城展开了持久的攻防战。南宋军民依托钓鱼城易守难攻的天险地势，创造了守土抗战36年的奇迹，并击毙了当时蒙古帝国最高统治者蒙哥大汗，延续了南宋国祚，缓解了蒙古帝国向世界扩张的脚步，并促使对汉民族相对温和的忽必烈上台，从而对中国与世界的历史进程都产生了重大的影响。

主要过程

13世纪初，宋、蒙联合灭金后，南宋出兵欲收复河南失地，遭蒙军伏击而失败。1235年，蒙古帝国大军在西起川陕、东至淮河下游的数千里战线上同时对南宋发动进攻，宋蒙战争全面爆发。南宋与蒙古帝国的正面战场分为两淮、荆湖和四川三大战区，当时称为三边。

蒙哥继承了蒙古帝国大汗之位后，积极策划南下灭宋，把四川战场当作优先进攻的重点。1258年4月，蒙哥命他的弟弟忽必烈率军攻取鄂州，自己亲率4万余人分三路向四川进军。12月，攻占川西、川北大部州县，进抵武胜山，川蜀之地大半以上已归蒙古帝国军队所有。次年初，蒙古帝国军队抵达重庆府地域的钓鱼城下。

钓鱼城地势十分险要，上可控制三江，下可屏蔽重庆，是支撑四川战局的防御要塞。不过当时各种设施还不是很完备，随着蒙军重点进攻巴蜀战略的实施，南宋朝廷开始加强了巴蜀之地的防御。余玠出任四川安抚制置使兼重庆知府时，加强了钓鱼城的建筑，

元代名铳
铳上有"射穿百札，声动九天"和"神飞"等铭文，这种火器在攻城时更显其威力。

陕南、川北的居民也纷纷迁至，使钓鱼城成了一个有着10多万人口的军事重镇。

钓鱼城里的守军并不算多，正规部队加上地方武装也不过2万多人，而兵临城下的蒙古大军已达10万余众。自出兵以来一路势如破竹的蒙哥当然不会把这么一座小城看得太重，先是派了一名南宋降将蒲国宝到城中招降，遭到钓鱼城守将王坚的拒绝，虽说两国交战不斩来使，但王坚以惩罚叛徒的名义将蒲国宝处死，以此向蒙哥表示了钓鱼城军民坚决抗击蒙古军队的决心。

蒙哥决意攻取钓鱼城，他首先切断了钓鱼城与外界的联系，在随后的两个月中，他亲临前线，指挥蒙古军队对钓鱼城展开了进攻，均被宋军击退。尽管蒙古军队攻城的器具十分精良，奈何钓鱼城地势险峻，使其不能发挥作用。蒙哥无奈，只得将钓鱼城四面围住，企图迫使守军投降。但城中军民在王坚的率领下不屈不挠，顽强抵抗，在外援断绝的情况下，仍然打退了蒙哥多次亲自督战的轮番进攻。

钓鱼城巍然屹立，成了阻击蒙古军队的坚强堡垒。面对坚城，素以机动灵活、凶猛彪悍著称的蒙古骑兵无法发挥自己的长处，蒙哥一筹莫展。时间转眼就到了6月，天气渐渐热了起来，久居北方的蒙古军队不适应四川的气候，疾病开始在军营中蔓延，由于没有好的医疗手段，蒙哥只好下令以喝烈酒来治病，结果病没治好，反而因为大量饮酒而影响了军队的战斗力。

此时被围数月之久的钓鱼城中物资依然充裕，守军斗志高昂。一日，钓鱼城的守军将两尾重达16千克的鲜鱼及百余张蒸面饼抛给城外的蒙军士兵，并飞箭传书于蒙哥，称即使再守十年，蒙古军队也无法攻下钓鱼城。相形之下，城外蒙古军队的境况就很糟了，蒙军久屯于坚城之下，又值酷暑季节，蒙古人本来畏暑恶湿，加以水土不服，导致军中暑热、疟疾、霍乱等疾病流行，情况相当严重。而王坚则多次派人夜袭蒙古军队的营地，使蒙古士兵人人惊恐，夜不安宁。

蒙哥命令诸将商议进取之计，大将术速忽里认为，顿兵坚城之下对蒙古大军是不利的，不如留少量军队继续围困，而以主力沿长江东下，与忽必烈攻取鄂州的军队会师，先夺取鄂州，以图灭宋。术速忽里的战略提议是正确的，多少年以后忽必烈正是用这种办法灭亡了南宋，然而此时骄横自负的蒙古众将却不甘心败于钓鱼城下，他们认为术速忽里之言过于迂腐，主张强攻，蒙哥此次征川，本来就有建功立业之意，怎肯反去依赖忽必烈，故未采纳术速忽里的建议，决意继续攻城。

6月5日，蒙古军队征蜀先锋汪德臣率突击队乘夜攻入钓鱼城的外城，王坚与副将张珏率城中守军与蒙军激战到天明，宋军摧毁了蒙军攻城的云梯，后继的蒙军被城上的炮石封锁不能前进，汪德臣单骑到城下劝降，被炮石击中负伤，王坚趁机率守军出城追击，击溃了攻城的蒙军，败退回营的汪德臣不久就因伤重死去。

汪德臣的死对蒙哥是一个沉重的打击，接连损兵折将的他气急败坏，命令强攻不舍。7月初，亲自到钓鱼城下督战的蒙哥被炮石击成重伤，蒙军无心再战，开始从钓鱼城撤退，大军行走到金剑山温汤峡时，蒙哥因伤重死于军中。蒙哥之死，使蒙军主力从四川全线撤兵，当年9月，南宋朝廷宣布合州解围。由此，蒙哥由蜀图宋的作战计划彻底宣告失败。

　　蒙哥死后，庞大的蒙古帝国陷入了争权夺位的内战，无暇再对南宋开战，使得南宋的统治得以延续了20年之久。蒙古帝国内战结束后，夺得汗位的忽必烈才重新开始再次南下攻宋，不过他的作战战略已经有了改变，不再把四川作为进攻的重点，而是力取襄阳，直扑江南，终于在1276年攻占了临安，迫使南宋朝廷投降。而钓鱼城在南宋灭亡后仍然孤城坚持抵抗了三年。

重要意义

　　钓鱼城之战是中国战争史上著名的一场防御战，钓鱼城军民凭借有利地形，筑城设防，屯粮掘井，保境练兵，他们机动灵活，顽强抗击，取得了击败蒙古帝国骑兵的重大胜利。在冷兵器时代，作为山城防御体系的典型代表，钓鱼城之战充分显示了其防御作用，其经验对当时和后世的防御作战都有较大的影响。

襄樊之战
——关系宋军存亡的关键一战

交战双方： 南宋军队 VS 元军
交战时间： 1268～1273年
将帅档案： 阿术（1227～1281年）：蒙古名将，大将兀良合台之子；蒙哥执政时，参与攻大理、交趾、南宋；忽必烈即位，为征南都元帅，负责对宋战争；1267年起，连年围攻襄樊，攻克后请乘势灭宋；后取鄂州、建康、扬州，在镇江焦山击败张世杰水军。
交战结果： 襄樊沦陷，侵宋门户打开

历史背景

　　蒙哥在钓鱼城之战中死去后，其弟忽必烈从鄂州匆匆北归，夺得大汗之位，在平定阿里不哥之乱后把重点转向灭宋。襄樊控扼南北，历来为兵家必争之地，是南宋西陲重镇，"无襄则无淮，无淮则江南唾手可下也"。

主要过程

　　1268年，元世祖忽必烈采纳宋降将刘整之策，下决心拿下襄阳，而后浮汉入江，直趋临安。10月，忽必烈派都元帅阿术、刘整率军进围襄樊。针对宋军长于守城和水战的特点，蒙古军依据襄樊宋军设防在城

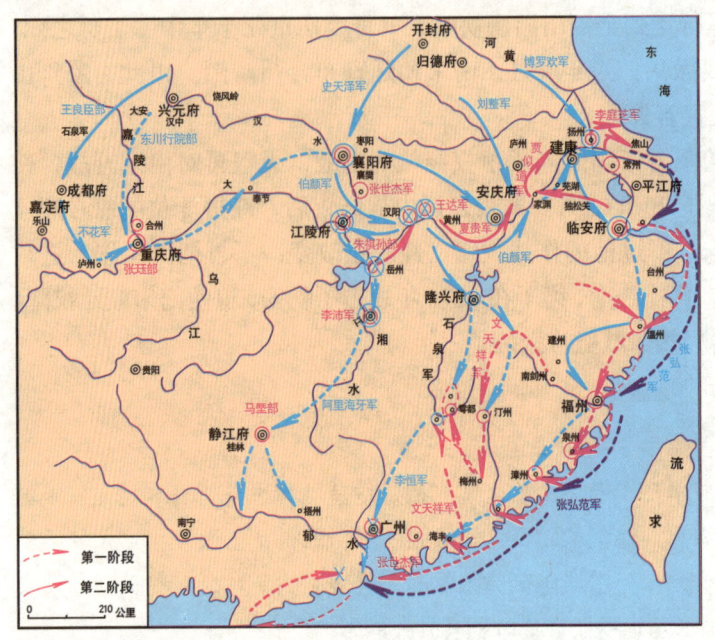

忽必烈灭宋之战要图

西,便南筑堡连城,切断城中宋军与外界的联系,完成了对襄樊的战略包围。阿术还建立水师以防备宋水军援襄。刘整造船5000艘,并日夜操练,以改变战术上的劣势。

蒙古军修筑的鹿门堡、白河城使襄阳处于孤立无援的境地,宋军几次反包围,都归于失败,伤亡惨重。1269年夏,宋将张世杰率军自临安来援,与蒙古军大战于樊城外围,被阿术打败。宋将夏贵率军救援襄阳,遭蒙古军和被改编的汉军夹击,兵败虎尾洲,损失2000人及50艘战船。1270年春,襄阳守将吕文焕率军出城攻万山堡,阿术诱敌深入,而后令部将张弘范、李庭反击,宋军大败,退回襄阳。10月,宋援军范文虎水军又为蒙古水陆两军击走。第二年年初,元气恢复的范文虎卷土重来,阿术亲率大军迎击,宋军大败,损失战舰100余艘。三年中,宋蒙双方在襄樊外围反复争夺,宋军终未能突破包围圈。

1271年,忽必烈改国号为元,随即采取措施加紧对襄樊的围攻。1272年初,元军对樊城发起总攻,阿术率军攻破外城,增筑重军,并进一步缩小了包围圈,宋军退至内城坚守。宋名将李庭芝招募荆楚等地民兵3000人,派张顺、张贵兄弟率领驰援襄阳。临行前张顺激励士卒说:"此次援襄任务艰巨,人人都要有必死的决心和斗志,你们当中若有人贪生怕死,就请趁早离开,免得影响大家。"3000名士卒群情振奋,皆表示愿拼死报国。张顺、张贵在高头港集结船队,每只船都安装火枪火炮,结成方阵,备好强弩利箭,张贵突前,张顺殿后,驰入元军重围。在磨洪滩,3000勇士强攻密布江面的元军舰只,将士先用强弩射向敌舰,靠近后再用大斧猛砍敌人,元军被杀溺而死者不计其数,张顺、张贵军冲破层层封锁,如愿进入襄阳城中。这一行动的胜利极大地鼓舞了襄阳军民抗敌的信心。张顺在这次战斗中战死,几天后,襄阳军民在水中找到他的尸体,只

◆ 策略战术 ◆

元军:筑城连堡,断敌外援,长期围困,伺机破城;利用情报,以逸待劳。

见他依然披甲执弓，怒目圆睁。军民怀着沉痛和敬佩的心情安葬了他，并为之立庙祭祀。

张顺、张贵带来的大批军用物资缓解了襄阳危机，但在元军的重重封锁下，形势仍很严峻。张贵与郢州殿帅范文虎相约南北夹击，打通襄阳外围交通线。范文虎率5000精兵至龙尾洲接应，张贵率所部出城会合范军。张贵按约定日期辞别吕文焕，率部顺汉水东下，临行检点人数，发现少了一名因犯军令而遭鞭笞的士卒，张贵知道计划已泄露，决定迅速行动，在元军采取措施前实现与范军的会师。张军乘夜放炮开船，突出重围。阿术忙遣数万人阻截，封死江面。接近龙尾洲时，遥见龙尾洲方向旌旗招展，战舰无数，张贵以为是范文虎为接应部队，遂举火晓示，

面对元使的劝降，襄阳守军曾表示要孤注一掷，血战到底。无奈奸相误国，最后只好无奈开城投降。

对方即迎火光驶来。等至近前，张贵才发现：哪里是什么范文虎，尽是元军，他们接宋军叛卒告密，早占领了龙尾洲，专等张贵。于是两军在此处展开激战。由于元军是以逸待劳，宋军是长途跋涉，极度疲惫，结果宋军失败，张贵被俘，不屈就义。元军令四名宋降卒抬着张贵尸体到襄阳城下昭示宋军开城出降，吕文焕杀掉四个降卒，将张贵与张顺合葬，立双庙祭祀。

1272年秋，元军为了尽快拿下襄樊，决定先攻樊城，襄、樊唇亡齿寒，樊城一失，襄阳即指日可下。1273年初，元军从三个方向进攻樊城，已为大元皇帝的忽必烈又遣炮匠至前线，造炮攻城。元军烧毁了樊城与襄阳间的江上浮桥，使襄阳宋军眼见樊城危急却只能望江兴叹。刘整率元军战舰抵达樊城城下，用炮击塌城西南角，元军弃岸鼓噪而入城内。宋将牛富率军与元军展开巷战，终因势单力孤，牛富投火殉国。另一宋将天福见城告破，痛不欲生，拒降元军，也入火自焚，樊城失陷。

樊城沦落，襄阳更加危急。城中军民拆屋作柴烧，苦苦支撑；吕文焕数次遣人突围而出向朝廷告急，但宋朝奸相贾似道当权，对告急置之不理，却在皇帝耳边大言"天下太平"。1273年初，元骁将阿里海牙炮轰襄阳城，由于孤立无援，敌人攻势猛烈，城中人心动摇，城中将领纷纷出城投降；吕文焕自感大势已去，遂开城投降。

重要意义

襄樊之战打开了直入南宋腹地的通道，为元灭宋、统一全中国扫清了障碍。殉国将士的光辉事迹显示了南宋军民英勇不屈的崇高精神风范。

鄱阳湖之战
——中国水战史上以少胜多的著名战例

交战双方： 朱元璋军 VS 陈友谅军
交战时间： 1363年
将帅档案： 陈友谅（1320～1363年）：湖北沔阳（今仙桃）人，出身渔家，元末参加徐寿辉红巾军，隶属倪文俊，因功升至元帅；1357年，倪文俊谋杀徐寿辉不成，他乘机杀了倪文俊，兼有其众，连克江西、福建等地；1361年夏，杀徐寿辉，称帝，国号汉；鄱阳湖一战败于朱元璋，中箭身死。朱元璋（1328～1398年）：明朝开国皇帝，幼名重八，字国瑞，安徽凤阳人；元末参加郭子兴农民起义军，1356年，攻取集庆路（今南京），改为应天府，自称吴国公；1367年10月，派徐达、常遇春北伐，攻占元大都（今北京）；1368年1月4日，朱元璋在应天府称帝，国号"明"，年号洪武；在位大力提倡棉桑业以发展经济；重视教育，建国子监；制定各项制度，加强封建专制中央集权；1398年病逝，葬于明孝陵。
使用兵器： 火炮、火铳、火箭、火蒺藜、大小火枪、神机箭和弓弩
交战结果： 朱元璋军胜

历史背景

元朝末期政治腐败，社会动荡不安，农民起义风起云涌。淮南刘福通红巾军、湖北的徐寿辉、高邮的张士诚给了元朝统治沉重的打击，而朱元璋也在乱世中崛起。刘福通后来被张士诚杀死，徐寿辉被陈友谅杀死，长江中下游地区形成了朱元璋、陈友谅两大军事集团。陈友谅滥杀致人心涣散，而朱元璋广开言路，笼络了大批人才，在江南的争夺中逐渐占据有利地位。

监卫吕公车图
见于《武备志》卷二十九。元末，朱元璋大将军常遇春在进攻衢州时曾使用这种高层攻城车。

主要过程

1363年5月，陈友谅趁朱元璋率军北援安丰（今安徽寿县）红巾军、江南空虚之机，号称挥师60万，取道水路，围攻洪都（今南昌），并占领吉安、临江和无为州。守将朱文正率军奋力固守，坚持两月，并派人向朱元璋告急。朱元璋闻讯后，令朱文正继续坚守，以疲惫消耗陈军，随即亲率水军20万救援洪都。陈友谅围攻洪都85天不克，闻朱元璋来救，即撤围移师鄱阳湖准备决战。朱元璋亦进至鄱阳湖口。

为把陈军困于湖中，朱元璋先部署一部分兵力扼守泾江口和南湖嘴，切断陈友谅归路；又调信州（今江西上饶）兵守武阳渡（今南昌东），切断陈军侧后；然后亲率水师由松门（今江西都昌南）进入鄱阳湖，

形成关门打狗之势。

两军在康郎山水域遭遇。陈军巨舰连接布阵，展开数十里，颇有气势，但睿智的朱元璋看出其首尾相接、不利进退的弱点，于是将己方舰船分为20队，每队都配备大小火炮、火铳、火蒺藜、神机箭和弓弩。命令各队接近敌舰时，先发火器，再射利箭，继以短兵相搏。次日，双方激战开始。朱元璋爱将徐达身先士卒，率舰队奋勇冲击，击败陈军前锋，毙敌1500余人，缴获巨舰一艘。俞通海乘风发炮，焚毁20余艘陈军舰船，陈军死伤甚众，朱军伤亡也不少。战至日暮，双方鸣金收兵，战斗告一段落。

两天后，陈友谅率全部巨舰出战。朱军因舟小，不能正面进攻，接连受挫。下午，东北风起，朱元璋采纳部将郭兴的建议，改用火攻。他选敢死士驾驶7艘渔船，船上装满火药柴薪，逼近敌

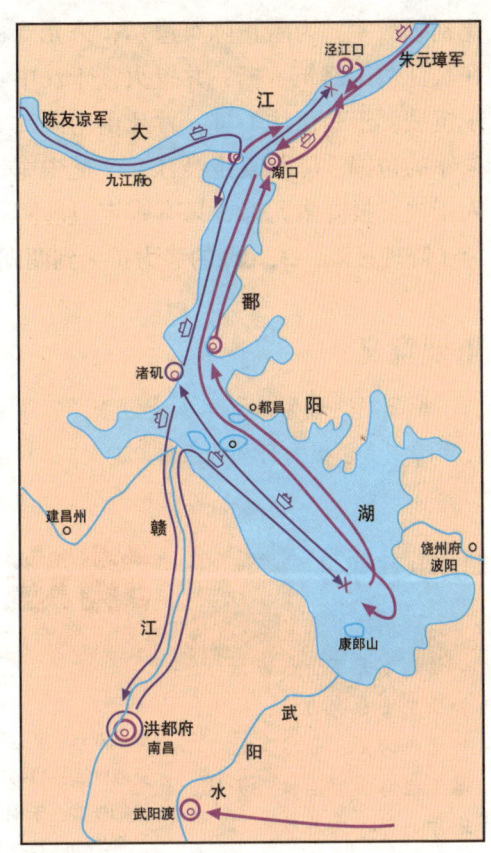

鄱阳湖之战要图

舰，顺风放火，一时风急火烈，迅速蔓延，湖水尽赤。陈军巨舰被焚数百艘，死者过半，陈友谅弟陈友仁和陈友贵及大将陈普略均被烧死。朱元璋挥军乘势猛攻，又毙敌2000余人。陈友谅瞅准朱元璋旗舰发起猛攻。朱元璋刚刚移往他舰，原舰便被陈军击碎。俞通海等率领6艘疾舰突入陈军舰队，勇往直前，如入无人之境。朱军士气振奋，再次猛烈攻击。陈友谅不敢再战，转为防御。为控制长江水道，当晚，朱元璋进扼左蠡（今江西都昌西北），陈友谅亦退至渚矶（今江西星子南）。

相持三天，陈友谅屡战屡败；陈军左、右金吾将军见大势已去，投降朱元璋，陈军军心动摇，形势越发不利。朱元璋乘机致书陈友谅劝降，陈为泄愤，尽杀俘虏，而朱元璋却反其道而行之，放还全部俘虏，并悼死医伤，以分

◆ 策略战术 ◆

朱元璋军：利用敌方弱点和失误，攻心为上，化不利为有利；封锁湖口，限制其庞大兵力发挥优势；集中兵力，各个击破；不失时机地实施火攻，充分发挥火器的作用；善于利用风向、水流等自然条件，及时抢占有利的攻击方位。

化瓦解敌军。为阻止陈军逃遁，朱元璋移军湖口，命常遇春率舟师横截湖面，又在长江两岸修筑木栅，并置火筏于江中。陈友谅被困湖中一个月，军粮殆尽，将士饥疲，于是孤注一掷，冒死由南湖嘴突围，企图进入长江，退回武昌，却陷入朱军的包围。陈军复走泾江，又遭朱军伏兵截击，陈友谅中箭身死。残部5万余人于次日投降朱元璋，只有张定边逃回武昌。1364年初，朱元璋兵抵武昌，陈友谅子陈理投降，朱元璋的势力扩大到两湖。

重要意义

鄱阳湖之战为朱元璋平定江南奠定了坚实的基础，并为以后北伐和攻灭元朝、统一全国创造了极为有利的条件。

靖难之役
——皇权的争夺

历史背景

朱元璋当上皇帝后，为让朱家天下千秋万代，加强皇室自身力量，他大封诸子为王，分驻各地。藩王握有当地军权，俨然地方割据。朱元璋死后，皇太孙允炆继位，倍感藩王对中央朝廷的威胁，于是推行削藩以加强中央集权，藩王中势力最大的燕王朱棣不满，起兵反抗。

交战双方： 明朝廷军队 VS 燕王军
交战时间： 1399～1402年
将帅档案： 朱棣：即明成祖（1360～1424年），朱元璋第四子；1402年推翻建文帝自立，年号永乐，1421年迁都北京；在位积极兴修水利，发展农业生产；对外遣郑和下西洋，最远到达非洲西海岸和红海，扩大了中国与世界的交流和影响；命人编纂《永乐大典》。
交战结果： 燕军胜利，朱棣当上了皇帝。

主要过程

1399年，燕王朱棣捕杀了建文帝安插在北京监视他的将臣，以"靖难清君侧"为由起兵，南下向应天逼近。

燕王因幼从开国名将徐达学兵法，深谙军事，而又蓄谋已久，故不久就攻取了北平北的居庸关、怀来、密云、遵化和永平等州县，扫除了后顾之忧，遂向南直扑朝都。建文帝大惊，急忙组织抵御，由于朱元璋在位时滥杀功臣，致使此时朝中已无人可用，建文帝只得起用古稀之年的耿炳文为将，率13万人伐燕。朱

大明天子之宝
皇权的象征。靖难之役实质上就是叔侄之间对皇权的争夺。

棣利用中秋对手戒备懈怠之机，夜袭南军，大败南军先头部队，继而又在滹沱河北重创耿炳文大军。建文帝听说耿炳文被燕王打得落花流水，很是急恼，于是以李景隆代耿为大将军，指挥伐燕战事。

李景隆乃开国元勋李文忠之子，但比其父逊色多了，领兵打仗根本不是内行。李景隆至德州，收集耿炳文的残兵溃将，连同新带来的兵，共计50万人，在河涧安营扎寨。朱棣听说李景隆如此布阵，笑着对部下说，兵法大忌，李景隆该犯的都犯了：一、新帅上任，不思整肃，致军心涣散；二、不考虑北方的气候特点，粮食补给困

明成祖画像

难；三、深入险地，不计后果；四、刚愎自用，急于取胜；五、不知灵活机动排兵，不强调"信""仁"，致部队虽多却尽是乌合之众，焉能不败？为了引诱对手主动进攻，朱棣任用姚广孝协助世子朱高炽留守北平，自领大军驰援被辽东军围攻的永平，走时告诫朱高炽：敌来只宜固守，不要出战。朱棣还撤去了卢沟桥守军。

李景隆听说朱棣北去，大喜，挥师直扑北京城，11月抵城郊。他见卢沟桥无燕军，笑谓诸将："此桥都放弃，我看朱棣是有心无力了。"于是下令猛攻北京。朱高炽在城内严密部署，顽强守卫，打退了南军一次次的猛攻；南军骁将瞿能率千余精骑，突入张掖门，但李景隆不愿让他先立战功，强令瞿退，等待大部队一起进攻。燕军得到喘息的机会，同时连夜往墙上泼水，等到次日，墙上因天冷结冰，南军不能再攀城进攻了。两军在城内外激战的同时，朱棣已打退辽东军，又北向趋入大宁，兼并了宁王部众及朵颜三卫的蒙古骑兵，于12月回师京郊。朱棣在南军侧翼发动猛烈攻击，城中燕军也乘势杀出城，南军在燕军两面夹击下顿时大溃，李景隆弃军先逃，众兵失去主将也自散去。

建文帝为群臣蒙蔽，仍重用李景隆。1400年，李景隆与郭英集60万大军北上，在白沟河遭遇燕军，展开激战。燕军一度受挫，但南军政令不一，未能乘机扩大战果；燕军利用有利战机，挫败南军主力。南军顿时一溃而不可收，李景隆再次弃军逃跑。燕军在德州再次击溃南军。

燕军屡胜而骄，在东昌（今聊城）遭南军袭击，大败，骁将张玉阵亡，朱棣得朱能援救才突出重围。朱棣吸取教训，于1401年初再次出击南军，在真定等地

故宫太和殿

太和殿是故宫内最大的建筑,也是我国现存古殿宇建筑中规模最大的。殿高 37.44 米,建筑面积达到 2377 平方米。它是皇权的象征,国家重大事件如登基、命将出师等,都要在这里举行隆重的典礼。

捷报频传,攻占河北很多州县,但燕军一走,城就又丢了。正当朱棣为此苦恼时,南京一些不满建文帝的宦官来投奔朱棣,"具言京师空虚可取状"。朱棣大喜,遂决定不再在河北与敌纠缠,于 1402 年初率燕军南下,绕过敌人重兵屯集的济南直趋应天,进入江苏。建文帝忙命魏国公徐辉祖率军北上抵抗。徐辉祖在齐眉山大败燕军,遏止了燕军南下的势头,将朱棣阻于淝水河。在此关键时刻,一些朝臣却对建文帝说,京师不可无良将,建文帝遂命徐辉祖回师卫京。徐的离去使前线兵力大大削弱,南军粮道此时也被燕军截断。朱棣当然不会错过这大好时机,挥军进击南军,在灵璧大破之;燕军士气大振。

> **◀ 策略战术 ▶**
>
> 燕军:当机立断;迂回袭敌侧后,前后夹击;集中兵力攻重点;绕开坚城,纵深直入;断敌粮源,及时出击。

6 月,朱棣率军渡过淮河,避开凤阳、淮安两座坚城,攻下扬州、高邮,准备渡长江。建文帝曾想割地南北分治,被燕王断然拒绝。7 月,燕军由瓜州渡长江,抵应天城下;守卫金川门的谷王朱穗和屡战屡逃的李景隆开门迎降,朱棣进入南京。宫中火起,建文帝不知所踪;朱棣将建议建文帝削藩的黄子澄、齐泰等全部杀掉并灭族,然后在文武百官簇拥下登皇帝位,年号永乐。靖难之役结束。

重要意义

此战是明朝历史上影响深远的一次政权争夺战,不仅导致了明朝皇位归属的改变,也极大影响了此后二百多年明朝政治与思想的走向。

明京师保卫战
——铁骑硬弩与坚城火炮的对抗

交战双方： 明军 VS 瓦剌军
交战时间： 1449年
将帅档案： 于谦（1398～1457年）：字廷益，浙江钱塘人，明代著名军事家、政治家；曾任监察御史、兵部侍郎及山西、河南巡抚、兵部尚书等职；才识过人，忧国忧民，深得景帝器重；改革亲军旧制，整肃军纪，取得京师保卫战的胜利；1457年1月被陷害致死；其诗句"粉身碎骨全不怕，要留清白在人间"流传千古；后人辑有《于忠肃集》。也先（1407～1454年）：明代瓦剌贵族首领；1439继其父脱欢为太师，进一步兼并蒙古诸部，并乘胜扩展势力：西起中亚，东接朝鲜，北连西伯利亚，南临长城；土木堡之战大败明军，俘获明英宗；1453年篡位，自称大可汗；1454年，在内讧中被杀。

历史背景

瓦剌为蒙古的一支，宣德时，其首领脱欢统一鞑靼和瓦剌。1439年脱欢子也先继为太师后，四处扩张，从三面对明形成包围，欲重建"大元"。1449年秋，因与明边境贸易摩擦，也先发兵南侵，亲率主力进攻大同。明朝时值太监王振专权，他挟英宗仓促亲征。明军在土木堡被瓦剌打败，英宗被俘，史称"土木堡之变"。也先乘明廷无主、京师空虚、人心不稳之机，继续南攻，企图攻取北京，迫明投降。

主要过程

1449年，也先大兵逼近北京城，气势汹汹，明朝举朝震恐，皇太后命英宗弟朱祁钰监国，召集群臣，共商国是。翰林院侍讲徐珵等大臣主张迁都南逃，兵部侍郎于谦极力反对迁都。他力陈京师是天下根本，一动则大势即去，并以南宋教训为鉴，要求坚守京师。于谦的主张得到皇太后、朱祁钰及大多数朝臣的赞同，皇太后命于谦全权负责守战之事。

9月，于谦升任兵部尚书，为了激励人心，将招致"土木堡之变"的罪魁祸首王振抄家灭族，他的三个爪牙也被激怒的百官打死在金殿上。针对危局，于谦奏请确立新君，主持朝政，以固民心。10月，朱祁钰即皇帝位，遥尊英宗为太上皇，是为景帝。也先挟英宗要挟明廷的企图落空。于谦迅速调集各地勤王兵入援京师：河南、山东、南京和江北各府军队及沿海的备倭军，陆续抵达京师；于谦又调通州仓库的粮食入京。京师一时兵精粮足，人心渐趋安定。

11月，也先兵分三路大举向北京进犯。东路军2万人沿古北口方向进攻密云，作为牵制力量；中路军

于谦像

明英宗朱祁镇像

明孝庄睿皇后像

明英宗孝庄睿皇后，钱氏，海州人。正统七年（1442）被立为皇后，极为贤德，英宗欲封其族人，每每逊谢。

5万人，从宣府方向进攻居庸关；西路军10万人由也先亲自率领，挟持英宗自集宁经大同，攻陷白羊口后，挥师南下，直逼紫荆关。

也先很快抵达紫荆关亲自督战。投降瓦剌的明朝宦官喜宁熟知紫荆关关防部署，引导瓦剌军偷越山岭，从侧后夹攻明守军，明将韩青、孙祥战死，紫荆关失陷。瓦剌主力便由紫荆关和白羊口两路逼进北京。

景帝召集群臣商讨保卫京师的策略。京师总兵石亨主张坚守不出，于谦认为面对强敌，不能示弱，主张到城外背城迎敌。于谦分遣诸将率兵22万人，于京城九门之外列阵，以阻敌锋。在德胜门、安定门、东直门、朝阳门、西直门、阜成门、正阳门、崇文门及宣武门部署好严密的防御军阵后，于谦到防守的重点德胜门亲自督战，"悉闭诸城门"，以示背城死战的决心。于谦下令："临阵，将不顾军先退者，斩其将；军不顺将先退者，后队斩前队。"

瓦剌军抵北京城下，列阵西直门外。于谦把主力隐藏，用小股兵力不断袭击，骚扰敌军。当晚，高礼、毛福寿在彰义门北与瓦剌军交火，杀敌数百人，明军士气大振，迫使瓦剌军不敢贸然进攻。

瓦剌军集中主力攻打德胜门，于谦命石亨率部预先埋伏在德胜门外路两侧的空房中，然后以少量精骑诱瓦剌军深入。明军与瓦剌军稍一交战，抵挡不住，退却，也先以数万骑追来。待瓦剌军进入明军埋伏圈时，明军神机营突发火炮、火铳，同时石亨所领伏兵跃出夹攻。瓦剌军大败，也先之弟、有"铁元帅"之称的孛罗和平章卯那孩也中炮身亡。瓦剌军又转攻西直门，又被明守将都督孙镗率军击退。

根据战斗中暴露出来的问题，于谦重新部署军事，加强了西直门和彰义门之间的军事力量，命都督

明正统九年铜铳

这是明朝军队配备的重型火器，从设计思路和制造工艺都借鉴了西方的先进技术。这类火器在于谦取得北京保卫战胜利中发挥了重要的作用。

于谦《题公中塔图赞》

毛福寿"于京师外西南巷战要路，埋伏神铳短枪"，以待策应。瓦剌军在德胜门和西直门受挫后，又进攻彰义门，于谦命武兴、王敬率军迎敌。明军神铳和弓矢短兵前后相继，挫败了敌军的前锋。但监军太监为争功，率数百骑跃马冲出，使军阵大乱，瓦剌军乘机反击，武兴牺牲。瓦剌军追到土城，土城居民"升屋呼号"，掷砖投石，不久毛福寿军赶到，瓦剌军被击退。

也先原以为明军不堪一击，紫禁城指日可下。激战5天后，明军屡获胜利，士气高昂，而瓦剌军屡遭重创，士气低落。不久，也先听说明援军将至，恐后路被切断，而北京防守也更加严密，无懈可击，只好下令北退。于谦命明军乘胜追击，在霸州、固安等地明军又大败瓦剌军，瓦剌军之前掳获的许多人口、财物又被夺回。12月，瓦剌军全部退出塞外（英宗不久被送回），于谦指挥的京师保卫战取得了彻底的胜利。

重要意义

此战明军面对危局，迅速备战，军民互相配合，依托坚固城防，积极歼敌于城外，保卫了京师，使明朝在军事上转危为安，明朝政权得以维持。

◆ 策略战术 ◆

明军：诱敌深入伏击之；各军协作配合；严密防守不给敌人以可乘之机。

军事知识

佛朗机

中国明代中期火炮。由母铳和子铳构成。母铳身管细长，口径较小，铳身配有准星、照门，能对远距离目标进行瞄准射击。铳身两侧有炮耳，可将铳身置于支架上，能俯仰调整射击角度。铳身后部较粗，开有长形孔槽，用以装填子铳。子铳类似小火铳，每一母铳备有5~9个子铳，可预先装填好弹药备用，战斗时轮流装入母铳发射，因而提高了发射速度。佛朗机为欧洲发明，1522年（明嘉靖元年）由葡萄牙传入中国，按其国名称音译为"佛朗机"。1524年（嘉靖三年），明廷仿制成功第一批32门佛朗机，每门重约300斤，母铳长2.85尺，配有4个子铳。之后，明廷又陆续仿制出大小型号不同的各式佛朗机，装备北方及沿海军队。

戚继光抗倭
——明朝军事的新篇章

交战双方： 明戚家军 VS 日倭寇
交战时间： 1561～1565 年
将帅档案： 戚继光（1528～1587 年），字元敬，山东牟平人；出身将门，少年时立下"封侯非我意，但愿海波平"的崇高志向；1544 年，袭父职担任登州卫指挥佥事，后中武举；1555 年，被调到浙江抗倭；建"戚家军"，在平息倭寇战争中屡建战功；1567 年北调镇守蓟门，为保卫祖国边防做出了杰出的贡献。
使用兵器： 倭寇：倭刀、长枪、重矢等；明军：火器、战船
交战结果： 倭患被平定

历史背景

中国古代称日本为"倭国"，所以把武装劫掠朝鲜半岛和我国沿海的由浪人、渔民、商人和农民构成的日本人统称为"倭寇"。元朝时倭寇就开始形成，1467 年，日本进入"战国时代"，战乱不休，一些战败和失业的武士逃往海上，使倭患更为猖獗。当时明政府政治腐败，海防松弛，一些奸商、海盗和贪官还与倭寇勾结。倭寇所到之处，杀人放火，奸淫掳掠，使我国东南沿海人民生命财产遭受重大损失。

主要过程

1555 年，戚继光从山东调到浙江抗倭，当时当地士兵老弱病疲，缺乏战斗力，而出身高贵的将官，不习武艺，不精兵法，水军战船更是十存一二，且长年失修……但英勇抗战的人民使他看到了希望，戚继光上书要求训练新军。1559 年他在浙江金华、义乌一带招募以农民和矿工为主的 3000 人加以训练，组成戚家军。

抗倭图卷（局部）
此图卷描绘倭寇船侵入浙江沿海、登陆、探察地形、掠夺放火、百姓避难、明军出战以及获胜的全过程。这部分是明军与倭寇激战的情况。

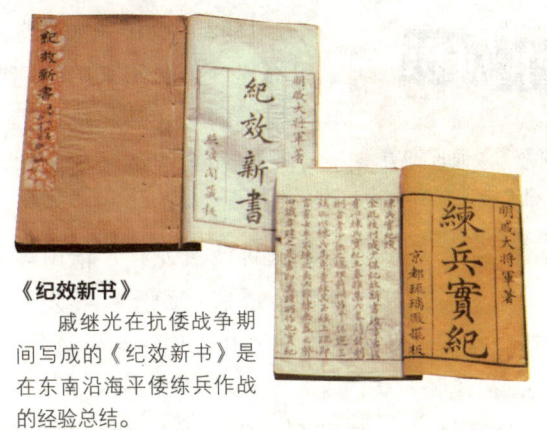

《纪效新书》

戚继光在抗倭战争期间写成的《纪效新书》是在东南沿海平倭练兵作战的经验总结。

戚继光重视火器,他认为"水战火第一",给水师战船装备了最先进的火器,数量远远超过陆师。根据与倭寇的作战经验和南方多沼泽地形的特点,他创造了"鸳鸯阵",使长短兵器相互配合,必要时,阵一分为二,很有作战效率。

戚继光还亲自督造战船44艘。根据作战任务和当地水文气象情况,选定五种战船,大小结合,攻防兼备,各有其长,优势互补。戚继光将各种船只结合组成以哨、营为单位的水军,每营都以一部分战船出海巡逻,一部分留守海港。出巡时若遇小股敌人,则由该营自行攻击;若遇大股敌人,则各营联合攻击。戚继光对水师的编制员额和人员职责做了明确规定:战船由捕盗(船长)负责全船的指挥;舵工管舵和舵门下的攻防;缭手管帆樯绳索,主持调动方向;扳招负责通信观察;上斗负责在望斗瞭望,并用犁头镖下射敌船;碇手管碇和船头的攻防;兵夫十名为一甲,由甲长率领。在戚继光的训练下,戚家军不是单纯的陆军,亦非水军,而是一支既能陆战又能海战的两栖部队。

训练中戚继光还重视对军民的思想教育。他告诉士兵要奋勇杀敌,而不扰害民众,才能得到民众的拥护,以此激发士兵抗倭立功的热情。戚继光以岳家军"冻死不拆屋,饿死不掳掠"为榜样严肃纪律,禁止烧杀淫掠、杀害战俘等暴行。戚继光要求学会能够实战的真本事,他告诉士兵武艺不是应付官府的事,而是用来防身立功的东西。

1561年5月,倭寇分三路大举入侵浙江台州。戚继光率军在龙山上峰岭将倭寇主力击溃。战败的倭寇,又聚众两千登陆长沙。在做好充分部署后,戚家军突袭长沙倭寇。倭寇四面被围,惊恐万分,纷纷溃退,但船只早已被戚家军焚烧,倭寇只得下海游走,大多溺死。只有300名倭寇因外出掳掠未归而逃脱,但后来也被胡震率领的水师歼灭。戚家军在人民群众的配合支持下,九战九捷,歼灭大量倭寇。与此同时,卢镗、牛天锡也在宁波、温州大败倭寇,浙江的倭患基本肃清了。

戚继光像

军事知识

"登州戚氏"军刀

我国明朝抗倭名将戚继光使用的一把军刀。通长89厘米,柄长16厘米。刀上部刻"万历十年,登州戚氏"八字。这把军刀是万历十年(1582年)戚继光任蓟镇总兵时铸造的。

"登州戚氏"军刀 明

1562年,倭寇大举进犯福建,自温州来的倭寇与福宁的倭寇一起攻占寿宁、政和和宁德,从南澳来的倭寇与福清的倭寇攻陷玄钟所及龙延、莆田等地。倭寇在距宁德5公里的横屿,凭险固守,与官军相持一年多;新来的倭寇又在牛田、兴化筑营。几路倭寇互为声援,十分嚣张,福建频频告急。

1562年8月,戚继光率军来到福建。戚家军进攻横屿,打响入闽剿倭第一仗。戚继光先命张谏、张岳在横屿西、北陆布阵,防止倭寇上岸;又命张汉水师在横屿东部海面游弋,防止倭寇从海上逃窜;戚家军主力从南面发起进攻。横屿与大陆间的浅滩,在退潮后尽是淤泥,不利前进。戚继光命士兵每人背一捆草,把草铺在淤泥上匍匐前进,终于攻占该岛,斩敌首3000余级。

戚继光返回浙江后,倭寇再次大肆劫掠福建沿海,1562年底攻陷兴化府城,在城中烧杀掠夺,盘踞两个多月才弃空城而走;经岐头攻陷平海卫(今莆田市平海),以此为巢,四处骚扰。明朝调戚继光与俞大猷、刘显一道抗击闽倭。

1563年5月,戚家军再次进入福建。在平海卫之战中,戚家军为中军,担任正面进攻,俞大猷为右军,刘显为左军。戚家军以火器打乱了倭贼前锋骑兵,乘势猛攻,俞、刘二部从两翼配合攻击。倭寇三面受敌,狼狈逃窜。1564年,倭寇又纠集万余人,进攻兴化府附近的仙游,戚家军进剿,斩首2000余级。戚家军乘胜向福建倭寇的巢穴牛田进军,在到达牛田西北的福清后,戚继光扬言远来困乏,要休整军队,以麻痹敌人。翌日午夜,戚家军发动奇袭,并借风火攻,大败倭寇,连克营垒60余座,斩首千余级,解救被掳男女3000多人,戚家军进入兴化城。其后戚继光又在福宁大败倭寇,并与俞大猷一起最后扫清了福建境内的倭寇,至此,福建倭患基本平定。

逃往广东的倭寇残部,后来被俞大猷剿灭。到1565年,中国沿海倭寇巢穴已经被全部荡平,倭患被最后平定。

重要意义

抗倭之战维护了我国边境沿海的安定,而集中围歼敌人主力和积极防御的战略战术给后世以积极的指导意义。戚家军抗倭的行为激励着后人的御辱卫国精神。

◆ 策略战术 ◆

戚家军:攻则出其不意,集中兵力打歼灭战;守非机械地死守,而是在防御中伺机反攻;"鸳鸯阵"灵活机动,战船优势互补;得民心(人和)。

萨尔浒之战
——明清战争史上的重大转折点

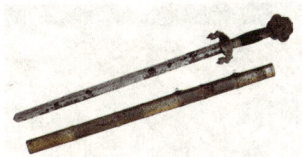

历史背景

满族是生活在我国东北白山黑水间的民族，明朝在这里设卫所管辖。满族建州人努尔哈赤逐渐发展壮大，统一女真，建立后金；1615年，努尔哈赤率军攻叶赫，明廷派兵保护叶赫部，后金与明矛盾激化。

交战双方： 明军 VS 后金军
交战时间： 1619年
将帅档案： 努尔哈赤（1559～1626年）：爱新觉罗氏，女真族杰出首领、卓越的军事统帅；1583年5月以13副铠甲起兵，统一建州各部，1614年建立八旗军制，1616年建立后金，定都赫图阿拉；与明作战中屡败明军，萨尔浒一战后掌握主动；1626年宁远败于袁崇焕，郁闷而死。
投入兵力： 后金军6万人；明军约10万人
交战结果： 明军被打败。

主要过程

1618年，努尔哈赤以杀父祖、遣兵助叶赫防御等"七大恨"告天，率步骑2万人攻明。明廷大惊，忙以杨镐为辽东经略，率军抵御后金军。杨镐率总兵杜松、马林、刘綎、李如柏，又通知朝鲜叶赫出兵助攻，总计11万人，浩浩荡荡奔杀后金。杨镐令总兵马林率1.5万人出开原，入浑河上游，从北面进攻；总兵杜松领3万人担任主攻，由沈阳出抚顺关入苏子河谷，从西面进攻；总兵李如柏率2.5万兵由西南进攻；总兵刘綎率兵1万与朝鲜兵1.5万由南进攻；杨镐坐镇沈阳指挥，四路大军会攻赫图阿拉。

得悉明大举来伐，努尔哈赤不动声色，镇定自若。他先在吉林崖（今抚顺市东）筑城屯兵，加强防御工事，以扼明西路来兵；然后根据明军南、北二路道路

八旗大纛

八旗大纛是八旗军队的八面军旗。1601年努尔哈赤创建黄、白、红、蓝四旗军队，每旗军队各以本旗色布绣一云龙为本旗旗徽。1615年，增建镶四旗，旗帜均镶边。

努尔哈赤像

> **◆ 策略战术 ◆**
>
> 后金军：充分利用时间，集中兵力，各个击破；诱敌深入，设伏聚歼；利用骑兵快速机动的特点，迅速转移兵力。

崎岖不能即至的情况，决定趁此二路来之前先击溃明中路军，"凭尔几路来，我只一路去"，将后金10万兵力集于赫图阿拉附近。1619年初，努尔哈赤发现刘綎先头部队自宽甸北上，杜松西路军已过抚顺关，进展神速，但因其他几路尚未抵达而显得孤军突出。努尔哈赤当机立断，集中兵力迎击杜松军。杜松部抵达萨尔浒后，以全力驻屯，自率万人攻吉林崖。努尔哈赤见杜松军孤军深入，兵力分散，一面发兵增援吉林崖，一面亲率4.5万旗兵直扑驻萨尔浒的明军西路主力。两军展开激战，杀得天昏地暗。杜松军点燃火炬照明以便准确炮击，后金军利用明军的火光，以暗击明，集矢而射，杀伤甚众。当时起了大雾，努尔哈赤趁雾引一路军越过壕堑，拔掉栅寨，攻占明军营垒。明西路军遂溃，死伤逾万。与此同时，杜松万余军在吉林崖也遭后金军重创，杜松战死，明西路军全军覆没。

明军主力被歼，南北二路于是显得势弱，处境孤单，马林率北路军进至尚间崖时，得知杜松覆灭，不敢前进，就地防御。他环营挖掘三层壕堑，将火器部队列于壕外，骑兵继后；又命潘宗颜、龚念遂各率万人屯于大营数里外以成掎角之势，并将战车布于周遭以迟滞后金。努尔哈赤在击灭杜松后，已率八旗主力转锋北上，迎击明北路军。后金军一部骑兵横冲龚念遂阵营，并以步兵正面冲破明军车阵，龚军大败。主力后金军与马林部明军大战于尚间崖，刚击溃龚念遂的后金骑兵已迂回到马林军侧后，与主力前后夹击，马林大败。努尔哈赤挥军乘胜追击，八旗骑兵又冲垮潘宗颜军，北路明军大部被歼。

此时刘綎南路军因迷路未能如期到达目的地，而又不知明军北、西二路已被歼，仍向北开进，当快到萨尔浒时，努尔哈赤已击败马林，挥师南下，做好了迎战准备。努尔

萨尔浒大战的遗物——明代铁炮

哈赤以主力埋伏于赫图阿拉南，另以少数士兵冒充明军，持着杜松令箭，诈称西路明军已迫近赫图阿拉，要刘綎速进快攻。刘綎不知是假，即率军轻装急进，深陷后金军包围圈，遭受伏击而崩溃，刘綎阵亡。坐镇沈阳的杨镐掌握着一支机动部队，却未对三路明军做任何策应，及至闻杜、马、刘皆战败，才急调李如柏回师。李如柏接到撤退命令时被后金哨探发现，后金哨探在山上发起冲锋信号以惑明军，李如柏军以为后金军发起进攻，争相逃跑，自相践踏，死伤千余。

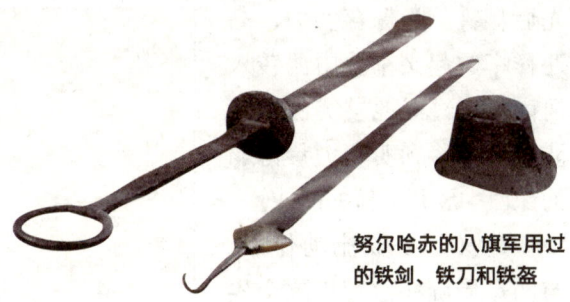

努尔哈赤的八旗军用过的铁剑、铁刀和铁盔

重要意义

此战为集中兵力、各个击破的战例，使后金从此掌握了辽东战场的主动权。

明末农民起义
——农民战争的新篇章

交战三方： 李自成领导的起义军、明朝军队和清军
交战时间： 从 1627 年开始，至 1658 年失败，起义军与明军战斗 17 年，与清军战斗 14 年。
投入兵力： 起义军近 200 万人
交战结果： 明军主力被歼灭，农民起义军被清军击败。

历史背景

明朝末年，各地藩王对农民横征暴敛，藩王辖区内农民生活比其他地区更为困苦，阶级矛盾异常尖锐。尤其是陕西地区，长期以来各族人民与明朝统治者矛盾最深，成为最早爆发农民战争的地区。1627 年（天启七年）陕西大旱，澄城知县张斗耀不顾饥民死活，仍然向农民催逼赋税。白水饥民王二组织了数百个饥民冲进县城，杀死张斗耀，揭开了明末农民战争的序幕。

主要过程

1628 年，各地纷纷响应王二的起义。陕西府谷王嘉胤、汉南王大梁、安塞高迎祥和延安米脂张献忠等先后举起义旗。李自成后来投入高迎祥军中。其中最有影响的是王嘉胤义军，一度占领府谷，称王设官，建立了临时性政权。

陕北起义令明朝统治者震惊，崇祯皇帝采取剿抚兼施的策略，农民起义军几近瓦解，王嘉胤和王自用先后牺牲。为保存实力,高迎祥率领起义军从山西转入河南,再经渑池县突破黄河防线,转移到明军力量薄弱的豫西,展开了新的战斗。

起义军采取流动作战,与明军周旋在豫楚川陕交界的山区。明军不得不分兵把守要隘,陷入战线过长、兵力分散的被动局面。明将洪承畴为摆脱困境,实施重点进攻,起义军连连受挫。当起义军从陕西汉中突围时,遭到陕西巡抚孙传庭伏击,高迎祥被俘牺牲。

高迎祥牺牲后,起义军分成两支主力,一支由张献忠领导,一支由李自成领导。1638年,在洪承畴优势兵力的围攻下,李自成兵败梓潼,退守岷州(今甘肃岷县)、临洮。张献忠败于南阳、麻城,最后投降明军,起义转入低潮。

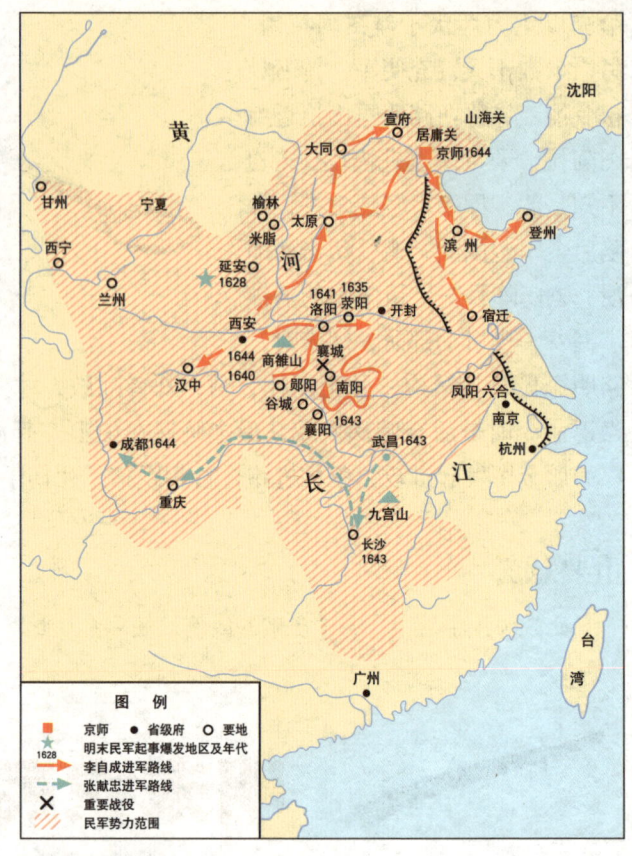

农民军进军路线图

1639年6月,张献忠再次起兵,在罗山(今湖北竹山县东南)歼灭明军主力左良玉部,后转入四川,在达州战役中大获全胜,随即兵进湖北,于1641年初攻陷襄阳。同年,李自成率军进入河南,攻占洛阳,击败了福王朱常洵。起义军有了转机。

张献忠、李自成两支大军互相呼应,分别在川陕和河南战场与明军作战。1643年6月,张献忠攻下武昌,在武昌称大西王。次年,张献忠带兵入川,攻陷成都,在成都称帝,

李自成雕像

兵部报告李自成活动情况行稿　明

这是崇祯十七年（1644年）明朝兵部向各地下属机构发布的行稿。在行稿中，明政府不得不承认李自成的军队受到农民"如醉如痴"的欢迎，许多地方官员也"开城款迎"。行稿要求各地主迅速报告"倡迎逆贼"的官员情况。1644年春，李自成在西安称帝，建立大顺政权，准备率领军队向北京进攻，行稿就是在这种形势下发布的。两个月后，李自成率领军队攻取北京，明朝灭亡。

改元大顺，建立大西政权。1642年，李自成转入湖广，攻下襄阳，称新顺王。此后连克承天府、孝感、黄州（今湖北黄冈市）等地，基本上摧毁了明朝在河南的精兵。

李自成攻占襄阳后，在政治上提出"均田免粮"的口号以争取群众，在战术上改变过去流动作战的方针，在军制上严密军事组织，建立各种军事制度。李自成还确定了"先取关中、继取山西、后占北京"的策略。这一切措施为起义军推翻明朝奠定了基础，也使得起义军军威大振，势如破竹。

1643年11月，李自成大军攻克潼关，围歼明三边总督孙传庭，不战而进入西安。1644年初，李自成建立大顺政权，把西安作为攻打北京的基地。接着，李自成亲率大军渡黄河进入山西，攻克太原，沿大同、宣府（今河北宣化县），从北面包围了北京。刘芳亮率领另一路义军渡黄河攻克山西上党（今山西长治市），分取真定（今河北正定县）、保定，从南面包围北京。4月，李自成从昌平进攻，北京明军溃败。李自成率兵进城，崇祯帝在煤山（今景山）自尽。明王朝被推翻后，李自成开始着手清除明朝残余势力。

宁远总兵吴三桂因仇恨农民军，投降了清朝。他率兵盘踞在山海关，与清军联合镇压起义军，成为起义军的心腹之患。5月，李自成亲率大军攻打吴三桂，在满汉军队的联合进攻下，又撤回北京。接着李自成匆忙称帝，建国号为大顺，次日退出北京，经山西平阳、韩城进入西安。

1645年2月潼关失守后，李自成进入武昌。在湖北通山县南九宫山，遭到地主武装袭击，壮烈牺牲。1646年，清军由陕南入川，攻打大西军，张献忠于次年底牺牲在凤凰山（今四川南溪县北）。

◀ 策略战术 ▶

在战术上，起义军采取流动作战方式，时分时合，使明军疲于奔命；在战略上，渑池突围完成了战略转移，后又从流动作战转为阵地战，变被动为主动。

李自成、张献忠牺牲后，农民军余部继续坚持战斗。到1658年，明末农民军余部完全失败。

索子甲 明

又称铁坎肩,以扁平的小铁环彼此相互套合而成,既能防刀枪,又有弹性,是当年八旗将士的重要防身装备。

失败原因

明军:虽在数量上占优势,但督抚与武臣矛盾重重,军政腐败;军队没有战斗力,且分兵作战,在具体战役中实力不敌起义军。

起义军:进入北京后,农民军首领滋长了腐化思想;军队纪律松弛,战斗力下降。

重要意义

明末农民起义军推翻了明朝,打击了清朝,在中国农民战争史上谱写了新篇章。

军事知识

鸟铳

明朝后期对火绳枪和燧发枪的统称。由枪管、火药池、枪机、准星、枪柄等组成。使用时通过预燃的火绳扣动枪机,带动火绳点燃火药池内压实的火药,借助火药燃气的爆发力将枪管内铅弹射出,杀伤敌人。鸟铳为欧洲人发明,明嘉靖年间由鲁密(今译鲁姆,位于今土耳其)传入中国,明廷仿制。最初仿制的鸟铳为前装、滑膛、火绳枪机,为近代步枪雏形。口径为9~13毫米,枪管长1~1.5米,全枪长1.3~2米,重2~4千克。弹重3~11克,射程150~300米,曾为明清军队的主要轻型火器装备之一。

山海关之战
——清军入主中原的开始

交战双方： 农民军 VS 明军、清军
交战时间： 1644年
将帅档案： 李自成（1606～1645年）：字鸿基，陕西米脂人，明末农民起义军领袖；1626年，充银川驿卒，习骑射；1630年，李自成率众投高迎祥农民军，号"闯将"；高死接任闯王，继领其众；1643年攻进西安，建"大顺"农民政权；1644年入北京，明亡；同年在山海关被吴三桂和清军击败，退出北京；1645年在湖北九宫山被地主武装杀害。吴三桂（1612～1678年）：辽东人，武举出身，以父荫袭职军官，明末任辽东总兵，驻守宁远；1644年奉命弃宁远，入卫京师，不及，明亡；因父、妾为农民军所掳，拒降"大顺"政权，在山海关固守，后与关外清军勾结，击败李自成，清军入关；之后积极助清军镇压各地反清势力，封平西王；康熙时因反对削藩，起兵叛乱，不久病死。多尔衮（1612～1650年）：清初军事统帅；满族，爱新觉罗氏，努尔哈赤第十四子；1636年晋封和硕睿亲王；1642年参加松山决战，大败明军；1643年皇太极去世，立年幼福临为君（顺治），称摄政王，掌军政大权；1644年与吴三桂联合击败农民军，入关并占领北京，后以武力统一全国；功封皇父摄政王；1650年病卒。

投入兵力： 农民军约10万人；吴三桂军8万人；清军约10万人
交战结果： 农民军被击败，清军入关。

历史背景

明朝末年，明、清、大顺三方势力激烈角逐。尽管崇祯帝朱由检励精图治，但明朝已病入膏肓，在与满族八旗军和中原农民军的战争中，实力消耗殆尽。1644年4月，崇祯帝调山海关外御清的吴三桂入卫京师，清军乘机占领整个辽东。吴三桂尚未抵达京城，李自成已率农民军攻克北京，明亡。本已有降意的吴三桂闻父和妾为农民军拘禁，怒发冲冠，遂重返山海关，并暗通关外清军，拒降李自成。

多尔衮像

主要过程

吴三桂击走唐通，重占山海关。李自成惊怒之下，亲率6万兵马经密云、永平直趋山海关，进攻吴三桂。当大顺军抵达山海关，李自成在关前列阵，北自山南至海，对吴三桂形成三面包围之势。

当时山海关守军有吴三桂部4万人、高第部1万人、乡勇3万人，总计8万人。吴三桂自料难敌大顺军，一面部署防御：将乡勇布置于关城四周的西罗城、东罗城和南翼城、北翼城防守，自率关、宁（宁远）两镇兵于西罗城外的石河列阵；一面向关外清军乞兵，请求援助。清人对入关蓄谋已久，正领兵在关外攻城

山海关
昔日的震天杀伐已为今日的升平祥和所取代。

掠地的清军最高军事统帅多尔衮，行至翁后（今辽宁省阜新）时，接到吴三桂书，一时竟不敢相信：这天赐良机天命汗（努尔哈赤）和崇德帝（皇太极）都不曾遇到，不会有诈吧？但他分析当时的形势后，打消了疑虑，立即改变行军路线，率清军日夜兼程，急驰山海关。多尔衮率清军抵达关外7.5千米欢喜岭上的威远城后，按兵不动，静观事态发展，坐看鹬蚌相争。

李自成发现吴三桂有勾结清军的迹象，即派唐通引一拨军至一片石（山海关北），阻截吴三桂与清军联合；而后率大顺军在石河及东、北、西三面发起全线进攻，企图在清军入关前拿下山海关。

吴三桂像

农民军自角山直到渤海，列南北长蛇阵，进攻势如潮水。吴三桂部东西驰突，农民军围开复合，双方激战一昼夜，吴军渐渐不支，农民军胜利在望。吴三桂眼看就要失败，亲领亲信出关至威远台谒见多尔衮，剃发称臣，以明誓效忠清廷，请求清军迅速入援。多尔衮认为时机已到，遂先在一片石打败了唐通的边外兵，随后率数万清军分三路潜入关，准备作战。

当时大顺军与吴三桂军酣战正急，中午时分，狂风骤起，沙石横飞，李吴两军不能相辨。蓄势已久的清军铁骑在英亲王阿济格、豫亲王多铎的率领下，突然从吴军阵后杀出。已与敌人血战数十回合而趋疲惫的农民军猝不及防，阵脚大乱，刘宗敏也受了伤。多尔衮见农民军阵势已乱，即命清军倾力冲杀，吴军也乘机反扑，战局急转直下。李自成登高岗观战，见清军与吴三桂势头强劲，难以遏制，只得下令撤退。清军乘胜追击，农民军战死及自相践踏而死者数万人。山海关之战以农民军的惨败而告终。

重要意义

此战促成清军入关并进据北京，为以后统一全国、定鼎中原奠定了基础。也是大顺农民军由盛而衰的转折点，开始从反明转向抗清。

策略战术

农民军：未能及时把握战略全局，行动缓慢致贻误战机；单线进攻，重大消耗后未有预备军做补充。

清军：善于把握战争全局，利用矛盾，出击及时，集中兵力，一举获胜。

平定三藩
——剿与抚相辅相成

历史背景

三藩是吴三桂、耿精忠、尚可喜，皆为降清明将，为清军入关并镇压反对势力、统一全国立下汗马功劳而封王。康熙时三藩势力强大，对朝廷构成严重威胁，康熙帝决定削藩。

交战双方：清（中央）军 VS 吴三桂等三藩军队

交战时间：1674～1681年

将帅档案：康熙，即爱新觉罗·玄烨（1654～1722年），清圣祖，清初杰出的政治家，满族；在位曾击败噶尔丹，收复蒙疆；平定三藩，招抚台湾郑氏，维护了我国领土完整，开创了"康乾盛世"。

交战结果：三藩被平定。

主要过程

1674年，吴三桂在云南起兵反清，杀掉云南巡抚朱国治，逼死云贵总督甘火焜，由于吴三桂蓄谋已久，叛军迅速打进湖南，占领常德、衡州、长沙和岳州，声势浩大。吴三桂自称周王、天下招讨都元帅。清军抵敌不住，节节败退。不久，广西将军孙延龄、靖南王耿精忠响应吴三桂，控制广西和福建；吴三桂各地亲信也起兵呼应；陕西提督王辅臣杀清经略大臣莫洛，攻陷兰州；尚可喜子尚之信在广州叛乱，江南尽为叛军所据，清朝统治大受震动。

康熙帝读书像

蔡毓荣南征图之一

蔡毓荣，字仁庵，汉军正白旗人。吴三桂叛乱时，康熙帝任命他为湖广总督，镇守荆州。此图描绘的是他率水军进军洞庭湖与吴三桂叛军激战的情景。

消息传到京师，群臣惶恐。大学士索额图提出杀掉主张撤藩的人，取消撤藩令，下诏安抚三藩以息事宁人。但康熙帝在此时显示出雄浑的魄力，对其他叛乱分子采用招抚拉拢的办法，暂时停撤耿、尚二藩，集中力量打击吴三桂，避免了汉初诛晁错的悲剧重演。康熙帝下令剥夺吴三桂的王爵，杀其子吴应熊于京师，以勒尔锦为宁南靖寇大将军，统率八旗军前往荆州，阻击吴三桂军于江南。

由于康熙帝处置得当，耿精忠、尚之信与王辅臣被清廷争取过来，清军得以集中兵力对付吴三桂。吴三桂失去联手，军事上陷入孤立境地，战略优势逐渐转到清军一方。康熙帝命诸军重点进攻湖南。1677年，清军从荆州江北和江西两面对吴军发动进攻，西路从江西迂回间道破袁州，又自醴陵攻萍乡，乘胜直逼长沙。吴三桂急率松滋等湖口前线驻军回援长沙，拒阻清军。清军乘叛军全力固守长沙而湖口各线守备空虚之机，自荆州渡江进攻，叛军大败，形势变得相当不利。

清军一面加强正面攻势，一面展开政治攻势，放还俘虏去叛军前线劝降。吴三桂军军心动摇，林兴珠、韩大任等重要将领降清，吴三桂遭到严重削弱。清军还分兵深入广西，扰袭叛军后方；吴三桂此时兵饷告竭，士气低落，处处被动。吴三桂为了鼓舞士气，竟于1678年在衡州称帝，国号大周，

◆ **策略战术** ◆

吴军：准备充分，先发制人。清军：剿抚并用，孤立敌军；迂回包抄，正侧面攻击相辅；步步紧逼，不给敌人喘息的机会。

大封百官诸将。但这一举措并没有扭转叛军战略上的劣势,很快,病愁交迫的吴三桂病死,其孙吴世璠继承帝位,改元洪化,退居贵阳,湖南交由诸将守卫。清军乘势发动攻击,1679年,清军用降将林兴珠之谋,加强水师,进泊洞庭湖,断绝了岳州守敌的饷道。岳州叛军哗变,纷纷逃散,岳州收复。

威远将军炮 清

岳州一丢,叛军一蹶不振,清军继续进逼,先后克夺长沙、衡州,叛军一退再退。在加强军事攻击的同时,清军还安抚诱降,康熙帝诏令"倡叛罪首只吴三桂一人,其余均属胁从,投诚者赦罪,有功者叙录"。

1680年,清军克汉中,定成都,取重庆,四川全境收复。康熙帝还解除了奉命攻打重庆但中途退返荆州的宁南靖寇大将军勒尔锦之职,任命彰泰为定远平寇大将军接替指挥。彰泰由湖南攻入云贵,1681年,贵州收复,清军进入云南;接

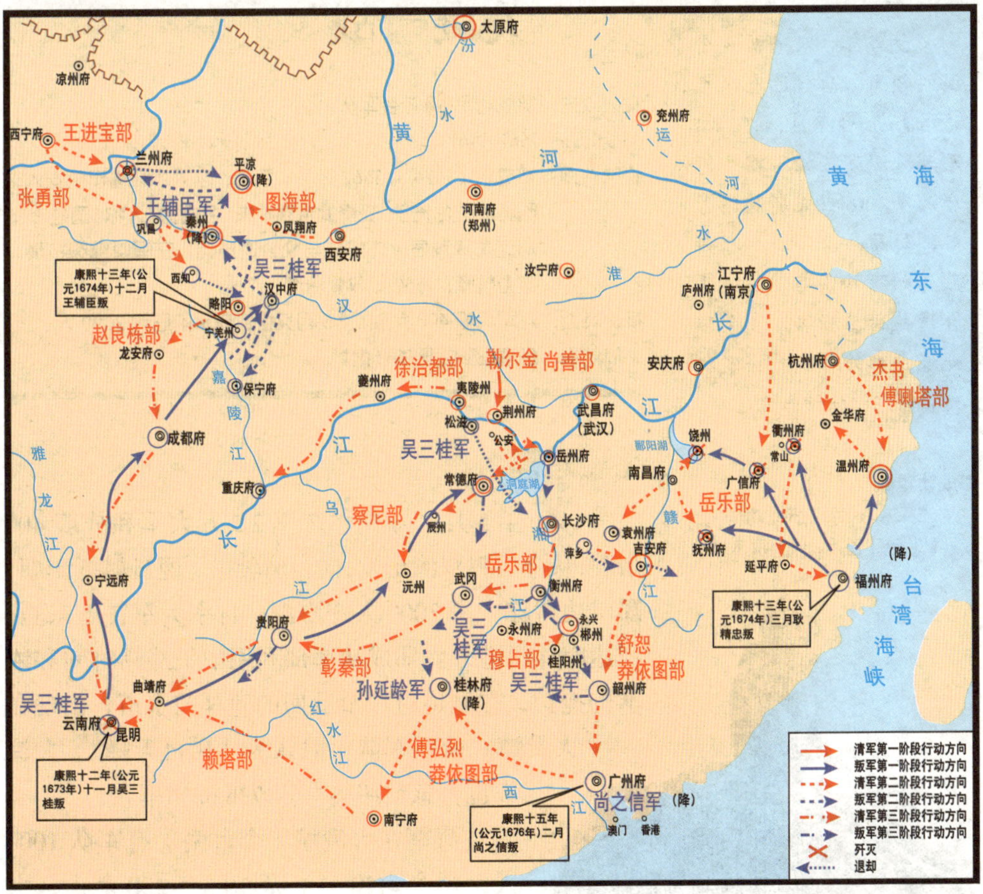

平定三藩叛乱要图

着，清将赖塔军由广西进入云南，清将赵良栋也率军由川入滇。三路清军合攻昆明，云南当地的苗族人民也纷纷帮助清军平叛。昆明城中粮尽援绝，南门守将于是开城出降。吴世璠服毒自杀，云南收复，三藩叛乱平定。

重要意义

康熙帝的平藩巩固了统一的多民族国家局势，符合了各族人民的利益和愿望，顺应了历史潮流。

郑成功收复台湾
——决定台湾尔后命运的关键一战

历史背景

台湾自古以来就是中国的领土，唐代已有汉人移居澎湖、台湾。13世纪末，元朝设澎湖巡检司辖台湾和澎湖。16世纪新航路开辟，葡萄牙、西班牙、荷兰开始海外侵略，1624年台湾被荷兰强占。在大陆处境危难的郑成功决定收复台湾以做抗清基地。

郑成功塑像
清军南下时，郑成功向海上发展，收复了台湾，作为抗清基地。

交战双方：郑成功军 VS 荷兰军队
交战时间：1661~1662年
将帅档案：郑成功（1624～1662年）：名森，字大木，福建南安人，明将郑芝龙长子；受隆武帝赐姓朱，名成功，人称"国姓爷"；郑芝龙降清后，郑成功与父分道扬镳，在闽粤继续抗清，实力雄厚；1662年收复台湾。
投入兵力：郑军战船400余艘，2.5万兵士；荷军前后约2000人
交战结果：台湾回到祖国的怀抱。

主要过程

1661年5月，郑成功统率2.5万大军和战舰400余艘，从金门料罗湾出发，向台湾驶去。翌日晨抵澎湖，郑成功留陈广率3000人守澎湖。自率大军冒雨东驰，到达鹿耳门港外。郑成功率部利用中午涨潮时间和浓雾的掩护，顺利通过浅窄迂回的鹿耳门水道，出现在大员湾。荷兰军队一时认为"兵自天降"，大惊失色，急忙纠集军队以抵抗郑军。

荷军在台湾城（今台南）有军队1000人，司令为揆一；赤嵌楼有400余人，水上有两艘战船，几艘快艇、帆船，水兵数

百。揆一命诸军严密防御，做好反击准备。郑成功不想一来就与荷兰人兵戈相向，于是致信揆一：台湾、澎湖的居民都是中国人，自古以来中华民族就在这里繁衍生息，故理应由中国人管辖，希望贵国把军队撤走，否则后果自负。揆一拒绝了谈判撤兵的合理要求，令船舰出海攻击郑成功军。

赤嵌楼
荷兰殖民者侵占台湾后修建此楼，郑成功赶走侵略军后收归国有。

郑成功大怒，即令陈冲率60只战船（每只有大炮2门）把敌舰分割包围，下令开炮轰击。荷水军主力舰"赫克托"号当即被击沉，余舰纷纷掉头，企图突围回港，但很快就为郑军舰队追上。郑舰利用火攻，重创荷舰，荷军另一艘战舰也被烧毁，只有部分小船逃回台湾城。通信船"马利亚"号则逃往巴达维亚（今雅加达）。6月，登城观察的揆一发现郑军防备疏松，立即令贝尔德上尉率240名士兵出城偷袭。郑将陈泽毫不慌张，以3000兵力正面迎敌，再拨800人迂回至敌侧后，两面夹击。荷兰人大败，被歼118人，贝尔德上尉本人也中枪身亡。

揆一遭沉重打击，仍执迷不悟，第二天又派阿尔多普上尉率2000名士兵乘船出海为被困赤嵌楼的荷军解围。郑成功派出号为"铁人"的特种部队截击，片刻间就消灭60名登岸敌兵。阿尔多普领教了郑成功的厉害，不敢再战，率残部逃回台湾城。荷兰军海陆两路的出击均为郑军打败，不得不收缩兵力，固守待援。郑成功断了赤嵌楼荷军的外援后，即集中兵力猛攻赤嵌楼。荷兰顽抗数日，弹尽粮绝，士气低落，揆一派代表谒见郑成功，要求和谈，欲施缓兵之计。郑成功识破他的诡计，要求无条件撤走荷军；揆一拒绝，郑军于是猛攻赤嵌楼。台湾百姓向郑成功献计：城中水源皆赖城北高山，

奇袭鹿耳门
成功袭取鹿耳门是收复台湾的前奏。

荷兰殖民者投降图

若塞其源，荷军数日必降。郑成功依计而行，果然城中荷军因乏水，欲降，加上敌酋描难实丁的弟弟、弟媳为郑军俘获，郑成功优待后放还，描难实丁感激，亦知郑军不虐待俘虏，遂出城投降。所降荷军皆受到优厚款待。

赤嵌楼攻下，荷兰人只剩台湾城一个堡垒。郑成功再次派人劝揆一投降，但揆一的回复是："只要郑成功撤出台湾，荷兰愿年年向郑纳贡。"郑成功严词拒绝，然后命令军队水陆两路围攻台湾城。台湾城周长277.6丈，高3余丈，分三层，城墙四角外突，设炮数十门，能以密集火力封锁四周道路，易守难攻。郑军28门大炮齐发，城墙多处被毁坏，但荷军毕竟城堡坚固，死的人不多，而荷军先进的火炮还击却使郑军遭受重创。为了保存实力，郑成功当机立断，令停止强攻，改为长期围困。郑军后续部队6000人抵达台湾，并带来大量的粮食，使郑成功兵力得到加强，粮源得到补给，立即修筑防栅、壕沟，配备攻城器械，牢固围城。同时，郑成功协调军民关系，整顿军队，增强了战斗力。

9月，荷兰巴达维亚当局派12艘快艇及725名士兵到达台湾，后来荷军舰队在海上向郑军发起攻击，郑成功指挥水师奋起反击。激战1小时后，荷舰"克登霍夫"号被郑军火船烧毁，"科克伦"号中炮沉没，还有两艘搁浅的船舰和3艘小艇被俘获。在陆上，荷军也攻势受挫，不敢再主动攻击，只能龟缩固守。半月后，由于后援断绝，粮食和弹药不足，再加上疾病流行，军心低落，荷军战死病死达1600余人，城中只剩700余名士兵，逃亡、投降的事件也时有发生。

城南小山上的乌特利支堡，战略地位十分重要，一旦丧失，则城必陷，荷军加强了该堡防御。1662年初，郑成功在该城堡东南建起三座炮台，架起28门大炮，郑成功一声令下，数千发炮弹像雨点一样落入堡中，荷军无处闪躲，退回台湾城。郑军进占乌特利支堡，缩小了对台湾城的包围。揆一见大势已去，只好出城投降郑成功。荷兰在投降书上签字，台湾收复。

重要意义

此战使沦为荷兰殖民地38年之久的台湾重回祖国的怀抱，是中华民族反对外来侵略的成功尝试，捍卫了祖国主权和领土的完整，因而具有极其重大的历史意义。

雅克萨之战
——中国对俄国的成功自卫反击战

交战双方：清朝军队 VS 沙俄军队

交战时间：1685～1687年

将帅档案：彭春（？～1700年），亦作朋春，清朝将领；满洲正红旗人，栋鄂氏，哲尔本子；1652年（顺治九年），袭父一等公爵；1676年，加太子太保；1685年，率清军击败沙俄，收复雅克萨；1696年，从康熙帝进讨噶尔丹；1699年，以病解职；1701年疾卒。

交战结果：清军获胜，打击了沙皇俄国侵略中国边疆的野心。

历史背景

黑龙江和乌苏里江流域自古以来就是中国领土，是我国满族的发源地。清朝统一全国后在此设吉林、黑龙江将军加强管辖。16世纪初兴起于欧洲的俄国，对外侵略扩张，进入亚洲，在东西伯利亚建立雅库茨克城，从此不断入侵中国黑龙江流域。清朝在削平三藩、统一台湾、安定了南方之后，重心开始移向北疆。康熙帝先后3次遣使至尼布楚，希望俄方停止边境挑衅，归还雅克萨等地，均遭拒绝。于是，用战争手段驱逐侵略者，成为清廷的最终选择。

主要过程

1683年4月，康熙帝再次致书俄国沙皇，要求俄军撤走，两国以雅库茨克为界，但再遭拒绝。康熙帝终于看清：若"非创以兵威，则罔知惩畏"，于是决意征剿。10月，清朝勒令盘踞在雅克萨等地的沙俄侵略军撤出中国领土。侵略军不予理睬，反而窜至瑷珲劫掠，被清宁古塔副都统萨布素率军击败，清军全部拆除了黑龙江下游俄军建立的据点，使雅克萨成为孤城。

吉林船厂旧址

吉林省吉林市旧有"船厂"之称，1676年（康熙十五年）宁古塔将军衙门（原驻黑龙江省宁安市）移至吉林，并迁徙流民数千户来此充当造船匠役及水手。船厂不仅能制造各类运输船，还能制造载135人的四板炮船。1685年（康熙二十四年）黑龙江将军萨布素和都统彭春奉旨带吉林水师、吉林八旗军乘舰船北上，一举击败了沙俄侵略者，收复了雅克萨城。图为船厂故址碑亭。

1685年初,康熙帝命都统彭春赴瑷珲,负责收复雅克萨。6月,彭春和刚被委任的黑龙江将军萨布素、建义侯林兴珠率领由满、汉、蒙古、达斡尔等民族组成的约2000人的军队,携战舰、火炮和刀矛、盾牌等兵器,从瑷珲出发,分水陆两路向雅克萨开进,很快抵雅克萨城。彭春向侵略军头目托尔布津发出最后通牒,但托尔布津自恃巢穴坚固,将军役人员全部撤入城内,以负隅顽抗。清军战船集于城东南,火炮列于城北,陆军布阵于城南,准备攻城。当时从尼布楚增援雅克萨的一队哥萨克乘筏顺江而来,清军于是从江面截击。林兴珠率福建藤牌兵裸而入水,冒藤牌于顶,持片刀以进,俄军惊所未见。藤牌兵疾劈猛砍,俄军一个个被打入江中;藤牌兵随即跃上竹筏,冲杀这批哥萨克。俄军死伤大半,余众溃散而逃,而清军未丧一人。

清军开始趁夜攻城。在城南,彭春派萨布素等进兵,设置挡牌木垒,施放箭镞;在城北,副都统温岱、提督刘兆奇等以红夷大炮猛烈轰击;两翼又有护军参领博里秋、营门校尉乌沙等放神威大炮协攻;在江南,都督何佑、副都统雅齐纳、镇守达斡尔提督白克等密布战舰,以备救援。清军众志成城,协调配合,猛烈攻城。天亮后清军加大炮轰,俄军100多人被击毙,塔楼与城堡破坏无遗,商铺、粮仓、教堂及钟楼尽被火药箭烧毁。清军还在城下堆积柴薪,准备焚城。托尔布津被迫乞降,遣使要求在保留武装的条件下撤离雅克萨。当日,彭春等遵照谕旨,允许城内俄军携带武器、行李撤走。被沙俄窃据长达20年之久的雅克萨重返祖国。清军平毁雅克萨城后回师,留部分兵力驻守瑷珲,另派兵在瑷珲和嫩江一带屯田,加强黑龙江防务。

俄军撤离雅克萨后,又积蓄兵力,图谋再犯。1685年秋,莫斯科派兵600名增援尼布楚。托尔布津获悉清军撤走后,即率500余人,携带大炮,再

康熙帝大阅兵之盔甲

度侵占雅克萨。侵略者在雅克萨废墟上重建城堡，四周围以长方形木城，城上起筑炮垒，城外挖掘壕堑。在堑外陆地一侧还竖立木栅，直抵江边。

俄军这一背信弃义的做法引起清政府的极大愤慨。1686年初，康熙帝下令反击，令萨布素速修战舰，统领乌拉（今吉林市）和宁古塔的官兵，驰赴黑龙江城；林兴珠的八旗汉军和福建藤牌兵也参与作战。6月，清军两千余人再次围攻雅克萨。

红夷炮复原图

红夷炮的口径很大，火药燃烧时产生的力量，能使弹丸发射得更远、杀伤力更大。此炮在明末至清初的战争中使用非常普遍。红夷炮自外国输入后，中国在1621年开始仿制，采用的是弹丸从炮口装填的前填式，可装在炮架或炮车上射击。

清军施放炮火，奋勇进攻，通宵达旦，予敌重创。8月，清军再次发起攻城高潮，城内俄军不得不藏在地穴中躲避炮火。清军见强攻不下，遂改为围困，每日向城内发炮轰击。9月，敌酋托尔布津登塔楼侦察时，被清军炮弹击中，右腿齐膝被炸断，旋即毙命；改由拜顿代行指挥，继续顽抗。清军进一步加强对雅克萨的围困：在城西要地设立营寨，控制江面，切断尼布楚方向援敌通道；城内无井，饮水全靠黑龙江水道，清军激战4个昼夜，断其水源。在清军的围攻下，俄军人数逐日减少。11月严冬来临，俄军饥寒交迫，处境更蹙。到第二年春，原来的826名俄军只剩66人。雅克萨城旦夕可下，清政府再次建议沙皇以谈判解决两国边境问题。沙皇鉴于失败已成定局，而俄国重心又在欧洲，于是同意了。

1687年5月，清军解除对雅克萨的封锁，并准许俄军残部撤往尼布楚，历时3年的雅克萨抗俄战争至此结束。1689年双方缔结了《中俄尼布楚条约》，规定从外兴安岭直到海、格尔必齐河和额尔古纳河为中俄两国东段边界，黑龙江以北、外兴安岭以南和乌苏里江以东地区均为清朝领土。

> **◀ 策略战术 ▶**
>
> 清军：正义战争，得到了各族人民的支持；准备充分；军政兼施；反击时先扫外围，再攻主垒；围城战术（水陆并进，三面包围，一面堵截，断其外援）。

重要意义

雅克萨之战的胜利，挫败了沙俄跨越外兴安岭侵略我国黑龙江流域的企图，遏制了沙俄的入侵，使东北边疆在以后的一个半世纪里基本上得到了安宁，也为清军在远离腹地的边疆地区作战积累了经验。

康熙三战噶尔丹
——从此不再筑长城

交战双方：清朝军队 VS 准噶尔部噶尔丹军队
交战时间：1690～1697年
双方将帅：康熙；噶尔丹
使用兵器：弓箭、火枪、火炮
交战结果：噶尔丹自杀，清军大胜

历史背景

清朝时蒙古分为漠南蒙古、漠北蒙古和漠西蒙古三个部分，这三个蒙古都先后臣服于清朝。漠西蒙古的一支准噶尔部，一直在伊犁一带过着游牧生活。噶尔丹夺得准噶尔部领导权后，决心一统蒙古，称霸北部，与清朝一争长短。他相继攻灭和硕特部和叶尔羌回部各城，然后又向东进攻漠北蒙古。几十万漠北蒙古人逃到漠南，请求清朝保护。清朝政府对其大加优待，将漠北蒙古部众分别安置在苏尼特、乌珠穆沁、乌喇特牧地游牧。康熙帝还派使者到噶尔丹那里，叫他把侵占的地方还给漠北蒙古。噶尔丹自以为有沙俄撑腰，十分骄横，不但不肯退兵，还于1690年借口讨伐喀尔喀蒙古，挥兵南下，向内地深入，所到之处大肆烧杀抢掠。康熙帝极为恼怒，决定御驾亲征噶尔丹。

主要过程

1690年，康熙帝分兵两路要亲征噶尔丹：左路由抚远大将军福全率领，出古北口；右路由安北大将军常宁率领，出喜峰口；康熙帝亲自带兵在后面指挥。康熙帝8月离开北京，不料途中忽患感冒，只好取消亲征计划。

气焰嚣张的噶尔丹向清军宣战，屯兵于西巴尔台（今蒙古克什克腾旗土河），然后又逐步南下，占据了距京师仅有350公里的乌兰布通。噶尔丹把几万骑兵集中在大红山下，后面有树林掩护，前面又有河流阻挡。他把上万只骆驼，缚住四脚放倒在地，驼背上加上箱子，用湿毡毯裹住，摆成长长的一个驼城。叛军就在那箱垛中间射箭放枪，阻止清军进攻。

噶尔丹还派使者向清军提出交出他们的仇人的要求。康熙帝命令福全反击。9月，清军向乌兰布通推进，向噶尔丹大军发起猛攻。清军用火炮火枪对准驼城的一段集中轰击。驼城被打开了缺口，清军的步兵骑兵一起冲杀过去，福全又派兵绕出山后夹击，把叛军杀得七零八落，噶尔丹乘夜逃跑。

噶尔丹回到漠北，一面佯装向清朝政府表示屈服，一面在暗地里重新招兵买马，图谋东山再起。1694年，康熙帝约噶尔丹会见，订立盟约。噶尔丹不但不来，还派人到漠南煽动叛乱。

1695年，噶尔丹又燃叛乱战火，率领骑兵3万人，向漠南大举进攻。

1696年,康熙帝决定再次御驾亲征,分三路出击噶尔丹:黑龙江将军萨布素从东路进兵;大将军费扬古率陕西、甘肃军兵,从西路出兵,拦截噶尔丹的后路;康熙帝亲自带中路军,从独石口迎击噶尔丹大军。康熙率领中路军先于东西两路军到科图时,遇到了敌军前锋。随行的一些大臣害怕沙俄真的会出兵帮助噶尔丹,担心皇帝的安危,劝康熙帝班师回京。康熙帝执意不肯,决定继续进兵克鲁伦河。

北征督运图 清

噶尔丹在山头看见康熙帝旌旗飘扬,军容整齐,忙连夜退走。康熙帝随即派兵追击,并通知西路军大将费扬古在半路截击。清军在昭莫多(在今蒙古人民共和国乌兰巴托东南)布下天罗地网。

噶尔丹率部奔走了五天五夜后,到了昭莫多,遇到费扬古军。费扬古按照康熙帝的部署,在树林茂密处设下埋伏,然后派出400人诱敌,把叛军引到清军的埋伏区,双方展开了一场激战。费扬古又派出一支人马袭击叛军后路,前后夹击。叛军死的死,降的降,噶尔丹在心腹的保护下,夺路逃命而去。清军大获全胜。

乌兰布通古战场遗址

策略战术

战术上清军采取分兵进击、多路包抄、前后夹击的方法；在战略上，康熙帝采取了收服降众、断绝噶尔丹外援的策略，彻底地孤立了噶尔丹。

昭莫多之战后，噶尔丹流窜于塔米尔河流域。为了彻底消灭噶尔丹的势力，康熙帝采取收服降众、断绝噶尔丹外援的策略，彻底地孤立了噶尔丹。噶尔丹之侄策妄阿那布坦也遣使入朝，接受了清朝的册封，使噶尔丹处于四面楚歌的境地，但他顽固不化，拒不接受清廷的招抚。

1697年3月，康熙帝第三次率兵亲征噶尔丹。出京城，经过山西大同、陕北府谷、神木与榆林等地，抵达宁夏。这时，噶尔丹原来的根据地伊犁已经被他侄儿策妄阿那布坦占领；他的左右亲信听说清军来到，也纷纷投降，愿意做清军的向导。噶尔丹走投无路，服毒自杀。6月，康熙帝胜利回京。

重要意义

康熙帝对噶尔丹的征讨，扫除了漠北和西北地区的不稳定因素，加强了清政府对阿尔泰山以东的漠北蒙古的统一管理，对加强边防、抵制沙俄入侵也做出了卓越的贡献。

鸦片战争
——初识坚船利炮

交战双方：中国清朝军队 VS 英国军队
交战时间：1840年1月~1842年8月
将帅档案：林则徐（1785~1850年）：字元抚，一字少穆，晚号俟村老人，福建闽侯人；历任两江总督、湖广总督、陕甘总督、云贵总督等职；1839年以钦差大臣之职到广州禁烟，是杰出的民族英雄。
交战结果：中国战败，签订《南京条约》

历史背景

当英、美、法、日等列强进行如火如荼的资本主义革命时，清政府正闭关锁国，自以为"天朝上国"，不思改革，遂使中国在世界上落伍。英国通过鸦片贸易从中国攫取了大量白银，同时使我国国民身衰体弱，统治阶级有识之士纷纷要求禁销鸦片。

主要过程

1839年，湖广总督、钦差大臣林则徐奉命于1月底到达广州，他一方面整顿海防，允许人民群众持刀杀敌，一方面宣布收缴鸦片。3月，英国鸦片贩子被迫交出烟土237万余斤。6月3日，林则徐下令把这些鸦片在虎门海滩当众销毁,以示中国政府禁烟的决心。

英国政府以此为借口向中国发动了战争。1840年1月,以懿律和义律为正副全权代表,懿律为侵华英军总司令,出兵中国。5月,英国舰船40余艘、士兵4000多名先后到达澳门附近海面,鸦片战争爆发。懿律率英军进犯广州海口,看到广州军民早已严密布防,遂转攻厦门,又被邓廷桢军击退。6月,英军北上攻占定海作为军事据点。8月,英舰抵达天津大沽口外。道光帝慑于英军武力,又为投降派的劝说所动摇,遂改变态度,罢免了林则徐,改派直隶总督琦善为钦差大臣去天津和英军谈判。而此时英军因夏秋换季,疾疫流行,遂放弃定海,于8月中旬南返,双方议定在广州谈判。琦善到广州后,一反林则徐所为,命令撤除海防水勇,镇压抗英群众,一心议和。1840年12月,琦善与义律在广州开始谈判。英军趁中方防守懈怠、又因谈判而致海防松懈无备之际,于1841年1月7日发动突袭,攻陷了虎门附近的沙角、大角两个炮台,并单方面宣布签订《穿鼻草约》。1月26日,英军攻占了香港。

林则徐画像

道光帝得知琦善开门揖盗,丢失两炮台后,下令锁拿琦善,并向英宣战,派侍卫内大臣奕山为靖逆将军,调兵万余赴粤抗英。英军先发制人,出动海陆军攻虎门,广州提督关天培亲率清兵迎击,清军刀矛不敌英军坚枪利炮,关天培中弹牺牲。2月26日,英军攻占虎门、猎德及海珠等炮台,溯珠江直逼广州。4月,奕山率大军抵广州。5月24日英军进攻广州,一路占领城西南的商馆,一路由城西北登陆,包抄城北高地,不久攻占城东北各炮台,并炮击广州城。奕山执行"防民甚于防寇"的错误方针,对英军侵略消极抵抗,在英军的迅猛攻势下,他与英人签订《广州和约》并征得道光帝批准,以缴600万元换得英军撤出广州地区。

与清政府的妥协投降态度相反,广州三元里人民在广州北郊牛栏冈附近同窜入这里的千余英军英勇作战,打死打伤英军数十人,并

清军广东水师战船模型

广州海战图　清

　　这幅英国凹版图画中，一艘中国战船因被英国战舰"奈米西斯"号开炮击中而烧毁。此战发生于1841年1月，地点在珠江三角洲亚森湾，在两个小时的作战中，11艘中国战船被击沉，500名船员阵亡，而英军只有几人受伤。"奈米西斯"号是英国的第一艘铁甲战舰。在这样的战舰面前，中国海军的木船不堪一击。

把四方炮台围得水泄不通。在广州知府的调停下，英军才得以解围。

　　英政府并不满意懿律和义律在中国获得的权益，改派璞鼎查（后来的首任港督）为全权代表来华，扩大侵略战争。1841年8月21日，璞鼎查率37艘舰队、陆军2500人离开香港北上，攻破厦门，占据鼓浪屿；10月1日再次攻陷定海，清定海总兵葛云飞英勇殉国。10日英军攻占镇海（今属宁波），钦差大臣、两江总督裕谦战死，英军很快攻占宁波城。道光帝闻讯大惊，忙派吏部尚书大学士奕经调兵赴浙以收复失地。1842年3月，奕经在准备不充分的情况下全面反击，清军数战不利，撤回原地。

　　战败消息传到京师，朝野上下震动，道光帝无奈，只得派盛京将军耆英和老朽的伊里布赴浙向英军请和。璞鼎查不理会耆英的乞和，继续深入，1842年5月18日，英军攻取浙江平湖乍浦镇，6月16日攻吴淞口，吴淞炮台守将陈化成壮烈牺牲，宝山、上海沦陷。英军溯长江西上，于7月21日攻克镇江，8月，英舰陆续到达南京下关江面。清政府已无心再战，遂接受英方停战的条件，29日，在英军舰"汉华丽"号上，耆英、伊里布与璞鼎查签订了中国近代史上第一个不平等条约《南京条约》，鸦片战争以清政府的惨败而告终。

重要意义

　　鸦片战争严重侵害了中国的主权，标志着中国开始逐步陷入半殖民地半封建社会，揭开了中国近代史的序幕，并昭示了"落后就要挨打"的深刻道理。

太平军湖口大捷
——扭转西征战局的关键一战

交战双方： 清军 VS 太平军

交战时间： 1855年1月~2月初

将帅档案： 石达开（1831~1863年）：太平天国名将，广西贵县人，封翼王，1857年太平天国内讧，北王韦昌辉杀东王杨秀清，石达开被迫出走；1863年在四川安顺场遭川督骆秉章围攻，全军覆没。曾国藩（1811~1872年）：字伯涵，号涤生，湖南湘乡人，道光十八年进士；晚清重臣，湘军创建者和统帅；洋务运动的倡导人和实践者；1864年镇压了太平天国运动；死谥文正。

交战结果： 太平军大胜。

历史背景

洪秀全领导的金田起义爆发后，1853年定都天京（南京），同年，太平军进行了北伐和西征。北伐军初始进展顺利，后遭清军围攻而失败；西征军在取得重大胜利后在湖南遇到曾国藩湘军的顽抗，陷入僵局。

主要过程

1853年6月，胡以晃、赖汉英和曾天养等率太平军2万余人溯江西上，开始西征。西征军捷报频传，连克安庆、庐州等军事重镇，占领江西、安徽广大地区，旋即进入两湖，攻克汉口、汉阳、武昌与岳州，但在湘潭一战中伤亡惨重。8月，在城陵矶战斗中曾天养力战牺牲，太平军受到很大震动。1853年10月，湘

太平军号衣图

军和湖北清军开始反扑，武昌、汉阳相继失守。1855年1月，湘军入江西，直逼九江，太平军由战略主动转为被动。为了扭转不利局面，主持西征军务的翼王石达开由安庆到达湖口，亲自指挥前线战事。

鉴于湘军气势正盛，水军更占优势，石达开决定坚守要点，伺机破敌。他命林启容率部固守九江，罗大纲率部守梅家洲。

其时，曾国藩改变战略转攻湖口，欲倚优势水军击破太平军鄱阳湖水军，封锁水路，再攻九江。1855年1月3日，当湘军陆师尚未南渡时，彭玉麟率湘军水师进抵湖口。太平军罗大纲决定采用疲敌战法，8日夜，太平军用满载柴草、火药、油脂的小船百余艘顺流纵火，对敌人施行火攻，但彭玉麟早有准备，太平军收效不大。罗大纲并未放弃这种消耗敌人有生力量的战法，此后不时以类似战法袭扰湘军。在鄱阳湖口江面，罗大纲设置木簰数座，四周环以木城，中立望楼。木簰上安设炮位，与两岸守军互为犄角，严密封锁湖口，湘军一次次的进犯皆被粉碎。

曾国藩又遣湘军陆师再度围攻梅家洲，趁太平军忙于卫城、水路防守薄弱之机，湘军水师击坏了太平军鄱阳湖口设置的木簰。石达开、罗大纲将计就计，令部下用大船载以沙石，凿沉水中，堵塞航道，仅在西岸留一小径，拦以篾缆。1月29日，湘军水师在营官萧捷三的带领下，驾舢板轻舟120余只，贸然冲入湖内，企图一举肃清湖内的太平军战船。2000名湘军水勇到达大姑塘，但不见太平军战船，萧捷三心中生疑，忙令湘军撤出鄱阳湖。当湘军水师回驶至湖口时，太平军已用船只搭起浮桥两座，垒卡壁立，阻断了湘军的归路。湘军水师的优势在于重船和轻舟协调作战，现在轻舟被隔阻于湖内，运转不灵的笨重船只则被拒于江中，哪能

◆ 策略战术 ◆

太平军诱敌深入，分割而各个击破；疲敌耗敌，伺机出击；倚城固守，保存实力。

太平军斩刀

协作发威？石达开当晚即以数十只小船围攻失去轻舟保护的湘军大船，并遣一支小划船队，插入湘军水师大营，焚烧敌船。岸上太平军也施放火箭喷筒，配合进攻；湘军大船被毁数十只，仓皇退走。2月12日，石达开又袭击了困于湖内的曾国藩轻舟，太平军集中施放火箭喷筒，湘军水师损失殆尽，连曾国藩的坐船都被缴获。曾国藩受到这致命的打击，几欲投水自杀。湘军这一战遭毁灭性重创，狼狈逃回南昌。

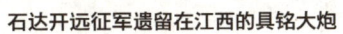

石达开远征军遗留在江西的具铭大炮

重要意义

此战粉碎了曾国藩夺取九江、直捣天京的企图，巩固了太平天国的政权。

天京保卫战
——艰苦卓绝的进攻防御战

交战双方：太平军 VS 湘军

交战时间：1862年5月~1864年7月

将帅档案：洪秀全（1814~1864年）：广东花县人，出身农民家庭，1843年创拜上帝教，1850年在广西桂平领导金田起义，建太平天国，3月在东乡称天王；1853年3月占领南京作为都城。曾国荃（1824~1890年）：字沅甫，曾国藩弟，湖南湘乡人，湘军首领；1864年任湖北巡抚；同治年间，与郭嵩焘等修纂《湖南通志》；历任陕西、山西巡抚，两广、两江总督。

交战结果：天京陷落，太平天国农民革命失败。

历史背景

太平天国西面屏障安庆丢失后，太平军开始走向战略被动。老谋深算的曾国藩吸取江南大营两次被击溃的教训，不再专攻天京，而是"先剪枝叶，后拔本根"，决定对天京实施多面向心攻击，彻底剿灭太平天国。

主要过程

1862年3月下旬，湘军水陆师2万余人从安庆沿江东进，5月底抵天京城下。布政使曾国荃率陆营在城南雨花台一线屯扎；湘军名将彭玉麟率水军进抵护

太平天国士兵盔

城河口；江苏巡抚李鸿章率他的6500名淮军自安庆转道上海，进一步加强了上海的防守，并勾结英、法侵略军和"常胜军"攻陷南桥镇（今奉贤），进行西攻无锡、苏州和常州的准备；浙江巡抚左宗棠率万余湘军，由赣入浙，东逼天京。到6月初，曾国藩和李鸿章的湘、淮军也完成了对天京的围困。

洪秀全急令在上海督战的李秀成回师救援。李秀成决定避敌锐气，待其久攻不下且士气受挫时再行决战。于是，他只遣其弟李明成押解粮饷回天京，以加强天京防御，稳定人心。7月，太平军在宁国作战失利，干王洪仁玕与辅王杨辅清立即率部2万撤至江宁以援天京。洪秀全迫于紧急形势，再次催令李秀成回救。8月6日，李秀成留谭绍光守苏州，自率"十三王"约20万大军回救天京。9月下旬，李秀成大军在东坝集结，从方山至板桥由东向西连营数百，对雨花台湘军大营形成反包围之势。太平军陈坤书受命攻芜湖金柱关，截断敌人粮道；南路由杨辅清和黄文金等攻宁国，牵制敌人增援部队；李秀成亲自率主力与城外湘军对峙。

10月13日，雨花台大战拉开序幕。李秀成亲率大军轮番猛攻湘军曾国荃大营及驻大胜关的曾贞斡军。23日，李世贤率领3万人马自浙西来援。曾国荃则收缩防线，令曾贞斡弃大胜关，回大营，以集中兵力加强防御。11月3日，太平军又一次发动强大攻势，轰塌湘军大营两处营墙。太平军先锋队从缺口挤入，但遭到湘军拼死堵击，拉锯争夺五六次，仍未能突入湘军大营。李秀成、李世贤以优势兵力速战速决的意图被粉碎，而中路陈坤书军又为彭玉麟水军所败，未能截断敌人粮道，太平军士气受挫；加上冬季将临，李秀成只得下令全军退出战场。11月26日，李世贤率部退守秣陵、东坝，李秀成率军由东进入天京。

洪秀全见解围未果，又令李秀成率军北渡长江，绕过安庆，进入湖北，以调动湘军分兵回援，缓解天京之围。12月1日，章王林绍璋率首批数万太平军自天京出发，经九别洲占含山、巢县及和州，等待后队。1863年2月27日，李秀成率大军数万渡江北上，先后攻破浦口、江浦，于3月底抵巢县，向章王军靠拢，拟从无为西进。曾国藩识破这一企图，令曾国荃继续围困天京，不受其扰，另抽援军入皖阻击。由于在皖南游动的太平军黄文金等部阻击不力，湘军得以向皖北不断增调兵力。李秀成连遭湘军阻击，5月11日抵六安，连日攻城不下，遂于19日撤兵东返，渡江时又遭彭玉麟水师截击，回到天京时仅剩1.5万余人。至此，湘军

洪福瑱被擒图

　　幼天王（1849～1864年），本名洪天贵，洪秀全长子。1861年洪秀全在其名下加一"福"字，为其即位后用。1864年（同治三年）6月1日洪秀全病逝后，幼主随即即位，称幼天王。幼天王玉玺名下横刻"真主"二字，清方误称为"福瑱"。幼主后随陈得才、赖文光等辗转江西玉山之际，在石城杨家牌为清军所袭，被俘。一个月后，在南昌殉难。中国封建历史上最后一个农民政权至此彻底瓦解。

已控制江北，进一步收缩了对天京的包围圈。天京周围一些重要军事据点也为曾国荃抢占，城南百里已无太平军踪迹。湘军大营从雨花台移驻孝陵卫，天京与外界联系濒临断绝。

　　1863年11月，太平军慕王谭绍光在苏州坚守半年后为叛徒杀害，苏州被李鸿章淮军攻陷，杭州为湘军左宗棠攻陷。12月初，淮军和洋人"常胜军"一起进犯常州。常州守将陈坤书英勇还击，重创敌人，但补给供应不上，常州失陷。至此，太平军各根据地全部丧失。

　　1863年12月20日，自丹阳前线返回的李秀成向洪秀全提出"让城别走"，但被天王断然拒绝，从而丧失了突围的最后机会。李秀成无奈，只好死守。1864年2月28日，湘军攻占紫金山西峰天保城，3月2日进至太平与神策门外，完成了对天京的全面包围。4月起，曾国荃军从三个方向挖地道十余处，太平军赶筑月城作为第二道防线。6月1日，天王洪秀全在病愁交加中去世，李秀成等拥幼主洪天贵福继位。7月3日，湘军攻占太平军护城最后一道屏障——紫金山西麓地保城，随即构筑炮台数十座，昼夜轰城，并在龙脖子附近赶挖地道。7月19日，湘军通过地道轰塌天京城墙，朱洪章、刘连捷率部从缺口冲入城内，分路直冲天王府及各城门。城西南湘军陈拨部则攻夺水西门和旱西门。城内太平军和湘军展开巷战，至傍晚，天京各城沦陷。

天京失陷的原因

天京失陷是太平天国领导人奉行消极防御战略思想的必然结果，加之诸将协同不够，没有形成集中统一的领导。

重要意义

天京的陷落，标志着太平天国革命的失败，也为后世革命提供了血的教训。

历史背景

天京陷落后，太平天国革命形势走向低潮。1864年11月下旬，太平天国遵王赖文光率部与张宗禹、任化邦等部的捻军会合，组成新捻军。新捻军利用骑兵较多和北方地势平坦的优势，机动作战，成为清朝最大的忧患。

高楼寨之战
——流动战术的成功运用

交战双方：清军 VS 捻军
交战时间：1865年5月
将帅档案：僧格林沁：姓博尔济古特氏，蒙古科尔沁左翼后旗人，晚清爱国将领，1859年在大沽口保卫战中重创英国海军；曾击败太平天国北伐军；在与捻军作战中屡有胜绩，但1865年在高楼寨战死。赖文光（1827～1868年）：太平天国将领，捻军统帅，广西人，1851年参加金田起义，1856年与张宗禹等合作，按照太平天国军军制整编捻军，被推为统帅；曾被太平天国封为遵王。
投入兵力：僧军7000余人；捻军3万人
交战结果：僧格林沁蒙古马队全军覆没。

赖文光画像

主要过程

1864年12月初，科尔沁亲王僧格林沁亲自率领翼长恒龄、成保及副都统常星阿等部进抵湖北枣阳后，立即向捻军逼近。12月7日，捻军首领赖文光在襄阳大败僧军，然后挥军北上，进入河南邓州境内。僧格林沁率军紧追不舍。赖文光和张宗禹等命令士兵在邓州西南的唐坡挖壕筑垒，严阵以待。12月12日，僧军分左、中、右三路对捻军发动进攻。捻军首先打败敌右路步队，然后从侧后抄袭敌人的中、左两路，大败僧格林沁军。

1865年1月28日，捻军经汝阳返回鲁山，僧格林沁又一路追至。捻军诱敌过濉水，然后回军猛击僧格林沁军，并以马队从后抄袭。僧格林沁军大败，营总富克精阿、精色布库率部先逃。捻军乘势猛击清军，击毙敌统帅多名。僧格林沁在总兵陈国瑞的援助下才得以逃命。

连战连败的僧格林沁非常恼怒，1865年5月17日，僧军又追至菏泽高楼寨南部的解元集地区，捻军派出少量部队迎战，且战且走，诱使僧军向高楼寨伏击区深入。18日中午，僧军追至高楼寨。伏在高楼寨以北的捻军从三个方向杀出，略一接触，即佯败而退，且战且走，引导僧军进入伏击阵地。僧格林沁忙分兵三路迎敌：西路由诺林丕勒、托伦布等率领右翼马队、陈国瑞率领本部步兵组成；中路由常星阿、温德勒克西等各领马队组成；东路由成保、乌尔图那逊等率领马队、郭宝昌率领本部步兵组成。两军西路苦战两小时，捻军稍有不敌。但中路捻军已将常星阿部击溃，便加入西路捻军合击陈国瑞的西路军，将其歼灭。与此同时东路捻军也已击溃僧军东路军。

在后督战的僧格林沁见此败象，也慌不择路，率军退扎到寨南一荒圩。捻军乘胜追击，将该圩团团包围，并挖掘长壕以困敌，准备聚歼这伙残敌。当夜三更，僧格林沁率少数随从冒死突围，当逃至菏泽西北15里吴家店时，被在此设伏的捻军击毙。至此，僧军7000人悉数被歼。

重要意义

高楼寨之战是捻军在抗清斗争中取得的一次重大胜利，也是运用运动战取胜的一个典型战例，标志着清朝八旗、绿营军队的消耗殆尽，地方汉族勇营成为清王朝的军事支柱。运动战的优势也给后世战争提供了宝贵的经验。

亳境战图
1862年初，亳州以东捻军会合其他几路大举向西进军，一路上势不可当。僧格林沁亲督马队追剿，至杞县许冈，双方激战，死伤无数。

清军收复新疆
——领土主权不容侵犯

交战双方： 清军 VS 阿古柏军
交战时间： 1876～1878年
将帅档案： 左宗棠（1812～1885年）：字季高，湖南湘阴人，晚清著名爱国将领，洋务运动实践者之一；曾参与镇压太平天国运动，官封一等恪靖伯；1866年倡议办福建船政，设厂造船，"师夷长技以制夷"；1866年任陕甘总督；1875年以钦差大臣身份收复新疆；1885年病卒于福州，谥"文襄"；
阿古柏（1820～1877年）：塔吉克人（一说乌兹别克），原是封建主，曾任浩罕王总司令；1865年趁新疆动乱率军侵入形成割据，后兵败自杀。

历史背景

鸦片战争后，帝国主义列强纷纷把魔掌伸入中国。英、俄积极在新疆渗透。1865年，中亚浩罕汗国军事头目阿古柏在英国支持下率军侵占南疆广大地区，实行殖民统治。1871年，俄国直接出兵占领伊犁，中国边境危机日益严重。

主要过程

太平天国运动被血腥镇压后，清政府才得以回过神来考虑被阿古柏侵占的新疆。李鸿章主张放弃塞防，把停撤塞防的购银用来加强海防。左宗棠坚决反对，他认为在西北"自撤藩篱，则我退寸而寇进尺"，会让英、俄进一步渗透。清廷认为其言在理，1875年，任

左宗棠收复新疆之战要图

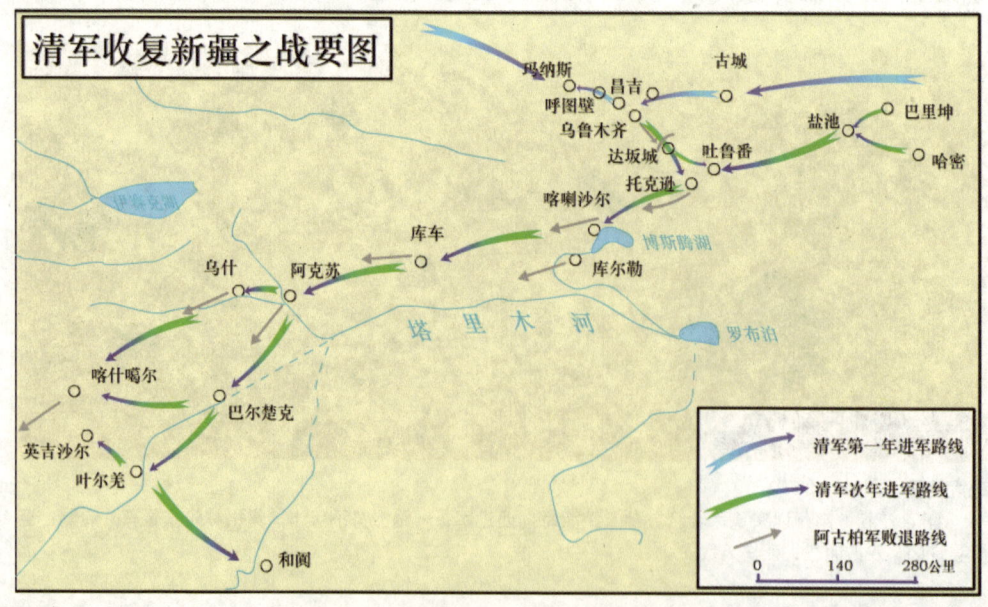

左宗棠像

命左宗棠为钦差大臣,督办新疆军务。1875年4月,左宗棠坐镇甘肃酒泉,收复新疆的战役遂告打响。

左宗棠根据新疆的敌情和地理特点,制订了"先北后南、缓进急战"的战略方案。他撤换了包括乌鲁木齐提督成禄在内的一大批无能官员,整饬军队,严肃纪律,组成一支以道员刘锦棠部、都统金顺部、提督张曜的豫军为主的西征之师,约六七万人,委刘锦棠总理行营营务。1876年4月,清将张曜率军抵哈密,金顺军屯驻阜康一带,刘锦棠也随后抵达。8月,清军得到当地人民的指引,避开供水困难的大道,抄敌虽防守严密但水流充足的小道,出敌意外地迫近乌鲁木齐北面重隘古牧地。清军先扫清敌外围据点,后用大炮轰塌城墙。17日清军从缺口冲入,杀敌500余人,并乘胜于第二天收复乌鲁木齐。阿古柏部下白彦虎(原陕甘回民起义军首领)、马人得狼狈逃往南方。左宗棠命刘锦棠驻乌鲁木齐防阿古柏北犯,金顺则挥军西进。昌吉、呼图壁、玛纳斯北城的敌人闻风而逃。9月初,金顺军开始攻玛纳斯南城,月余不克,向乌鲁木齐求援。刘锦棠、伊犁将军荣全先后来援。11月6日攻下该城。至此,天山北路全部收复。

1877年4月,左宗棠指挥清军三路并进:刘锦棠自乌鲁木齐南下直指达坂,张曜自哈密西进,徐占彪蜀军出巴里坤,至盐池与张曜部会师后,合攻辟展、吐鲁番。阿古柏心急如焚,亲自赴库尔勒等地督战,妄图以天山作为屏障,阻止清军的进剿。17日刘军奇袭达坂,19日破城,毙敌千余,俘2000人。随后,刘锦棠又分一部分兵士助攻吐鲁番,主力则直趋托克逊。守将海古拉弃城西逃。与此同时,张曜、徐占彪二军已攻克辟展并夺占胜金台,吐鲁番守敌白彦虎又一次窜走,马人得则投降清军。阿古柏所倚仗的天山天险不到半月即已告破,南疆门户大开。阿古柏在失败已成定局的情况下5月下旬暴亡于库尔勒,其次子海古拉携其尸西遁,留下白彦虎守焉耆与库尔勒。阿古柏二子争位,伯克·胡里杀海古拉,在喀什噶尔称王,继续负隅顽抗。

1877年8月,左宗棠决心尽复南疆,遂以刘锦棠为"主战"军,张曜为"且战且防"军,长驱西进。受阿古柏蹂躏的南疆各族人民,纷纷拿起武器配合清军作战。10月中旬,刘锦棠驰骋2000余里,势如破竹,连克焉耆、库车、阿克苏和乌什等南疆东四城。西四城叶尔羌、英吉沙尔、和田、喀什噶尔之敌日趋窘迫,内部分崩离析。先前降阿古柏的清将何步云乘机

◆ 策略战术 ◆

清军采取"先北后南、缓进急战"的方针;把粮饷的采运、保障和武器弹药的供应放在战略位置加以考虑,使战争准备十分充分;先扫外围,再集中兵力攻城拔寨;乘胜进追,不给敌人喘息的机会;当机立断,先发制人。

倒戈反向。伯克·胡里忙率军来讨,何步云向清军求援。刘锦棠基于局势,当机立断,不等后续军队全部抵达,即挥所部急行西进。12月,清军连克喀什噶尔、叶尔羌和英吉沙尔,伯克·胡里与白彦虎率残部逃入俄境。1878年1月2日,清军攻占和田。至此,整个新疆除沙俄侵占的伊犁地区外,全部被清军收复。后来曾纪泽(曾国藩长子)受清廷委派与沙俄谈判,以出色的外交辞令收回了伊犁。

重要意义

此次战役彻底打破了英俄两国企图利用阿古柏侵略势力肢解并侵占中国西北广大领土的企图。沙俄不得不与清政府就伊犁问题举行谈判,最后于1881年签订《中俄伊犁条约》,中国收回伊犁地区和特克斯河上游两岸的领土。它维护了祖国领土完整,体现了中华民族维护国家统一的不妥协精神。

镇南关大捷
——中国近代反侵略战争的辉煌一页

历史背景

法国侵略越南,清政府采取绥靖政策,息事宁人。但法国蓄意与中国开战,独占越南后,不断犯边挑衅清军,1884年竟炮轰中国福建水师,致使福建水军全军覆灭,清廷无奈对法宣战。

交战双方:清军、黑旗军 VS 法军
交战时间:1885年3月15~29日
将帅档案:冯子材(1818~1903年):清末将领,字南干,号萃亭,广东钦州(今广西钦州)人;初参加天地会起义军,1851年降清,因功授总兵;曾任广西提督、贵州提督,中法战争清军统帅。刘永福(1837~1917年):清末将领,字渊亭,广东钦州人;水手出身,黑旗军著名领袖;法国侵略越南时援越抗法,屡败法军;中日甲午战争时在台湾英勇抗日,中法战争中方将领。
投入兵力:清军三四万人;法军两三千人
交战结果:清军获胜,直接导致法内阁倒台。

主要过程

1885年3月中旬,法军再度大举进犯,集中两个旅团约万余人兵力向谅山清军发动进攻,广西巡抚潘鼎新不战而退,法军未经战斗即占领战略要地谅山。

冯子材旧照

法军进犯文渊州，守将杨玉科力战牺牲，清军纷纷后撤，法军乘势侵占广西门户镇南关。

由于潘鼎新怯战致法军深入桂北，清廷免去其职务。在清军中素有威望的原广西提督冯子材受旨督办广西关外事务。冯子材赶到镇南关后，根据清军内部派系之争的情况，对诸将晓以民族大义，使众将感动而团结一致，冯子材得以统一指挥协调各军行动。此时法军因兵力不足，补给困难，已从镇南关退回文渊，伺机再北犯。冯子材亲自跋山涉水勘测地形，依托有利地势构筑起坚固的防御工事，形成一个完备的山地防御阵地体系。15日，冯子材得悉法军将经扣波袭艽封，妄图从侧后包抄清军关前隘阵地，他急调兵力前往扣波和艽封，挫败了法军的迂回企图。19日，有人密报法军将入关攻龙州，冯子材决定先发制人。21日，他率王孝祺军出关夜袭文渊之敌，激战一天，"毙贼甚多"，极大地鼓舞了清军斗志，增强了诸部的信念。

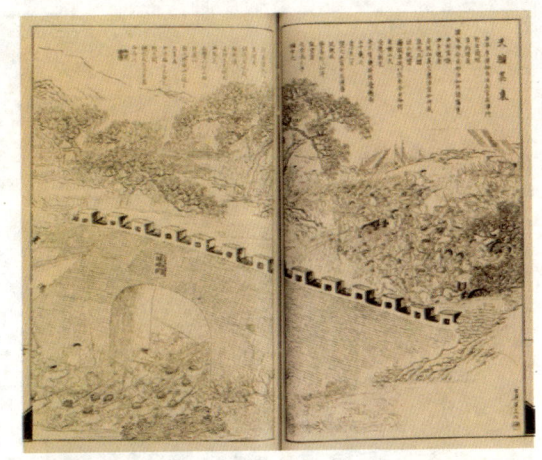

镇南关大捷图
点石斋画报，光绪末年上海东亚社石印本。

3月23日，法军前线指挥官尼格里因文渊受袭，恼羞成怒，纠集了两三千侵略军，集起谅山之众，直扑关前隘长墙。尽管他之前曾观察了清军的设防，知道清军工事坚固，但他受报复心理驱使，眼看着踏入冯子材早已布置好的陷阱里。法军在炮火掩护下，攻占隘东小青山上清军三座堡垒后，"势如潮涌"般扑向关前隘长墙。第一天战斗异常激烈，炮声震得地动山摇，砂石横飞，双方伤亡都很重。冯子材挥刀大声激励部众：若让法寇再入关，我们有何面目见家乡父老！活得又有什么意义？将士们深受感动，"皆誓与长墙俱死"。由于清军浴血奋战，在炮弹如雨点般倾泻入阵地的险境下拒不退缩，法军猖狂进攻没有占到什么便宜，只好收兵。

尼格里仍然迷信武器装备的精良，还要拼死一搏。翌日黎明，他先派副手爱尔明加中校率一股法军乘浓雾弥漫山野之时，攀登大山头，以迂回偷袭清军大青山大堡，然后居高临下，配合正面攻击的法军主力，夺取清军关前隘阵地。然而当地山路曲折崎岖，灌木丛生，爱尔明加的法军被地形搞得像无头苍蝇一样胡冲乱撞，转了半天也找不到攻击目标，只好沿原路返回。而尼格里以为偷袭得手，迫不及待地把全部兵力派上正面冲锋。法军在炮火掩护下，稀稀拉拉向长墙推进。炮弹在冯子材身边不远处爆炸，清军担心主师安危，劝其退避。但冯子材长矛插地，岿然不动，铿锵凛然地说道：怕炮弹还打什么仗？我是宁死不会退的，谁退就是动

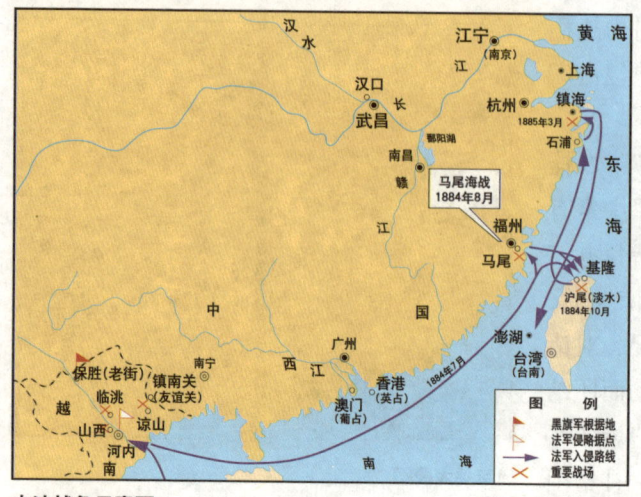

中法战争示意图

摇军心！

法军这时已抵长墙下，有的已从长墙缺口爬入墙内。冯子材看到就近歼敌、转守为攻的时机已到，遂下达反击命令。霎时间，号角嘹亮取代了炮声沉闷，战鼓擂得震天响，只见须发斑白的冯子材大吼一声，率两个儿子首先持矛冲出长墙，直奔法军。清军诸将士见主将年老尚如此奋不顾身，皆感奋，一齐杀出，"奋挺大呼从如云，同拼一死随将军"的动人场面出现了。清军与法军进行白刃格斗，法军的枪炮不管用了，而清军的刀矛却大显威力，双方在关隘前战得难分难解，但清军毕竟人多势众，以十倍二十倍于法军的兵力猛压过来，法军主力被打退。此时，绰号"王老虎"的清将王德榜在击溃法援军、消灭其运输队后，又从关外夹击法军右侧后，配合东岭的陈嘉、蒋宗汉军攻袭法寇，夺回了被占堡垒。而清将王孝祺也已击溃西岭的法军，并包抄敌人左侧后，法军三面受敌。而在敌后，关外游勇客民千余，闻冯子材身先士卒，亦来助战，袭敌后方。清军如潮水般冲向敌寇，法军在四面打击下死伤数百人，弹药将尽，后援断绝，尼格里只得下令做梯形阵势退却。

法军残部狼狈逃到文渊，又退到谅山，企图重新积蓄力量反扑；但冯子材岂会给尼格里喘息的机会，他率清军乘胜追击，26日克复文渊，28日在激战中又把尼格里击成重伤，29日突袭谅山。法军士气沮丧又疲惫不堪，代指挥爱尔明加下令毁坏各种军用物资后，弃城而逃。清军和黑旗军继续追击，又在谷松、威坡与长庆重创法军，缴获各种枪炮弹药不计其数，法军第二旅团精锐悉被歼灭。与此同时，黑旗军与清军在临洮也取得大捷，中法战争以中方胜利而告终。

重要意义

此役取得了晚清对外战争罕见的一场胜利，极大鼓舞了中华民族抗敌御侮的斗争精神，显示了中华民族顽强不屈的英雄气概，打击了列强瓜分中国的嚣张气焰。

◆ 策略战术 ◆

法军：迷信武器精良，孤军深入。

清军：严密布防，后发制人；瞅准时机及时出击；慷慨陈词，振奋士气；乘胜追击，不给敌人喘息的机会。

黄海海战
——中日甲午战争第一战

交战时间： 1894年9月16日

将帅档案： 丁汝昌（1836~1895年）：原籍安徽凤阳，生于巢县，早年曾参加太平军，后归淮军刘铭传节制；在清军攻安庆、剿东捻战役中累建战功，授总兵，加提督；后为李鸿章保奏为北洋海军提督，在威海卫海战中以身殉国。伊东祐亨（1843~1914年）：1894年7月17日，日本大本营御前会议决定对中国发动侵略战争，20日改组海军成立联合舰队，他被任命为司令长官。

投入兵力： 清军18艘舰艇，6000人，中有"定远"为旗舰；日军12艘舰船，总排水量4万吨。

交战结果： 互有损失，中方较重，丧失制海权。

历史背景

1894年5月，朝鲜爆发农民起义，清政府应朝鲜国王请求，派兵入朝助剿。日本援引《天津条约》，也派兵赴朝，蓄意挑起战争。

1894年7月25日，日本联合舰队第一游击队在朝鲜丰岛海域突然袭击北洋水师的"济远"和"广乙"两艘巡洋舰，随后击沉了英籍"高升"号运输船，俘获"操江"号炮舰，甲午战争随即全面爆发。

"济远"号主炮 清

主要过程

1894年8月1日，中日两国宣战，战争在海陆两战场全面展开。日本陆军在朝鲜半岛节节北进，同时日本海军联合舰队也向北推进到朝鲜半岛仁川至大同一带驻泊，企图切断中国至朝鲜的海上运输线，寻机同中国海军主力决战，歼灭北洋海军，夺取黄海和渤海制海权，为实施其在中国渤海海湾登陆并进行陆上

战略总决战的计划创造条件。

9月16日，中国北洋海军提督丁汝昌奉命率舰队主力18艘舰只，护送运输船载陆军4000人至鸭绿江口大东沟登陆，增援平壤。17日上午登陆完毕后，舰队准备返航。11时许，由海洋岛向东北方向搜索的日本联合舰队在大东沟海域发现北洋海军，列舰准备实施攻击，北洋水师立即启舰迎战。丁汝昌发出命令：姊妹舰结成对舰，构成基本战斗单元，全舰队一律以舰首对敌；各舰随同旗舰运动。北洋水师10艘主战军舰排成雁行阵迎敌，铁甲舰"定远"和"镇远"居中，左翼依次为巡洋舰"靖远""致远""广甲"和"济远"，右翼依次为巡洋舰"来远""经远""超勇"和"扬威"。在列阵过程中，由于各舰航速不一，北洋舰队的迎战队形实际成为"定远"和"镇远"突前的不规则横队。日联合舰队12艘军舰则以纵队迎战：第一游击队4舰依次居前，本队6舰依次居后，"西京丸"和"赤诚"2舰列于本队后尾非战斗的左侧。当双方舰队驶距6.4海里时，日联合舰队第一游击队稍向左转，准备攻击北洋水师右翼。

邓世昌旧照

邓世昌（1849~1894年），字正卿，广东番禺人。福州船政学堂首届学生，北洋海军"致远"号管带。中日甲午黄海海战中，勇猛攻击日舰"吉野"号，军舰中弹，蹈海殉国。

12时50分，双方舰队相距约3.2海里时，北洋水师首先发炮，战斗开始。日第一游击队向北洋舰队右翼实施猛烈攻击，"超勇"和"扬威"二舰中弹起火，先后沉没。交战初始，北洋舰队旗舰"定远"飞桥被震塌，正在飞桥上指挥舰队作战的丁汝昌摔伤，右翼总兵兼"定远"管带刘步蟾代替指挥。不久，"定远"舰信号设备被日舰炮火破坏，全舰队失去统一的战场指挥，诸舰各自为战。日联合舰队采用机动战术，第一游击队和本队分别向左后方、右后方转向，对北洋水师实施分割包抄。北洋水师雁阵被切断，陷入腹背受敌的不利境地，顿时混乱。激战中，北洋水师"致远"舰多处中弹，弹药用尽，舰身受伤倾斜，管带邓世昌见日先锋舰"吉野"横冲直撞，

日军统帅伊东佑亨旧照

断然下令开足马力,驶向"吉野",准备用舰首冲角撞击之,与之同归于尽。但不幸被鱼雷击中,船体破裂后下沉,邓世昌等250名官兵壮烈殉国。

日舰"比睿""赤诚"此时却遭北洋水师"来远""经远"重创,"赤城"舰长坂元八郎太当场毙命,"西京丸"号也受重伤退出战斗。逃过"致远"撞击的日舰"吉野"号更为猖狂,又击中北洋水师"经远"号,"经远"管带林永升、大副陈策阵亡,不久"经远"再次中弹,最终沉没,250余名官兵罹难。15时30分,受到日舰围攻的"定远"和

中日甲午海战图 清

"镇远"二舰仍坚持奋战,重创敌旗舰"松岛",打死打伤炮台指挥官志摩清直以下百余人。"靖远""来远"经过抢修,重新投入战斗,"靖远"大副刘冠雄见"定远"号旗杆断裂,不能升旗指挥,遂建议管带叶祖珪代悬信旗集队,统一指挥各舰。此时,日旗舰"杉岛"已瘫痪,"吉野"也丧失再战能力,17时40分,日联合舰队司令伊东佑亨鉴于各舰伤亡惨重,再战乏力,怕遭北洋水师鱼雷艇袭击,而北洋水师又重新集结,于是下令收队,从东南撤出战场。北洋水师稍事追击,也下令收队,返回旅顺军港。历时5个多小时的黄海海战至此结束。

策略战术

日方:利用舰速高、炮射速快的优势,掌握战场主动权,灵活机动作战。

中方:雁阵不利机动作战,极易被分割切断,而交战不久又失去对全战场的统一指挥,分散为战,缺乏协调配合。

重要意义

此战使北洋水师失去了黄海制海权,为中日甲午战争的最终失败埋下祸根。双方海军在战斗过程中的战术和实践指挥,对世界近代海军的装备和理论都产生了较大影响。

舰沉威海卫
——北洋水师的挽歌

历史背景

1894年，中日因为朝鲜问题矛盾激化，爆发战争，黄海一战，北洋水军损失较大，并失去了控海权，陷入战略被动；日本欲全歼北洋水师。

交战双方：清朝北洋水师 VS 日本海军
交战时间：1894年12月~1895年2月
将帅档案：刘步蟾（1852~1895年）：福建侯官（今闽侯）人，毕业于福建船政局后学堂驾驶班，曾在英国海军深造，获英海军优等文凭，归国后任北洋水师"镇北"炮舰管带；1888年任北洋海军铁甲舰"定远"管带，1895年威海卫海战战败后，拒降，自杀殉国。
投入兵力：清军27艘舰；日军40余艘舰
交战结果：北洋水师全军覆没。

主要过程

1894年11月下旬，日军侵占旅顺后，鉴于渤海湾即将进入冰封期，不利登陆作战，遂决定将战略进攻方向转至山东半岛，海陆配合攻占威海卫，一举歼灭北洋海军。日军还为此组建起2.5万余人的"山东

山东威海刘公岛上清朝北洋水师提督署遗址

作战军"。

而此时的清廷却丝毫没有觉察到日军的意图,集重兵防御奉天、辽阳和京津一带,山东半岛防御十分薄弱。山东半岛上的兵力除了驻扎在威海卫负责拱卫渤海门户的北洋海军基地的大小舰艇27艘、炮台23座、安炮160余门、守军19营外,再有就是在烟台、荣成等处驻扎的军州营了。得知日军的险恶居心后,

威海卫海战场景

李鸿章令北洋舰队水陆相依,陆军坚守大小炮台,舰队依托岸上炮台进行抵御。

见北洋舰队已做好准备,日军决定在荣成登陆,由陆路迂回到威海卫后侧抄袭北洋海军。1895年1月20日清晨,日联合舰队护送其"山东作战军"在荣成湾龙须岛登陆,占领了荣成。21日,光绪帝在清流党人的怂恿下,情绪激动,督促丁汝昌率舰队攻击日军,但又要他保护大沽、山海关、威海等地不落入敌手,舰队不得远离。李鸿章也暗示丁汝昌以卫港严防为首任。丁汝昌于是按兵不动。25日,日"山东作战军"兵分两路进攻威海卫。南路日军被清总兵孙万龄部2000人阻于桥头以东,北路日军进至鲍家村。28日,山东巡抚李秉衡令戴宗骞率所部协同孙万龄夹击北路日军。然而,由于戴军进展缓慢,致使孙万龄部孤军奋战,力不能敌而退。南路日军乘势占领桥头,逼近温泉,并与北路日军在30日晨夹攻南岸炮台。清军奋勇抗击,丁汝昌率"靖远"等5舰在港内以舰炮火力支援,日军死伤很多。13时,清军南岸炮台失守。2月1日,日军从威海卫西迂回袭击孙万龄部。孙万龄的部将阎得胜临阵脱逃,孙万龄被迫撤退,威海卫城落入日军手中。

威海卫战役中日军占领刘公岛图

2日晨,日军攻占北岸炮台,港内北洋舰队遂陷入日军的海陆包围之中。日伊东佑亨让洋员瑞乃尔向丁汝昌递送劝降书,丁汝昌将降书上交李鸿章以明自己必死的决心。北洋舰队连日遭到日海陆军炮击和鱼雷艇小队的连续入港突袭,"定

远""来远""靖远""威远"等舰只先后被击沉、击毁。7日，北洋海军11艘鱼雷艇擅自从北面突围逃跑，遭日舰追击，或搁浅，或被掳。没有掩护的北洋舰队处境更加危急。8日，40余艘日舰排列于威海卫南口外，势将冲入。丁汝昌登"靖远"舰迎战，击伤两艘日军舰艇，但"靖远"也被日军陆路炮台发射的炮弹击中。丁汝昌欲与舰同沉，被部下死命救上小船。洋员瑞乃尔等再次劝逼丁汝昌向日军投降，遭到丁汝昌的严词拒绝。

> **◆ 策略战术 ◆**
>
> 日军：避开正面，迂回侧后，水陆两面夹击。清军：命令矛盾不统一致使丧失战机，鱼雷艇擅自逃离，致使攻击舰失去防御保障。

2月10日，丁汝昌为了不使"定远"号和"靖远"号这两艘铁甲舰落入日军之手，下令将其炸沉。当晚，丁汝昌服鸦片自尽。随后有翼总兵刘步蟾、护军统领张文宣、"镇远"号管带杨用霖皆自杀殉国。洋员瑞乃尔、马格禄等怂恿威海营务处候选道牛昶昞在12日假借丁汝昌名义向日联合舰队投降，献出剩余舰艇11艘。日军占领刘公岛，威海卫陷落，北洋舰队全军覆没。

战争影响

此战标志着洋务运动尝试救国的失败，加深了中国半殖民地半封建社会的进程，惨痛的教训对以后海军的构筑和作战方式产生了深远影响。中国战败，只得向日本求和，签下《马关条约》。割让台湾、澎湖及其附属岛屿予日本。条约又要求中国向日本开放多个中国内陆的港口城市，包括沙市、重庆、苏州与杭州。要求向日本赔款，日本因此获得2.3亿两白银的战争赔款（其中3000万两为清朝换回辽东半岛的费用）。还规定日本轮船可沿内河驶入上述四个通商口。日本货物在中国内地必须免去内地税。这使日本经济迅速发展，并由于获得台湾殖民地取得了资本主义的原始积累，改变了东亚地区由英国和俄国对立和争霸的原有格局。

而清军在甲午战争中的失败（北洋水师的覆灭）标志着洋务运动的失败，大清帝国的国际地位自此一落千丈，再次成为列强鲸吞蚕食的对象。清朝国内的改革派对自身的弱点有了更深的认识，促使了后来的政治制度的改革，即1898年的戊戌变法。

历史背景

甲午中日战争的失败使清政府的腐朽软弱暴露无遗,帝国主义掀起瓜分中国的狂潮,中国人民饱受封建地主和帝国主义的压榨,纷纷起来反抗,义和团兴起并把矛头指向帝国主义侵略者,引起列强的恐慌,于是调大批军队来华发动侵略战争。

抗击八国联军
——一场惨烈无比的浴血奋战

交战双方: 义和团、部分清军 VS 八国联军

交战时间: 1900年6月至9月

将帅档案: 曹福田(?~1901):直隶静海人(今属天津),游勇出身,义和团运动兴起后,在静海、盐山一带设坛建团,被推为团首;曾率团保卫天津,负责攻火车站,天津失陷后被清廷杀害。张德成(1846~1900年):河北新城白河沟人,出身渔民,1900年春在独流镇建立"义和团天下第一坛",成为当地义和团领袖;天津沦陷后被清廷杀害。

使用兵器: 八国联军:枪炮;义和团:大刀长矛

投入兵力: 八国联军总约3万人

交战结果: 中方战败,义和团在中外反动势力联合绞杀下失败。

主要过程

1900年5月28日,英、美、法、日、德、意、俄、奥八个当时世界上最强大的帝国主义国家一致决定,以"保护使馆"为名,进兵北京。6月10日,英海军上将西摩尔率联军2000多人从天津强行向北京进犯。为了阻击八国联军,义和团破坏铁路和电线,积极部署防御。

6月11日晚,八国联军乘火车抵达东大桥。2000

向北京进犯的八国联军旧照

名手持刀矛棍棒的义和团团民,从铁路两侧的树丛中呐喊着杀向侵略军。义和团团民冒着枪林弹雨,勇往直前,与侵略者展开肉搏战,八国联军慌忙窜回列车。12日,八国联军头子西摩尔率军强占制高点万喜煤栈,构筑"美少年炮台"。义和团团民在倪赞清等将领的率领下扑向侵略者。义和团团民前赴后继,终于逼近八国联军,冲到炮台之下点燃煤栈木料杂物,用火攻击敌人。侵略军又纷纷窜回列车。义和团团民又用火枪、火铳等武器向敌人施射。侵略者组织密集的火力反扑。义和团团民虽然死伤惨重,但是却把洋人军队围在车站达两天之久。

13日晨,蜗行到距廊坊车站约12公里的东辛庄村的联军被迫停车,原来前方铁轨已被扒毁,洋军只得下车抢修铁路。这时,在东辛庄潜伏的大队义和团团民和百姓突然杀出。联军猝不及防,狼狈逃走。6月18日,清将董福祥率武卫后军2000余人,奉清廷命令进驻京津铁路沿线,和义和团一起

义和团团旗 清

临上刑场的义和团团民旧照

阻击八国联军向北京推进。在廊坊车站，清军骑兵从侧翼包抄攻击侵略军，步兵和义和团团民从正面冲杀。西摩尔获悉廊坊战事吃紧的消息后，急派英军、奥军、意军折返廊坊。8月4日，八国联军约1.8万人自天津沿运河两岸向北京进发。5日凌晨抵北仓。驻守在这里的清军将领聂士成所部，进行了顽强抵抗。清军和义和团共打死打伤敌人数百名。无奈弹药用尽，只好撤退，北仓失陷，联军继续进犯。6日，清军在杨村被联军击败，宋庆率残部逃至通州，直隶总督裕禄自杀。

慈禧太后把最后的赌注押在了李秉衡身上。8月8日，李秉衡率"勤王师"共1.5万人抵河西御敌，终因武器落后、又无补给而被打败。突围出来的李秉衡含恨自杀，北京已无险可守。13日，联军攻占通州。俄军不待休整，便于晚间向东便门发起进攻，翌日凌晨2时占领东便门。俄军又攻建国门，遭到董福祥军猛烈抵抗，伤亡甚众。14日下午，俄军攻入内城。

八国联军侵华总司令瓦德西
1900年8月，瓦德西出任侵华总司令，以完成西摩尔未竟之罪恶使命。

日军也不甘落后，于14日晨攻打齐化门（即朝阳门），直到黄昏才夺取齐化门。英军乘虚攻破广渠门，抄小道进入东交民巷使馆区。法、美军队也于14日晚窜入城区。清军与义和团团民坚守不退，同侵略军展开了两天的巷战，毙敌400余人，而清军和义和团也战死600多人。

8月15日，八国联军进攻皇城东华门。慈禧太后急忙带着光绪帝、皇后、太监李莲英、皇储大阿哥等从西华门奔出，至德胜门经西直门逃出北京，向太原方向逃跑，一直跑到西安。北京城沦陷。

在逃亡途中，慈禧太后认为义和团已无利用价值，又欲以剿之来换取与列强议和，遂密令清军镇压义和团，轰轰烈烈的义和团最终失败了。

✦ 策略战术 ✦

八国联军：且战且避，保存实力，迂回包抄；义和团：正面死冲，不知机动。

重要意义

此事件充分暴露了清政府两面三刀、帝国主义欲壑难填的真面目，清廷成为洋人的朝廷。它的失败也激励着有志之士继续探求民族新的发展道路。

辛亥武昌起义
——划时代的革命

交战双方： 武昌清军 VS 起义军
交战时间： 1911年（农历辛亥年）10月10日
使用兵器： 步枪和大炮
交战结果： 起义军取得胜利

历史背景

辛亥武昌起义前夕，中国社会各种矛盾空前激化。人民群众自发的反抗斗争此起彼伏，和资产阶级革命党人连续不断的武装起义相呼应。清朝统治阶级内部也发生了分化，立宪派多数对清政府产生了离心倾向，少数开始同情或参加革命。清政府为了换取帝国主义的支持，将人民多年争得的路权收归国有，拍卖给外国，激起了各阶层人民的强烈反对，四川掀起了声势浩大的保路运动。为了扑灭革命火焰，清政府派督办粤汉、川汉铁路大臣端方率领部分湖北新军入川镇压。

主要过程

1911年9月14日，在同盟会中部总会的推动下，文学社和共进会消除门户之见，联合反清，建立了统一的起义领导机关。9月24日，两个革命团体召开第二次联席会议，决议在10月6日（农历八月十五日）发动起义，蒋翊武为临时总司令。

革命党人的活动引起了湖北当局的注意，并且采取了一定措施，实行全城戒严，进行大搜查，收缴士兵子弹，使枪弹分离。革命党人见清军已有准备，再加上同盟会重要领导人黄兴、宋教仁和谭人凤等人迟

湖北都督府旧址

1911年10月12日，黎元洪就任都督，成立了湖北军政府。辛亥革命后从这里发出的《布告全国电》《宣布满清罪状》等通电唤起全国的响应，把革命风暴推向了全国。

清帝退位诏书

迟未到武汉，所以起义延期。

10月9日，孙武等配制炸弹时，不慎爆炸，俄国巡捕闻声赶来，搜去了革命党人名册、起义文告、旗帜、印信等物，并转交总督署，湖广总督瑞澂立即下令关闭四城，搜捕革命党人。

面对这场突变，蒋翊武、刘复基、彭楚藩与杨宏胜等人召开紧急会议，决定立即发动起义。蒋翊武以临时总司令的名义起草命令，派人送往各标、营革命党人手中，约定当晚12时，以南湖炮队的炮声为号，发动起义。

但是，瑞澂已于事先听到风声，派军警查抄了武昌的各个革命机关，逮捕了刘复基、彭楚藩、杨宏胜等人，蒋翊武逃离武汉。瑞澂下令杀害刘、彭、杨3人，按查获的名册搜捕革命党人。由于起义的命令未及时送到南湖炮队，10月9日晚起义的计划落空。

孙中山像

1912年1月1日，中华民国南京临时政府成立，孙中山被推选为临时大总统，定1912年为中华民国元年。

在群龙无首的情况下，新军中的革命党人自行联络，决定以枪声为号，在第二天晚上按原计划行动。10月10日晚，新军工程第八营的革命党人打响了起义的第一枪，夺取了中和门附近的楚望台军械库以及库内的枪支弹药，包括数万支步枪、数十门大炮和数十万发子弹。他们还陆续集合了200多人，推举左队队官吴兆麟为临时总指挥。

枪声一响，城内城外的革命党人、各标营的革命党人及其部众、炮兵营、工程队以及测绘学堂的学兵都相继起义，迅速向楚望台集中。这时，起义

◆ 策略战术 ◆

把握时机，向敌之关键部位发动进攻，使敌人没有喘息的机会。

起义爆发前，虽然起义军群龙无首，但他们仍然自行联络，发动起义。

人数已达到近3000人，吴兆麟、熊秉坤和蔡济民等决定趁夜向总督署及紧靠督署的第八镇司令部发起进攻。

晚上10点30分，起义军分三路进攻督署后院、第八镇司令部和督署翼侧、督署前门。同时，已入城的炮八标占领发射阵地后，开始向督署轰炸。第一次进攻曾一度受挫，后来又有一部分起义士兵前来参战，加上炮队完全进入蛇山阵地，局势才开始好转。

晚12点后发动的第二次进攻异常激烈。起义军突破防线，逼近督署附近。三路义军互相配合，在炮兵的火力支援下，一举冲入督署，将大堂点燃。督署和司令部守军见大势已去，降的降，散的散。10月11日黎明，武昌城内各官署、城门均为起义军所控制。10月11日上午，处于观望状态的清兵陆续向楚望台集中，听从革命党人指挥。

十八星旗插上武昌城头，武昌起义取得胜利。

黎元洪像

接着，汉阳、汉口的革命党人也闻风而动，武汉三镇均处于革命党人的控制之下。随即革命党人发表宣言，改国号为中华民国，还成立了中华民国军政府湖北都督府，强推黎元洪任都督，发表宣言号召各省起义响应。在湖北的影响下，全国13个省纷纷宣布独立。

1912年1月1日，中华民国临时政府成立，孙中山任临时大总统。1912年2月12日，清帝退位，清王朝被推翻。

重要意义

武昌起义是资产阶级革命党人发动和领导的一次成功的武装起义。武昌起义的成功对于辛亥革命的胜利意义重大。在武昌起义的影响下，全国范围的革命高潮很快形成，最后，清政府被推翻，结束了延续两千多年的封建帝制，中国进入一个崭新的阶段。

北伐战争
——基本消灭了北洋军阀

交战双方： 中国国民党和中国共产党领导的国民革命军 VS 北洋军阀
交战时间： 1926～1927年
投入兵力： 北洋军阀：直系吴佩孚军约20万人，控制湘、鄂、豫等省和陕、冀部分地区；直系孙传芳军约20万人，盘踞赣、闽、浙、皖、苏五省；奉系张作霖军约35万人，占据东北各省和京、津等地。国民革命军：8个军10万余人（战争过程中发展到40多个军近百万人）。
交战结果： 北伐战争中途夭折。

历史背景

1925年10月，吴佩孚、孙传芳指挥直系军阀于长江流域争夺北洋政府领导权，向张作霖的奉系军阀发动反奉战争。直系军阀吴佩孚沦为附庸，占据两湖、河南三省和河北、陕西，控制京汉铁路。皖系军阀后起之秀孙传芳占据长江中下游。

袁世凯与北洋各将领合影

袁世凯就任临时大总统后，南京临时政府迁都北京。这标志着北洋政府统治时期的开始。图为袁世凯任临时大总统后与北洋各将领合影。

主要过程

1924年，在中国共产党的努力下，国共两党形成了统一战线。1924年1月第一次国共合作实现后，双方都为北伐战争做了努力，创建黄埔军校，建立革命军队，成立国民政府，编组国民革命军，领导全国工农革命群众运动，所有这些，都为北伐战争奠定了政治、经济、军事和群众基础。

1926年7月9日，广东国民政府领导的国民革命军10万人正式出师北伐；9月17日，冯玉祥率部在绥远五原（今属内蒙古）誓师参战。

北伐军首先向军阀吴佩孚部队盘踞的湖南、湖

黄埔军校开学典礼

1924年1月,黄埔军校正式创办,孙中山兼军校总理,蒋介石任校长,廖仲恺任党代表,周恩来任政治部主任。在第二次讨伐陈炯明叛变的"东征"战斗中,许多黄埔学员参战,为保卫广东革命政权、稳固后方做出了贡献。黄埔军校是第一次国共合作的政治军事基础。

北进军。共产党人叶挺领导的、以共产党员为骨干组成的第四军独立团是北伐先锋。北伐军主力于7月11日进入长沙,又分三路攻取湖北。8月19日,中路军发起总攻,先后攻占平江、岳阳,切断粤汉路。接着进入湖北境内作战。进入湖北后,军阀吴佩孚企图凭借汀泗桥、贺胜桥的险要地势阻止北伐军的进攻。经过浴血奋战,至8月,北伐军先后攻克武长铁路线上的军事要隘汀泗桥、咸宁桥及贺胜桥,击溃吴佩孚主力,并在10月10日攻占武昌。叶挺独立团战功卓著,所在的第四军获得了"铁军"称号,叶挺更是被誉为"北伐名将"。曹渊等一批共产党员在战斗中壮烈牺牲。接着,北伐军连下汉阳、汉口、武昌。至此,吴佩孚的主力基本被消灭,北伐军取得了两湖战役的决定性胜利。

北伐时期的蒋介石

与此同时,北伐军向江西进军。10月上旬以前,北伐军两次进攻南昌,均付出重大伤亡,被迫撤除南昌之围。11月初,北伐军对江西孙传芳部各据点发动总攻,11月8日占领九江、南昌,一举歼灭了军阀孙传芳的主力。至此,江西的北洋军阀全线溃退。

接着,北伐军出兵福建,于1926年12月间占领福建全省并乘胜追击,向浙江挺进。福建、

◆ 策略战术 ◆

采取集中兵力、各个击破的战略方针，首先向北洋军阀实力较为薄弱的湖南、湖北进军，消灭吴佩孚军，再引兵东向，消灭孙传芳军，最后北上解决实力最雄厚的张作霖军；发扬长驱直入、运动歼敌、穷追猛打、速战速决、英勇顽强和连续作战的作风；审时度势，灵活运用兵力，适时改变战法，保持握有战争的主动权；分化瓦解敌军，补充扩大自己。

浙江等省的军阀也纷纷倒向北伐军。国民革命军冯玉祥部控制了西北地区，并准备东出潼关，响应北伐军。这时北伐军已发展到 20 个军，拥有兵力 25 万人。1927 年 2 月下旬，蒋介石指挥中路军同时东进，于 3 月 24 日攻占南京。2 月底，何应钦、白崇禧指挥东路军占领了杭州及浙江全省，3 月 21 日占领松江和龙华。这期间，周恩来、罗亦农、赵世炎等领导上海工人第三次武装起义，解放了上海。至此，长江下游全由北伐军占领。

表现北伐战争场景的浮雕

国民革命军誓师北伐仅半年时间，就取得了惊人的进展，控制了南方大部分省区。北伐过程中，中国共产党各级组织在广东、湖南、湖北等省领导工农群众积极参与运输、救护、宣传及联络等工作，为北伐胜利进军提供了有力保障。

反帝反封建的大革命的迅猛发展，严重威胁着帝国主义和大地主、大资产阶级的利益，民族资产阶级也因惧怕工农运动而动摇起来。1927 年 4 月和 7 月，蒋介石和汪精卫先后在上海和武汉发动反革命政变。在中国共产党内，由于陈独秀的右倾麻痹，对国民党右派采取妥协退让政策，因此无力阻止局势的逆转。至此，第一次国共合作破裂，国共两党合作进行的北伐战争夭折。

重要意义

北伐战争是一场规模空前的反帝反封建的革命战争，加速了中国革命的历史进程。虽然中途夭折，但这次战争沉重地打击了北洋军阀的统治，产生了深远的影响。同时，中国共产党人和中国人民深刻认识到建立无产阶级军队、开展武装斗争的重要性，从而开始走上创建中国工农红军、进行土地革命、以农村包围城市、武装夺取政权的崭新革命道路。